STATISTICAL REASONING FOR EVERYDAY LIFE

妙趣横生的统计学

培养大数据时代的统计思维

[美] 杰弗里·班尼特（Jeffrey Bennett）
威廉·L.布里格斯（William L. Briggs）◎著
马里奥·F.崔奥拉（Mario F. Triola）

胡 晖 徐 斌◎译

第四版
Fourth Edition

人民邮电出版社
北京

图书在版编目（ＣＩＰ）数据

妙趣横生的统计学 ：培养大数据时代的统计思维 ：
第四版 ／（美）杰弗里·班尼特（Jeffrey Bennett），
（美）威廉·L.布里格斯（William L. Briggs），（美）
马里奥·F.崔奥拉（Mario F. Triola）著；胡晖，徐斌
译. -- 北京：人民邮电出版社，2016.9
ISBN 978-7-115-43331-2

Ⅰ. ①妙… Ⅱ. ①杰… ②威… ③马… ④胡… ⑤徐
… Ⅲ. ①统计学—通俗读物 Ⅳ. ①C8-49

中国版本图书馆CIP数据核字(2016)第191210号

内 容 提 要

我们是不是比父母更聪明？开车时打电话与酒驾一样危险吗？坐飞机和开车，哪种方式
更安全？钻石越重，价格就越高吗？小学四年级的学生可以用统计学做什么？……如果你想
知道这些问题的答案，就来阅读本书吧。

大数据时代，统计学是读懂、听懂和看懂事情真相的基础，数据挖掘与统计分析已成为
现代人必不可少的技能。《妙趣横生的统计学——培养大数据时代的统计思维（第四版）》是
一本美国流行的统计学应用入门书。它通过生活中有趣的案例、直观的图表阐述了各种统计
概念与统计技术的应用，没有枯燥乏味的理论知识、生涩难懂的理论证明，只有日常生活所
需要的统计思想、正确分析数据的基本路径，真正做到了通俗易懂、深入浅出。

如果你想更好地理解如经济学、心理学等课程中将会用到的统计学知识，如果你正在寻
找提高统计分析能力的方法，如果你需要统计学又有点"惧怕"它，那么本书就是不可多得
的"数学老师"，它将培养你的统计思维能力，带你轻松玩转统计学。

◆ 著　　　【美】杰弗里·班尼特（Jeffrey Bennett）

　　　　　【美】威廉·L. 布里格斯（William L. Briggs）

　　　　　【美】马里奥·F. 崔奥拉（Mario F. Triola）

　　译　　　胡　晖　徐　斌

　　责任编辑　李宝琳

　　执行编辑　任佳蓓

　　责任印制　焦志炜

◆ 人民邮电出版社出版发行　　北京市丰台区成寿寺路 11 号

　　邮编 100164　　电子邮件 315@ptpress.com.cn

　　网址 http://www.ptpress.com.cn

　　北京天宇星印刷厂印刷

◆ 开本：787×1092　1/16

　　印张：18　　　　　　　　　　　　　　2016 年 9 月第 1 版

　　字数：509 千字　　　　　　　　　　　2025 年 8 月北京第 28 次印刷

　　著作权合同登记号　图字：01-2015-3548 号

定　价：69.00 元

读者服务热线：（010）81055656　印装质量热线：（010）81055316

反盗版热线：（010）81055315

对于追求效率的公民而言，统计思维总有一天会和读写能力一样必要。"

——H.G. 威尔斯（H.G.Wells）

为什么学习统计学

科幻小说作家 H.G. 威尔斯在以上引言中关于未来的想象在本书中就会实现。如今统计学已经成为日常生活中重要的组成部分，无论你是创业，还是编制财务预算，或者只是观看电视新闻，都不可避免地遇到统计学。统计学应用于很多方面，从选举投票到经济报道，再到有关癌症预防的最新研究。因此，理解统计学背后的核心思想，对于成功而言至关重要。

在本书中，你将学到什么样的统计学

统计学的研究领域非常丰富，即使用一辈子的时间去学习，仍然会感觉还有很多内容需要探索研究。然而，通过三个月或者半年的学习你就可以理解统计学的核心思想。本书的设计旨在帮助你学习这些核心思想。在本书中，你将学到的统计知识是日常生活中所需要的，同时你也可以在其他专业知识的学习中灵活应用这些统计学基础知识。

本书的设计有以下三个明确的目的：

（1）使你更好地理解大学课程（如经济学、心理学、社会学以及政治学）中将会用到的统计学基础知识；

（2）帮你提高利用统计信息进行推理的能力，这是现代社会任何职业都不可或缺的能力；

（3）帮你提高评估日常生活中与统计研究有关的新闻报道的能力，形成对结论的看法，并且判断它是否会影响你的生活方式。

学习方法

本书采用的方法是先帮助你定性地理解重要的统计学概念，然后使用定量技术解释相关概念。以下是指导本书创作的关键策略。

从统计学的整体框架开始。大多数统计学的学习者之前都不了解这门学科，所以在学习具体概念和方法时，了解统计学的整体目标是非常重要的。因此，我们以第一章浅谈统计学开始这本书。在第一章中，我们解释了样本和总体之间的关系，讨论了常用的抽样方法以及统计研究的各种类型，展示了大量的案例来帮助你确定是否可以相信一项统计研究的结果。这个统计学"框架"为更加深入研究本书其他的统计概念奠定了稳固的基础。

逐步建立统计思想。统计学学习的目标是帮助读者理解真实的统计问题。为了理解更复杂的统计研究，通常从简单的案例开始学习。我们将这个策略应用到每一章和每一节中，由简入繁，并逐步引向真实的案例和特定的个案研究。

通过计算加强理解。本书的基本目标在于帮助读者理解统计学的概念和思想，要达到这个目标至少要进行一些必要的计算练习。因此，本书在需要加强对重要思想理解的地方引入了相关的计算。

强调目标：将统计推理应用到日常生活中。由于统计学是一门涉及领域非常广泛的学科，如何安排各章节内容所涉及的主题比较困难。在对内容做选择时，我们总是要回到本书的写作目标上：使读者掌握日常生活中所需要的统计推理。如果我们感到某个主题在日常生活中不经常遇到，那么就不予考虑。按照这个原则，我们增加了一些主题，比如第二章的百分数和第三章对图表的深入研究。在其他同类书中，这些内容并不经常出现，但它们却是日常生活中遇到的统计学的主要部分。

模块结构

全书共 10 章，每章又被划分为若干小节，每小节都有一个特定的主题或应用。大多数情况下，你可以根据需要按任意顺序阅读各章节。注意，每章都是依照以下特定结构设计的。

学习目标。每章都由主题内容的概述开始，并在章前页列出每节的学习目标。

例题和案例研究。每小节中都有很多按顺序编号，为加深读者对相关知识理解的例题。偶尔出现的"案例研究"总是关注真实问题，并且比例题的描述更加深入。

思考时刻。"思考时刻"的特点是提出简短的概念性问题，帮助读者思考重要的新知识。

热点话题。每一章都以题为"聚焦……"的两部分内容作为总结。这一模块更深入地探究我们这个时代的重要统计问题。所选择的主题主要是用来证明统计学在很多领域中都起着重要的作用，包括历史、环境研究、农业和经济等。

关于第四版

我们在很多读者和评论家的帮助下完成了《妙趣横生的统计学——培养大数据时代的统计思维（第四版）》。由于整本书的编辑和重新设计的增色，第四版更加适合读者阅读。我们在这版中主要做了以下修改。

- 本书的目的是展示与日常生活相关的统计学，所以讨论内容和案例需要与时俱进，这点十分关键。所以我们修改或替换了许多内容、例题和案例研究，以确保它们能够反映最新的数据和讨论最热门的话题。

- 替换或重新编写了 20 个聚焦主题中的 6 个，使它们能够与时俱进。

- 增加了许多新的"技术应用"内容，这为我们使用 Excel、STATDISK 和 TI-83/84 Plus 计算器提供了帮助。之前的版本将"技术应用"放在相关章节的最后，而第四版将它放在相关章节之中。

目 录

第一章 浅谈统计学

你现在喝的水健康么？有多少人赞同总统的预算案？我们在医疗方面的投入是否得到了相应的回馈？上述问题只有通过统计学来进行研究。在第一章中，我们将讨论统计研究的基本概念，为后续章节更深入的统计研究奠定基础。在本书中，我们将结合大量的实际案例来论证统计学的精妙作用，即统计研究结果能为社会政策和私人决策提供方向上的指导，同时也讨论少部分案例以说明误用统计学将会导致错误的决策。

对于追求效率的公民而言，统计思维总有一天会和读写能力一样必要。

——H.G. 威尔斯

学习目标

1.1 什么是统计

理解统计的两个定义以及常用的基本概念，研究统计中总体、样本、样本统计量和总体参数之间的关系。

1.2 抽样

理解选择代表性样本的重要性，熟知几种常用的抽样方法。

1.3 统计研究的类型

了解观察研究和实验研究之间的区别；理解实验研究的重点注意事项，包括实验组和对照组的分配、安慰剂效应及盲法。

1.4 统计研究可信吗

评估在媒体中见到的统计研究方法，判断其统计研究结果是否有意义。

热点话题

聚焦心理学：你开车时沉迷于手机吗

聚焦公众健康：你的生活方式健康吗

>>1.1 什么是统计

统计学这门学科通常比较枯燥、一成不变或者专业性很强，但现代社会的方方面面几乎都与之相关。它可以告诉我们一种新研发的药品对治疗癌症是否有效；还能帮助农产品检验人员判断我们的食品是否安全；它还可以指导和解释民意调查；在商业上，我们运用统计方法进行市场调查和广告推广；在体育领域，统计学经常作为运动员和团队排名的方法。实际上，你会发现在某些重要领域几乎任何话题都与统计学有关。

本书最基本的目标是帮助读者学习一些统计方法背后的核心思想。值得称道的是，即使本书包含很少的统计理论，书中大量的案例也能帮助你理解在新闻、课堂、工作地点，或者在日常生活中所遇到的统计问题。

在统计信息中，虽然有时候把单词 data 看作 information 的同义词，但实际上它是复数。在只有一则信息的时候叫作 datum，当有两则或两则以上信息时才称作 data。

我们从统计自身的定义开始学习。统计这个单词在英语中用作单数和用作复数时，意思是不一样的。当被看作单数时，统计是帮助我们理解如何去收集、整理和分析一些话题中的数据或其他信息的科学方法，在这里把数和其他信息作为参考数据。当被看作复数时，统计是描述某些事物属性的实际数据。例如，你的班里有 30 个学生，他们的年龄是 17~64 岁。在这里，"30 个学生""17 岁"和"64 岁"，从不同角度来说都是描述你所在班级某些属性的统计数字。

> **统计的两个定义**
> • 统计是对某一现象有关数据的搜集、整理和分析。
> • 统计是描述、总结某种现象的数据或其他信息。

1.1.1 如何运用统计学

根据新闻报道，1.113 亿美国人看到纽约巨人队取得了超级碗橄榄球比赛的冠军，这就解释了，为什么一条 30 秒的商业广告的价格为 300 多万美元。那么是谁统计了这几亿人的数据？

统计学起源于一些国家事务，如人口普查数据和税金数据的采集。这就是为什么统计（statistics）这个词的词根是国家（state）。

答案是没有人统计这些数据。1.113 亿美国人观看超级碗橄榄球比赛的这个数据来自于一家名为尼尔森媒介研究（Nielsen Media Research）的调查公司的统计研究结果。这家公司仅仅通过监控 5 000 个住户的收视习惯，就编制出了著名的尼尔森收视率。

如果你是统计学的初学者，那么会认为尼尔森所得的结论更像是一个延伸。只研究几千个数据怎么能得出关于上亿人的结论？然而，统计科学表示，只要统计研究设计精准，这个结论就相当准确。下面我们以超级碗的尼尔森收视率为例，研究一些关键问题来论证通常情况下的统计研究如何进行。

1. 统计研究的目标是什么

尼尔森的研究目标是确定美国观看超级碗橄榄球比赛的总人数。用统计学的专用术语表示，尼尔森所研究的所有美国人是一个总体；尼尔森所希望确定的数据，即观看超级碗橄榄球比赛的总人数，是这个总体的一个主要特征，在统计学中，这个总体特征被称为总体参数。

我们通常认为总体表示一群人，其实它可以是任意一个群体——人、动物或者事物。例如，在一个有关汽车安全的研究中，总体可以是在路上行驶的所有车辆。同样，总体参数这个术语，可以解释为总体的任何一个特性。在上例中，总体参数可以是某一时间段内所有行驶车辆的数量、行驶车辆的事故率或者行驶车辆的载重范围等。

> **总体**：在统计研究中，总体是所研究的人或事物的完整集合。
>
> **总体参数**：总体中对某变量的概括性描述。

例1 总体和总体参数

根据下列情况，描述研究的总体，并确定感兴趣的总体参数。

a. 你在农夫保险公司工作，公司要求你确定在没有侧面撞击安全气囊的车祸事故中，对受害者赔付的平均金额。

b. 你被麦当劳录用，确定每周用于炸薯条的土豆用量。

c. 你是美国基因泰克公司下属的一个商业记者，正在调查一个新的治疗办法对儿童白血病是否有成效。

答案 a. 总体包括所有的没有侧面撞击安全气囊的车祸事故中已经拿到保障金的受害者。相关的总体参数是对受害者赔付的平均金额（在之后的章节中，"average"将会被一个更准确的术语"mean"代替）。

b. 总体包括每周运输过来的用于炸薯条的土豆重量。相关的总体参数是土豆的平均重量，以及其重量的差异（例如，大多数每周用量是接近还是远高于平均值）。

c. 总体包含所有患白血病的儿童。其中重要的总体参数是没有用新治疗办法就痊愈的儿童百分比以及使用新治疗办法后痊愈的儿童百分比。

2. 实际研究的内容是什么

如果尼尔森的研究是无所不能的，它就能通过调查每个美国人来确定观看超级碗橄榄球比赛的人数。但现实中没有人能做到这样的全面调查，所以他们尝试研究相关的小集体来估计观看比赛的人数。尼尔森尝试通过监控美国人的一个较小样本群体，来研究所有观看比赛的美国人这个总体。尼尔森在大约 5 000 个家庭中安放了记录装置，所以这些家庭的人们就成为尼尔森所研究的美国人样本。

亚瑟·C. 尼尔森（Arthur C. Nielsen）在 1923 年建立公司并发明市场调查。1942 年，他推出了尼尔森广播指数为广播节目定级，并在 20 世纪 60 年代把该方法扩展到电视节目领域。该公司现在也监测其他媒介（互联网、智能手机等），并不断地改变方法来适应新的媒介技术。

尼尔森从 5 000 个家庭中收集的个体测量值组成了原始数据。它收集了很多原始数据，比如每个家庭在什么时候收看电视，收看多久，播放什么节目，谁在看等。尼尔森把这些原始数据组合成一系列描述某个样本特征的数据，比如样本中观看个别节目的观众百分比或者样本中观看超级碗橄榄球比赛的总人数。这些数据被称作样本统计量。

> **样本**是总体的一个子集，它的数据是进行实际测量而获得的。
> **原始数据**是对样本进行实际测量或观测所收集的数据。
> **样本统计量**是描述从原始数据中筛选总结的样本特征的数据。

美国劳工部定义，一些没有工作的人并不是失业。例如，家庭主妇或者家庭主夫都不计入失业人群，除非他们在很积极地尝试寻找工作。那些试图寻找工作最后却因挫折而放弃了的人也不算在失业人群中。

例 2　失业调查

美国劳工部把城市劳动力定义为那些已就业或正在积极寻找就业机会的人。每个月，劳工部会报告失业率，其是指在全部城市劳动力中积极寻找工作的人的比率。为确定失业率，劳工部调查了 60 000 个家庭，在失业率报告中，对以下术语进行描述：

a. 总体　b. 样本　c. 原始数据　d. 样本统计量　e. 总体参数

答案　a. 总体是美国劳工部想要研究的构成城市劳动力的群体。

b. 样本是指 60 000 个家庭调查中的所有人。

c. 原始数据是指调查中收集到的所有信息。

d. 样本统计量是对样本中原始数据的总结。在本例中，相关样本统计量是指积极寻找工作的人所占的百分比（劳工部同样也计算其他样本统计量，如青年、男性、女性和退伍军人的失业率）。

e. 总体参数是指与样本统计量对应的总体特征。在本例中，相关总体参数是实际失业率。需要注意的是，劳工部并没有实际测算总体参数，只是从样本中收集数据来估计总体参数。

3. 样本统计量如何与总体参数相关联

假设尼尔森调查发现 5 000 个家庭的样本中，有 31% 的人观看超级碗橄榄球比赛。"31%"是样本统计量，它是对样本的描述。但尼尔森真正想了解的是相应的总体参数，是观看超级碗比赛的人占所有美国人的百分比。

尼尔森的调查者没有办法准确了解总体参数的数值，因为他们只研究了一个样本。然而，他们希望所做的工作可以保证样本统计量是总体参数很好的估计值。换句话说，他们希望得出结论，因为样本中 31% 的人观看超级碗，所以总体中也会有近 31% 的人观看。统计学的一个主要目标就是帮助调查者评估这类推论的有效性。

🕐 **思考时刻**

假设尼尔森的结论是 30% 的美国人观看超级碗橄榄球比赛。这表示有多少人观看比赛？（美国的总人口接近 3.1 亿。）

统计科学提供了一种方法，使得调查者能够确定样本统计量可以很好地估计总体参数。例如，调查或投票结果经常涉及误差幅度的概念。通过加减误差幅度，可以得到样本统计量的区间（即置信区间），它很可能包含总体参数。在大多数情况下，误差幅度被定义为该范围包含总体参数的置信度为 95%。我们将在第八章讨论有关"可能"和"95% 置信度"的精确定义。《纽约时报》（*The New York Times*）上有一个十分有用的解释（如图 1-1 所示）。在尼尔森案例中，误差幅度是 1%。因此，如果样本中 31% 的人观看超级碗橄榄球比赛，那么

总体中有 30%~32% 的人观看超级碗比赛的这个结论有 95% 的置信度。

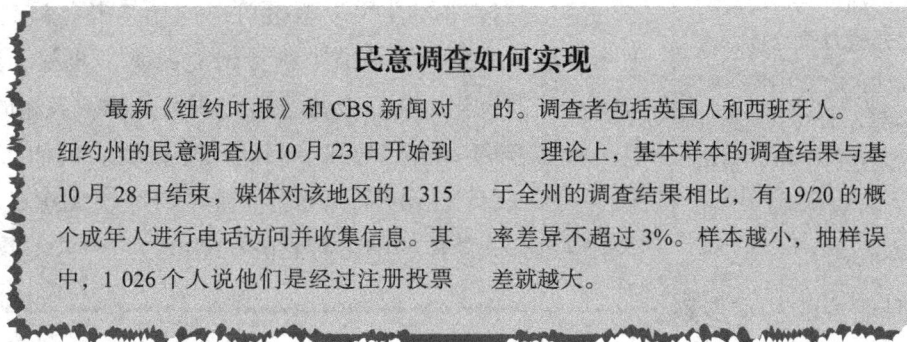

民意调查如何实现

最新《纽约时报》和 CBS 新闻对纽约州的民意调查从 10 月 23 日开始到 10 月 28 日结束，媒体对该地区的 1 315 个成年人进行电话访问并收集信息。其中，1 026 个人说他们是经过注册投票的。调查者包括英国人和西班牙人。

理论上，基本样本的调查结果与基于全州的调查结果相比，有 19/20 的概率差异不超过 3%。样本越小，抽样误差就越大。

图 1-1 民意调查中的误差幅度

统计学最重要的一个标志性发现是，可以从非常小的样本中得到有意义的结果。然而，样本容量越大越好（当可行的时候），因为通常情况下，样本容量越大，误差幅度就越小。例如，在一个设计良好的投票选举中，在 95% 的置信区间内，当样本容量为 400 时，误差幅度通常为 5%；当样本容量为 1 000 时，误差幅度下降到 3%；而当样本容量为 10 000 时，误差幅度为 1%（参考第八章，了解怎样计算误差幅度）。

统计研究中的**误差幅度**描述了一个很可能包含总体参数的值域或**置信区间**。置信区间可以通过样本统计量加减误差幅度获得。也就是说，很可能包含总体参数的值的范围是：从（样本统计量 − 误差幅度）到（样本统计量 + 误差幅度）。

误差幅度通常给定 95% 的置信区间，这意味着在研究中有 95% 的样本会得出此区间将包含实际的总体参数（5% 的样本不会）。

例 3 政治性丑闻

皮尤人口和压力研究中心共计采访了 1 002 个美国成年人，调查政治性丑闻在最近的官方选举中有所增加的原因。57% 的被采访者声称，其增加的原因是丑闻都暴露在媒体更强有力的监督下，而 19% 的人则认为增加的原因是道德水准的下降。投票的误差幅度为 3%。请描述这次调查的总体和样本，并对 57% 的样本统计量作解释。我们如何推断出总体的百分比？即总体人群中"相信政治性丑闻的增加是由于媒体愈加强有力的曝光性"这部分人群的百分比。

答案 总体是所有成年的美国人，样本是 1 002 个被采访的美国成年人。样本统计量的 57% 是样本中实际回答"政治性丑闻的增加是由于媒体愈加强有力的曝光性"的百分比。根据 57% 的样本统计量和 3% 的误差幅度，可以确定取值范围：从 57%−3% = 54% 到 57%+3% = 60%。这个范围很可能包含总体参数（95% 的置信区间）。

🕐 思考时刻

例 3 所描述的调查中，被采访者只在两个可能的答案——媒体高曝光率和日益下降的道德准则——中做选择。如果被采访者可以自己给出答案，你认为结果会改变吗？请解释。

统计学家通常把这个学科分为两个主要的分支：描述统计，即通过图表和样本统计量对原始数据进行处理；推断统计，即利用样本数据来推断总体特征。本书中，第二至第五章介绍描述统计，第六至第十章介绍推断统计。

1.1.2 总结：统计研究的步骤

尼尔森媒体调查的步骤也可以应用于其他统计研究中。图 1-2 和下面的框图总结了统计研究的基本步骤。注意这些步骤有些理想化，实际上每个研究的情况都不太相同。而且，这些基本步骤中隐藏的细节问题十分重要。例如，在步骤 2 中，一个选择不当的样本可能使整个研究毫无意义。从小样本中得出有关总体的结论需要格外谨慎。

统计研究的基本步骤

步骤 1：明确表述研究的目标。确定想研究的群体以及想了解的内容。

步骤 2：从总体中选择有代表性的样本。

步骤 3：从样本中收集原始数据，通过计算感兴趣的样本统计量来总结数据。

步骤 4：使用样本统计量对总体进行推断。

步骤 5：得出结论，确定是否达到目标。

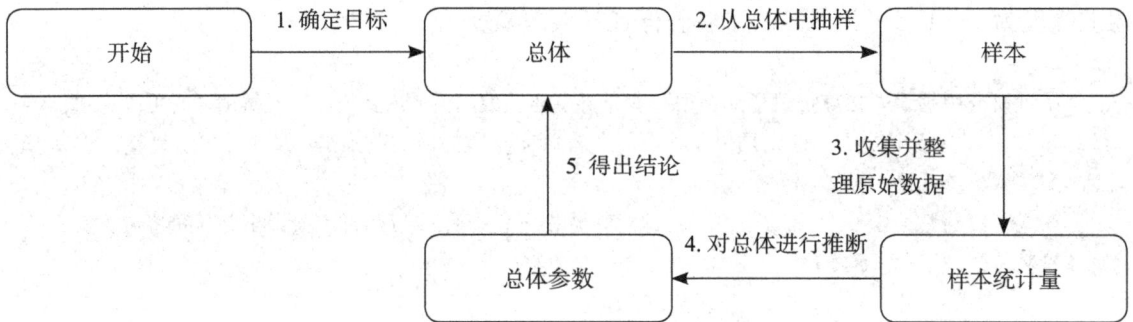

图 1-2 统计研究的基本步骤

例 4 确定步骤

确定例 3 中调查者进行统计研究的五个步骤。

答案 a. 调查者以"美国人如何看待最近政治性丑闻增加的原因"为目标，以所有美国成年人为总体，谨慎地将儿童排除在外。

b. 选择 1 002 个美国成年人作为样本。虽然并未说明样本是如何选取的，但我们可以假设这 1 002 个美国成年人包含总体美国人的所有类型。

c. 调查者通过投票收集原始数据。所有的原始数据都是独立的回答。通过计算样本统计量总结归纳数据，如每个问题中回答是或否的人数所占的百分比。

d. 调查者可以通过统计技术推断总体特征。在本例中，包含推断相关总体参数、计算误差幅度。

e. 调查者通过计算确保正确研究和解释估计的总体参数，得出有关全体美国人对近期丑闻态度的结论。

1.1.3 统计：在不确定中做出决策

到目前为止，我们讨论的大多数案例涵盖了调查和投票，而统计学所包含的内容不仅仅是这些，比如用实验检验新药品的治疗效果，分析全球变暖的危害，或者评估大学教育的价值。实际上，统计学的主要目标是帮助我们在面对很多可能的选择时做出恰当的决策。

> ### 统计学的目的
>
> 统计学有很多用处，而它最重要的目的是帮助我们在面对不确定的问题时做出决策。

我们讨论的大多数案例都基于以上目的，但偶尔也会讨论一些看似比较抽象的理论。如果记住了所有统计的目的，你最终会通过这些理论了解我们的世界。以下案例将会带给你一些启示，它包括在 20 世纪公共卫生方面取得巨大成就的一些重要理论。

🔍 **案例研究**　索尔克脊髓灰质炎疫苗

在 20 世纪四五十年代，如果你是一位家长，你最害怕的就是小儿麻痹这种疾病。在这个小儿麻痹症肆虐的时期，每年都会有数以千计的儿童因为这个病而瘫痪。1954 年，乔纳斯·索尔克（Jonas Salk，1914—1995 年）医生对新研制出的疫苗进行有效性实验。实验的样本为从美国所有儿童中选出的 40 万名儿童，其中的一半儿童注射了索尔克疫苗，而另一半只注射了生理盐水（生理盐水是安慰剂，见 1.3 节）。在注射索尔克疫苗的儿童中，只有 33 人患了小儿麻痹症。而未注射疫苗的儿童中，有 115 人患上了小儿麻痹症。通过统计分析，调查者认为疫苗对抑制小儿麻痹症有效。因此他们决定大力支持并改进索尔克疫苗，并为所有儿童注射。感谢索尔克疫苗，让恐怖的小儿麻痹症成为过去的一个回忆。

在研发了索尔克疫苗后，小儿麻痹症在美国迅速减少，但在一些不发达国家这种病还是很常见。1998 年，全球开始大力支持为儿童注射索尔克疫苗。尽管现在还没有达到完全根除这个疾病的目标，但对小儿麻痹症的抑制已经非常成功了。

工作的最大报酬，乃是获得可以做得更多的机会。

——乔纳斯·索尔克

>>1.2 抽样

我们仅能依靠观察总体中的每个成员来了解总体参数的真值。例如，想知道你所在学校学生的精确平均身高，你需要对每个同学进行测量。这种对总体中每个成员进行数据收集的方法称为普查。然而，进行一次普查通常很不切实际。在某些情况下，总体太大，收集每个成员的数据既耗时又费力。在另一些情况下要排除普查，因为它会干涉研究目标。例如，涉及检验销售前的棒棒糖的质量，我们不能运用普查的形式，因为那样的话，每个棒棒糖都要检验，就没有完整的棒棒糖可以出售了。

不是所有的价值都能被计算，不是所有能计算的都具有价值。

——阿尔伯特·爱因斯坦
（Albert Einstein）

> **普查**是指对总体中所有样品进行数据收集。

大多数统计研究都可以不进行普查。一般情况下，我们从样本中收集数据（而不是对总体中的每个个体进行收集），并通过样本统计量推断总体参数。当然，仅当样本中的个体对总体具有代表性或依据研究的特性进行数据选取时，这个推断才是有意义的。也就是说，我们要寻找总体的代表性样本。

代表性样本是具有总体本质属性的样本。

例1 有关身高的代表性样本

假设你要统计你所在学校全部学生的平均身高，以下哪个更可能是该研究的代表性样本？男子篮球队成员还是你统计课班级里的同学？

答案 男子篮球队不是研究身高的代表性样本，因为它只包含男生且男子篮球队成员一般比同龄人高。你所在统计课班级的同学的平均身高更接近所有同学的平均身高，所以你所在统计课班级里的同学比男子篮球队成员这个样本更具有代表性。

许多药物研究是测试新研发药物是否有效的。美国医学协会杂志发表过一篇文章，其中表明研究结果为药物有效的论文比药物无效的论文更容易发表。这个公共偏差使得所发布的药效结果比实际药效更容易让人相信。

1.2.1 偏差

假设在电视收视率案例的 5 000 个家庭样本中，尼尔森仅选择常常夜间轮班的工薪家庭。它会发现样本中的家庭很少观看深夜节目（因为上夜班的人不能在家里观看深夜节目）。很明显，这个样本不能代表全部的美国家庭，据此得出"深夜节目在美国人中不受欢迎"的结论是错误的。我们说这个样本是有偏差的，因为它并不包含所有典型的美国家庭（在实际的样本选择中，尼尔森尽力避免这些明显的偏差）。偏差在设计和进行统计研究时会引起许多问题，并使结果趋向于我们偏好的特定结果。我们不能相信一个有偏差的研究结果。

如果统计研究的设计和实施趋向于一个偏好的特定结果，那么它可能存在偏差。

偏差产生的途径有如下几种。

- 如果样本中的个体在某些方面与总体的个体有区别，则说明该样本存在偏差。在这种情况下，研究结果将反映样本的特有性质，而不是总体的普遍特征。

- 如果研究者倾向于某一特定结果，则会产生偏差。在这种情况下，研究者会有意无意地曲解数据含义。

- 如果在收集数据时，有意无意地选择了不具有总体代表性的数据，则说明数据设定本身存在偏差。

- 即使研究已经完成，也可能存在报告偏差。例如，一个数据图表可能只反映了部分事实，或歪曲了数据（见 3.4 节）。

减少偏差是统计研究中的一项巨大挑战。因此，寻找偏差成为评估统计研究或媒体报道的重要步骤。

例2 为什么使用尼尔森数据

尼尔森媒体研究通过向电视台和网站收取服务费来赚钱。例如，NBC 向尼尔森公司支付费用来获取电视节目收视率数据。为什么 NBC 自己不统计数据，而是购买另一家公司的数据呢？

答案 电视节目所能赚取的广告费，取决于广告的收视率。收视率越高，广告费就越高。这意味着如果 NBC 自己统计其收视率，将会存在很大的偏差。因此，广告客户不会相信 NBC 本公司统计的收视率。通过租用相对独立的数据资源，如尼尔森数据，NBC 公司可以提供让广告客户更能信任的收视率信息。

> 🕐 **思考时刻**
>
> 实际上 NBC 购买尼尔森公司数据的同时，也给尼尔森一个机会让 NBC 的收视率看起来还不错。如果你是广告代理，尼尔森收视率还有其他别的因素能帮助你获得信心吗？

1.2.2 抽样方法

一个良好的统计研究必须具有一个代表性样本，否则样本存在偏差会导致结论毫无意义。我们依次检验一些普通的抽样方法，理论上至少能筛选出一个代表性样本。

1. 简单随机抽样

在众多案例中，获得代表性样本的最好方法是在总体中进行简单随机抽样。随机抽样使总体中的每一个对象都有平等的机会被选入样本。例如，可以通过掷骰子选择总体中掷到 6 的人作为一个随机抽取的样本。但选择高于 6 英尺 [①] 的人作为样本并不是随机抽样，因为每个人被选择的机会不同。

在统计中，我们预先决定所需的样本容量。在简单随机抽样中，具有特定样本容量的可行样本都有均等的被选择的机会。例如，从你所在学校的全部学生中用简单随机抽样选取 100 个学生作为样本，你可以给学校中的每个同学编号，然后抽签选出 100 个人，只要确保每个学生的编号是唯一的，那么由 100 个学生组成的每一个可能样本被选中的机会就相同。你也可以通过计算机或者有内置随机数字生成器的计算器选择学生编号。

> 🕐 **思考时刻**
>
> 寻找计算器上的随机数字键（几乎每个科学计算器都有）。当你按下它时会发生什么？如何用随机数字键选择 100 个学生的样本？

因为对于特定容量的样本，简单随机抽样使每个样本有均等的被抽取机会，所以只要样本容量足够大，就能找到具有代表性的样本。

例3 当地居民抽样

你想在城镇的居民中进行投票选举，能否从当地的财产税收记录中通过简单随机抽样抽取名字？

答案 来自财产税收记录的样本不是该城镇总体人口的简单随机抽样样本，因为记录中只包含该城镇有财产的人，它不包括这个城镇的所有人，它可能还包括不在该城镇生活但在这里有不动产的人。

---

① 1 英尺 = 0.304 8 米。——译者注

2. 系统抽样

在一些案例中，尽管简单随机抽样十分有效，但是我们可以通过更简单的方法获得同样的结果。假设你要检验英特尔公司生产的微机芯片的质量。由于芯片靠流水作业线产出，你可以每隔 50 个抽取一个芯片作为样本。此样本是一个代表性样本，因为每隔 50 个抽取的芯片与其他芯片相比没有任何特殊的规律特征。这种形式的抽样方法被称作系统抽样。

例 4　博物馆评估

美国航空航天博物馆想策划一个新的太阳系展览，工作人员对一个系统抽样的参观者样本进行采访调查。他选择每 15 分钟正好进入参观太阳系展览的人作为系统抽样的样本。他为什么使用系统抽样的方法而不是简单随机抽样来确定样本呢？在该案例中，系统调查更能抽取到有代表性的样本吗？

答案　简单随机抽样偶尔会间隔很短地选择两个参观者，这样的话，工作人员没有足够的时间去采访他们。而系统抽样每隔 15 分钟抽选一个参观者，很好地避免了这个问题。因为参观者在特定的时间进入，与早一点或晚一点进入没有任何不同，所以我们可以通过系统抽样得到有关总体的代表性样本。

例 5　什么情况下系统抽样会失败

你准备调查男女混住的宿舍，其中男生被分配在奇数号房间，女生被分配在偶数号房间。当你每隔 10 个房间抽取 1 个房间时，能获得代表性样本吗？

答案　不能。如果你从奇数号房间开始抽取，每隔 10 个抽取的房间依旧是奇数号（比如房间号 3，13，23，…）。同样地，如果你从偶数号房间开始每隔 10 个抽取一个房间，它依然是偶数号房间。因此，你获得的样本要么全是男生，要么全是女生，不具有男女混合的代表性。

> 🕐 **思考时刻**
>
> 在例 5 中，如果你每隔 5 个房间抽取 1 个，而不是每隔 10 个抽取，所得的样本是否具有代表性？

3. 任意抽样

系统抽样虽然比简单随机抽样简单，但在某些情况下仍然不切实际。假设你想知道你所在学校惯用左手学生的比例，你将花费很大的精力去进行简单随机抽样或系统抽样，因为两者都要考虑到你所在学校的所有学生。然而，以你统计课班级的同学作为样本就会变得容易得多，你只需让班里惯用左手的同学举手以作统计。这种抽样方式叫作任意抽样。为了确定惯用左手学生的比例，以你所在的统计班级作为任意样本是不错的选择。因为该班级里惯用左手学生的比例和整个学校范围内惯用左手学生所占的比例没有什么不同。但如果你是研究不同专业同学的比例，该样本就会存在偏差，因为一些专业不需要学统计。总的来说，任意抽样比其他形式的抽样调查更容易出现统计偏差。

例 6　沙拉酱口味测试

超市在考虑是否要引进一种新品牌的沙拉酱，所以提供免费试吃，以收集顾客意见。这里使用了哪种抽样方法？这个样本对总体购买者来说具有代表性吗？

答案　顾客试吃沙拉酱的样本是一个任意样本，因为这些顾客刚好在这个店里，并愿意尝试新产品（这种类型的任意样本是人们自己选择是否成为该样本的一部分，也称为自主选择样本，我们将在 1.4 节中详细介绍）。该样本不能准确地代表顾客总体，因为不同的人会在不同的时间进行购物。例如，在家休息的人通常比上班的人更趋向于在中午购物，并且仅仅是喜欢吃沙拉酱的人才有可能试吃。当然，数据仍然很有用。因为在这个调查中，喜欢吃沙拉酱的顾客的意见才最重要。

4. 整群抽样

整群抽样是指将总体中的个体归类为随机的组或群。假设你在农业部门工作，并且想知道使用有机农业技术的农民所占的比例。如果用简单随机抽样或系统抽样去选取样本，会耗时耗力，因为需要去许多相距甚远的独立农场采集数据。使用某个县的农民作为任意样本又会出现偏差，因为不同地区的农业生产方式会有很大差异。你可以在美国范围内随机选择几十个县，对其中的每个农民进行调查。我们认为每个县都是一个农民群体，样本包含了随机选取的群体中的农民。

例 7 汽油价格

你想知道离机场出租车站 1 英里①远的加油站的汽油平均价格。说明在本案例中使用的抽样调查方法。

答案 你可以在全美随机选取几个机场，调查离机场出租车站 1 英里远的所有加油站的油价。

5. 分层抽样

假如你在策划一个预测下届美国总统选举结果的投票。研究总体为所有可能的投票者，你可以从中选择一个简单随机抽样样本。然而，由于总统选举以州为单位计算选举结果，如果你知道每个州投票者的偏好，就可以更准确地预测结果。因此，样本应该包括 50 个州中每个州各自的随机样本。在统计术语中，50 个州代表不同子组或层级。因为样本是从每个层级中随机选择得到的，所以该方法叫作分层抽样。

例 8 失业数据

美国劳工部每月调查 60 000 个家庭来编制失业率报告（见 1.1 节，例 2）。劳工部首先将县和市分成2 000 个不同的地区，然后在这些地区随机选择一些家庭进行调查。这是分层抽样吗？它的层级是什么？为什么在本案例中分层抽样很重要？

答案 失业率调查是分层抽样的一个案例，因为它首先将总体分成各子组。子组或层级是 2 000 个地区的人。分层样本在本案例中十分重要是因为地区不同，其失业率也不同。例如，堪萨斯州农村和硅谷的失业率会存在很大差距。通过分层抽样，劳工部可以保证样本公平地代表所有地区。

1.2.3 抽样方法总结

图 1-3 总结了之前讨论的五种抽样方法。没有单独的哪种方法是最好的，每种方法都有其使用范围（某些研究甚至采用两种或者多种抽样调查方法）。但不管怎样抽选样本，其一定要符合以下三点：

- 只有样本对总体具有代表性，研究才有意义；
- 有偏差的样本不可能是代表性样本；
- 由于在实际选择样本时可能运气不好，即使是一个精心选择的样本也可能不具有代表性。

---

① 1 英里 = 1 609.344 米。——译者注

常用的抽样方法

简单随机抽样：选取的是容量相同且每个样本有同等概率被选择的样本。

系统抽样：通过简单的系统抽取样本，比如在总体中每隔 10 个或每隔 50 个抽取样本。

任意抽样：使用一个碰巧很容易被选择的样本。

整群抽样：先将总体分成不同的组或群，然后从中随机挑选几个群作为样本。

分层抽样：当我们注重总体中不同的子组或层级时，选择该方法进行抽样。首先定义层级，然后在每个层级中随机抽取样本。总样本包括所有从每个独立层中抽取的样本。

简单随机抽样：
每个容量相等的样本都有同等被抽取的机会，计算机常被用于形成随机的数字

系统抽样：
依次选取第 k 个成员

任意抽样：
使用方便现成的结果

你好！你支持死刑吗？

卡森县的选举地区

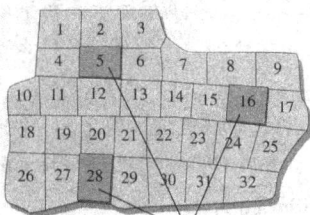

采访阴影地区的所有投票者

整群抽样：
将总体分为不同组或群，随机选择其中的一些群，选择所选群中的所有个体作为样本

分层抽样：
将总体至少分为两个层级，从每个层级中抽取样本

图 1-3 常见的抽样方法

例 9 抽样方法

辨别下列案例中所使用的抽样方法。

a. 某一果园采摘了 1 200 篮苹果。一位农业检查员随机抽取 25 篮，检查其中的每个苹果是否有虫子。

b. 一个教育调查者想知道在某个大学中，男生还是女生在课上问的问题多。在这所大学的 10 000 名学生中，随机抽取了 50 名男生和 50 名女生。

c. 为了研究行星，天文学家进行了一项在 100 颗邻近的星球中找寻行星的调查。

d. 为了决定谁将获得球星亲笔签名的足球，使用一个计算机程序从体育场的观众中随机选择 11 个人的门票号码。

答案 a. 对苹果的检查是整群抽样调查，因为调查者最初随机选择了几个组群（篮子），之后检查所选群中每个苹果的质量。

b. 男生和女生代表研究中两个不同的层，所以这是一个分层抽样的案例。

c. 天文学家研究邻近的星球，是因为在这个研究中很容易得到它们的数据，所以这个是任意抽样的案例。

d. 由于使用计算机随机选取 11 个门票号码，每个门票号码都有均等的被抽取的机会，这是简单随机抽样的案例。

>>1.3 统计研究的类型

统计研究有多种不同的类型。在所有案例中，人、动物（或其他生物）或被选中的其他物体被称作研究的主体。如果主体是人，通常将他们称作研究的参与者。

统计研究有两种基本类型：观察研究和实验研究。在观察研究中，我们通常会在避免影响或修改所观察特征的情况下，观察或计算总体的特殊属性。尼尔森收视率就是一个观察研究的案例，尼尔森使用装置观察主体观看电视节目的情况，但是并不干预他们看什么。

> 仅凭观看，你可以观察到很多。
> ——尤吉·贝拉（Yogi Berra）

观察研究可能包括一些超出通常意义的观察活动。比如，测量人们的体重需要与他们互动，但在统计过程中，这些测量是一种观察，因为互动并不改变体重。同样，在意见调查中，只要调查者在进行采访时只是为了了解人们的意见而不是试图改变它们，就仍算作观察。

假设在一个药物研究中，想知道每天大剂量服用维生素 C 能否预防感冒。为完成实验，调查者必须让样本中一部分人每天大量服用维生素 C。这种类型的统计研究叫作实验研究。实验的目的在于研究实验处理的效果，比如该实验中每天大量服用维生素 C 的效果。

统计研究的两种基本类型

- 在观察研究中，调查者只是观察或测量主体的特性，并不影响或改变这些特性。
- 在实验研究中，调查者进行一些处理并观察其对实验个体的效果。

例 1　研究类别

判断以下研究是观察研究还是实验研究。

a. 索尔克脊髓灰质炎疫苗研究（见 1.1 节的案例研究）。

b. 大学关于走读或住宿的投票。

答案　a. 索尔克疫苗研究是一个实验研究，因为研究者进行了疫苗检验，来看它是否能够降低小儿麻痹症的发病率。

b. 投票是观察研究，因为它只想了解大学生是走读还是住宿，并不影响他们的选择。

1.3.1 识别变量

无论是观察研究还是实验研究，通常都是测量目标变量。变量是指可以变化或有不同取值的项目或数量。目标变量是我们想要了解的变量。例如，在尼尔森研究中，目标变量包括所观看的节目和观看人数。变量"所观看的节目"可以以不同的方式呈现，如"超级碗橄榄球比赛"或"60 分钟"。变量"观看人数"取决于特定节目的火爆程度。从本质上来说，原始数据是目标变量的不同取值。

当考虑事件发生的原因和结果时，我们把目标变量细分为两类。例如，在研究维生素 C 和感冒的关系时，每个人服用不同剂量的维生素 C，在一定时间后，会有不同的感冒次数。因为试图了解维生素 C 是否对感冒有预防作用，所以我们把每日服用维生素 C 的量当作解释变量——它可能会引起感冒次数的变化。类似地，我们将感冒次数当作反应变量，因为是通过它对解释变量（维生素 C 的服用量）的反应进行预测。

> **变量**是指可以变化或有不同取值的项目或数量。
>
> 在统计研究中，**目标变量**是研究中所需要测量的项目或数量。
>
> **解释变量**是解释引起效果的变量，**反应变量**是反映解释变量变化程度的变量。

例 2　识别变量

确定以下案例中的目标变量。

a. 索尔克脊髓灰质炎疫苗研究。

b. 大学关于走读或住宿的投票。

答案　a. 在索尔克疫苗研究中，目标变量为疫苗和小儿麻痹症。它们被当作变量是因为它们有两个不同的值：一名儿童接种了疫苗和没有接种疫苗；一名儿童患小儿麻痹症和没有患小儿麻痹症。在这个案例中，疫苗是解释变量（它可以解释小儿麻痹症发病率的变化），小儿麻痹症是反应变量（假设它受疫苗的影响而发生反应）。

b. 目标变量是学生的回答和不同选择的答案的比例（如走读、住宿、拒绝回答或不知道）。本案例中不包括影响因素，所以不需要判断变量是解释变量还是反应变量。

1.3.2 观察研究

我们所讨论的观察研究，如尼尔森收视率、意见调查、学生平均身高调查，都是在同一时间内收集大量数据的研究。有时观察研究也会使用以前的数据或未来某段时间内的数据。

回顾性研究（也称个案对照研究）是使用过去数据的观察研究。例如，使用官方档案或过去的采访，来了解关注的事情。回顾性研究对于不可操作或不道德的实验来说非常有价值。假设我们想了解在怀孕期间饮酒对新生儿的影响。因为已经知道怀孕期间饮酒对新生儿有害，所以请怀孕的妈妈进行这个实验很不道德。然而，由于过去很多怀孕的妈妈饮酒（不知道有危险或者忽略危险），我们可以实施回顾性研究，将过去怀孕期间饮酒的妈妈所生的孩子和未饮酒妈妈所生的孩子进行对比。

有时，我们需要得出确切的结论，但以往记录的数据却无法使用，在这类案例中，调查者会实施前瞻性研究（也称纵向研究），从拥有共同影响因素的组群中收集未来的观测数据。前瞻性研究的经典案例是 1976 年开始的哈佛护士健康研究，它研究不同的生活方式对女性健康的影响（见本章最后的"聚焦公众健康"）。这个研究一直延续到今天，收集了三十多年中数千名护士的生活方式和健康情况的数据。

观察研究的变量

最常见的观察研究都是同时收集数据（或者时间尽可能接近）。在观察研究中，有两个变量的情况也很常见。

- 回顾性研究（个案对照研究）使用过去的数据，如官方档案或过去的采访。
- 前瞻性研究（纵向研究），从拥有共同影响因素的组群中收集未来的观测数据。

例 3　观察研究

你想知道早产儿和足月儿在小学时的表现是否一样。你可以进行哪个类型的研究？

答案　在这个案例中我们只能使用回顾性研究。需要收集他们出生时的数据，然后比较早产儿和足月儿在小学的表现。

1.3.3 实验研究

因为实验研究需要积极的参与，如提供实验处理，我们必须特别仔细地设计实验来确保它可以提供我们想要了解的信息。下面我们分析一些设计实验时可能发生的问题。

1. 控制的必要性

考虑维生素 C 对感冒影响程度的实验。假如那些每天摄入维生素 C 的人，在三个月中平均有 1.5 次感冒。调查者怎样确定不摄入维生素 C 的人群更容易感冒？要回答这个问题，

> 对照组控制变量不变来帮助我们解释结果，它因此而得名。

调查者首先要把主体分为两组（或更多）：一组成员每天摄入大量维生素 C；另一组不摄入。在大部分案例中，将参与者随机分配到两个组群中很重要。

摄入维生素 C 的一组被称作实验组，因为该组成员将会摄入维生素 C 来进行实验。不摄入维生素 C 的成员组称为对照组。调查者认为维生素 C 是一个有影响的变量，摄入维生素 C 的人群会明显比对照组人群患感冒的次数少。

实验组和对照组

实验组：在实验中得到处理的群体。

对照组：在实验中没有得到处理的群体。

例 4　实验组和对照组

继续讨论索尔克脊髓灰质炎疫苗案例。实验处理是什么？哪一组儿童构成了实验组？哪一组儿童构成了对照组？

答案　实验处理为索尔克疫苗。实验组是接种了索尔克疫苗的儿童，而对照组是没有接种索尔克疫苗而注射生理盐水的儿童。

例 5　莫扎特实验

在一项研究中将大学生分为两组：一组学生在被分配特定任务前聆听莫扎特或其他古典音乐；另一组不听任何音乐。调查者发现，听古典音乐的学生更好地完成了任务，但只在刚开始的几分钟表现出来（两个组在之后的任务完成情况基本相同）。识别实验组和对照组。

答案　实验处理是古典音乐。实验组是聆听古典音乐的大学生，对

> 莫扎特效应是指听莫扎特音乐会使婴儿更聪明。这个效应催生了大量的有关莫扎特的儿童读物。美国佐治亚州甚至向新妈妈分发了莫扎特音乐 CD。然而近期许多研究表明，莫扎特效应并不能实现上述的影响。

照组是没有听音乐的大学生。

2. 混杂变量

使用对照组能帮助我们解释已知变量如何影响研究的结果。然而调查者可能意识不到或者不能解释其他重要的变量。分析以下实验，一位统计老师想知道合作学习的学生（和别的同学一组进行学习）是否比单独学习的学生成绩高。老师选取五位合作学习的学生（实验组）和五位单独学习的学生（对照组），为保证这些学生都有相同的学习能力并会刻苦学习，老师仅从平均成绩高的同学中进行挑选。在学期末，老师发现合作学习学生们的期末成绩更高。

本案例中的目标变量是合作学习（是否进行合作学习）和期末考试成绩。但是假设在老师不知道的情况下合作学习的学生都住在同一个宿舍，晚上宿舍会准时熄灯以保证他们充足的睡眠时间。这个因素又引出了一个新的变量——可称作睡眠时间——该变量可能在一定程度上影响结果。换句话说，实验结果似乎能说明合作学习有益，但结果不公平，因为老师没有考虑到学生的睡眠情况。

在统计术语中，以上研究涉及混杂变量。获得高的分数可能是由于目标变量（合作学习）的影响，也可能是由于适量的睡眠，或者两者都有。由于老师没有考虑不同睡眠时间的影响，我们把它叫作研究的混杂变量。你也可以考虑其他影响该案例的潜在混杂变量。

> 如果不同变量间存在混合影响，则说明研究存在混杂性。因此我们不能确定特定变量的影响程度。导致混乱的变量被称作**混杂变量**。

案例研究 混杂药物结果

最近，联邦药物监管局的顾问小组建议撤销对晚期乳腺癌治疗药物阿瓦斯丁的批准，这种药是目前世界上最畅销的癌症治疗药物。在早期的试验中发现，与单独使用化学疗法相比，该药物与其他化学疗法相结合使用时，阿瓦斯丁推迟肿瘤生长的时间大约为五个月。然而，附加试验表明，肿瘤生长没有明显的延迟迹象，服用阿瓦斯丁的患者的生活质量没有明显提高，生命也没有明显延长。不同试验的结果不同，表明没有对混杂变量做出合理的解释。一个可能的混杂变量是化学疗法的选择。事实上，欧洲关于阿瓦斯丁的研究表明它是有成效的，但是基于将它与另一种化学治疗方法结合使用，这与美国所使用的方法不同。结果，欧洲官方批准了阿瓦斯丁的扩大生产及使用，而同时美国却建议取消它。这表明，尽管几千条生命、几百万美元投入试验，混杂变量仍可能很难排除。这与医生和病人（或者政府）想要的结果相比有很大的不确定性。

3. 分配实验组和对照组

如同合作学习实验所阐明的，如果实验组和对照组在某些重要方面有所不同（除了接受和不接受处理之外的其他因素），那么大多数情况下其结果都会受到混杂变量的影响。调查者通常采取两种策略来避免或缩小这个差别，以确保实验组和对照组可以公平对比。第一，把参与者随机分成实验组和对照组，其意义是使用科学的方法保证每个参与者被分配到两个组中的机会均等。当参与者被随机分配后，通常认为实验组和对照组的成员在各方面没有太大的不同，不会对结果造成影响。第二，努力确保实验组和对照组的成员足够多。例如，在合作学习实验中，每组 50 个学生要比每组 5 个学生更少出现一个学习小组在同一个宿舍的情况。

> **选择实验组和对照组的策略**
>
> **随机分组**：确保实验主体被随机分为实验组和对照组，其意义是各主体被分在各组的机会均等。
>
> **使用充分的大样本**：确保实验组和对照组都是充分的大样本，这样在某些方面就没有明显的差异（除了一个组得到处理而另一个没有这个事实之外）。

例6 索尔克研究的分组

简要说明在索尔克脊髓灰质炎疫苗研究中，选择实验组和对照组时两种策略的应用。

答案 共计 40 万名儿童参与的研究中，一半接种了索尔克疫苗（实验组），另一半只注射了生理盐水（对照组）。第一步，从所有儿童中随机选择两组成员；第二步，确保有大量的参与者（每个组有 20 万名儿童）。这样两个组基本没有差异。

4. 安慰剂效应

当有人参与实验时，会产生一些影响，因为他们知道自己是实验的一部分。假设你要检验一种新的抗抑郁药物的效果。你找到 500 名抑郁症患者，并将他们随机分成两组。一组为实验组，接受新药物的治疗；另一组为对照组，不接受治疗。几周后，与患者谈话的结果表明，实验组患者的情况比对照组的好得多。你能得出新药物有效的结论吗？

其实很可能是接受治疗的患者的情绪对结果产生了影响，比如他们很开心能接受治疗，这意味着你并不能确定新药物是否真的有效。患者的情况有所改善是因为他们相信自己得到了有效的治疗，这被称为安慰剂效应（安慰剂的英文"placebo"来源于拉丁语"to please"）。

> 药物对了解其越少的人越有效。
> ——蒙塔捏·米格尔（Michel de Montaigne，1533—1592 年），法国哲学家

为了区分结果是由安慰剂效应导致的还是来自于实际治疗效果，调查者尝试不让患者知道他们是在实验组还是在对照组。因此，调查者给对照组服用安慰剂：一些看起来和被检验药物相同的东西，但缺少主要成分。例如，在一个丸药实验中，安慰剂也做成形状和大小一样的药丸，只不过其中的成分是糖而不是真正的药物。在接种疫苗的案例中，安慰剂是含盐溶液（生理盐水）而不是真正的疫苗。在对针刺疗法的效果进行检验时，安慰剂是与针刺疗法同样用针扎，只不过针刺的部位不是特定的重要穴位。

只要参与者不知道他们接受的是真正的治疗还是安慰剂，安慰剂效应对实验组和对照组的影响就是相同的。如果两组的结果差异很大，其原因就是治疗有效。例如，在抗抑郁药物的案例中，仅当对照组接受安慰剂，而实验组成员病情比对照组有显著好转时，证明药物有效。为了更好地控制实验，可用使用三个组：实验组、安慰剂组和对照组。安慰剂组给

> 安慰剂效应是非常显著的。在一些研究中，75% 以上的安慰剂接收者觉得确实有效。然而，不同的调查者对安慰剂效应的强度有不同看法，一些人甚至质疑安慰剂是否真有成效。

予安慰剂，而对照组什么都不给。

> 安慰剂缺乏实验中治疗的有效成分，但看起来就像是治疗药物，所以参与者不能区分他们是被给予了安慰剂还是真的在治疗。
>
> **安慰剂效应**是指患者的情况有所好转，仅仅是因为他们相信自己得到了有效的治疗。
>
> 注：尽管参与者不应该知道他们是在实验组还是对照组中，但由于道德原因，参与者应该被告知他们会得到安慰剂而不是真正的治疗。

例 7   疫苗安慰剂

在索尔克脊髓灰质炎疫苗研究中，安慰剂是什么？为什么调查者在实验中要使用安慰剂？

答案   安慰剂是向对照组儿童注射的生理盐水。为了理解为什么调查者要对对照组使用安慰剂，假设不使用安慰剂。当观察到实验组有明显改善时，并不能确切地知道改善是因为疫苗还是因为安慰剂效应。为了辨别混杂因素，所有参与者必须相信他们被同等对待，这就确保安慰剂效应将会平等地出现在两个组中，因此调查者可以将剩余的差异归结为疫苗作用。

5. 实验者效应

即使研究对象不知道他们是接受了真正的治疗还是仅仅使用了安慰剂，实验者也会对结果产生影响。例如，在一个抗抑郁药品的实验中，实验者会询问患者是否感觉好些。然而，如果实验者知道谁接受的是真正的药品，谁接受的只是安慰剂，那么他们可能会无意识地对实验组成员有更多的笑脸。他们的微笑可能使患者心情愉悦，这让患者看起来好像是药物治疗起了作用，而实际上这个好转是由于实验者造成的。这种类型的混杂，是由于实验者影响了结果，叫作实验者效应（或罗森塔尔效应）。避免实验者效应的唯一途径是确保实验者不知道研究对象在哪个组中。

> **实验者效应**是指调查者或实验者通过某些因素影响研究对象，如通过面部表情、声调或态度。

外界流传，许多幼儿在托儿所或学前班很可能被虐待。目前正在重新调查这些案例，以排除实验者效应导致误判的可能性。类似的声明表示，使用实验者效应是防止涉及记忆被抑制的情况，而咨询很可能帮助人们重新获得失去的有关创伤性事件的记忆。

例 8   虐待儿童了吗

在一个著名的案例中，来自加利福尼亚州贝克尔斯菲尔德的两对夫妻被宣告有罪，因为他们日托中心虐待学前儿童。其证据主要来自对孩子们的采访。然而，当该男子已在监狱服刑 14 年后，罪证被推翻。检察官重新审判采访结果，认为孩子们只是给出了实验者想要得到的答案。如果把采访者当作实验者，这就是一个存在实验者效应的案例，采访者通过语调和提问的方式对孩子的回答结果产生影响。

6. 盲法

在实验中确保人们不知道谁在实验组，谁在对照组的方法叫做盲法。单盲实验是参与者不知道他们属于哪个组，而实验者知道的实验方式。参与者和实验者都不知道他们属于哪个组的研究称为双盲实验。当然，一些人需要跟踪这两组的人，以便评估最后的结果。所以在双盲实验中，调查者设计实验时，通常选择有代表性的实验者与参与者建立重要联系。调查者要避免和参与者接触，确保不会以任何方式影响参与者。索尔克脊髓灰质炎疫苗研究就是一项双盲实验，因为参与者（儿童）和实验者（接种疫苗的护工和诊断小儿麻痹症的医生）都不知道谁接种了疫苗，谁注射了安慰剂。

> **实验中的盲法**
>
> 参与者不知道他们是实验组成员还是对照组成员，而实验者知道的实验，称为**单盲实验**。
>
> 参与者和实验者都不知道参与者是属于实验组还是对照组的实验，称为**双盲实验**。

例9　实验有什么问题

从以下所描述的实验中，找出问题，并说明如何避免这些问题。

a. 一种治疗注意力缺乏症的新药品被认为可能使患儿更有耐心。随机选择患有注意力缺乏症的儿童，把他们分为实验组和对照组。该实验为单盲实验。实验者通过一对一访谈来评估这些儿童的耐心程度。

b. 调查者想知道考试前喝咖啡是否能提高成绩。50个爱喝咖啡的人被要求考试前4小时内不要喝咖啡。而50个不喝咖啡的人被要求在考试前4小时内至少喝两杯咖啡。两组在考试中有相同的表现。

c. 调查者想知道通过运动是否能减缓罕见变异疾病的发展。他们找到6名患者，随机将3名分到实验组，每天运动；另外3名作为对照组，不进行运动。六个月后，对每组患者病变的严重程度进行比较。

d. 脊椎按摩师对25名背部疼痛的患者进行调节治疗。之后，18名患者说他们感觉好转了。他便得出结论，调节治疗是一个很有效的治疗方法。

答案　a. 实验者通过访谈评估耐心程度。由于他知道哪些孩子得到了真正的药物治疗，他对这些孩子的谈话内容可能有区别，或者对孩子们的行为有不同的解释。实验者效应能混淆实验结果，所以应该选择双盲实验。

b. 两组都是在不符合自己日常习惯的情况下考试：爱喝咖啡的人不能喝咖啡，而那些不爱喝咖啡的人却被迫喝了咖啡。这个案例说明了不能解释如何影响结果的混杂变量。事实上，这个实验很难设计得完美。

c. 这个研究的结果很难解释，因为样本容量没有足够大。而且，如果之前患者保持运动，研究中却不让他去运动，可能会导致其他健康问题来混淆结果。

d. 25名得到调节治疗的患者代表实验组，而这个研究缺少对照组，患者觉得好转可能是安慰剂效应而不是真的调节治疗的影响。脊椎按摩师可以请一个演员假装对对照组进行调节治疗（一种感觉类似，但实际上和脊椎按摩师的治疗并不相同的方法），这样他就可以对照两组的结果看是否存在安慰剂效应。

1.3.4 综合分析

所有单独的统计研究不是观察研究就是实验研究。近年来，统计学家发现在考虑"我们是否可以发现在单独研究中看不到的事情"时，以往的组群实验依旧有用。例如，上百个研究都论证了维生素C对感冒的可能作用，所以调查者可以回顾之前的研究，将其数据组成一个组群。这种调查者回顾以往数据将其作为一个群体的研究，称作综合分析。

> 在综合分析中，调查者回顾许多过去的研究。综合分析将这些研究看作一个组合，目标是找到在单独研究中没有显现出来的趋势。

🔍　**案例研究**　音乐和自闭症：综合分析

许多使用不同方法的单独案例已经暗示了音乐对患有自闭症的儿童和青少年有益，但是其结果在不同程度上差距很大。为避免开展一个单独的研究，佛罗里达州大学的调查者决定使用综合分析，将现存的研究数据组合起来。与单独研究相比，这种综合分析发现音乐疗法和行为改善之间有更强的相关性，并且音乐疗法对自闭症儿童更有效果。当然，综合分析只能得到所选择的研究中的数据。在这个案例中，一些心理学家仍然不相信音乐治疗的作用。他们认为所有研究都忽略了混杂变量，大多数儿童可能因为更关注治疗而感到愉悦，而不是因为音乐本身。综合分析是一项很有用的技术，但它仍然受"无用输入，无用输出"现象的影响，所以就像运用其他统计方法一样，我们必须谨慎地解释综合分析的结果。

>>1.4 统计研究可信吗

本书接下来的大部分内容将帮助你加深对以上概念和定义的理解。实际上你已经具备足够的知识完成本书的一个主要目标：能够回答这样一个问题，即"统计研究可信吗"。

> 如果我曾经有一些有意义的发现，那源于我比别的天才更集中注意力。
>
> ——艾萨克·牛顿
> （Isaac Newton）

多数研究人员进行统计研究时是诚实的，而且多数统计研究也是严谨而仔细的。然而，统计研究往往非常复杂以至于会出现各种形式的偏差，这要求我们必须仔细地检查统计研究报告，这一点非常重要。"统计研究可信吗"这个问题没有统一明确的答案。不过，本节将介绍八个有用的指导原则。另外，我们也将介绍更多的定义和概念为后续的讨论做准备。

批判性评估统计研究的八个原则

（1）明确统计研究的目标、总体和类型。

（2）考虑来源。特别要注意研究人员自身的潜在偏差。

（3）注意样本偏差。检查抽样方法是否可以得到一个代表性样本。

（4）注意有关定义或度量目标变量的问题。变量的模糊性会给解释报告结果带来困难。

（5）注意混杂变量。如果研究中忽视潜在的混杂变量，所得结果可能是不可靠的。

（6）考虑调查的问题设置和叙述。尤其要注意任何可能导致不精确或不真实回答的情况。

（7）确保结果被合理地呈现。例如，检查研究是否支撑在媒体上呈现的结论。

（8）客观地考虑结论。例如，评估研究是否达到预期目标。如果是，那么研究结论是否有意义并具有实际价值。

1.4.1 原则 1：明确统计研究的目标、总体和类型

当你听说要开展一项统计研究时，你首先应该做的是构想出与研究相关的全部内容，也就是说，对研究要有一个大的视角，它能使你在适当的环境下考虑所有可能的结果。对于一项研究，尝试回答以下问题。

- 研究的目的是什么？

- 研究的总体是什么？是否已清晰明确地定义总体？

- 研究是观察研究、实验研究还是综合分析？如果是观察研究，是否是回顾性研究？

如果是实验研究，是单盲实验还是双盲实验？实验组和对照组是否都是随机分配的？研究目的与研究类型是否对应呢？

例 1　研究类型是否恰当

假设有以下新闻报道："研究人员给 100 名参与者他们各自的星座分析结果，并询问他们这些星座分析结果是否准确。85% 的参与者说他们的星座分析结果是准确的。于是，研究人员就得出结论，这些星座分析结果在多数情况下是可靠的。"根据原则 1 分析这项研究。

> 调查显示，近半数美国人相信占星术。然而，在一项控制实验中，占星术语言实现的概率和预期的偶然性概率相接近。

答案　研究的目的是确定星座分析结果的可靠性。根据新闻报道，本项研究看起来是观察研究，因为研究人员只需询问参与者星座分析结果是否准确。但是，因为星座分析结果准确性问题是比较主观的，研究目标最好有一个对照组。给予其中一组真实的星座分析结果，给予另一组伪造的星座分析结果（作为无效对照组，类似于安慰剂）。然后研究人员就能够对比两组之间的差异。此外，因为研究人员向参与者提问的方式很容易影响研究结果，所以应该采用双盲实验。总之，研究类型不适合研究目标，研究结果也是无效的。

🕐 **思考时刻**

试试你自己的星座测试。将 12 个星座的分析结果分别写在纸上，不做任何标记。随机打乱纸张的次序，然后叫一些人去猜哪张纸是他们自己的星座。有几个人选择了正确答案？讨论你的结果。

例 2　阿司匹林能预防心脏病吗

《新英格兰医学杂志》（*The New England Journal of Medicine*）（第 318 卷第 4 期）的一篇研究报告旨在确定阿司匹林是否能预防心脏病。它涉及 22 000 名被医生诊断为有心脏病发作风险的男性。参与人员被分成两组，实验组的人服用阿司匹林，对照组的人不服用。实验结果非常肯定地支持阿司匹林的效果，但实验在完成之前就因伦理问题而停止了，研究对象也被告知了研究结果。许多头条新闻报道"阿司匹林能预防心脏病"。请根据原则 1 对此类新闻进行分析。

答案　本研究作为一项实验是准确的，它的结果似乎也正确。但是，样本仅仅考虑了男性意味着结果只能适用于男性群体。因为关于男性的医学实验结果不一定也适用于女性，所以当它没有对总体进行限定说明时，这些新闻歪曲了结果。

1.4.2 原则 2：考虑来源

统计研究被认为是客观的，但是实施研究或资助研究的人可能会存在偏差。因此考虑研究的原始资料并且评估潜在的偏差就显得尤为重要，因为这些偏差可能会导致研究结论失效。

为促销或其他商业目的进行统计研究时，偏差可能会很明显。例如，一个牙膏广告声称"4/5 的牙科医生推荐我们的牙膏品牌"。这看起来似乎有统计偏差，但是我们没有得到更具体的关于这项调查是如何进行的信息。因为广告商显然只想说他们的品牌好，但如果没有更多的关于结论是如何得到的信息，得出严格意义上的统计结论是很困难的。

> 许多近期研究结果表明，男性和女性在药物治疗反应上存在很大的差异。例如，阿司匹林在稀释血液方面对男性更有效果（稀释血液可以帮助一些人预防心脏病）；吗啡对女性止痛效果更好；而布洛芬对男性更有效；女性在心脏移植手术上比男性更容易出现排斥现象。这些差异可能是由于男性女性激素的相互作用，或者是由于男性女性对药物新陈代谢的不同所引起的。

其他案例中的偏差可能更加微妙。比如，一项精心设计的研究得出结论说新药有助于治疗癌症。表面上，这项研究似乎非常可信。但是如果这项研究是由医药企业资助的，而且如果这种药被证明有效的话，医药企业会获得上亿美元的收益，那结果又会如何呢？研究人员可能会公正地设计实验而不考虑资金来源，但仍需要做一些额外的确定性调查。

多数的统计研究往往由专家评估，这些专家被认为是没有偏差的。最常见的是所谓的"同行评审"，科学家们相互检查各自的研究。有名的学术期刊要求所有的研究报告在发表之前必须进行"同行评审"。同行评审并不能保证研究的可靠性，但是它意味着其他专家认同研究是合理的。

> **同行评审**是指几个同领域的专家，对未发表的研究报告进行评估的过程。

在争论了 10 年之后，1999 年，世界上最大的烟草制造出口商菲利普·莫里斯公司公开承认吸烟能引起肺癌、心脏病、肺气肿和其他严重疾病。随后不久，菲利普·莫里斯公司更名为奥驰亚公司。

例 3　吸烟有害健康吗

到 1963 年，研究已经清楚地表明吸烟对健康的危害，美国联邦卫生局局长都公开声明吸烟有害健康。此后的研究进一步支持了上述观点。然而，尽管大多数研究表明吸烟是不利于健康的，可少数研究却发现吸烟无害甚至可能有利于健康。这些研究通常是由烟草公司资助的烟草研究机构实施的。根据原则 2 分析这些研究。

答案　即使是这样的案例，我们也很难确定应该相信谁。不过，那些表明吸烟不利于健康的研究主要来自基于"同行评审"的研究。相比之下，烟草研究机构进行的研究有明显的潜在偏差。潜在并不意味着研究本身有偏差，但是它却与其他所有关于这一问题的研究结论都不一致，这就应该引起注意。

1.4.3 原则 3：注意样本偏差

除非样本对研究总体具有代表性，否则一项统计研究就是无效的。不恰当的抽样方法会很容易得到一个有偏样本，从而导致研究结果无效。

很多方式都会导致有偏样本产生，但是有两种尤为常见。第一种是选择性偏差（或选择效应）。当研究人员选取的样本对总体不具有代表性时，这种问题就会发生。比如，在选举前，如果只针对已注册的共和党选民进行民意调查，就会产

超过三分之一的美国人，在被邀请参与调查时的反应是关门或者挂掉电话，因此，选择合适的民意调查员成为一大难题。人们挂掉电话的其中一个原因就是遇到越来越多的以市场调查作为伪装的推销，电话调查员假装请你做调查，实际上是尝试让你买东西。

生选择性偏差，因为这不能反映出非共和党选民的意见。

第二种是参与性偏差。当人们主动选择成为研究过程的一部分而参与进来，即当参与者作为研究的自愿者时，这个问题就会出现。最常见的参与性偏差会在自主选择调查（或自愿回答调查）中出现，人们自主决定是否参与调查或回答问卷。在这些例子中，那些对问题感兴趣的人更可能参与进来，而他们的意见并不能代表更多的对问题不感兴趣的人的意见。

选择性偏差（或选择效应）是指研究人员以一种有偏方式选择样本而出现的偏差。

参与性偏差是指只要参与研究是自愿的就会出现的偏差。

自主选择调查（或自愿回答调查）是指人们自主决定是否参与的调查。

案例研究　1936 年《文学文摘》民意调查

《文学文摘》（*The Literary Digest*）是 20 世纪 30 年代美国的一本著名杂志，它利用大范围的民意调查成功预测了多次选举结果。1936 年，《文学文摘》的编辑在总统选举前进行了一次特大范围的民意调查。他们从各种不同的名单中随机抽取 1 000 万人作为样本。他们向这 1 000 万人邮寄了明信片选票。大约有 240 万人回寄了明信片。根据回寄的选票，《文学文摘》的编辑预测艾尔弗·兰登（Alf Landon）将会以 57% 对 43% 的相对优势赢得对富兰克林·罗斯福（Franklin Roosevelt）的总统选举。然而，罗斯福却赢得了 62% 的公民选票。这么庞大的一项调查究竟是如何导致如此大的过错的呢？

> 一个名叫乔治·盖洛普（George Gallup）的年轻调查员在 1936 年选举前设计了一个调查。使用 3 000 个一次性随机挑选的被访者的数据，他准确地预测了选举的结果，甚至洞察了《文学文摘》投票存在偏差。随后盖洛普建立了一家非常成功的调查机构。

样本同时犯了选择性偏差和参与性偏差两类错误。出现选择性偏差是因为《文学文摘》选择的 1 000 万调查对象更可能是富人。比如，选择电话簿上的名单，就意味着只选择了那些在 1936 年能买得起电话的人群。类似地，乡村俱乐部成员通常都非常富有。之所以出现支持共和党人兰登的选择性偏差，是因为 20 世纪 30 年代的富人选民们更可能把票投给共和党候选人。

出现参与性偏差是因为回寄明信片选票是自愿的，所以对选举感兴趣的人更可能回寄选票。这一偏差也倾向于支持兰登，因为他是挑战者，那些不喜欢罗斯福的人们更愿意回寄明信片。这样，两类偏差使得抽样结果无效。

例 4　围绕其他恒星的行星

直到 20 世纪 90 年代中期，天文学家都没有找到确凿的证据证明太阳系以外还存在行星。但是随着科技的进步，发现这样的行星开始成为可能，截至 2012 年中期，已经发现的行星超过 2 000 颗。现有的技术使得发现大行星比小行星更加容易，发现近恒星环绕的行星比远环绕的容易。根据主流的太阳系形成理论，大行星一般都是在远离恒星的地方形成的，而不是近恒星点。但是在近环绕轨道上发现大行星却非常常见。这是不是意味着主流的太阳系形成理论存在错误呢？

> 美国航空航天局的开普勒计划是在 2009 年启动的，其内容是使用一个轨道望远镜对和地球一样大小并围绕其他恒星运行的行星进行首次侦查。开普勒计划通过行星运行到望远镜前面时，恒星变暗的光来发现行星，这意味着我们能够探测的行星只是刚好在我们视线内的很小一部分。

答案　虽然近恒星环绕的大行星相对较少，但目前的技术使得这些少数行星很容易被发现，这导致了选择效应，这种效应使得样本（发现的行星）产生偏差。事实上，多数的天文学家认为目前的太阳系形成理论仍然是正确的，而且近轨环绕的大行星似乎也不是那么常见。那些确实存在的近轨大行星可以解释为是物理相互作用的结果，这些物理作用会在一个行星系统形成过程中使大行星向内靠近。

1.4.4 原则 4：注意有关定义或度量目标变量的问题

如果要研究的变量很难定义或度量，那么统计研究的结果就很难解释。比如，要进行一项有关运动如何影响静息心率的研究。研究的变量是运动量和静息心率。这两个变量都很难定义和度量。比如运动量，其定义的范围就不明确，包括上学路上的步行吗？即使明确了定义，我们又该如何度量运动量。

> 🕐 **思考时刻**
>
> 定义和度量静息心率的难点是什么？

例 5　金钱能买到爱情吗

《今日美国》（*USA Today*）报道了一项涉及 1% 最富美国人的盖洛普民意调查。调查发现这些人愿意为真爱平均付出 487 000 美元，为才智付出 407 000 美元，为天赋付出 285 000 美元，为永葆青春付出 259 000 美元。根据原则 4 分析调查结果。

　　答案　本项调查里的变量都很难定义。比如，你如何定义真爱？它是意味着一天的真爱，一生的真爱还是其他什么？类似地，在鼻子上使调羹保持平衡的能力也算天赋吗？因为这些变量很难被定义，所以不同的人可能就会有不同的解释，这使得结果很难解释。

1.4.5 原则 5：注意混杂变量

　　那些无故成为研究的一部分的变量使结果更难以解释。如同 1.3 节讨论的，这些混杂变量不容易被发现。有时，一项研究完成好几年后，它们才被发现。有时，根本发现不了，这样研究结果可能会被接受，尽管它不正确。幸运的是，混杂变量有些时候很明显。在努力想那些可能影响研究结果的因素时，它们很容易被辨别出来。

例 6　氡气和肺癌

许多五金商店销售一种设备，你可以用它测试房间的氡气否超标。如果超标，可以安装一个合适的氡气吸附系统。这个系统通常有一个风扇，在氡气进屋前将它抽出。

氡是一种放射性气体，通过地面上的一种自然过程（铀的减少）释放。氡气可以从地基渗透到建筑物中，并且当门窗关闭的时候，会累积到相当高的浓度。设想一个研究，通过对比氡气很常见的科罗拉多州的肺癌率和氡气不常见的香港的肺癌率，确定氡气是否能够导致肺癌。假设研究最后发现两地的肺癌率基本相同，能得出结论说氡气不是导致肺癌的重要因素吗？

　　答案　目标变量是氡气含量（实验中的解释变量）和肺癌率（反应变量）。然而，氡气不是导致肺癌的唯一原因。例如，抽烟也能导致肺癌。所以，吸烟率可能是这个研究的混杂变量，尤其是香港的吸烟率比科罗拉多州的吸烟率要高很多。因此得出结果，我们在没有考虑吸烟率（可能的其他变量）的情况下，不能得出氡气和肺癌率关系的结论。实际上，严格的研究表明，氡气可以导致肺癌，美国环境保护局建议采取措施预防室内氡气。

1.4.6 原则 6：考虑调查的问题设置和叙述

　　即使调查使用了很精准的抽样方法，明确定义概念和问题，你也应该注意调查问题的设置和叙述的相关情况，避免不准确或者不诚实的回答。当调查涉及敏感问题时，比如个人习惯或收入状况等，尤其会引起不诚实的反应。例如，"你逃过个人所得税吗？"那些逃税的人也不可能诚实地回答，除非他们被担保会完全保密（即使这样也未必会诚实地回答）。

　　在其他案例中，如果问题的叙述存在偏差，诚实作答也不一定准确，有时仅仅是问题词语的顺序就可以影响结果。德国的一个调查问了以下两个问题：

- 你认为交通运输比工业生产对大气环境的影响大还是小？
- 你认为工业生产比交通运输对大气环境的影响大还是小？

这两个问题唯一的区别就是交通运输和工业生产这两个词的顺序，但是这却戏剧性地改变了结果：第一个问题中，45% 的回答是交通运输引起的污染大，32% 的认为是工业生产；第二个问题中，只有 24% 的回答是交通，而 57% 的回答是工厂。

例 7　你想减税吗

美国共和党全国委员会委托进行一项调查，以了解美国人是否支持他们所提出的减税提案。如果问"你是否支持减税"，大部分回答是。那么我们能因此断定美国人支持这个提议吗？

答案　像"你是否支持减税"这种问题就存在偏误，因为没有别的选择或者没有考虑任何减税后的结果。实际上，同一时期的其他调查都存在类似的问题。然而，当问题变为"即使减税会使赤字增大，你还是支持减税吗"，支持削减赋税的人数所占比例会变得很低。

> 人们通常更习惯选择调查中的第一个选项，心理学家将这种现象定义为可用性错误，即根据脑海中可用事物所做出的判断倾向。专业调查机构很努力地避免这种问题，例如，他们针对一个问题提出两个选项，以一种顺序给样本中一半的人作答，更换选项的前后顺序后给样本中的另一半人作答。

1.4.7 原则 7：确保结果被合理地呈现

即使统计研究实施得很理想，当用图表表示或推导结论时也有可能会出现错误。调查者有时会曲解研究结果或者得出没有结果支持的结论，特别是当他们存在个人偏见的时候。新闻报道可能会曲解调查或得出没有根据的结论。通常情况下，图表尤其会使人误解（我们将在第三章讨论这个话题）。你应该找出研究的详细解说（通过图表或文字）和所给出的实际数据之间的区别。

例 8　学校董事会需要上统计课吗

当美国科罗拉多大学博尔德分校的学校董事会宣称 28% 的该校学生的阅读量低于年级平均水平时，引起轩然大波。学校董事会由此决定需要改变教学方法。这个公告基于阅读测试结果，结果显示 28% 的博尔德分校学生的分数低于该年级全国平均水平。这些数据能反映出学校董事会所做出的决定合理吗？

答案　28% 的博尔德分校学生的分数低于该年级全国平均水平的事实说明 72% 的学生在平均水平之上或与之持平。因此，学校董事会的声明是无意义的，除非"年级水平"是指全国特定年级的平均分数。本案例中，可能需要完善教学方法，但是所提供的数据并不支持这个结论。

1.4.8 原则 8：客观地考虑结论

即使研究看起来很合理，也应该慎重考虑所得结论，对下列问题做出解答：

- 研究能达到预期目标吗？
- 结果有意义吗？
- 能排除基于结果的其他解释吗？
- 如果结论有意义，有实践价值吗？

例 9　特殊声明

一位受人尊敬的、在康奈尔大学执教的心理学家达里尔·J. 贝姆（Daryl J. Bem），在近期的研究中声明超常的主张需要超常的证据。

——卡尔·萨根（Carl Sagan）

找到了超感官洞察力存在的证据。例如，在一个实验中，研究对象被要求识别藏在屏幕后面的图片。53% 的人给出了正确答案，而 50% 是纯属巧合猜到的。然而，贝姆博士宣称结果具有统计意义。他的研究结果经过同行评审后在一个声誉度很高的学术期刊上公开发表。你能由此得出超感官洞察力是真的存在的结论吗？

答案　尽管研究做得很认真，但声明超感官洞察力存在时，应该考虑科学家经常说的特殊声明这个条件。因为多数研究从没有发现任何无可非议的证据可以证明超感官洞察力的存在，且它的存在似乎违反了现存的物理定律。此外，贝姆博士声明这个结果被科学家和统计学家认为具有统计意义。他们一直在争论贝姆博士使用了错误的分析方式，而且有准确的分析表明贝姆博士的结果存在巧合。很明显，像超感官洞察力存在的这种特殊声明，在得出它真实存在的结论前，我们需要找到更强有力的证据。

聚焦心理学

你开车时沉迷于手机吗

统计学中的一个热门话题是手机及其他令人分心的事物如何影响司机的反应能力，以及这些令人分心的事物是否会导致更多的车祸事故。不同学科的科学家都研究了这些问题，但心理学家觉得这些问题尤其重要，因为答案取决于人类大脑对不同刺激做出的反应。

对此问题已有过许多不同类型的统计研究。一些研究报道声称事故原因涉及打电话、发短信等。通过调查发生车祸事故人员的通话记录，可以确定他们是否在发生车祸时使用了电话。这些研究表明分心会导致更高的车祸率。犹他大学应用认知实验室进行了一系列的研究，研究司机开车时在不同的分心条件下，包括接听电话、使用耳机接听电话、发短信等做出的反应。将这一研究与在不分心条件下，冷静的或喝醉的司机的反应作对比。结论令人很吃惊，即使是用耳机接听电话，也会使得司机和喝醉时开车一样危险，发短信和其他分心的情况更容易导致车祸。

开车时使用电话和酒驾一样危险，这个结论正确吗？通常有多种方式可以评价此结论，但在实践中，需遵循以下八条原则。

第一，了解研究的主要框架。犹他大学的目标是研究不同分心情况尤其是打电话的危险，研究总体是所有司机。该研究是实验研究，因为不同分心条件刺激的对象相同，并且与不分心、冷静的情况作对比。

第二，考虑来源。通常我们假定大学实验室可以进行独立实验，没有必须得出某个特定研究结果的压力。事实上，如果有压力的话，压力有可能来自于移动电话公司。没有在使用它们产品的过程中发现危险，结果就是有偏差的，因为这和实验人员得出的结论相反。同样，我们没有理由怀疑实验人员本身有偏差。虽然不能确定无偏，但是在这个案例中来源似乎是可靠的。

第三，注意样本偏差。为了得到有效的结果，样本必须能代表所有的司机。犹他大学的媒体几乎不谈论样本的选择方法，但是在这个案例中，得到具有代表性的数据似乎不是很难，因为任何一个群体都不太可能对分心毫无反应。因此，除非我们有相反结论的证据，否则可以假定样本抽取的过程是完备的。

第四，注意定义或测量目标变量的问题。该案例中的研究变量包括司机在紧急情况下的反应，以及在模拟行驶中发生车祸的频率。这些变量是直接定义或测量的。

第五，注意混杂变量。很难消除所有的混杂变量，但我们可以很容易想到某些影响研究的变量，比如司机的反应取决于不同实验的顺序和时间，随着实验的进行，司机可能会感到疲惫或者在某一天感到不舒服。然而原则上，研究人员可以通过多种方法避免这些问题的出现，包括针对不同司机改变时间或实验顺序、扩大实验群体，这样小病小痛就不会影响总体的结果。

第六，考虑研究的问题设置和叙述。犹他大学没有调查基础，所以这个原则并不适用。然而，对现实车祸发生率的研究是基于警察或保险公司的报道，因此考察潜在的偏差是有价值的。比如，手机在车祸事故中的影响是否过高或过低报道了？一些人认为过高报道是不可能的，因为没有人会在没有使用手机的情况下告诉警察他们在打电话。但是过低报道是很有可能的，因为拒绝承认使用电话是降低事故责任的一种方式。我们可以推断出，如果调查有偏差，很有可能是低估了分心的危险。

第七，检查报道是否公正。犹他大学的研究发现了使用手机具有危险性的确凿证据，不论手机是否带有耳机。这些研究和事故的真实数据相关，因此我们更有理由相信结果是公正的。

第八，考虑结论。我们已经得出结论，犹他大学实现了研究的目标，并总结出开车时使用手机的危险。事实上，研究表明开车时发短信、使用 GPS、在 iPod 里查找音乐都会带来危险。这些结论有什么现实意义吗？答案是肯定有现实意义，如果在开车时打电话或者做其他分心的事情，就是将自己和他人的生命置于危险之中。

聚焦公众健康

你的生活方式健康吗

思考统计学中的以下结论：

- 吸烟会增加患心脏病的风险；
- 食用人造黄油会增加患心脏病的风险；
- 每天喝一杯红酒可以保护心脏，但增加了患乳腺癌的概率；
- 薯片和含糖苏打汽水最易增肥。

你可能很熟悉这些结论，或许也已经因此改变了自己的生活方式。但是这些结论从何而来？值得注意的是，关于公众健康的重要结论来自于前瞻性调查，这些调查已为数百项小型统计研究提供了数据。研究时间最长的是哈佛大学公共卫生学院，从 1976 年弗兰克·E. 斯佩泽（Frank E. Speizer）教授研究口服避孕药的长期作用开始。他向约 370 000 名注册的护士发放调查问卷，收到约 120 000 个回复。斯佩泽教授选择护士为调查对象是因为他认为她们参加过医疗培训，得到的结果要比采访大众更可靠。斯佩泽教授和他的学生研究调查问卷的回复信息时，发现研究可以扩展到多个领域。至今，这个研究团队一直对最初回复的 120 000 名护士进行调查。

年度调查问卷是这项研究的一个重要部分。研究人员可以综合了解护士饮食的数据，食用药物或维生素的数据，锻炼、喝酒、吸烟的数据，生病的数据。一些护士还提供了血样，用于测量胆固醇含量、激素水平、基因以及农药残留和环境污染的影响。斯佩泽教授对护士的信任是合理的，他们总能顺利地完成实验并且根据需求提供合适的血样。

经过 30 多年的联络，研究人员和护士彼此感觉很亲近。许多护士期望收到研究人员的回复，并且认为研究帮助他们更加关注自己的生活。今天，最初接受调查的 120 000 名护士已步入高龄，研究人员将开始对老年人长寿和健康的影响因素进行研究。

哈佛大学公共卫生学院的成功促进了研究本身的进一步发展以及其他群体的相似研究。当你看到关于这些研究的报道时，就能想到人们想加入这些研究是为了过上更好的生活。

第二章　统计测量

我们都知道如何测量数量，如身高、体重、温度等。然而，在统计学中还有很多其他种类的量度，对于这些量度，我们不论是给它们下定义、获取数据，还是做报告，都必须认真仔细。在本章中，我们将讨论一些与测量和统计相关的重要概念。随后你会发现，这些概念对于理解日常生活中我们遇到的统计报告非常有帮助。

当人们谈论报纸上的数字时，几乎没人知道这些数字代表什么。这是因为我们总是在举例说，像政治家们以及股票市场的分析师们，他们也不知道这些数字代表什么。

——莫莉·艾文斯（Molly Ivins）
（1944—2007 年），报纸专栏作家

学习目标

2.1 数据类型和测量尺度

识别数据是定性数据还是定量数据，是离散的还是连续的，并且判断数据的测量尺度（定类测量、定序测量、定距测量、定比测量）。

2.2 误差处理

理解随机误差和系统误差的区别，能够描述绝对误差和相对误差，理解测量中的准确度和精确度的区别。

2.3 百分数在统计学中的应用

理解百分数在报告统计结果时的用途，并且识别误用这些百分数的情况。

2.4 指数

理解指数的概念和居民消费价格指数（CPI）的应用。

热点话题

聚焦政治：税率降低，谁获益最多
聚焦经济：重新定义 CPI 是否有助于解决预算危机

>>2.1 数据类型和测量尺度

在统计学中，挑战之一是如何完美地概括并展示数据。不同的数据类型需要不同的概括方法。在本节中，我们将讨论如何进行数据分类，这有助于在后面的章节进行数据概括和展示。

2.1.1 数据类型

数据有两个基本类型：定性数据和定量数据。定性数据是指非数值类别的数据（因此，定性数据有时也称为分类数据）。例如，眼睛颜色属于定性数据，因为眼睛颜色分为蓝色、棕色、淡褐色等。其他的定性数据包括冰激凌的口味、雇员的姓名、动物的性别，以及电影和餐馆的等级，如不好、一般、好、非常好。

定量数据代表一定的数量或尺度，它是有数值的。例如，运动员在比赛中跑步的时间、大学毕业生的收入，以及不同班级的学生人数等。

> **数据类型**
>
> **定性（分类）数据**是由非数值类别的值组成的。
> **定量数据**是由代表数量或尺度的值组成的。

例 1　数据类型

区分下列数据属于定性数据还是定量数据。

a. 一个消费者调查中鞋子的品牌。

b. 一个多选题考试的分数。

c. 一篇文章的字母等级。

d. 一个篮球队里球员队服上的数字。

答案　a. 品牌名称属于分类，因此代表定性数据。

b. 多选题考试的分数是定量数据，因为它计算的是正确答案的数量。

c. 一篇文章的字母等级是定性数据，因为它代表不同的类别（从不及格到非常好）。

d. 球员的队服号码属于定性数据，因为这些号码不代表数量或尺寸，它们只用于表示身份。也可以说，这些数字是定性数据而非定量数据是因为不能用它们进行计算。例如，用不同球员队服上的数字相加或相减是没有意义的。

2.1.2 离散数据与连续数据

定量数据可以进一步分为连续数据和离散数据。如果数据能够在一个给定的区间中取任何一个值，则数据是连续的。例如，一个人的体重可以是零到几百磅[①]之间的任何一个值，所以表示体重的数据是连续的。如果数据只能够取特定的值而不能取这些值之间的值，则数据是离散的。例如，班里同学的学号是离散的，因为学号必须为整数。鞋子的尺码也是离散

---

① 　1 磅 = 0.453 592 4 千克。——译者注

数据，因为它只包含整数和半整数值，如 7、$7\frac{1}{2}$、8 和 $8\frac{1}{2}$（实际的脚长是连续的，但鞋子尺码是离散的）。

离散数据和连续数据

连续数据能够在给定的区间中取任何一个值。

离散数据只能取特定的、个别的值，而不能取这些值之间的值。

例 2　离散数据还是连续数据

指出以下数据是离散的还是连续的。

a. 步行 1 英里所用的时间。

b. 日历年的数字（如 2013、2014、2015）。

c. 不同农场中奶牛的数量。

d. 一个农场中奶牛的产奶量。

答案　a. 时间能取任何值，所以时间的测量值是连续的。

b. 日历年的数字是离散的，因为它不包含小数。例如，在 2016 年除夕，年份将从 2016 年变成 2017 年，永远都不会出现 $2016\frac{1}{2}$ 年。

c. 每一个农场的奶牛数量都是可以计数的整数，所以这些数据是离散的。例如，不存在带分数个数的奶牛。

d. 一头奶牛的产奶量可以在一定范围内取任何值，产奶量的数据是连续的。

2.1.3 测量尺度

另一种数据分类的方式是通过测量尺度进行分类。最简单的测量尺度适用于一些变量，如眼睛的颜色、冰激凌的口味、动物的性别等。这些变量仅仅通过名称、代号、类别来描述。我们称这些数据为定类测量的数据（"定类"是指按名称分类）。定类测量不涉及数据的排名和顺序。例如，我们不能认为蓝色眼睛排在棕色眼睛之前，同样也不能认为香草口味的排名高于巧克力口味。

当用等级或顺序描述数据时，就使用定序测量（"定序"指顺序）。例如，电影或餐厅的星级指数。定序测量数据通常不用于计算，因为计算这些数据没有意义。例如，看三场一星级的电影并不等于看一场三星级的电影，也就是说将星级指标相加没有意义。

🕐 **思考时刻**

考虑这样一个调查"你最喜欢的冰激凌口味是什么？"我们已经说过冰激凌口味代表的数据是定类测量数据。但是，假设为了方便，研究人员将调查的数据输入计算机时用数字代表不同的口味，例如，他们标记 1 = 香草，2 = 巧克力，3 = 奶油曲奇，4 = 樱桃等。这样是否将冰激凌口味由定类测量数据变成了定序测量数据？请说明原因。

定序测量提供了一个等级系统，但是定序测量没有精确地表示测量结果间的差异。例如，一个三星级的电影和一个二星级的电影之间并没有一个精确的区分方式。与此相反，

81 ℉比 80 ℉高出的温度与 28 ℉比 27 ℉高出的却是等值的。温度数据处于更高一级的测量尺度，因为温度刻度单位间的间隔总是代表相同的确定数量。然而，华氏温度值的间隔（不同值相减）是有意义的，但是其比例（涉及不同值间的除法）却没有意义。例如，20 ℉并不是 10 ℉热度的两倍，同样 -40 ℉也不是 -20 ℉冷度的两倍。比例在华氏度刻度中没有意义是因为华氏温度中零点是任意指定的，并且零点并不代表没有热度的状态。如同华氏温度的例子，如果数值间的差有意义，而比例没有意义，那么这样的数据为定距测量的数据。

当间距和比例都有意义时，数据为定比测量数据。例如，由距离组成的数据属于定比测量数据，因为 10 千米的距离确实是 5 千米距离的两倍。通常，任何数值范围内定比测量都存在一个零刻度，而这个零值就代表没有测量值。在距离的例子中，距离为零就代表没有间隔。其他一些定比测量数据包括重量、速度、收入等。

需要注意的是，定类测量和定序测量的数据通常是定性数据，而定距测量和定比测量的数据通常是定量数据（可以是离散的也可以是连续的）。图 2-1 总结了可能的数据类型和测量尺度。

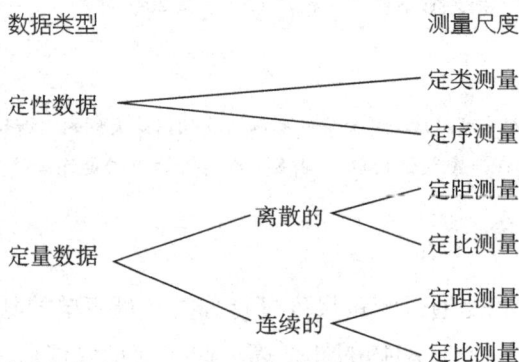

图 2-1　数据类型和测量尺度

测量尺度

　　定类测量的数据仅仅是由名称、代号、类别组成的数据。定类测量的数据是定性数据，不能对其进行等级划分和排列。

　　定序测量适用于可以按某一顺序进行排列（如从低到高排列）的定性数据。通常，对定序测量的数据进行计算是没有意义的。

　　定距测量适用于间距有意义，而比例没有意义的定量数据。定距测量数据的零点是任意的。

　　定比测量适用于间距和比例都有意义的定量数据。定比测量数据的零点是确定的。

例 3　测量尺度

识别下列各数据集合的测量尺度（定类测量、定序测量、定距测量、定比测量）。

a. 篮球队球员队服上的号码。

b. 学生对自助餐厅食物的等级设定为非常好、好、一般、不好。

c. 某个历史事件的年份，如 1776、1945、2001。

d. 摄氏温度。

e.波士顿马拉松比赛中运动员的长跑时间。

答案 a.队服上的数字并不是用来计数或测量的。它是定类测量的数据，因为这些数字只是队员的标记，没有顺序之分。

b.一组等级所代表的数据是定序测量的数据，因为这些类别（非常好、好、一般、不好）有确定的顺序。

c.间距为一年的年份数所代表的意思是一样的。但是不同年份的比例没有意义，因为我们选择的年份的零值是任意的，并不代表时间的起始值。因此，日历年份是定距测量的数据。

d.和华氏温度一样，摄氏温度也是定距测量的数据。1℃所代表的温度间隔总是相同的。但是其零点（0℃＝水的冰冻点）是独特的，它并不代表没有热度。

e.马拉松比赛所用时间的比例是有意义的，例如，用时 6 小时是 3 小时的两倍，因为比赛时间有确定的零值，即所用时间为 0。

科学家常采用开氏温标衡量温度。用开氏温标表示的数据是定比测量的数据，因为开氏温标有真实的零点。开氏温标的 0 度是可能存在的最低温度。0K 称为绝对零度，大约等于 -273.15 ℃ 或 -459.67 ℉（开氏温标通常不使用度数标志）。

100℃
= 212 ℉
= 373.15K —— 水沸腾

0℃
= 32 ℉
= 273.15K —— 水结冰

-273.15℃ —— 绝对零度
= -459.67 ℉
= 0K

>>2.2 误差处理

接下来，我们讨论如何处理测量中的误差。首先，我们考虑可能出现的误差类型，然后讨论陈述结果时如何解释那些可能的误差。需要注意的是，我们会通过测量进行讨论，这同样适用于估计和预测，例如人口预测或一个公司的计划性收益。

错误是新发现的入口。
——詹姆斯·乔伊斯
（James Joyce）

2.2.1 误差类型：随机误差和系统误差

测量误差大致可分为两种类型：随机误差和系统误差。两者的不同可以用以下案例进行说明。

假设你在儿科工作，要使用电子秤测量婴儿的体重。如果你工作中有接触过婴儿，你会知道他们不愿意被放在秤上。婴儿的强烈摆动和哭闹会使秤不停晃动，使得显示器上的数字不停跳动。如图 2-2a 所示，你可能会将这个婴儿的体重记录为 14.5~15.0 磅之间的任何一个数。我们说秤的晃动产生了一个随机误差，因为任意的测量值都可能过高或过低。

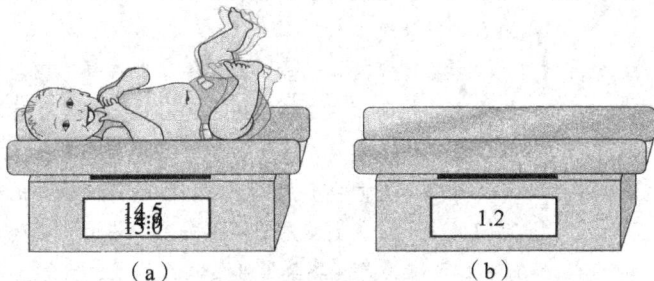

图 2-2 测量婴儿体重

注：（a）婴儿的晃动导致随机误差。

（b）秤空时的读数是 1.2 磅，这导致系统误差，使得所有测量值都偏高 1.2 磅。

现在假设你已经用图 2-2b 所示的秤称了一天婴儿的体重。在这一天结束时，你注意到秤空时仍显示读数 1.2 磅，这种类型的误差被称为系统误差，因为它是由测量系统的错误引起的，并始终（系统地）影响所有测量结果。

测量误差的两种类型

随机误差的产生是由于测量过程中存在随机的以及固有的不可预知的事件。

系统误差的产生是由于测量系统存在问题，这个问题一直以相同的方式影响所有测量结果。

测量刻度与真实值之间存在差异的系统误差被称作校准误差。你可以将一个已知重量的物品放在秤上来对其进行校准，如重量分别为 2、5、10、20 磅的物品，并且确定这个秤能显示预期的读数。

一个系统误差会以相同的方式影响所有测量结果，例如使所有测量值都过高或过低。如果发现系统误差，你可以返回调整受影响的测量值。相反，随机误差不可预知，所以不可能去纠正它们。但是你可以通过重复测量或取平均值使随机误差最小化。例如，如果测量一个婴儿体重 10 次，你所得到的测量值可能有一些过高而有一些过低，你可以取这 10 个测量值的平均值，从而得到一个更好的测量结果。

例1　全球气候变暖数据的误差

科学家研究全球气候变暖需要知道全球平均气温是如何随时间而变化的。考虑到说明 20 世纪初期的历史温度数据的两个难题：①这些温度是用简单的温度计测量得到的，并且是用手工记录；②大多数温度测量值是在城市中或其附近记录的，而这部分地区的温度由于人们活动释放热量，会比农村附近的温度高。论述这两个难题是否引起随机误差和系统误差，并思考这两种误差的含义。

城市地区由于人类活动而变暖的现象称为城市热岛效应。这个效应主要是由汽车、家庭以及工厂燃烧燃料散热，以及路面和大型施工建筑吸收太阳的热量引起的。

答案　第一个难题导致了随机误差，因为人们在读温度计、校正温度计或是记录温度读数时会产生偶然误差。没有办法预测一个人的读数是正确的还是过高或过低的。然而，如果存在同一天同一地区的一些测量值，这些测量值的平均数可以使随机误差最小化。

第二个难题导致了系统误差，因为城市地区额外的热量总是使其温度读数比其他地区高。如果研究人员能够估计这个系统误差对温度读数影响的具体数值，他们就能纠正这些数据的误差。

🔍　**案例研究**　人口普查

美国宪法规定 10 年进行一次人口普查。美国人口普查局负责执行人口普查工作（同时也进行很多其他的人口统计研究）。

一个小的系统误差有时却能解救大量的解释。

——H.H. 芒罗（扎基）
[H.H.Munro（Saki）]

为了计算人口数量，美国人口普查局依赖于一项包括美国所有家庭的调查。然而，在这项调查的过程中会产生很多随机误差，比如一些人将调查表填写错误，或是调查局工作人员将一些回答记录错误。

人口普查同样会受到不同类型的系统误差的影响。例如，计算无家可归的人数会很困难，而那些非法入境的人也会试图藏起来不出现，这些都导致人口数量计数偏少。另外有一些系统误差会导致计数偏高，例如，大学生在学校中被计数又在家中被计数，父母离异的孩子在两个家庭都被计数。

2010 年人口普查显示美国人口数量达到 3.087 亿，但是这仅仅反映了实际的调查结果。原则上，人口普查局可以使用统计学的研究来纠正系统误差，使得人口计数更加精确，但是目前的法律不允许。

2.2.2 误差大小：绝对误差和相对误差

除了想了解一个误差是系统误差还是随机误差外，通常我们还想知道一个误差是否足够大而值得我们去考虑，还是很小而不重要。

假设你去商店购买你认为是 6 磅的汉堡，但是因为这个商店的秤非常不准，实际上你只得到了 4 磅的汉堡。你可能会因为这 2 磅的误差而非常沮丧。现在假设你为整个镇上的烤肉野餐购买汉堡，并且订购了 3 000 磅的汉堡，但实际上你只收到了 2 998 磅。同之前一样，你少得了 2 磅，在这个案例中，误差看起来就没有那么重要。

用更专业的语言来说，上面两个案例中的 2 磅的误差都是绝对误差，它描述了测量值与真实值之间的差距。相对误差是指将绝对误差的大小与真实值相比。第一个案例中的相对误差相当大，因为 2 磅的绝对误差是真实重量 4 磅的一半，我们称相对误差是 2/4，或 50%。相比较而言，第二个案例中的相对误差是绝对误差 2 磅除以汉堡的真实重量 2 998 磅，仅仅为 2/2 998 ≈ 0.000 67，或 0.067%。

> **绝对误差和相对误差**
>
> **绝对误差** 描述了测量值与真实值之间的差距：
> $$绝对误差 = 测量值（或声称值）- 真实值$$
> **相对误差** 是将绝对误差的大小与真实值相比，通常表示为百分比：
> $$相对误差 = \frac{绝对误差}{真实值} \times 100\%$$
> 注：当测量值大于真实值时，绝对误差和相对误差都是正数；而当测量值小于真实值时，绝对误差和相对误差都是负数。

例 2 绝对误差和相对误差

计算下列例子中的绝对误差和相对误差。

a. 你的真实体重是 100 磅，但是体重计显示的是 105 磅。

b. 政府宣布一项工程花费了 990 亿美元，但是一项审计显示真实花费是 1 000 亿美元。

答案 a. 测量值是秤的读数，为 105 磅，而真实值是 100 磅：

$$绝对误差 = 测量值 - 真实值 = 105-100 = 5（磅）$$

$$相对误差 = \frac{绝对误差}{真实值} \times 100\% = \frac{5}{100} \times 100\% = 5\%$$

测量的重量高了 5 磅，或者高了 5%。

b. 声称的花费是 990 亿美元，真实花费是 1 000 亿美元：

$$绝对误差 = 声称值 - 真实值 = 990-1 000 = -10（亿美元）$$

$$相对误差 = \frac{绝对误差}{真实值} \times 100\% = \frac{-10}{1 000} \times 100\% = -1\%$$

声称的花费低了 10 亿美元，或者低了 1%。

2.2.3 结果表述：准确度和精确度

准确度和精确度是报告值的两个关键问题。尽管这两个词在英语中通常可以互换使用，在 1999 年，由于工程师们在输入一个以英制单位表示的非常精确的计算机命令时，却被宇宙飞船中的软件解释成了公制单位，美国宇航局因此损失了 1.6 亿美元。换句话说，这个损失的产生是由于实际上相当不准确却非常精确的命令。

但是它们并不完全相同。

任何一项测量的目的都是获得一个与真实值尽可能接近的值。准确度描述了测量值与真实值的接近程度。精确度描述了测量中数值的详细程度。假设一项人口普查显示你家乡的人口数量为 72 453 人，但是真实人口数量为 96 000 人。72 453 这一人口普查值相当精确，因为它告诉了我们一个精确的数量。但是，这个值并不非常准确，因为它与真实人口数量 96 000 相比少了将近 25%。注意，准确度通常定义为相对误差而不是绝对误差。例如，如果一家公司的计划销售额是 73 亿美元，而真实销售额是 73.2 亿美元，我们就称这个预计准确度很高，因为它与真实值只相差不到 1%，尽管相差 2 000 万美元。

> **准确度**描述了测量值与真实值的接近程度。一个准确的测量值与真实值非常接近（接近通常被定义为有一个小的相对误差而不是绝对误差）。
>
> **精确度**描述了测量中数值的详细程度。

我们通常假定一个精确的数字反映的是实际的测量值。如果你说你的体重是 132 磅，我们就假定你测量的体重值只精确到 1 磅。在这种情况下，你可以得到一个更精确的测量值，如 132.3 磅或 131.6 磅（两者都在 132 磅附近）。相比较而言，如果你的测量值为 132.0 磅，我们就假定你测量的体重精确到了 0.1 磅。这个假设意味着你不可能再测得一个更精确的测量值。例如，如果实际上你测量的体重精确到 1 磅，那么你测得 132.0 磅就是错误的，因为这意味着你的测量结果精确到了 0.1 磅。

例 3　体重的准确度与精确度

假设你的真实体重是 102.4 磅。医生办公室里的秤只能够精确到 1/4 磅，它显示你的体重为 $102\frac{1}{4}$ 磅。体育馆里的秤显示的数字可以精确到 0.1 磅，它显示你的体重为 100.7 磅。哪一个秤更精确？哪一个更准确？

答案　体育馆中的秤更精确，因为它可以将你的体重精确到 0.1 磅，而医生办公室的秤只能精确到 $\frac{1}{4}$ 磅。然而，医生办公室的秤更准确，因为这个值与你的真实体重更接近。

🕐 思考时刻

在例 3 中，为了确定哪个秤更准确，你需要知道自己的真实体重。但是你怎样才能知道自己的真实体重呢？你能确定你知道自己的真实体重吗？请解释。

🔍 案例研究　了解人口普查结果

在完成 2010 年的人口普查之后，美国人口普查局报告了人口数量，为 308 745 538 人（截至 2010 年 4 月 1 日），这是在美国生活人口的一个确切数据。遗憾的是，这个精确的数据却不可能像它表示的那么准确。

理论上，得到在美国生活人口数量确切值的唯一方法就是计算即刻的人口，否则数量就会发生变化，比如美国每分钟会有 8 个新生儿诞生，同时又有 4 人死亡。

实际上，人口普查会持续几个月，所以在一个给定日期的人口数量其实是未知的。此外，人口普查的结果同时受随机误差和系统误差的影响。更诚实的人口普查结果报告会采用不太精确的数值，例如，人口数量"大约为 3.1 亿"。为了人口普查的公平合理，详细报告给出的是一个不确定的数量，但是媒体极少提及这些不确定性。

一个数值中实际测量的部分被称为有效数字。除了用于准确定位小数的 0 之外的所有数字都是有效数字。例如，0.001 234 有四位有效数字，其中 0 是为了准确定位小数点。1 234 000 000 有四位有效数字也是因为同样的原因。132.0 有四位有效数字，其中 0 也是有效的，因为这里的 0 并不是为了准确定位小数点。

2.2.4 总结：误差处理

本节中我们涉及的概念可能有些专业，但是它们对于理解测量与误差十分重要。我们简要地总结一下这些概念之间的联系。

- 误差产生的方式很多，但是通常分为两种基本类型：随机误差和系统误差。
- 不论误差的来源是什么，误差大小可以分为两种：绝对误差和相对误差。
- 当测量结果报道出来时，我们可以根据准确度和精确度对它进行评价。

>>2.3 百分数在统计学中的应用

统计结果用百分数表示。百分数是分数的一种表示方式，其字面上的意思是"被 100 整除"。然而，百分数常以以下方式进行应用，比如《纽约时报》头版文章中的陈述："八年级学生中抽烟人数所占的百分比上升了 44%，达到 10.4%。"尽管这个陈述有效地使用了百分数，但是却让人很难理解"上升了 44%，达到 10.4%"的意思。在本节中，我们将研究百分数的巧妙运用。在开始之前，我们先回顾一下分数和百分数互相转换的基本法则。

分数与百分数之间的转换

将百分数转换为分数：去掉百分号后除以 100，如果需要再对分数进行化简。

例：$25\% = \dfrac{25}{100} = \dfrac{1}{4}$。

将百分数转换为小数：去掉百分号，然后将小数点向左移动两位（相当于除以 100）。

例：$25\% = 0.25$。

将小数转换为百分数：将小数点向右移动两位（相当于乘以 100），然后在后面加上百分号。

例：$0.43 = 43\%$。

将分数转换为百分数：首先将分数转换为小数，然后将小数转换为百分数。

例：$\dfrac{1}{5} = 0.2 = 20\%$。

例 1 报纸调查

某一报纸报道，在接受调查的 1 069 人中有 54% 的人认为总统的工作做得很好。那么，有多少人认为总统工作做得很好？

答案 54% 代表回应者中认为总统工作做得很好的部分。于是我们做乘法：

$54\% \times 1\ 069 = 0.54 \times 1\ 069 = 577.26 \approx 577$

1 069 人中大约有 577 人认为总统的工作做得很好。注意，我们将答案四舍五入到 577 得到总人数，是因为人数必须是离散的值（整数）。（"≈" 代表近似等于。）

2.3.1 使用百分数描述变化

百分数通常被用来描述数据如何随时间变化。假设 1970 年某一城镇的人口数量为 10 000 人，到 2000 年为 15 000 人。我们可以用两种基本方式表示这一变化：

- 因为人口数量增加了 5 000 人（从 10 000 到 15 000），我们称人口数量的绝对变化为 5 000 人。
- 因为增加的 5 000 人是初始人口数量 10 000 人的 50%，我们称人口数量的相对变化为 50%。

通常，计算绝对变化和相对变化总是涉及两个数字：一个起始数，或者叫作参考值；以及一个新值。当确定了这两个数值后，我们就可以用下面的公式计算绝对变化和相对变化。如果新值大于参考值则变化是正数，如果新值小于参考值则变化是负数。

绝对变化和相对变化

绝对变化是指从参考值到新值的实际增加或减少：

$$绝对变化 = 新值 - 参考值$$

相对变化是绝对变化的大小与参考值之比，可以表示为百分比：

$$相对变化 = \frac{新值 - 参考值}{参考值} \times 100\%$$

🕐 **思考时刻**

将绝对变化和相对变化的计算公式与 2.2 节给出的绝对误差和相对误差的计算公式进行比较。为什么它们那么相似？

根据联合国和美国人口普查局的估计，2012 年年初世界人口超过了 70 亿，在超过 60 亿之后达到这一数字仅仅用了 13 年。世界人口还在以每年超过 7 500 万人的速度增长，这意味着世界人口数量再增加美国那么多的人口数仅需要四年。

例 2　世界人口增长

1950 年世界人口总数为 26 亿，到 2010 年年底世界人口总数达到了 69 亿。描述从 1950 年到 2010 年世界人口总数的绝对变化和相对变化。

答案 参考值是 1950 年的人口总数 26 亿，新值是 2010 年年底的人口总数 69 亿。

$$绝对变化 = 新值 - 参考值 = 69-26 = 43（亿）$$

$$相对变化 = \frac{新值 - 参考值}{参考值} \times 100\% = \frac{69-26}{26} \times 100\% \approx 165.4\%$$

1950—2010 年，世界人口总数增长了 43 亿，或者说增长了约 165%。

2.3.2 运用百分数进行比较

百分数通常也用来比较两个数字：

- 参考值是我们用来比较的基础；
- 比较值是我们用来与参考值进行比较的。

我们可以用与绝对变化和相对变化类似的公式，来表示参考值和比较值之间的绝对差异与相对差异。如果比较值大于参考值，差异就是正数；如果比较值小于参考值，差异就是负数。

> **绝对差异和相对差异**
>
> **绝对差异**是比较值与参考值之间的差异：
> $$绝对差异 = 比较值 - 参考值$$
> **相对差异**是绝对差异的大小同参考值之比，可以表示为百分比：
> $$相对差异 = \frac{比较值 - 参考值}{参考值} \times 100\%$$

例 3　俄罗斯人和美国人的平均寿命

美国男性的平均寿命为 76 岁，而俄罗斯男性的平均寿命为 63 岁。将俄罗斯男性的平均寿命 63 岁作为参考值，比较美国男性的平均寿命与俄罗斯男性的平均寿命的绝对差异和相对差异。

答案　我们想要比较美国男性同俄罗斯男性的平均寿命，所以俄罗斯男性的平均寿命为参考值，美国男性的平均寿命为比较值：

$$绝对差异 = 比较值 - 参考值 = 76 - 63 = 13（岁）$$

$$相对差异 = \frac{比较值 - 参考值}{参考值} \times 100\% = \frac{76 - 63}{63} \times 100\% \approx 21\%$$

美国男性的平均寿命在绝对差异上比俄罗斯男性多 13 岁，在相对差异上约比俄罗斯男性多 21%。

2.3.3 "是多少"与"多多少"

思考人口数量从 200 增至三倍到 600。有以下两种等价的方式可以描述变化的百分比。

- 使用"多多少"：新的人口数量比原始人口数量高出 200%。在这里，我们看到的是人口数量的相对变化：

$$相对变化 = \frac{新值 - 参考值}{参考值} \times 100\% = \frac{600 - 200}{200} \times 100\% = 200\%$$

- 使用"是多少"：新的人口数量是原始人口数量的 300%，表示新值是原始值的三倍。在这里，我们看到的是新的人口数量与原始人口数量的比值：

$$\frac{新的人口数量}{原始人口数量} = \frac{600}{200} = 3.00 = 300\%$$

需要注意的是，"多多少"和"是多少"是有联系的，300% = 100%+200%。这带来了下面的一般性关系。

"是多少"与"多多少"（或"少多少"）

· 如果新值或比较值比参考值多 *P*%，那么新值或比较值是参考值的（100+*P*）%。
· 如果新值或比较值比参考值少 *P*%，那么新值或比较值是参考值的（100-*P*）%。

例如，比参考值多 40% 就代表是参考值的 140%，比参考值少 40% 就代表是参考值的 60%。当统计数据引用百分数时，要仔细分辨关键词 "是多少" 还是 "多多少"（"少多少"）。

例4　世界人口

例 2 中，我们发现 2010 年的世界人口总数比 1950 年的增长了约 165%。用 "是什么" 表示这一变化。

答案　2010 年的世界人口总数比 1950 年的增长了约 165%。因为（100+165）% = 265%，所以 2010 年的人口总数约是 1950 年的 265%。这意味着 2010 年的人口总数约是 1950 年的 2.65 倍。

例5　降价

一家商店降价 25%。降价后的价格与原始价格相比，如何变化？

答案　降价 25% 的意思是降价后的价格比原始价格低 25%，即是原始价格的（100-25）% = 75%。例如，一个商品标价 100 美元，降价后的价格为 75 美元。

🕐 思考时刻

一家商店的广告为 "全部降价 1/3"。另一家商店的广告为 "降价后价格仅为原价的 1/3"。哪一家的折扣更多？请解释。

2.3.4 百分数的百分数

当值本身就是百分数时，以百分数表示变化和差异会令人特别困惑。假设银行将存款利率从 3% 提升到 4%，你会说利率提高了 1%，但是这种说法是有争议的。利率增长了一个百分点，但是其相对变化约是 33%：

$$\frac{4\%-3\%}{3\%} \times 100\% \approx 0.33 \times 100\% = 33\%$$

因此，你可以说银行将利率提高了约 33%，尽管实际利率只提高了一个百分点（从 3% 到 4%）。

百分点与 "%"

当我们看到一个变化或差异用百分点表示的时候，可以假设这是绝对变化或绝对差异。如果是用百分数表示，很可能是相对变化或相对差异。

> 如果你不能使别人信服，那么就将他们弄糊涂。
> ——哈里·S.杜鲁门
> （Harry S. Truman）

例6　注意措词

假设在美国卡森市注册投票的 40% 是共和党。仔细阅读下面的问题并给出最合理的答案。

a. 弗里敦的注册选民中共和党的百分比比卡森市多 25%。弗里敦的注册选民中共和党所占的百分比是多少？

b. 弗里敦的注册选民中共和党的百分比比卡森市多 25 个百分点。弗里敦的注册选民中共和党所占的百分比是多少?

答案 a. "25%"是相对差异,40% 的 25% 是 10%(0.25×0.40 = 0.10)。因此,弗里敦的注册选民中共和党的百分比为 40%+10% = 50%。

b. 在这个案例中,"25 个百分点"是绝对差异,所以我们只需将这个值加上卡森市的百分比。因此,弗里敦的注册选民中共和党的百分比为 40%+25% = 65%。

>>2.4 指数

你可能听说过指数,如居民消费价格指数、生产价格指数或消费者信心指数等。指数在统计学中非常常见,因为它为比较不同时间、不同地点的测量值提供了一种简单的方法。在本节中,我们主要研究居民消费价格指数的含义及运用。我们以汽油价格为例开始研究。

表 2-1 所示为 1960—2010 年的美国汽油平均价格(显示的是这几年的真实价格,没有考虑通货膨胀的影响)。假设,我们想要知道不同年份的汽油价格与 1980 年的比较,而不是各个年份本身的价格。一种方式是将不同年份的价格都表示为 1980 年的百分比,得出 1970 年的价格约是 1980 年的 29.5%:

$$\frac{1970\ 年的价格}{1980\ 年的价格} = \frac{0.36}{1.22} \approx 0.295 = 29.5\%$$

表 2-1 汽油平均价格(每加仑)

年份	价格	占 1980 年价格的百分比	价格指数(1980= 100)
1960 年	$0.31	25.4%	25.4
1970 年	$0.36	29.5%	29.5
1980 年	$1.22	100.0%	100.0
1990 年	$1.23	100.8%	100.8
2000 年	$1.56	127.9%	127.9
2010 年	$2.84	232.8%	232.8

资料来源:美国能源部门。价格是一年内所有等级汽油价格的平均值。

对其余年份采用相似的方法进行计算,我们可以得到各个年份的价格占 1980 年价格的百分比。表 2-1 的第三列显示了计算结果。注意,1980 年的百分比是 100%,因为我们选择 1980 年的价格作为参考值。

现在我们看表 2-1 的最后一列。它与第三列相同,只是去掉了"%"。这个简单的改变将百分比转化为价格指数。最后一列表头的"1980 = 100"表示将 1980 年的价格作为参考值。在这个案例中,百分比和价格指数之间没有差别。但是,在

指数可以提供有用的比较,常应用于任意种类的数字,即使它们不是标准指数。例如,身体质量指数(BMI)提供了一种通过身高和体重来比较不同人身体情况的方法,而这个指数的定义并没有参考值。身体质量指数被定义为体重(以千克为单位)除以身高(以米为单位)的平方。

一些同时考虑很多因素的例子中，我们习惯用指数而不是百分比。

指数

指数为比较不同时间、不同地点的测量值提供了一种简单的方法。必须选择某一时间（或地点）的数值为参考值（或基础值），其他时间（或地点）的指数是：

$$指数 = \frac{数值}{参考值} \times 100$$

例 1　计算指数

假设当前汽油价格是每加仑 3.60 美元。将 1980 年的价格作为参考值，计算当前汽油价格的价格指数。

答案　用 1980 年的价格每加仑 1.22 美元（见表 2-1）作为参考值，计算每加仑 3.60 美元的当前价格的指数：

$$指数 = \frac{当前价格}{1980\ 年的价格} \times 100 = \frac{3.60}{1.22} \times 100 \approx 295.1$$

当前价格的价格指数约为 295.1，意味着当前价格约是 1980 年价格的 295.1%。

2.4.1 用指数进行比较

指数的主要用途是帮助进行比较。例如，我们想知道 2000 年的汽油价格比 1980 年的

> 经济学揭示购买任何东西的最佳时间是前一年。
> ——马蒂·艾伦（Marty Allen）

贵多少。将 1980 年的价格作为参考值，我们可以很轻松地从表 2-1 中得到答案。表中显示 2000 年的价格指数是 127.9，这意味着 2000 年的汽油价格是 1980 年的 127.9%。同样，我们也可以说 2000 年的汽油价格是 1980 年的 1.279 倍。

当没有参考值时，我们也可以进行比较。例如，我们想知道 1990 年的汽油价格比 1960 年的贵多少。将两年的指数相除可以得到答案：

$$\frac{1990\ 年的价格}{1960\ 年的价格} = \frac{100.8}{25.4} \approx 3.97$$

1990 年的价格约是 1960 年的 3.97 倍，或者说约是 1960 年价格的 397%。换句话说，相同数量的汽油在 1960 年花费 1 美元，在 1990 年会花费约 3.97 美元。

例 2　汽油价格指数的运用

运用表 2-1 的数据回答下面的问题。

a. 假设在 1980 年加满油箱需要花费 16 美元。那么在 2010 年，购买相同数量的汽油需要花费多少钱？

b. 假设在 2000 年加满油箱需要花费 20 美元。那么在 1980 年，购买相同数量的汽油需要花费多少钱？

答案　a. 表 2-1 显示 2010 年的价格指数为 232.8（1980 = 100），这意味着 2010 年的汽油价格是 1980 年的 232.8%。所以在 1980 年花费 16 美元购买的汽油在 2000 年需要花费：

$232.8\% \times 16 = 2.328 \times 16 = 37.248$（美元）

b. 表 2-1 显示 2010 年的价格指数是 127.9，1960 年的价格指数为 25.4（1980 = 100）。将两年的价格指数相除，可以得到：

$$\frac{1960\ 年的价格指数}{2000\ 年的价格指数} = \frac{25.4}{127.9} \approx 0.198\ 6$$

因此，在 2000 年花费 20 美元购买的汽油在 1960 年只需 0.198 6 × 20 = 3.972（美元）。

2.4.2 居民消费价格指数

我们发现随着时间的推移，汽油价格总体呈上升趋势。大多数物价或工资也呈上升趋势，我们称这一现象为通货膨胀（物价和工资偶尔随时间推移而下降的现象称为通货紧缩）。因此，如果不与通货膨胀率进行比较，汽油价格的变化就没有什么意义。通货膨胀率的指标是居民消费价格指数（CPI）。

> **技术备忘录**
>
> 美国政府采用两种消费价格指数：CPI-U 是基于反映城市消费者购买习惯的商品；而 CPI-W 是基于工薪阶层购买习惯的商品。
>
> （表 2-2 所示为 CPI-U。）

美国劳工统计局每个月都会计算并报告居民消费价格指数。它代表了商品、服务、住房等样本的平均价格。每月的样本都超过 60 000 个。数据搜集和指标计算的细节非常复杂，但是民居消费价格指数本身却是一个非常简单的数字。表 2-2 显示了 35 年间每年的 CPI 平均值。表中将 1982—1984 年的 CPI 平均值作为参考值。

表 2-2　年平均居民消费价格指数（1982—1984= 100）

年份	CPI	年份	CPI	年份	CPI	年份	CPI
1977	60.6	1987	113.6	1997	160.5	2007	207.3
1978	65.2	1988	118.3	1998	163.0	2008	215.3
1979	72.6	1989	124.0	1999	166.6	2009	214.5
1980	82.4	1990	130.7	2000	172.2	2010	218.1
1981	90.9	1991	136.2	2001	177.1	2011	224.9
1982	96.5	1992	140.3	2002	179.9		
1983	99.6	1993	144.5	2003	184.0		
1984	103.9	1994	148.2	2004	188.9		
1985	107.6	1995	152.4	2005	195.3		
1986	109.6	1996	156.9	2006	201.6		

> **居民消费价格指数**
>
> 居民消费价格指数（CPI）是基于一个超过 60 000 个项目，包括商品、服务和住房等的样本而计算出来的，每个月都会进行计算和报告。

CPI 使我们能够比较所有不同时期的价格。例如，为了知道 2010 年的典型价格比 1995 年的高多少，我们将这两年的 CPI 相除：

$$\frac{2010 \text{ 年的 CPI}}{1995 \text{ 年的 CPI}} = \frac{218.1}{152.4} \approx 1.43$$

　　根据 CPI 可知，2010 年的典型价格约是 1995 年的 1.43 倍。例如，一个典型项目在 1995 年花费 1 000 美元，在 2010 年就要花费约 1 430 美元。当然，个体项目可能会有不同于平均值的价格变化。例如，从 1995 年到 2010 年，相同计算效率计算机的价格大大降低了，这意味着在 2010 年可以以相同或更低的价格买到一台计算效率更高的计算机。相反，健康保险的平均价格在相同的期间内却增长了两倍以上，所以健康保险的价格上升速率比总体的通货膨胀率快得多。

例 3　CPI 的变化

假设在 2000 年为维持一个特定水平的生活标准，你需要 30 000 美元。那么在 2010 年，为维持同样的标准，你需要多少钱？假设你所购买的典型商品的平均价格上升速率与 CPI 相同。

　　答案　我们将 2010 年的居民消费价格指数与 2000 年的进行比较：

$$\frac{2010 \text{ 年的 CPI}}{2000 \text{ 年的 CPI}} = \frac{218.1}{172.2} \approx 1.27$$

2010 年的典型价格约是 2000 年的 1.27 倍。所以，如果你在 2000 年需要 30 000 美元，那么你在 2010 年将需要 1.27 × 30 000 = 38 100（美元）以获得相同标准的生活。

2.4.3 通货膨胀后的价格调整

　　2000 年中期，美国的汽油价格突然涨到一个高峰值，达到每加仑 1.87 美元。虽然这个价格在今天看起来很便宜，但当时这个"历史最高汽油价格"的消息引起了消费者的愤怒。

　　从实际价格角度来看，每加仑 1.87 美元的价格确实打破了 1981 年每加仑 1.47 美元的最高纪录。但是这个汽油价格真的是最高纪录吗？如果想更公平地比较价格，我们必须考虑通货膨胀的影响。在这之前，我们必须了解 1981—2000 年典型价格是如何变化的，于是将这些年份的 CPI 值相除（使用表 2-2 中的数据）：

$$\frac{2000 \text{ 年的 CPI}}{1981 \text{ 年的 CPI}} = \frac{172.2}{90.9} \approx 1.89$$

　　因为 CPI 上升了约 1.89，所以 1981 年的汽油价格每加仑 1.47 美元相当于 2000 年的价格 1.47 × 1.89 = 2.78（美元/加仑）。用经济学语言来说就是，1981 年的 1.47 美元相当于 2000 年的 2.78 美元。因为 2000 年汽油的实际价格比每加仑 2.78 美元要少得多，所以实际上 2000 年的汽油价格没有 1981 年的高。图 2-3 显示了 50 年的汽油价格数据走势，其中既包括实际汽油价格，也包括调整为 2011 年的价格。注意，直到 2011 年，1981 年的平均汽油价格仍然是最高纪录。

⏻ 技术应用

通货膨胀计算器

　　美国劳工统计局（BLS）提供了一个在线的通货膨胀计算器，它可以将价格调整到每一年的水平（基于 CPI）。在 BLS 的网站上搜索"通货膨胀计算器"。

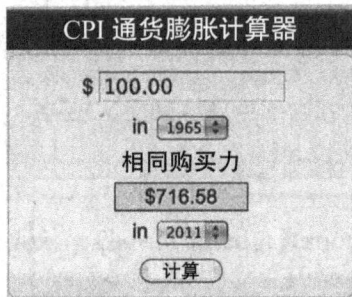

CPI 通货膨胀计算器
$ 100.00
in 1965 ⬍
相同购买力
$716.58
in 2011 ⬍
计算

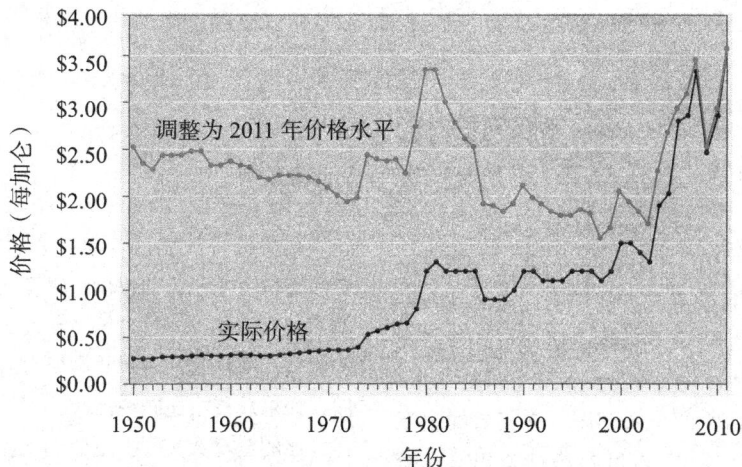

图 2-3 1950—2011 年的汽油价格（年平均价格）

注：因为使用 2011 年的价格作为通货膨胀调整后的价格，实际价格和调整后的价格在 2011 年是相同的。

资料来源：美国能源信息管理局。

例 4　棒球运动员的薪资

1987 年，美国棒球联盟运动员的平均薪资为 412 000 美元。2011 年，他们的平均薪资变为 3 319 000 美元。将棒球运动员平均薪资的增长与用 CPI 表示的通货膨胀率进行比较。

答案　首先，我们比较 2011 年和 1987 年的 CPI：

$$\frac{2011 \text{ 年的 CPI}}{1987 \text{ 年的 CPI}} = \frac{224.9}{113.6} \approx 1.98$$

然后，我们比较这两年棒球运动员的平均薪资：

$$\frac{2011 \text{ 年棒球运动员的平均薪资}}{1987 \text{ 年棒球运动员的平均薪资}} = \frac{3\ 319\ 000}{412\ 000} \approx 8.06$$

在相同的期间里，平均价格（用 CPI 衡量）增长了约两倍，而棒球运动员的平均薪资增长超过 800%。换句话说，美国棒球联盟运动员的平均薪资的增长比通货膨胀率增长的四倍还多。

> 曾经职业运动员的薪资处于很低的水平，因为他们被禁止在自由市场（自由球员市场）上流动。直到 1970 年棒球明星柯特·弗勒德（Curt Flood）向棒球大联盟提出适当的反对意见后，这种情况才发生改变。1972 年，最高法院判决支持棒球大联盟，虽然弗勒德失败了，但是这项活动（支持自由球员市场）所起到的推动作用是无法阻挡的。

2.4.4 其他指数

CPI 只是你在新闻报道中见到的众多指数之一。还有一些价格指数，如生产价格指数（PPI），衡量的是生产者所购买的原料的价格（而不是消费者支付的价格）。还有很多其他的指数用来衡量更多性质的变量。例如，消费者信心指数基于对消费者态度的调查，旨在测量消费者更愿意消费还是储蓄。一些试图提供简单比较的人们经常会创造新的指数。

> 你想过当一名喜剧演员吗？你可能要测评自己的笑点指数（真的有这个指数存在），然后才能加入喜剧俱乐部。

聚焦政治

税率降低，谁获益最多

政治家总能找到数字支持他们的观点。用数字支持某个特定观点的方式有很多，最常见的方式之一就是选择性地使用相对（百分比）和绝对数字。

思考图 2-4 所示的两个条形图。它们旨在显示 2001 年布什总统最初制定的和 2010 年奥巴马总统重新制定的减税政策的影响（2001 年法律规定，减税政策到 2010 年年底期满。2010 年法律规定，将该政策延期到 2012 年）。图 2-4a 是由减税政策的支持者绘制的，暗示高收入人群在减税政策下的税收支出比以前多。图 2-4b 是由减税政策的反对者绘制的，显示减税政策下高收入者获得的好处比低收入者多得多。因此，这两个图似乎是矛盾的，因为第一个图暗示高收入者支付更多，而第二个图暗示高收入者支付少。

哪个说法是正确的？实际上，两个图表都是准确的，并且其数据来源都是可靠的。图 2-4a 的数据来源于美国财政部，该部门是联邦政府的行政部门；图 2-4b 的数据来源于税收联合委员会，该部门是美国国会的一个无党派委员会。

减税政策的支持者用百分比表示减税后高收入者的支付占总税收的比例，以及减税前他们需要支付的部分。因此，标题处的"富人支付更多"的意思是他们支付的税收在总税收中所占的百分比更多了。然而，如果总税收比减税前减少了，一个占总税收更高百分比的绝对数实际上是变小的。而这些变小的绝对数就是减税政策反对者们认为富人获益的原因。

政治家和政府官员时常滥用数字并且常犯最基本的逻辑错误。他们为了达到自己的目的只简单地加工数据，使用模棱两可的经济成果，还沉溺于图表滥用的例子中，所有这些都试图掩饰惊人的真相。

——A.K. 杜德尼（A.K. Dewdney），
《200% 的没有》（ *200% of Nothing* ）

哪一方更公正？实际上哪一方都不公正。支持者仅关注百分比，以此来掩饰绝对数的改变，因为从他们的立场上，百分比对他们更有利。反对者仅仅关注绝对数的变化，而忽略了高收入者的纳税占总税收的大部分。遗憾的是，这种"选择性真理"在涉及数字时经常出现，尤其是和政策有关系的时候。

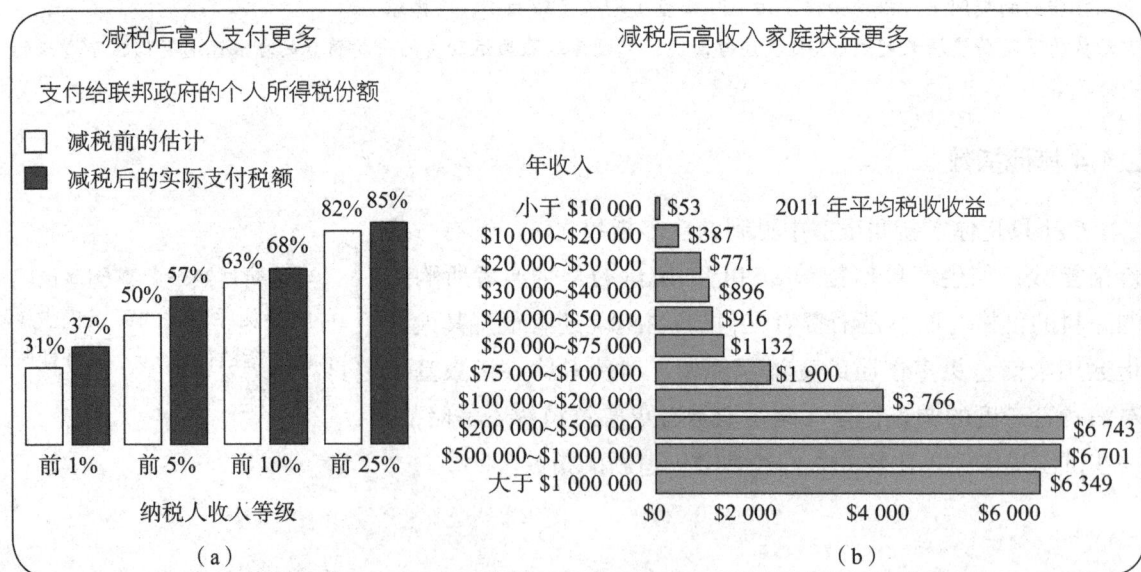

图 2-4　减税政策的影响

聚焦经济

重新定义 CPI 是否有助于解决预算危机

众所周知，美国政府有高达 1.5 万亿美元的负债，这相当于每个男性、女性以及儿童都有大约 50 000 美元的负债。偿还这些负债唯一的方法是提高政府税收或减少政府支出。可是只要浏览新闻，你就会发现这两种方式没有一种在政治上是受欢迎的，因为有一部分人坚决反对增加税收，还有一部分人坚决反对缩减政府的福利金。但是如果一部分问题只是由于人们错误地理解并应用居民消费价格指数（CPI）而产生的，那会怎么样呢？

福利金很受欢迎，而支付福利金非常不受欢迎。

——约翰·丹佛（John Danforth），
美国前参议员（密苏里州共和党）

问题出现了，因为大多数经济学家认为 CPI 夸大了通货膨胀的真实影响。经济学的观点认为 CPI 的计算标准至少含有两种系统误差，而这些误差夸大了通货膨胀对日常消费的影响。首先，从一个月到下一个月，CPI 的计算基于一些特定商店的某些特定商品的价格变化。然而，实际上一家商店的一种商品涨价了，消费者通常会到另一家以更便宜的价格购买该商品。如果所有商店的这种商品都涨价了，消费者会以较低的价格购买与该商品类似的替代品（如不同牌子的同类商品）。这个"价格替代效应"意味着消费者的实际支出并没有 CPI 预示的那么高。其次，CPI 记录的是在给定时间内消费者购买的"典型"商品的价格变化，但是它并没有考虑时间推移对这些商品价格变化或提高的影响。例如，用于计算 CPI 的数据显示，一个典型手机的价格比几年前该手机的价格贵了 10%，但是这些数据没有考虑现在的手机比几年前的功能多很多。因此，这个数据夸大了手机价格上涨的效应，因为你现在花的钱得到了更好的商品。

CPI 作为衡量生活消费增长的指标，它的准确性似乎是学术上的一个争论，但是它对政府预算有真正重要的意义。因为很多预算项目和通货膨胀有联系，包括与政府税收有密切关系以及和政府支出有密切关系的项目。在税收方面，政府每年会提升不同税率的收入门槛，目的在于确保人们在生活水平真的有所提高的条件下提升税率。因为通货膨胀使得生活消费越来越昂贵，人们反对提升税率。几十年来，收入门槛的提升都和 CPI 联系在一起。但是如果 CPI 夸大了通货膨胀的影响，就应有效地降低税率，而不是使税率保持稳定。在支出方面，政府每年都提升对社会保障接受者的支出以及其他福利，为了确保达到福利反映生活消费变化的目标（每年的提升都称作"生活消费的调整"，或者 COLA）。如果 CPI 夸大了通货膨胀的影响，之后调整的生活消费就会比它维持同样生活标准的真实值大很多。

很明显，联邦政府的预算将会急剧上升，并且会将生活消费调整到一个值，这个值会比当下的 CPI 更加准确地反映通货膨胀。实际上，政府已经计算出一个叫作"链式消费价格指数"的指标，该指数专门用来解决这个问题。图 2-5 显示如果政府将变化与链式消费价格指数联系在一起，而不是与标准的 CPI 联系在一起，税收和支出都会有什么不同。如果你将图 2-5 中所有的税收增加和支出的减少加在一起，你会发现这个简单的改变将会减少政府未来十年超过 2 000 亿美元的赤字。在接下来的十年节约得将会更多，因为每一年的节约都是建立在前一年的基础之上。

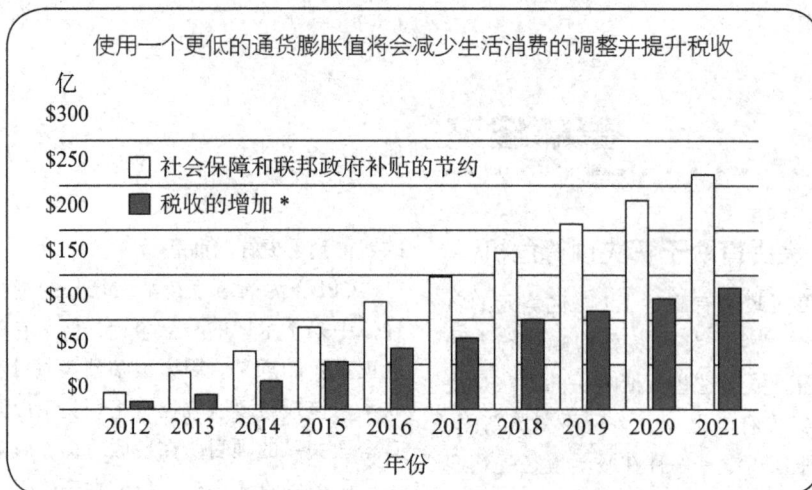

图 2-5 CPI 趋向于夸大通货膨胀时，税收增加和支出减少就会出现

注：* 数据既反映了纳税额的增加，也反映了退税额的下降。

资料来源：CBO。

第三章　数据的可视化展示

不论是在报纸、公司年度报告，还是政府研究报告中，你总是可以看到各种统计数据的图表。这些统计图表中有一些很简单，有一些却相当复杂；有一些简单易懂，有一些却具有迷惑性和误导性。在本章中，我们将探讨一些常用的使用图表展示统计数据的方法。在当下的大数据时代，以图表的形式传达信息是非常有效的，所以本章介绍的技术几乎对每个职业来说都非常重要。

图表的最大价值在于它能促使我们发现一些我们预料之外的内容。

——约翰·图基（John Tukey）

学习目标

3.1 频数分布表

能够制作和解读频数分布表。

3.2 绘制数据分布图

能够制作与解读条形图、点图、饼图、直方图、茎叶图、折线图和时间序列图。

3.3 媒体中的图表

理解新闻媒体中常见的多种更加复杂的图表。

3.4 关于图表的一些注意事项

学会批判性地评估图表，辨别常见的具有误导性的图表。

热点话题

聚焦历史：可以用图表描述战争吗

聚焦环境：我们在改变地球的大气层吗

>>3.1 频数分布表

老师对 25 个学生的论文给出了评分，并记录如下成绩表：

A C C B C D C C F D C C C

B B A B D B A A B F C B

该表给出了所有人的成绩，但是却很难看出学生成绩的分布情况，展示这些数据的一个更好的方法是采用频数分布表（如表 3-1 所示）。它能显示每种成绩出现的次数即频数，表中的五种成绩（A，B，C，D，F）称作类别（或者等级）。

表 3-1　论文成绩频数分布表

成绩	频数
A	4
B	7
C	9
D	3
F	2
合计	25

一个基本的频数分布表包含两列：
- 第一列给出数据的类别；
- 第二列给出每个类别的频数，即落在每个类别中数据的个数。

例 1　口味测试

洛基山饮料公司想要收集关于其新产品珊瑚可乐的反馈信息，于是对 20 个人进行了口味测试。他们要求参与测试的每个人基于五分制对可乐的口味做出评分：

（口味差）1　2　3　4　5（口味极好）

20 个评分结果如下：

1　3　3　2　3　3　4　3　2　4

2　3　5　3　4　5　3　4　3　1

请为以上数据创建频数分布表。

答案　相关变量是口味，可以取五个值：1，2，3，4，5（注意这些数据都是定性的而且是顺序度量）。我们可以创建以下频数分布表：左列包含五个类别，右列是各类别相应的频数（如表 3-2 所示）。

表 3-2　口味测试评分

口味评分	频数
1	2
2	3
3	9
4	4

（续表）

口味评分	频数
5	2
合计	20

3.1.1 频率和累计频数

我们再看一下表 3-1 中列出的论文成绩。某些时候，较之每种成绩的实际学生人数，我们可能对每种成绩的学生人数比例（或者百分比）更感兴趣。我们将这个比例称作频率。例如，25 个学生中 4 个人得到 A 级，则获得 A 级的频率是 4/25、0.16 或 16%。

另外，我们可能还想知道获得 C 级或不低于 C 级的学生人数。该问题的答案是获得 A 级、B 级、C 级的频数和，也就是累计频数。表 3-3 重复了表 3-1 的数据，并在此基础上添加了两列用来显示频率和累计频数的计算。

> **技术备忘录**
>
> 大多数频数分布表中的分类等级由低级到高级，然而分数频数表则通常由高级（A 级）开始。注意类别顺序会影响累计频数。例如，若颠倒表 3-3 中的成绩类别顺序，即由 A 级到 F 级变为 F 级到 A 级，则 C 级的累计频率将是成绩不高于 C 级的学生人数，而非不低于 C 级的学生人数。

表 3-3 频率和累计频数的频数分布表

成绩	频数	频率	累计频数
A	4	4/25 = 0.16	4
B	7	7/25 = 0.28	7+4 = 11
C	9	9/25 = 0.36	9+7+4 = 20
D	3	3/25 = 0.12	3+9+7+4 = 23
F	2	2/25 = 0.08	2+3+9+7+4 = 25
合计	25	1	25

注意频率总和必须等于 1（或是 100%），因为每个独立频率都是总频率的一部分（有时候四舍五入会使总频率不等于 1）。最后一个类别的累计频数必须总是等于频数总和，因为它代表该类别及其先前类别的频数的总和。

> **频率**是指该类别频数的比例或百分比。
>
> $$频率 = \frac{该类别频数}{总频数}$$
>
> **累计频数**是指该类别及其先前类别的频数之和。

记住，累计频数只有在数据分类有明确顺序时才有意义，也就是说对于定序、定距、定比测量的数据才可以使用累计频数，而对于定类测量的数据则不可以使用累计频数。

例 2　口味测试：频率和累计频数

使用例 1 的数据，创建包含频率和累计频数的频数分布表。请问给出最高分的参与者占多少百分比？给出不超过 3 分的参与者占多少百分比？

答案 频率可由各类别频数除以总频数 20 得到的，某类别累计频数可由该类别频数与其之前类别的频数和得到，结果如表 3-4 所示。表中频率列显示 10% 的参与者给出最高分，累计频数列显示 20 个人中 14 个人（即 70% 的人）给该可乐的评分不超过 3 分。

表 3-4　频率和累计频数

口味评分	频数	频率	累计频数
1	2	2/20 = 0.10	2
2	3	3/20 = 0.15	3+2 = 5
3	9	9/20 = 0.45	9+3+2 = 14
4	4	4/20 = 0.20	4+9+3+2 = 18
5	2	2/20 = 0.10	2+4+9+3+2 = 20
合计	20	1	20

> **技术备忘录**
>
> 累计频数除以总频数称为相对累计频数，比如在品尝测试中，有 70% 的参与者给予不超过 3 分的评价。

3.1.2 数据分组

当我们处理定量数据分类时，一个有效的方法是把数据分成包含一系列可能值的小组。例如，在收入水平频数分布表中，可以把数据分为 \$0~\$20 000、\$20 001~\$40 000 等小组，这时每个组的频数就是拥有该组收入水平的人数。

◉ 技术应用

频数分布表

EXCEL　使用 Excel 可以简便地绘制统计表格，进行统计计算。下面使用表 3-1 的论文成绩数据进行操作。截图中左边的 Excel 表格给出公式，右边的 Excel 表格给出公式计算结果。

（1）在 B 列、C 列输入成绩以及相应的频数数据。在 C 列数据最后使用 SUM 函数公式计算总频数（在单元格 C8 中输入公式）。

（2）通过使用 C 列中各个类别的频数除以单元格 C8 中的总频数，计算各个类别的频率（见 D 列）。可以在 D 列数据第一行输入公式 "= C3/\$C\$8"，然后向下填充使得该列剩余行中放入相应的频率计算公式。注意：在运用向下填充功能时，必须在 C 和 8 的前面加上美元符号，使单元格 C8 变为绝对引用。如果不加上美元符号，则向下填充操作选项会使公式中运用到下面的各行（变成 C9、C10 等），导致计算错误。

（3）E 列中的累计频数是当前类别及以上所有频数的总和。在该列第一行输入 "= C3"，因为单元格 C3 储存了成绩 A 级的频数。在下一行输入 "= E3+C4"，即前一行单元格 E3 的值加上单元格 C4 中成绩 B 级的频数。通过向下选项可以使剩余行执行相同操作。

◇	A	B	C	D	E
1					
2		Grade	Frequency	Relative Frequency	Cumulative Frequency
3		A	4	=C3/\$C\$8	=C3
4		B	7	=C4/\$C\$8	=E3+C4
5		C	9	=C5/\$C\$8	=E4+C5
6		D	3	=C6/\$C\$8	=E5+C6
7		F	2	=C7/\$C\$8	=E6+C7
8		Total	=SUM(C3:C7)	=SUM(D3:D7)	=C8

◇	A	B	C	D	E
1					
2		Grade	Frequency	Relative Frequency	Cumulative Frequency
3		A	4	16%	4
4		B	7	28%	11
5		C	9	36%	20
6		D	3	12%	23
7		F	2	8%	25
8		Total	25	100%	25

例 3　考试分数分组

考虑以下来自百分制考试中的 20 个分数：

　76　80　78　76　94　75　98　77　84　88　81　72　91　72　74　86　79　88　72　75

对这些数据进行合理分组，并绘制频数分布表。表中要包括频率列和累计频数列，并且解释该例中的累计频数。

答案　分数范围是 72~98。一个分组方法是采用 5 分制分组。第一组分数段是 95~99，第二组分数段是 90~94，依次类推。需要注意的是，两个分组之间没有交叉。然后计算每个小组的频数（各小组包含的该分数段分数的个数）。例如，第一组只包含一个分数，即最高分 98；第二组包含两个分数，分别是 91 和 94。表 3-5 所示为完整的频数分布表。在这个案例中，我们把任意等级的累计频数解读为该组及其以上各组所包含的分数个数。例如，第三组的累计频数 6 表示有六个分数不低于 85 分。

表 3-5　考试分数的频数分布表

分数	频数	频率	累计频数
95~99	1	1/20 = 0.05	1
90~94	2	2/20 = 0.10	2+1 = 3
85~89	3	3/20 = 0.15	3+2+1 = 6
80~84	3	3/20 = 0.15	3+3+2+1 = 9
75~79	7	7/20 = 0.35	7+3+3+2+1 = 16
70~74	4	4/20 = 0.20	4+7+3+3+2+1+20
合计	20	1	20

　　"数据！数据！数据！"他不耐烦地喊道，"巧妇难为无米之炊。"
　　——夏洛克·福尔摩斯（Sherlock Holmes）在阿瑟·柯南·道尔（Arthur Conan Doyle）所著的《铜色山毛榉》（*The Adventure of the Copper Beeches*）中说道

>>3.2 绘制数据分布图

频数分布表可以显示出基于给定种类的变量是如何分布的，所以我们说它概括了数据的分布特征。通过图表，我们经常能够获得对数据分布更深刻的认识。在本节中，我们将探讨一些最常用的数据分布图示方法。

> 变量的分布是指所有可能值的散布方式。我们可以通过表格或图形概括地给出某一个分布。

3.2.1 条形图、点图、帕累托图

条形图是用一组长条表示各个分类的频数（或者频率）的图形。频数越大，条形越长。长条可以是竖直方向的，也可以是水平方向的。图 3-1 所示为基于表 3-1 中论文成绩的竖直条形图。图中有五个长条，分别代表五个类别（分数 A，B，C，D，F）。以下几个关键特征使得图形更加完善。

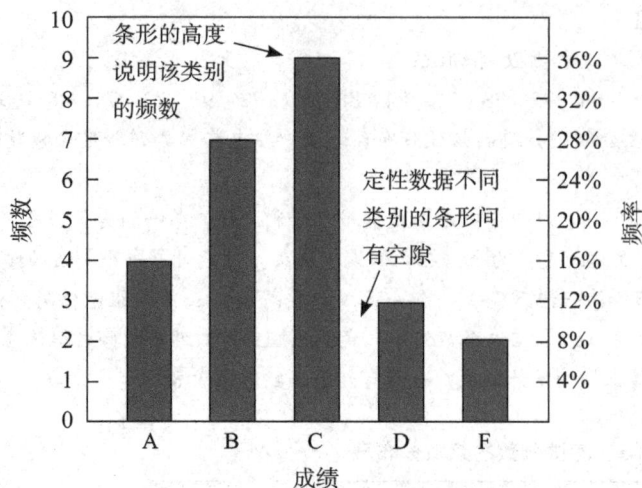

图 3-1   表 3-1 中论文成绩的条形图

- 因为最高频数是 9（C 级），所以纵轴刻度 0~10 能保证所有长条不会超出图形。
- 条形的高度和频数成比例。在本例中，图形总体高度为 5 厘米，所以每厘米对应的频数为 2。
- 因为数据是定性的，条形间不需要相连。条形的宽度没有特殊含义，因此我们使用同一宽度绘制。
- 图形标识清晰，符合下面总结的规则。

图形的重要标识

图题：图形要有标题，以解释图形的内容，如果可能的话，列出数据来源。

纵坐标轴的刻度和名称：纵轴旁边的数字应清楚地标明刻度，并与坐标轴上的刻度线对齐，这些沿着坐标轴的刻度线能精确地定位坐标的数值。此外，纵轴还需要有名称，来描述这些数字代表的变量。

横坐标轴的刻度和名称：在横轴上应该清楚地标明类别。对于定量数据应该标明刻度，而对于定性数据则不必标明。此外，横轴也需要有名称，来描述这些类别代表的变量。

标注：如果要在一张图中呈现多元数据，应使用一些标注来识别单个数据。

⏻ **技术应用**

条形图

EXCEL   运用 Excel 可以绘制许多种统计图表。下面我们使用表 3-1 中的成绩数据绘制一个条形图。尽管不同版本 Excel 的处理细节有些不同，但是基本过程如下。

（1）查看之前的技术应用中创建的频数分布表，选中 B 列的成绩等级和 C 列的频数。

（2）在插入菜单中选择所需的图形类型，其中二维柱形图是条形图在 Excel 中的名称。下面的截图（Excel 2007）给出了操作流程和结果。

（3）可以在条形图上自定义标签。不同版本 Excel 的处理程序不同，但是在大多数版本中，单击鼠

⏻ **技术应用**

标右键就可以改变坐标轴和其他标签；还有一些版本则提供对话框来设定标签。

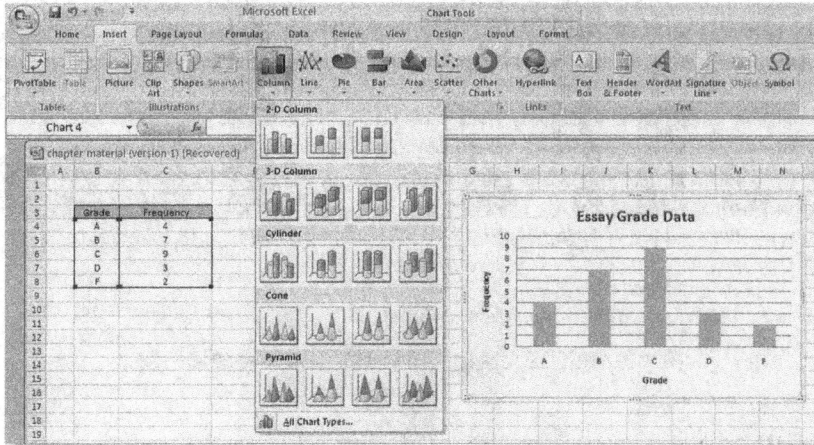

点图是条形图的一个变形，在点图中用散点而非长条来表示频数。每一个散点代表一个数据值，例如，一组四个散点表示频数为4。图3-2所示为论文成绩的点图。当使用原始数据作图时，用点图非常方便，因为可以通过为每个数据值绘制一个散点来记录它们，然后在正式报告中再将点图转换为条形图。

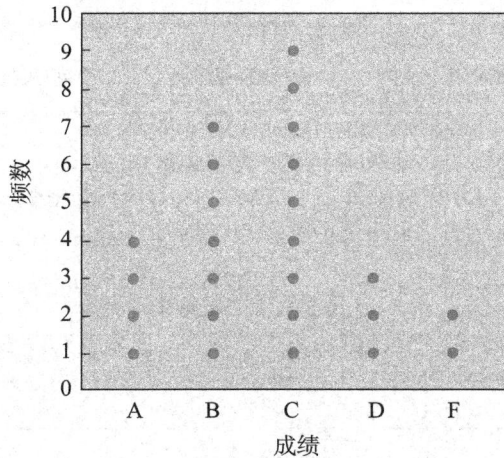

图 3-2 表 3-1 中论文成绩的点图

帕累托图是条形图的一种，图中的条形按频数大小顺序排列。当处理定类测量的数据时，此图非常有用。例如，图3-3给出了美国五大城市人口数量的条形图（城市按字母表顺序排列）和帕累托图。尽管两个图的区别仅在于条形的顺序不同，但是大多数人会发现帕累托图研究起来更容易。注意，帕累托图不能用来处理定序测量的数据。例如，以论文

帕累托图是由意大利经济学家维尔弗雷多·帕累托（Vilfredo Pareto，1848—1923年）发明的。帕累托因其开发收入分布的分析方法而闻名，但是他最伟大的成就是提出了将数学和统计学应用于经济分析的新模式。

成绩绘制帕累托图没有意义，因为成绩等级（A，B，C，D，F）已经有了自然顺序。

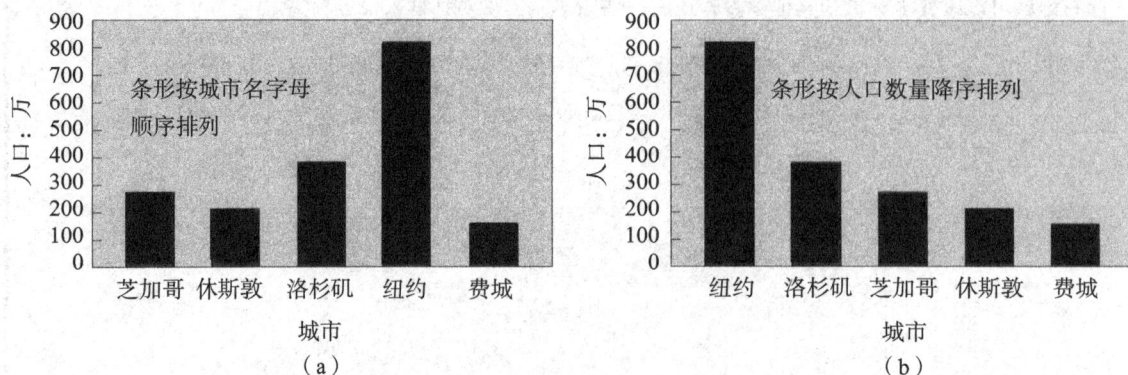

图 3-3　美国五大城市人口数据的条形图和帕累托图

注：（a）条形图；（b）帕累托图。

资料来源：美国人口普查局。

条形图中的条形代表特定类别的频数或频率。条形的长度和频数成正比。

点图类似于条形图，它的特别之处在于用点表示各个数据值。

帕累托图是条形图的一种，其中条形以频数大小顺序排列。只有对于定类测量的数据，帕累托图才有意义。

🕐 **思考时刻**

使用图 3-3 中的数据绘制点图可行吗？对于 SAT 考试分数，绘制帕累托图有意义吗？请解释原因。

例 1　二氧化碳排放量

由于矿物燃料（石油、煤、天然气）的燃烧，二氧化碳被排放到大气中。表 3-6 列出了每年排放二氧化碳最多的八个国家。请根据总排放量和人均排放量分别绘制帕累托图。为什么两个图看起来不同？

表 3-6　世界八大二氧化碳排放国

国家／地区	二氧化碳总排放量（亿吨）	二氧化碳人均排放量（吨）
美国	58.33	19.18
中国	65.34	4.91
俄罗斯	17.29	12.29
日本	14.95	1.31
印度	12.14	9.54
德国	8.29	10.06
加拿大	5.74	17.27
英国	5.72	9.38

资料来源：美国能源部，*Annual Energy Outlook 2011*（采用 2008 年二氧化碳排放数据）。

答案 按国家分类，频数就是相应的二氧化碳排放数据。总排放量的最大值为 65.34 亿吨，因此图 3-4a 纵轴的刻度可以是 0~70。表 3-6 已经将总排放量按降序排列，所以可以使用这个顺序绘制帕累托图（如图 3-4 所示）。人均排放量以吨为单位，最大值为美国的 19.18 吨，因此图 3-4 上纵轴的刻度为 0~20。

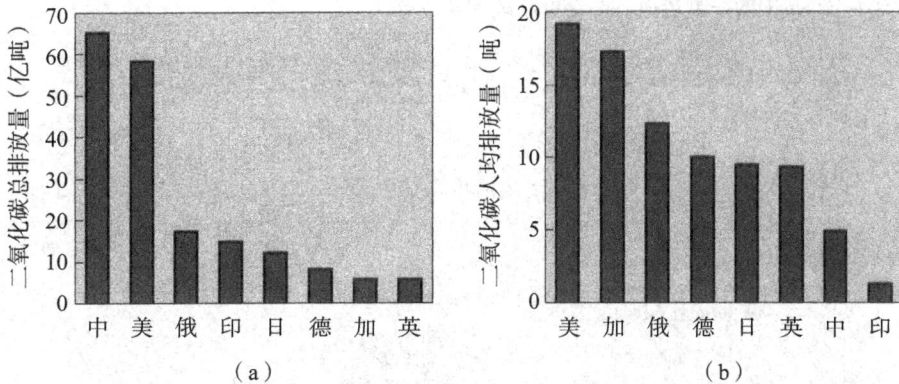

图 3-4 不同国家的二氧化碳总排放量帕累托图（a）和二氧化碳人均排放量帕累托图（b）。

两个帕累托图中国家的排序不同，这告诉我们一个事实，二氧化碳总排放量最多的国家未必是人均排放量最多的国家。特别值得一提的是，尽管中国的二氧化碳总排放量最多，但是其人均排放量远没有美国和加拿大的多。

3.2.2 饼图

饼图通常用于表示频率分布。整个圆表示总频率 100%，各个小块的大小表示不同类别的频率大小。举一个简单的例子，图 3-5 是论文分数的饼图。注意，饼图中每一块的大小反映了表 3-3 中频率的大小。为方便比较，频率以百分比的形式直接显示在各小块上。

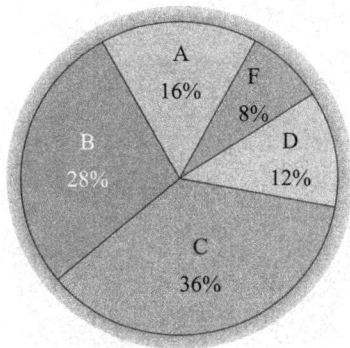

图 3-5 表 3-1 和表 3-3 中论文分数的饼图

⏻ **技术应用**

饼图

EXCEL 用 Excel 绘制饼图和绘制条形图非常相似，除了：

（1）绘制饼图时，需要选中频率而非频数（尽管二者都可以），最好复制粘贴这些频率数据使它们挨着分数字母；

⏻ **技术应用**

（2）在插入菜单中选择饼图而非柱形图；

（3）在饼图上自定义标签的过程和条形图不同，如饼图颜色和其他修饰特征。下面的截图（Excel 2007）给出了 Excel 中的一组选项，你也可以试试其他选项。

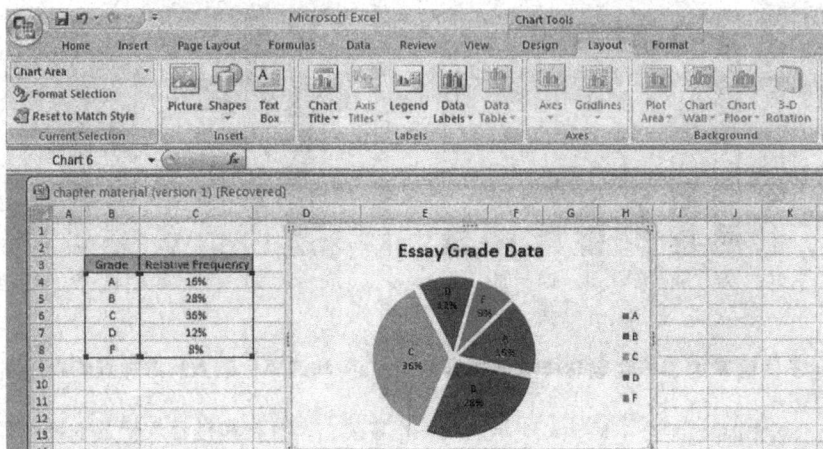

饼图是一个被分割成许多块的圆形，每个小块代表特定类别的频率。块的大小和频率成正比。整个圆表示总频率100%。

例2 简单饼图

美国罗切斯特市已登记的选民中 25% 为民主党人，25% 为共和党人，50% 为无党派人士。绘制饼图来表示这些党派。

美国罗切斯特市已登记的选民

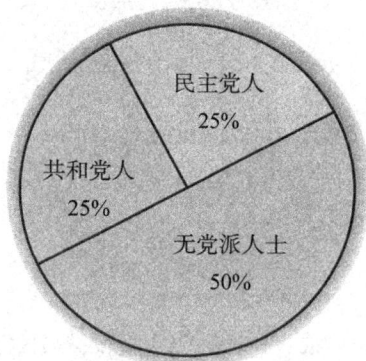

图 3-6 例 2 的饼图

答案 因为民主党人和共和党人各占25%，所以饼图中表示民主党人和共和党人的小块各占整个图的25%，即饼图的1/4。无党派人士占50%，所有他们对应的小块为整个饼图的一半。结果如图3-6所示。和之前一样，要注意标签的重要性。

3.2.3 直方图和折线图

条形图和饼图主要用于描述定性数据，如字母成绩和不同的国家。对于定量数据，两种最常见的图形是直方图和折线图。

直方图实质上是定量数据的条形图。直方图中的条形必须按数值类别的自然顺序排列。条形的宽度必须相等，而且具有特定含义。图 3-7a 所示为表 3-5 中考试成绩分组数据的直方图。注意，每个条宽代表考试分数的 5 分。直方图中的条形是紧密相连的，因为各类别之间没有间隙。

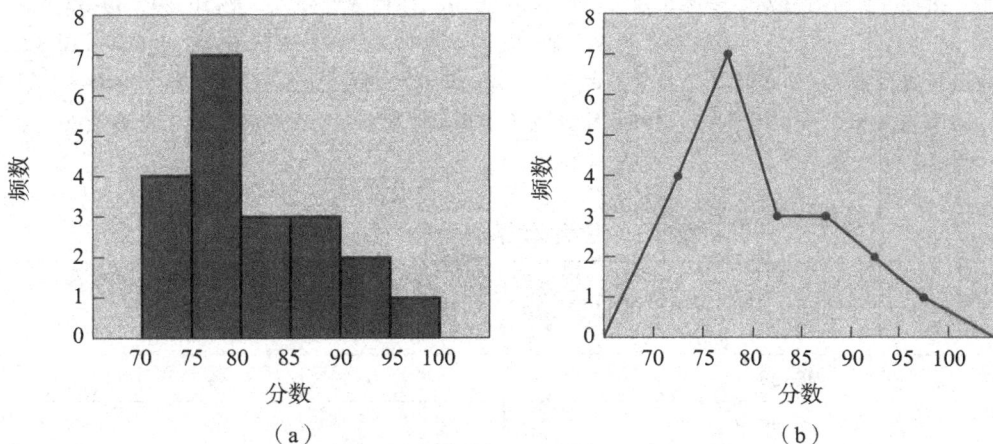

图 3-7　表 3-5 中数值型评分数据的直方图（a）和折线图（b）

图 3-7b 是使用同一组数据做出的折线图。要绘制这个折线图，就要使用点而非条形来代表各个数据类别的频数，即把点放在直方图中条形最高处的位置。由于数据被分成 5 分制的小组，我们把点放在每个小组的中心。例如，数据中 70~75 的分组对应点的横坐标为 72.5。确定各点后，用直线连接各个点。为了让图看起来更完善，要连接最左边和最右边的分数点（这两处的频数为 0）。

直方图是显示定量数据分布的条形图（定距或定比测量）。条形按自然顺序排列，条形的宽度有特定含义。

折线图采用直线连接一组点来显示定量数据的分布。对于各个点，横坐标为各组中值，纵坐标为该组的频数。

例 3　获奥斯卡金像奖的女演员

下面的数据给出了 2012 年度获得奥斯卡金像奖的女演员的获奖年龄（按年龄顺序整理）。进行数据分组，每 10 岁一组，并讨论结果。

21	22	24	24	25	25	25	25	26	26	26
26	26	27	27	27	27	28	28	28	28	29
29	29	29	29	29	29	29	30	30	30	31
31	31	32	32	32	32	33	33	33	33	33
33	34	34	34	35	35	35	35	35	36	36
37	37	38	38	38	38	39	39	40	41	41
41	41	41	42	42	45	45	48	49	49	54
60	61	61	61	62	63	74	80			

资料来源：美国电影艺术与科学学院。

答案 先对数据进行分组。如果记录数据时采用 10 岁一组的分组方式，如 20~29、30~39 等，可以在表 3-7 中找到其对应的频数。因为这些数据是定量的，所以可用直方图和折线图来显示频数。图 3-8 中同时给出了这两种图，并将折线图覆盖于直方图之上。注意，竖直方向的刻度范围是 0~40，这样可以放入最大频数 34，该频数属于 30~39 年龄段，折线图中的点位于各组的中心处。这些数据表明大多数女演员是在相当年轻的时候获得该奖。

表 3-7 获得奥斯卡金像奖女演员年龄的频数分布表（2012 年）

年龄	女演员人数
20~29	29
30~39	34
40~49	13
50~59	1
60~69	6
70~79	1
80~89	1

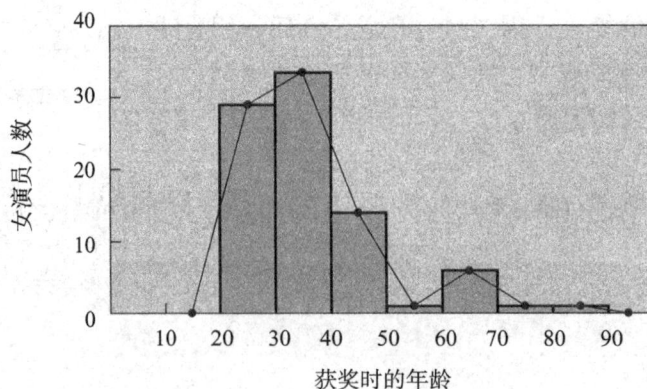

图 3-8 获得奥斯卡金像奖的女演员年龄的直方图和折线图

3.2.4 主题的变化

直方图和折线图有许多变形，这里我们只讨论两种。在直方图或折线图中，如果横轴数据类别为时间段，则称该图为时间序列图。在本书中已经出现过一些时间序列图，如图 2-3，它显示汽油价格如何随时间变化。

另一个常见的变形是茎叶图，如果说它在媒体中不常见的话，那至少在统计学家的研究中很常见。茎叶图看起来有点像侧置的直方图，但条形位置是一组原始数据。绘制茎叶图的方法很多，常见的方法是将数据值分成两部分：茎部分（最左边的数）和叶部分（最右边的数）。具体参考下面的案例。

> 横轴表示时间的直方图或折线图被称作**时间序列图**。
> **茎叶图**有点像侧置的直方图，只不过要将条形换成一组数据。

⏻ 技术应用

折线图和直方图

EXCEL　使用 Excel 可以简便地绘制折线图。下面的截图（Excel 2007）显示了使用表 3-5 中的分组数据所做出的折线图。

（1）为使各个点位于各组成绩的中心处，要在 B 列中输入各个评分组的中心坐标，在 C 列中输入相应的频数。

（2）选中评分和频数，然后选择图表类型为点图，并选择用直线连接散点，即可得到下图。

（3）使用图表选项完善图表的形式、标签等。

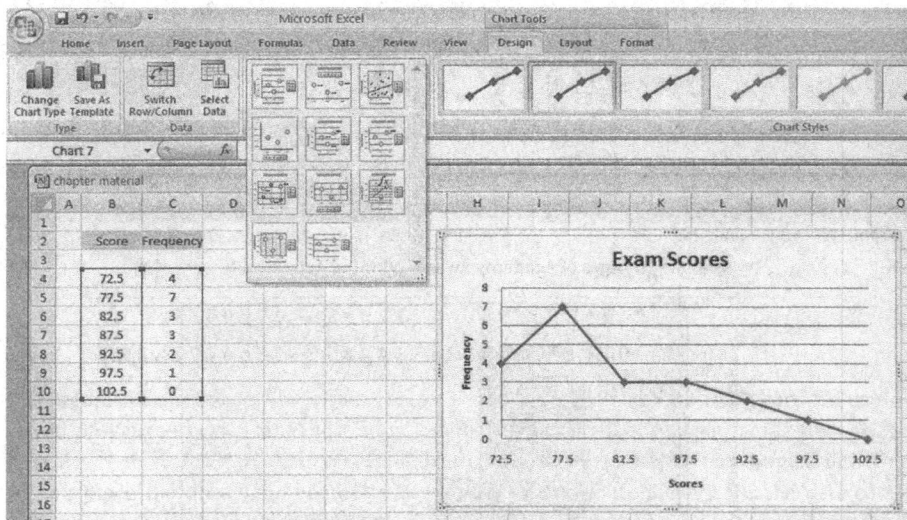

注：使用 Excel 中的线型图表选项也可以得到折线图。在这种情况下，开始只需选中频数，然后在源数据对话框选择"系列"选项并选中 B 列中的评分作为"X 值"。最后得到的图除了无散点外会与先前的点图看起来一样。

使用 Excel 中的加载项也可以生成直方图，包括可在某些版本 Excel 中安装的数据分析加载项。

⏻ 技术应用

STATDISK 为了用 STATDISK 生成直方图，需要在 STATDISK 数据窗口输入或打开数据，然后选择"数据"选项，选择"直方图"，最后单击"绘图"按钮。若是想要自己设置，要在单击"绘图"按钮前单击"用户自定义"按钮。可以单击"转换标签"按钮来查看每个等级的频数。

TI-83/84 PLUS 要使用 TI-83/84 Plus 计算器生成直方图，需要在第一行输入一组数据或使用同名的一组数据值。通过按 **2ND** **Y=** 键选择统计绘图函数，再按 **ENTER** 键，用箭头开启绘图 1，选择条形图。计算器显示的内容如下。

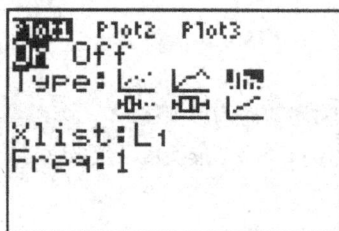

```
Plot1  Plot2  Plot3
On Off
Type: ⌐  ⌐  ⊪
      ⊞  ⊞  ⌐
Xlist:L₁
Freq:1
```

如果想要使用计算器自身的设置，按 **ZOOM** **9** 键可以得到默认设置生成的直方图。若使用自定义设置，按 **WINDOW** 键输入最大值和最小值，然后按 **GRAPH** 键生成图形。

例 4 获奥斯卡金像奖女演员的茎叶图

根据例 3 中的数据绘制茎叶图，比较茎叶图和直方图的优缺点。

答案 将年龄的十位数作为茎，个位数作为叶。由于年龄范围为 21~80，茎部分的值为 2~8，将这些数放在图 3-9 所示茎叶图的左列，把与它们对应的个位数放在右列。例如，例 3 中的第一行数据给出如下年龄值：

    21   22   24   24   25   25   25   25   26   26   26

它们在图 3-9 有相同的茎"2"，然后将这些年龄的个位数作为叶放在图的右边。注意，只有一个人的年龄是五十多，即 54，所以茎"5"（表示年龄为五十多）只有一片值为 4 的叶。

和图 3-8 中的直方图相比，茎叶图的主要优势在于它包含了所有的原始数据。例如，直方图只显示出有六个演员年龄在 60~69 之间；对比之下，通过观察茎叶图中茎"6"的叶部分，你会发现这六个演员的实际年龄分别为 60，61，61，61，62，63。茎叶图的主要缺点在于它包含的信息使它看起来比直方图复杂。

茎（十位）	叶（个位）
2	1 2 4 4 5 5 5 6 6 6 6 6 7 7 7 7 8 8 8 8 9 9 9 9 9 9 9
3	0 0 0 1 1 1 2 2 2 2 3 3 3 3 3 3 4 4 4 5 5 5 5 5 6 6 7 7 8 8 8 8 9
4	0 1 1 1 1 1 2 2 5 5 8 9 9
5	4
6	0 1 1 1 2 3
7	7
8	0

图 3-9 获奥斯卡金像奖的女演员年龄的茎叶图

例 5 解读时间序列图

图 3-10 为自 1900 年以来美国死亡率（每 1 000 人中的死亡人数）的时间序列图（例如，1905 年的死亡

率 16 意味着 1905 年从年初到年底每 1 000 中有 16 人在本年死亡）。讨论总体趋势，并思考 1918 年的死亡率尖峰。如果有人告诉你这个尖峰是由于第一次世界大战中的死亡造成的，你相信吗？请解释原因。

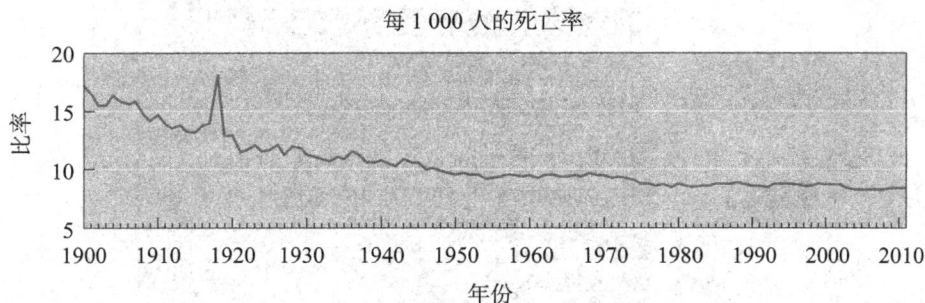

每 1 000 人的死亡率

图 3-10 美国历史上每千人的死亡率

资料来源：美国国家健康统计中心。

答案 死亡率的总体趋势是下降的，这可能是由于医疗水平的提高引起的。例如，细菌性疾病如肺炎在 20 世纪早期是主要杀手，但是如今通过使用抗生素绝大部分能治愈。至于 1918 年的死亡率尖峰，它发生在第一次世界大战末，如果是战争导致了这个尖峰，那么我们预期在第二次世界大战期间会看到类似的尖峰，但是并没有发现。这表明一定是其他原因导致了这个尖峰。实际上，这个尖峰反映了发生于 1918 年的严重流感疫情的影响，那场疫情导致美国 850 000 人死亡，在世界范围内大约有 2 000 万人死亡。

🕐 **思考时刻**

你每年注射流感疫苗吗？ 1918 年流感疫情的巨大影响会改变你们对流感疫苗注射重要性的认知吗？谈谈你的观点。

>>3.3 媒体中的图表

之前介绍的基本图表仅仅是我们学习数据可视化方法的开始。在本节中，我们将研究一些媒体中常见的更复杂的图表类型。

3.3.1 多维条形图和多维折线图

多维条形图是常规条形图的简单延伸，它有两个以上的数据集，这使它能够将不同数据集进行比较。所有的数据集必须具有相同的分类，才能显示在同一个图上。图 3-11 就是一个多维条形图，它有两组条形：一组表示女性；一组表示男性。

注意，图 3-11 中的数据（按照性别和受教育程度分类）为定性数据，那么用条形图来表现这些数据是最优选择。对于定性数据，多维折线图也是不错的选择。图 3-12 用四条不同的折线表示四个不同数据集的方法显示了时间序列数据。能够采用多维折线图的原因是这四个数据集都包含同一对变量：时间和失业率。多维条形图和多维折线图的区别仅仅在于绘图时的数据分组不同，折线图中的每一条折线表示不同的受教育程度。

按照受教育程度和性别分类，25 岁以上全职人员的年收入中位数

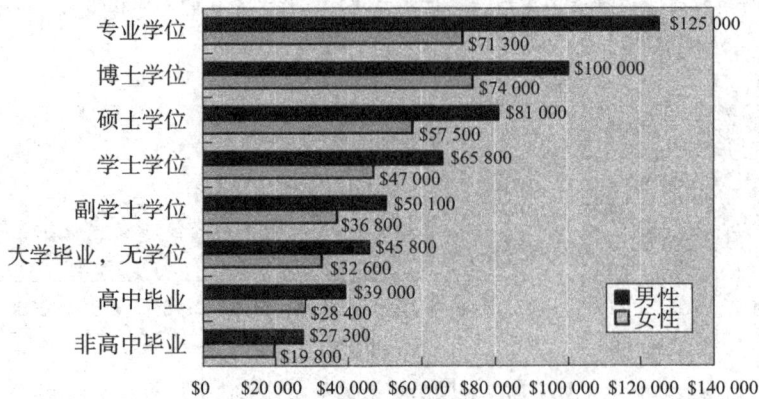

图 3-11   多维条形图

资料来源：美国大学理事会，*Trends in Higher Education 2010*。

按照受教育程度分类，不小于 25 岁的个人失业率

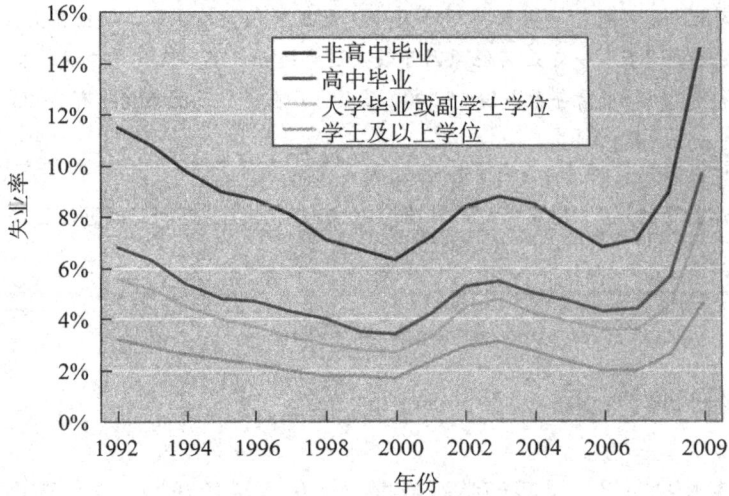

图 3-12   多维折线图

资料来源：美国大学理事会，*Trends in Higher Education 2010*。

例 1   教育支出

研究图 3-11 和图 3-12。它们显示了哪些信息？讨论多维条形图和多维折线图是如何传达这些信息的。

答案   图 3-11 传达了两条明确的信息：第一，通过观察所有类别的条形，我们能清楚地看到，受过高等教育的人明显拥有更高的收入。例如，拥有学士学位的男性的收入比无学位的男性要高出 20 000 美元。这意味着在 40 年职业生涯（25~65 岁）中，一个学士学位价值额外的 80 万美元的收入，至少平均来说是这样。第二，在同等的受教育水平下，女性的收入比男性的低。

图 3-12 表现出教育的另一附加价值：无论失业率是多少，至少在图中显示的时间段内，高学历人群的失业率一直很低。

以上两图可以将数据集之间进行简单比较，所以用起来很方便。例如，如果分别给出男性和女性的条形图，那么将很难发现同等受教育水

> 更多详细的数据表明，几乎在所有的工作领域，大学毕业生比非大学毕业生的收入要高。同时，科技领域专业如科学和工程学的学生一般比其他专业的学生收入更高。对于某个特定专业，学习努力成绩好的学生比不努力的学生收入更高。

平下女性收入比男性的低。同样，如果分别给出各受教育程度的失业率折线图，我们的目光将被图形中的时间趋势所吸引，而察觉不到不同受教育水平下的人群失业率不同这个更加重要的点。

> 🕐 **思考时刻**
>
> 图 3-11 和图 3-12 共同明确了一个观点，教育非常珍贵，因为它能使你的收入增加，同时又能极大地降低失业风险。讨论这个事实是否会改变你们自己的受教育方式或是关于高等教育的相关政策。

3.3.2 多层图

另一种同时表示两个或两个以上数据集的图形是多层图，它以垂直堆叠的方式表示不同的数据集。在条形图和折线图中都可以堆叠数据。

图 3-13 以占总体百分比的形式给出了美国联邦政府支出类型的多层图，预期到 2016 年的支出数据。政府支出被分成五大类，每一类在图中为一层。在某特定时间，一层的厚度可以告诉你此时该类所占的百分比。例如，国防支出比例由 1966 年的 48% 下降到 2016 年的 19% 这个事实告诉我们，近几十年来国防方面的联邦预算比例急剧下降。该图也明确呈现出随着时间变化的支出趋势：社会安全、医疗、债务利息占总体支出的比例在逐渐增长。

图 3-13 中的其他类型看起来可能不太重要，但是实际上它几乎涵盖了每一个政府项目，包括教育、道路、交通、空运控制和安全、国土安全、科学、太空计划、司法公正系统、国际事务、消费者安全、环境计划等方面的所有项目。

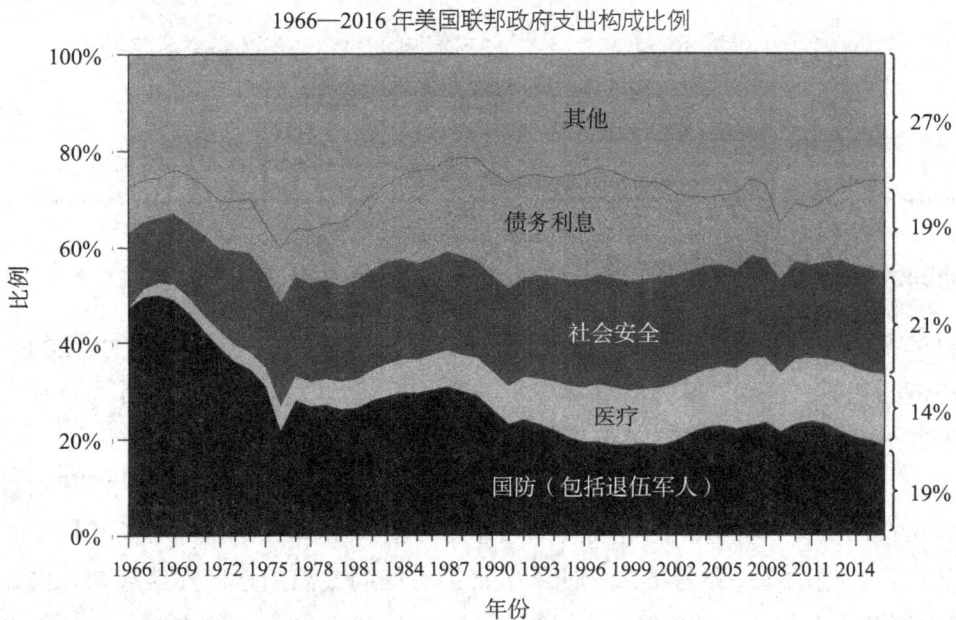

1966—2016 年美国联邦政府支出构成比例

图 3-13　联邦政府支出构成的多层图
（基于截至 2010 年的真实数据和 2010 年估计的 2011—2016 年的预期数据）

资料来源：美国行政管理和预算局，2011 年年鉴表。

⏻ **技术应用**

多维数据集图形

EXCEL Excel 中提供了许多选项来绘制多维条形图、多维折线图和多层图等图形。下面的截图（Excel 2008）给出了绘制图 3-15 时的部分数据和作图的一种方法。Excel 中有很多方法可以生成预期图形，以下是一个简单的步骤。

（1）输入数据。注意年份在第一行，不同支出类型在第一列，数据单元格内是以百万美元计的实际支出量。

（2）全选这六行，即选中数据单元格和第一行、第一列中的标签。然后在"插入"菜单选择"插入图表"，在下面截图中的第一行上面系统会显示绘图选项。

（3）选择绘图选项。在本例中选择左起第三个类型。选项最左边会显示这种类型为"100% 堆叠域"，这意味着系统是按照占每年总支出的比例而非实际美元支出值来绘制多层图的。

（4）从这点来看，得到一个如图 3-15 所示的最终图形只要选择标签和修饰特征选项。这些特征大多数可通过 Excel 添加，虽然有时候把 Excel 图形转换成图片进行编辑会更加简单。

你可以尝试建立类似的数据集，并试着绘制不同类型的图形。如果没有得到预期的结果，可以使用 Excel 的帮助功能获得关于制作不同类型图形更加详细的说明。

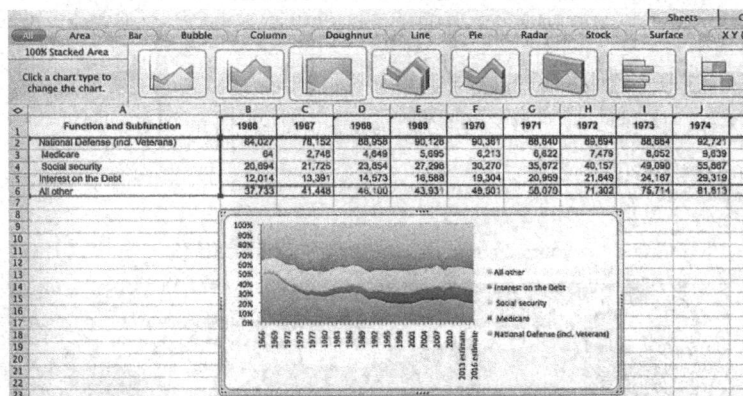

3.3.3 地理数据图

有时候我们会对某些地理分布的数据感兴趣。图 3-14 所示为绘制地理数据的一种常见方法。该例的地图中显示了美国不同州的人均能源使用量。实际数据值以小号字体在每个州的名称下方给出，不同分组以不同灰度表示。

图 3-14 能够很好地呈现能源数据集，是因为每个州都有唯一的人均能源使用量。对于跨地理区域连续变化的数据，用等高线图会非常方便。图 3-15 给出了美国某特定时期气温的等高线图。图中的每一条等高线（曲线）把拥有相同气温的地区连接起来。例如，标注为 50 ℉ 的等高线上每一点的气温都是 50 ℉，标注为 60 ℉ 的等高线上每一点的气温也都是 60 ℉。这两条等高线之间的气温介于 50 ℉ ～60 ℉ 之间。注意，两条等高线越接近，表示地理间的气温变化越大。例如，东北区域密集的等高线说明在这一小片区域上气温变化很大。为了使图形更容易理解，相邻等高线之间的地域用不同灰度表示。

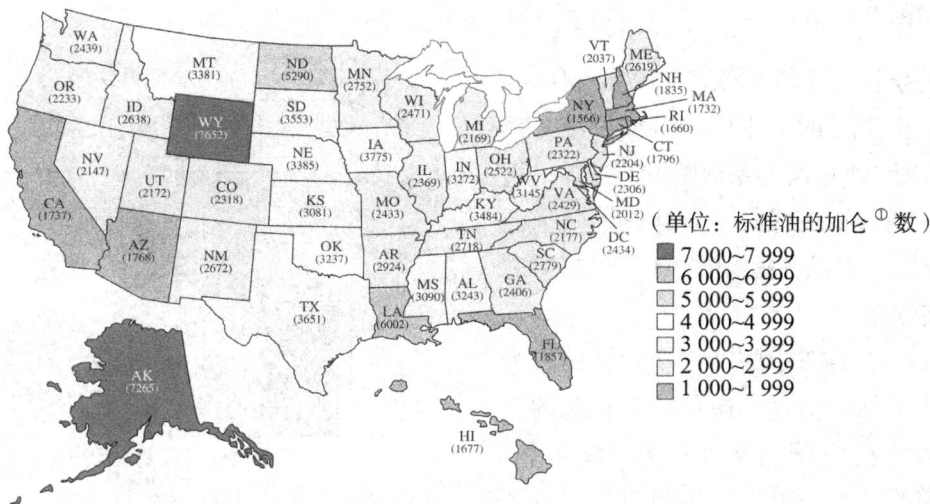

图 3-14　美国不同州的人均能源使用量

注：如果所有的能源都是通过烧油得到的，那么这些数据表示人均石油使用量。实际上，大约 40% 的美国
　　能源来自于石油，余下的来自于煤炭、天然气和水力发电。

资源来源：美国能源信息署，州能源数据系统（2011 年公布的 2009 年数据）。

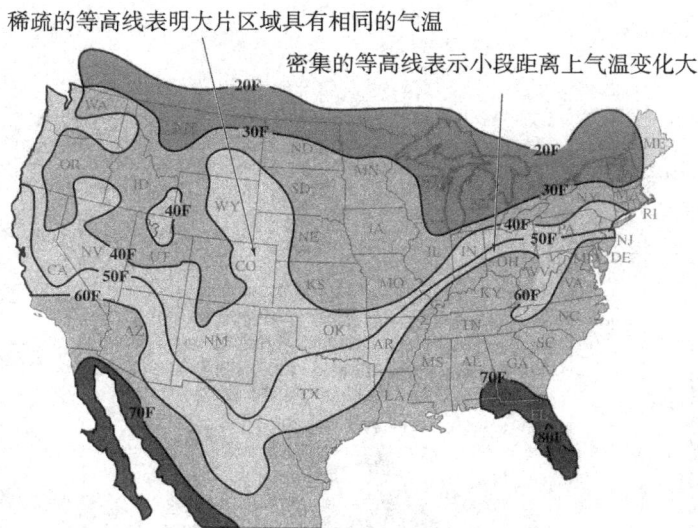

图 3-15　连续变化的地理数据（如气温）

例 2　解读地理数据

研究图 3-14 和图 3-15，回答以下问题。

a. 拥有最低人均能源使用量的州的分布情况如何？

b. 观察图 3-15 给出的数据，美国有气温超过 80 ℉的州吗？

答案　a. 不同灰度表明，拥有最低人均能源使用量的州有温暖的气候，或者是在东北部人口密集区域。

b. 80 ℉等高线穿过了佛罗里达州的南部，所有该等高线以南的佛罗里达州部分的气温都超过了 80 ℉。

---

① 　1 加仑 = 3.785 4 升 = 0.003 785 4 立方米。——译者注

3.3.4 三维图

时至今日，计算机软件可以绘制出几乎任意一个图形的三维图。例如，图 3-16 给出了与图 3-1 相同的条形图，不过却采用三维的外观。它很好看，但是三维效果纯粹只是修饰，它无法提供图 3-1 已经提供之外的任何信息。

相反，图 3-17 中的三个坐标轴则代表三种截然不同的信息，这是一个真正的三维图。调查员为研究某种鸟类（食米鸟）的迁徙模式，对一夜飞过美国纽约州六个城市的鸟类进行计数。如图 3-17 所示，城

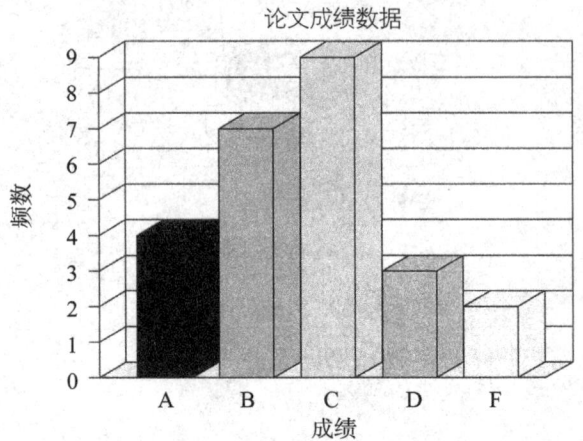

图 3-16 三维图

市按照从东向西的顺序排列，这样调查员才可以知道鸟类何时飞过纽约州的哪个地区，在夜里何时抵达位于南方的古巴过冬。注意，三个坐标轴分别测量鸟类的数量、夜里的时间和东西部的落脚点。

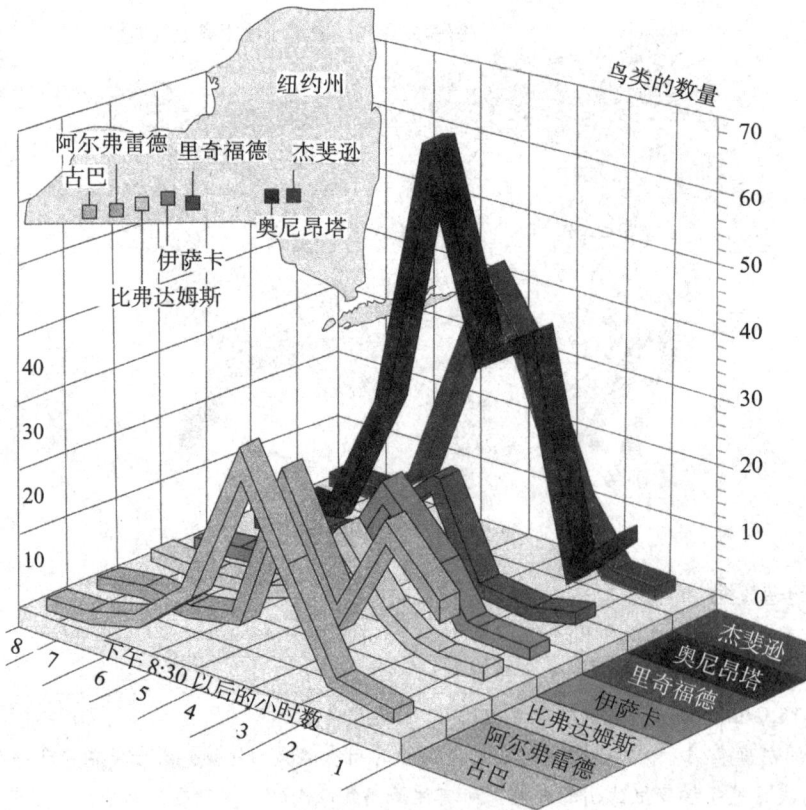

图 3-17 鸟类迁徙三维图

资料来源：比尔·埃文斯（Bill Evans），"Graph of Ornithology Data"，《纽约时报》。

例 3　鸟类迁徙

基于图 3-17，在何时有最多的鸟类飞过由七个城市标志的东西线？大多数鸟类飞过纽约州的哪一个地区？大约多少只鸟在午夜 12:00 飞过奥尼昂塔？

答案　晚上 8:30 后的 3~5 小时内在所有城市观测到的鸟类数量达到峰值，即夜里 11:30 和凌晨 1:30。更多的鸟类飞过奥尼昂塔和杰斐逊这两个城市而非它们以西的城市，这说明大多数的鸟类飞过了纽约州的东部。要回答关于奥尼昂塔的问题，需注意午夜 12:00 是时间类型 4 的中间时刻。在图 3-17 中，该时刻位于奥尼昂塔折线上两个峰值之间的谷底。查看鸟类数量坐标轴，我们会发现大约有 30 只鸟在该时刻飞过了奥尼昂塔。

3.3.5 组合图

我们目前所了解的图形都很常见，而且很容易绘制。但是如今的媒体中往往使用许多比较复杂的图表。例如，图 3-18 所示为夏季奥运会女性参赛者的图形。仅仅这一个图中就包含了一个折线图、多个饼图以及数值型数据。这显然是一图道千言的一个例证。

例 4　奥运会中的女性参赛者

描述图 3-18 所示的三个趋势。

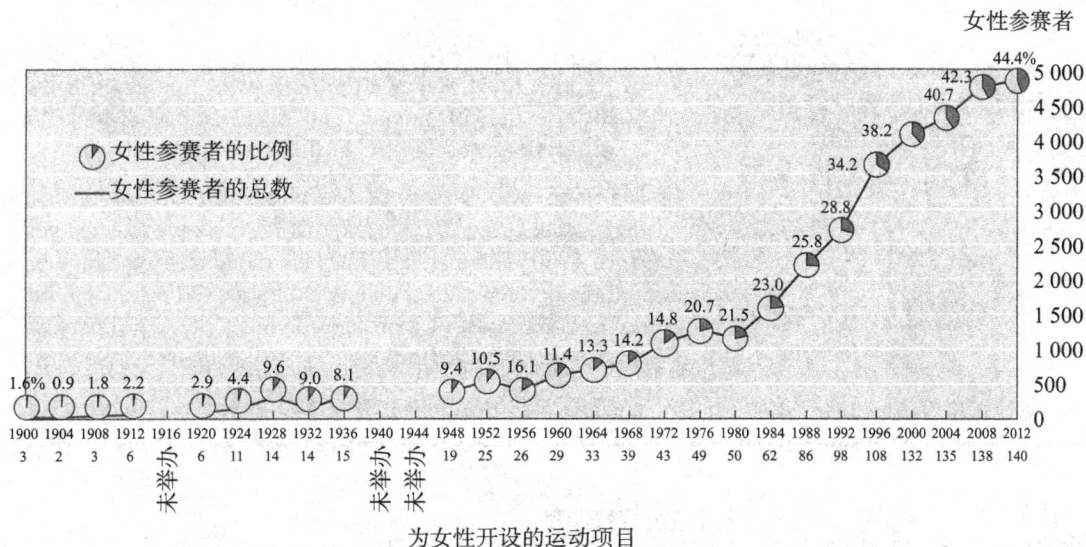

图 3-18　奥林匹克运动会中的女性参赛者

资料来源：基于国际奥委会的数据，由《纽约时报》改编。

答案　图 3-18 中的折线图表示夏季奥林匹克运动会的女性参赛者总人数在稳步增长，特别是在 1960 年以后，而且在 2012 年时个数目已经将近 5 000。饼图表明在所有参赛者中，女性参赛者的比例也在增长，在 2012 年的运动会中这个比例超过了 44%。底部的数字则表示女性可参加的赛事数目也在快速增长，在 2012 年该数已经达到 140。

🕐 **思考时刻**

图 3-18 所示的三个趋势中哪些会在下几届奥运会中持续出现？哪些趋势不会出现？请解释。

>>3.4 关于图表的一些注意事项

正如前面所看到的，图形能提供清晰且有意义的统计数据综述。然而如果不能认真地解读图形，即便是绘制精良的图形也会误导我们，而制作粗糙的图形几乎总是误导我们。此外，还有一些人会故意歪曲图形的意思。在本节中，我们将讨论一些曲解图形的常见情况。

3.4.1 认知扭曲

许多图表是以一种扭曲我们认知的方式呈现的。图 3-19 就给出了一种最常见的扭曲类型。美元形状的条形图被用来表示美元随着时间的贬值情况。问题在于美元的价值是由美元纸币的长度表示的。例如，一张 2010 年的美元纸币在 1980 年仅价值 0.39 美元，因此要把它画成 1980 年美元纸币长度的 39%。然而我们却倾向于关注美元纸币的面积，2010 年美元纸币的面积仅仅约为 1980 年的 15%（因为 2010 年美元纸币的长和宽都减少到了 1980 年的 39%，并且 $0.39^2 \approx 0.15$）。它给我们的感觉是美元的币值比实际缩水更多。

图 3-19　美元的长度和它们的购买力成正比

🕐 **思考时刻**

假定图 3-19 所示的三张美元纸币都用一堆三维的美分表示，且每一堆的高度和该美元的币值成正比。这样数据的视觉扭曲是更大、更少？还是和图 3-19 中的一样？请解释。

在 19 世纪下半叶，德国研究员研究出了多种图形，由于图 3-19 所示的扭曲类型很常见，它拥有自己的名字，可大致翻译为"欺骗眼睛的统计图"。

3.4.2 观察刻度

图 3-20a 所示为自 1910 年以来大学生中女性所占的比例。初看这个比例似乎在 1950 年以后大幅度增长，但是纵轴刻度并不是从 0 开始，在 100% 结束。如图 3-20b 所示，如果在纵轴刻度范围是 0~100% 的坐标中重新绘制该图，这个增长仍然很大，但看起来幅度小多了。从数学角度来看，刻度不从零点开始会使得图形变化更加明显，而且更容易观察到数据中的小幅变化趋势。但是如本例所示，如果我们不仔细观察刻度，就会被该图所欺骗。

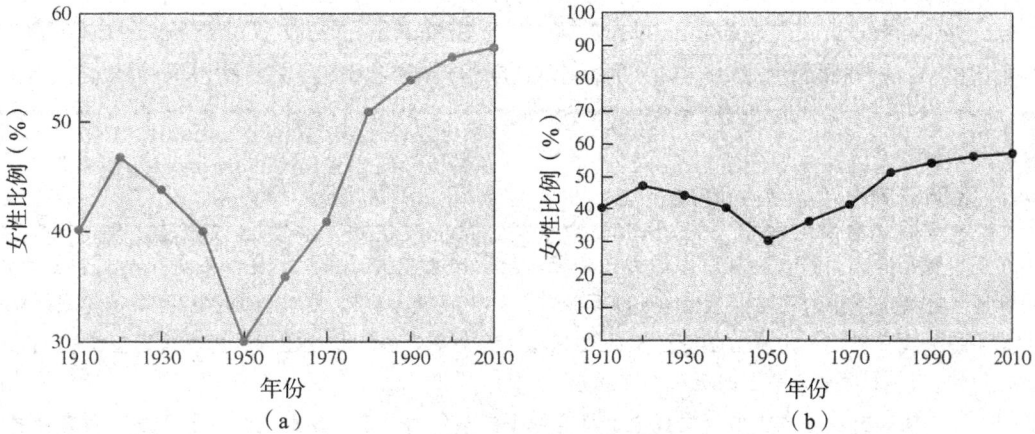

图 3-20 大学生中的女性比例

资料来源：美国国家教育统计中心。

图形使用非线性刻度可能会导致另一个问题，即刻度上的每一增长量并不总是表示数值上的同等变化。图 3-21a 显示了计算机运算速度是如何随着时间变化的。初看运算速度似乎一直是线性增长。例如，1990—2000 年运算速度的增长量似乎与 1950—1960 年的相同。然而如果仔细观察，就会发现纵轴上的每刻度表示速度的 10 倍增长。我们可以看到 1950—1960 年，计算机运算速度从大约每秒 1 次增长到每秒 100 次；1990—2000 年，计算机运算速度从大约每秒 1 亿次增长到每秒 100 亿次。这种类型的刻度被称作指数刻度（或对数刻度），

> 最容易欺骗的人是自己。
> ——爱德华·布尔沃 - 利顿
> （Edward Bulwer-Lytton）
>
> 1965 年英特尔创始人戈登·E. 摩尔（Gordon E. Moore）预言技术的进步将会使计算机芯片的计算速度每两年增长一倍。这个法则如今被称作摩尔定律。自从摩尔提出后它一直都被证明是相当正确的。

因为它以 10 的指数增长，10 的次方是指数（在 $10^3 = 1\,000$ 中，3 是指数）。我们总是可以将指数刻度还原为如图 3-21b 所示的普通线性刻度。通过比较这两个图可以清楚地看到指数刻度的重要性：指数刻度能清楚地显示计算机运算速度的快速增长，而普通线性刻度却很难显示图中早些年的任何细节信息。通常，当数据变化范围很大时，指数刻度非常有用。

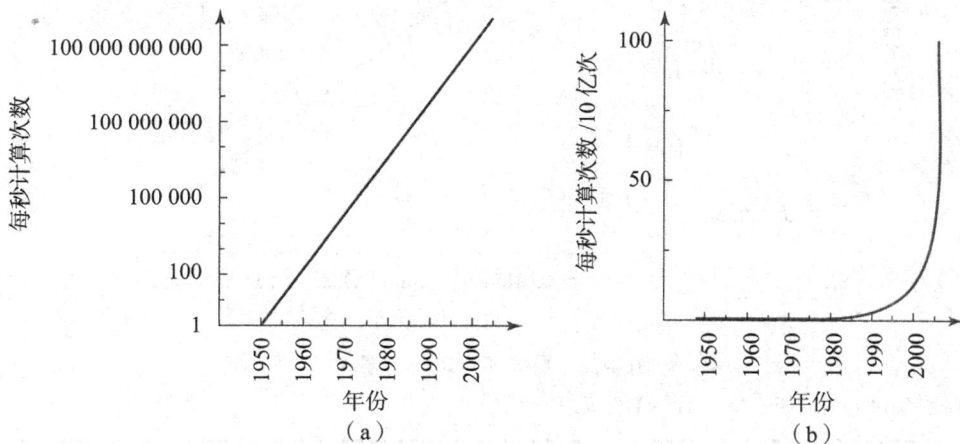

图 3-21 计算机每秒运算速度

🕐 **思考时刻**

根据图 3-21a,你能预测 2020 年计算机的运算速度吗？能否根据图 3-21b 做出同样的预测？

🔍 **案例研究   小行星的威胁**

小行星和彗星偶尔会撞击地球。小的行星在撞击地球时会在大气层中燃烧或是形成一些小型陨石坑,而大的行星则会带来严重的灾难。大约 6 500 万年前,一个直径大约为 10 公里的行星撞击了地球,在墨西哥尤卡坦半岛边缘形成了一个宽为 200 公里的陨石坑。科学家们估计那次碰撞造成了当时生活在地球上的大约 3/4 物种的灭绝,包括所有的恐龙。

显然,一次同样的撞击对我们的文明来说将是一个灾难性的消息。因此我们想要了解这种事件发生的可能性。图 3-22 把撞击地球的小行星或彗星的大小和该型号行星撞击地球的频率联系在了一起。由于涉及的行星大小和时间刻度范围都很大,所以两个坐标轴都是指数刻度。横轴表示撞击物(行星或彗星)的大小,每一个刻度表示 10^1。纵轴表示撞击频率。通过这个双指数刻度图形,我们能更清晰地看到其中的趋势。例如,每天都有直径 1 米的小星体撞击地球,但是它们几乎没有造成损失。另一种极端情况,能导致大量生物灭绝的足够大的星体大约每隔 1 亿年会撞击地球。

在地球上已经发现的陨石坑超过 150 个。其中保存最好的一个是位于美国亚利桑那州的流星陨石坑。它形成于大约 50 000 年以前,当时一个直径 50 米的小行星撞击了地球,其释放的能量与一个 2 000 万吨的氢弹相当,最终留下了一个宽度超过 1 千米,深度超过 200 米的陨石坑。

中等型号的星体或许才是最让人忧心的。图形显示能造成大范围破坏的星体撞击,如能毁灭一个大城市的,大概以每千年一次的频率发生。我们可以采取一些防御措施。目前,天文学家正力图对小行星撞击地球的时间做出精准的预测。如果他们发现了将要撞击地球的星体,就会找寻方法来使其偏离轨道以避免撞击地球。

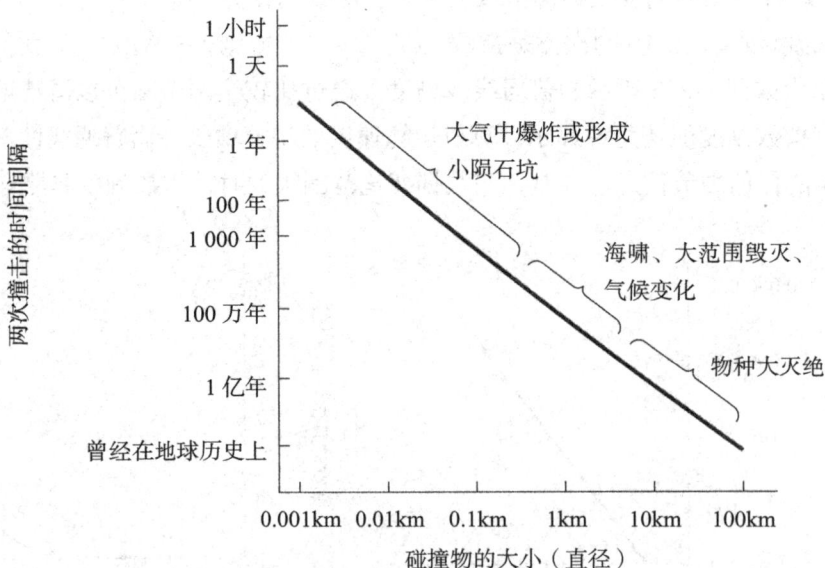

图 3-22   星体撞击地球的频率

注:小型碰撞物比大型的撞击地球的频率更高。

3.4.3 百分比变化图

大学学费是越来越贵还是越来越便宜？如果没有仔细看图的话，图 3-23a 会使你得出结论：在 21 世纪初期的尖峰以后，公立高校的成本在余下的几十年里一直在减少。但是再仔细看看，你会发现该图中的纵轴表示成本的百分比变化。因此，这里的降低只是成本增加幅度的降低，而不是成本的降低。实际的大学成本如图 3-23b 所示，显然它在逐年增长。显示百分比变化的图形很常见，你几乎能在每天的财经新闻里看到它。但是如你所见，如果你不知道它们表示的是变化而非实际值，那么它们就非常具有误导性。

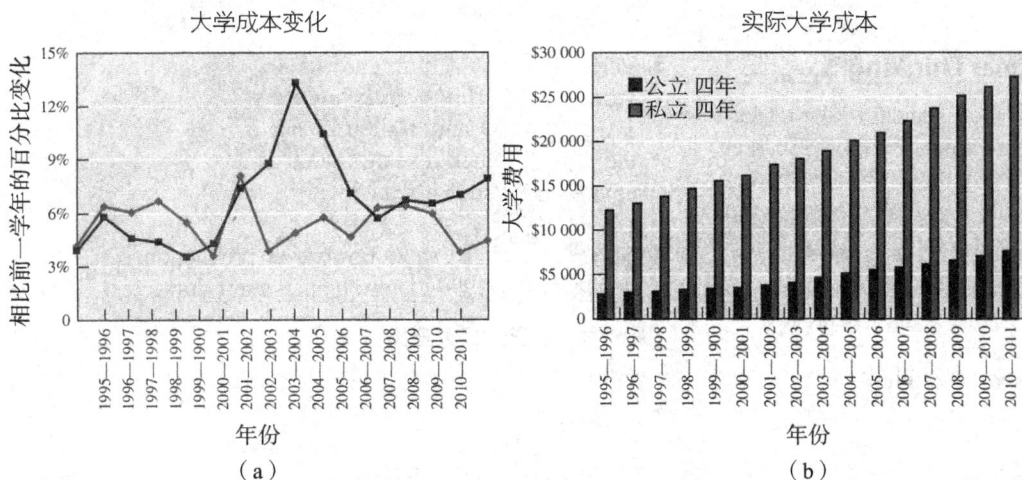

图 3-23　大学成本的变化趋势

注：（a）年度百分比变动；（b）年度成本。

资料来源：美国大学理事会。

3.4.4 象形图

象形图是有附加插图装饰的图表。插图能使图形更具吸引力，也会使图形更加抽象而容易产生误导。图 3-24 为象形图，它显示了 1804—2040 年世界人口的增长情况（未来年份的数值根据美国现有数据来预测）。按列出的年份，各条形的长度和该年的世界人口准确对应。然而该图的艺术性装饰却在几个方面具有误导性。例如，你的目光可能被地球上排列的小人所吸引。因为这排人从图的最左边开始上升一直到图中间，然后开始下降，这可能会使你认为未来的世界人口将会下降。实际上，这排小人纯粹只是修饰，不具有任何信息。

该图的另一个严重问题在于它使得世界人口看起来像是线性增长的。然而，要注意水平轴上的时间段是不同的。例如，人口从 100 万增长到 200 万的条形间距是 123 年（1804—

> 首先要掌握事实，然后你可以随意歪曲它们。
>
> ——马克·吐温（Mark Twain）

人口统计学家通常用加倍时间来描述人口增长。所谓加倍时间是指人口增长到原来两倍的时间。在 20 世纪末期，人口加倍的时间大约是 40 年。如果人口继续按这个速度增长，那么在 2100 年世界人口将会超过 300 亿，在 2200 年世界人口将会超过 1 900 亿。到 2650 年左右，人们摩肩接踵，世界人口也将多到不适合在地球上生存。

1927 年），但是人口从 500 万增长到 600 万的条形间距仅仅是 12 年（1987—1999 年）。

　　象形图极其常见。然而，如本例所示，你要仔细地研究图形以提取本质信息，而不要受修饰效果的影响。

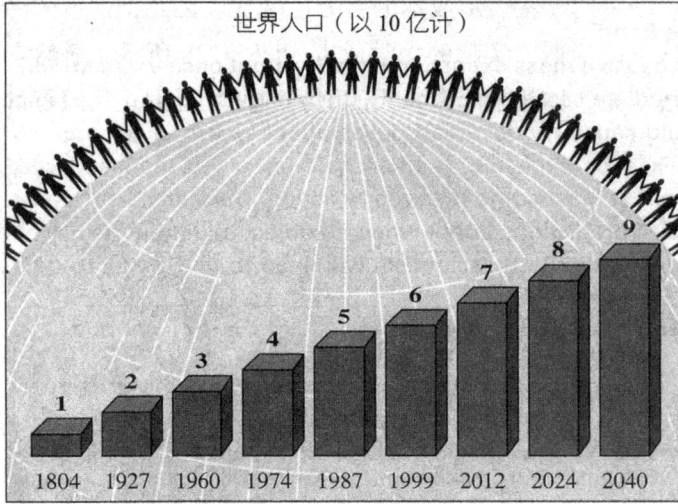

图 3-24　世界人口象形图

资料来源：联合国人口司。

聚焦历史

可以用图表描述战争吗

能用图表描述战争吗？图 3-25 由查尔斯·约瑟夫·密纳德（Charles Joseph Minard）在 1869 年创作，形象地描述了一场战争。该图讲述了 1812 年拿破仑在俄国之战败北的故事，有时也被称作拿破仑之死亡竞赛。

图中的地图粗略地显示了自波俄边界的尼曼河向东至莫斯科的约 500 英里的狭长地带。灰色条带表示拿破仑军队的前进路线。在密纳德的原始图中，带宽的 1 毫米表示 6 000 人，该图中的条带要比原始图的窄。军队从最左边开始行进，此时条带最宽。1812 年 6 月 24 日，一个拥有 422 000 名士兵的军队开始向莫斯科行进。那是当时所能调动的最大军队。

当军队接近莫斯科时条带变窄，这表示军队中的伤亡很多（条带的分支表示被派遣到其他方向的军队）。拿破仑的军队仅仅带了极少的食物供给，而炎热的夏季伴随着大暴雨的天气造成的疾病在军队中蔓延。饥饿、疾病和战争损失造成每天有上千名士兵死亡。当军队于 1812 年 9 月 14 抵达莫斯科时，它已经缩减到 100 000 人。然而这还不是最坏的情况。

令拿破仑失望的是，俄国人在法国军队抵达前退出了莫斯科。由于未能与俄国军队交手并且军队的状况非常糟糕，无法抵达俄国首都圣彼得堡，拿破仑决定从莫斯科向南撤离。图中用黑色的靠下的条带表示撤退路线。而图中最底层的折线则显示了临近冬天的夜晚气温。我们可以看到，在 10 月 18 日气温已经达到冰点。

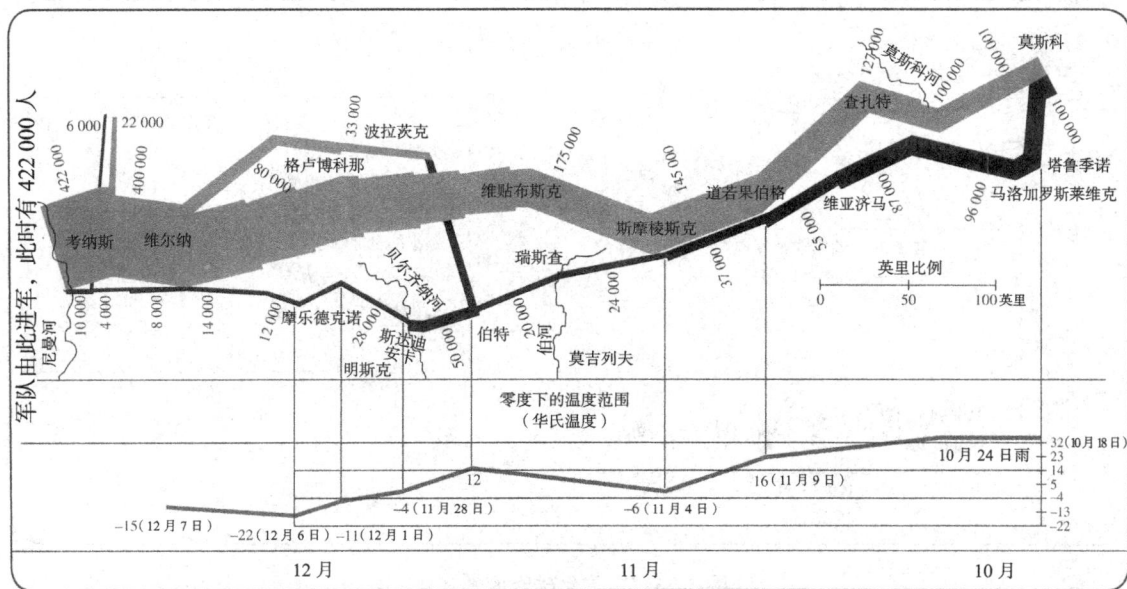

图 3-25 同俄国的战役中拿破仑军队的士兵伤亡（1812—1813 年）

资料来源：爱德华·塔夫特（Edward Tufte），*The Visual Display of Quantitative Information*（Cheshire, CT: Graphics Press, 1983, 2001）。该转载已获许可。

11月末气温已经骤降到了0℉以下。下方的黑色条带在11月28日突然变窄，表明22 000名士兵在贝尔齐纳河死去。四分之三的幸存者在接下来的几天中也冻死不少，许多人在12月6日那个寒冷的夜晚冻死了。当12月14日军队到达波兰时，原来的422 000人只剩下10 000人。

在一个著名的图表技术分析中，作家爱德华·塔夫特描述密纳德的图形为"迄今为止绘制得最好的统计图"。另一个引人注目的评价来自于与密纳德同时代的马雷（E.J.Marey），他认为这张图"让所有的法国人泪流满面"。

聚焦环境

我们在改变地球的大气层吗

有时候绘制精良的图表能在你了解一切之前给你上一节重要的课。

图3-26显示出地球大气层中二氧化碳的密度随时间变化的情况。密度的单位是每百万中的个数，它表示每100万个空气分子中二氧化碳分子的数量。例如，密度每百万300个，表示每100万个空气分子中包含300个二氧化碳分子，它等价于密度为0.03%。

注意主图显示了在过去的80万年里二氧化碳的密度随时间变化的情况。科学家们通过测量古岩冰气泡里的二氧化碳的密度来获得这些数据，这些古岩冰取自于格陵兰岛或南极洲冰层中的冰芯。

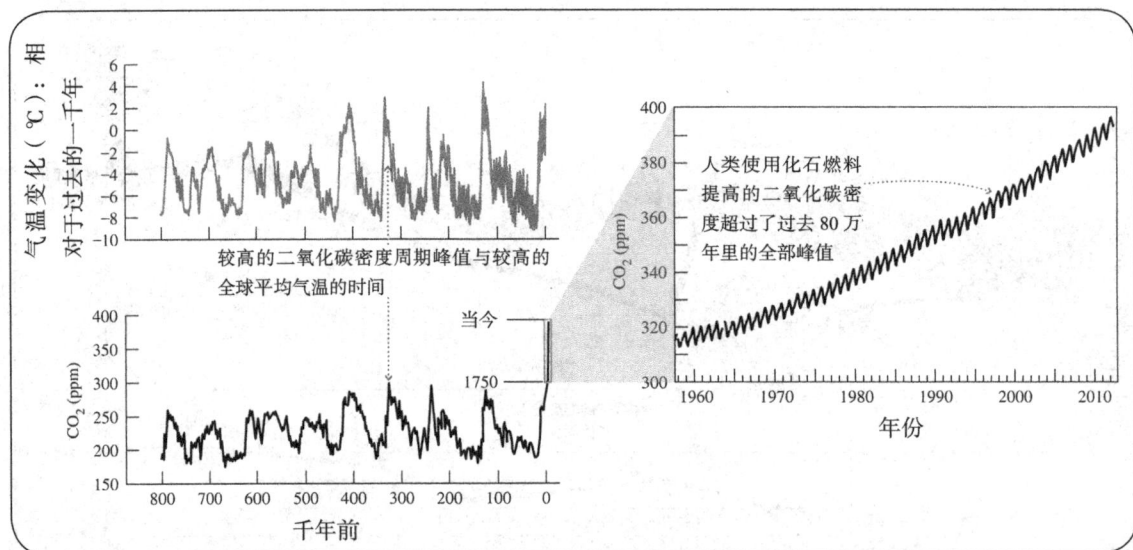

图3-26　二氧化碳密度的变化

注：（左）基于过去80万年的冰岩芯数据得到的大气层二氧化碳密度和全球平均气温。资料来源：关于南极洲冰岩芯的欧洲计划。

（右）20世纪50年代末之后的二氧化碳密度可以直接从大气层中测得。右图中的波动线表示季节波动。穿过波动线的直线表示总体趋势。资料来源：美国国家海洋和大气管理局。

最深的冰芯钻探到 80 多万年以前沉积的冰层以下，这就是为什么图形可以显示远古数据。右边的图显示了 20 世纪 50 年代末以来直接测量的地球大气中二氧化碳密度的数据。

尽管你不知道二氧化碳的作用，图形也应该能吸引你的注意力。图中许多明显的起伏显示，在过去 80 万年里二氧化碳浓度主要是通过自然过程变化的。但是，所有这些起伏的峰值显示，直到几个世纪之前二氧化碳浓度都没有超过 300 ppm。现在右边的图显示出二氧化碳浓度每年上升 2~3 ppm，以此速度到 2015 年二氧化碳浓度将达到 400 ppm，到 2060 年大约为 500 ppm。很明显，二氧化碳浓度发生了急剧的变化。

引人瞩目的变化使你想了解有关的问题，你可能想知道二氧化碳浓度是否非常重要，主要图形的注解揭示了答案。上述冰芯数据，可以复原过去地球上的二氧化碳浓度，也可以复原过去地球上的温度。数据对比表明，二氧化碳的浓度和温度协同地趋于上升和下降。过去的冰河时期伴随较低的二氧化碳浓度，而过去的温暖期则有较高的二氧化碳浓度。这就引出问题，二氧化碳浓度的变化是否会引起温度的变化。尽管图形没有单独回答这个问题，但是其他统计研究，例如在第七章中的讨论则提供了强有力的证据表明二者确实有因果关系。

如果二者的因果关系是真实的，那么目前的二氧化碳浓度急剧上升应引起高度关注。过去的许多温暖时期，地球的平均温度比现在的地球温度高数度；所以现在二氧化碳的浓度飙升表明，地球温度也会发生相同的变化。此外请注意，过去的数据显示二氧化碳浓度和温度的变化经常相当迅速，这表明变化过程可以自我反馈。在这种情况下，有一个极大的风险，我们已经开始面对的这一过程在未来的几十年里可能会导致地球温度迅速上升。

剩下的问题是，目前的二氧化碳浓度上升是一种自然现象，还是由人类引起的。通过仔细研究大气中二氧化碳的同位素组成和比较它的各种来源，科学家们发现，二氧化碳的增加来自于人类活动。

第四章　描述数据

在第三章，我们讨论了用图表显示数据分布的方法。现在我们介绍描述所采集数据的集中程度、分布形态和离散程度的一般方法。这些方法是数据分析的重中之重，它们几乎应用于以后你所接触的每个统计研究。在本章的结尾，我们分析几个即使你仔细地观察数据，也可能会偶然产生的令人惊奇的情况。

试图总结是没有用的。不能完全看它说的，也不能完全看它做的，人们必须遵循关键线索的提示。

——弗吉尼亚·伍尔芙（Virginia Woolf）

学习目标

4.1 什么是平均

理解均值、中位数和众数的区别，以及异常值对它们的影响。了解何时采用加权平均值。

4.2 分布形态

通过众数的个数、偏态和离散程度描述分布的一般形式。

4.3 离散程度的测量

理解并解释离散程度的一般测量方法：极差、五数概括法和标准差。

4.4 统计悖论

研究统计中的常见悖论。

热点话题

聚焦股票市场：什么是道琼斯工业指数

聚焦经济：富人会变得更富有吗

>>4.1 什么是平均

"平均"这个术语频繁地出现于新闻和其他报道中，但它并不总是具有相同的意义。在本节我们将会看到，关于平均最合理的定义是基于不同情况的。

4.1.1 均值、中位数、众数

表 4-1 显示了五个受欢迎的科幻电影系列的影片数量。这些不同系列电影的平均影片数量是多少？一种方法是计算它的均值（算术平均值这一正式术语通常被简称为均值）。我们通过将电影总数除以 5 得到均值（因为数据组中含有五个系列）：

$$均值 = \frac{4+7+11+6+4}{5} = \frac{32}{5} = 6.4$$

表 4-1 五部科幻电影系列

系列名称	影片数量（截至 2012 年）
异形	4
决战猩球	7
星际迷航	11
星球大战	6
终结者	4

注：只计算每个系列的主要版本；异形系列不包含普罗米修斯。

换句话说，这五个系列各自平均包含 6.4 部电影。一般来说，我们通过把数据总值除以数据量得到任一数据组的均值。均值是绝大多数人认为的平均概念。实质上，它在定量数据分析中代表平衡点（如图 4-1 所示）。

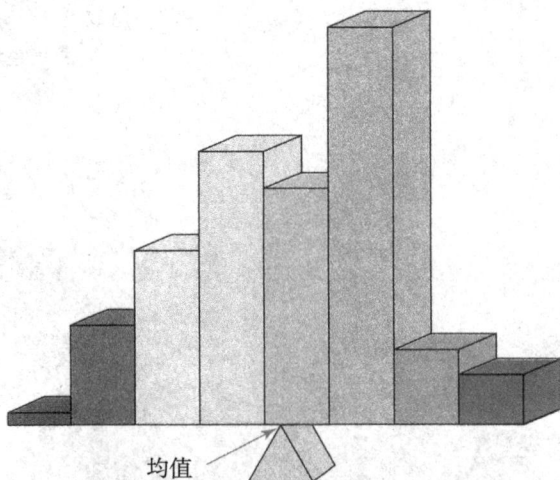

均值

图 4-1 在均值位置平衡的柱状直方图

我们也可以通过计算数据组的中位数或中间值来描述电影的平均数。为了找到中位数，我们按升序（或降序）排列数据，重复那些出现不止一次的数据。如果数据个数是奇数，那么会有一个确定的数排在序列正中间，这个数就是中位数。如果数据个数是偶数，那么会有两个数排在序列正中间，中位数则是这两个数之和的一半。将表4-1中的数据按升序排列，为4，4，6，7，11。影片数量的中位数为6，因为6是序列正中间的数。

在数据组中，众数是指最常见的值或一组值。在电影案例中，众数是4，因为该数值在数据组中出现了两次而其他数值只出现了一次。一个数据组可能含有一个众数、多于一个众数或者没有众数。有时，众数指的是一组紧密间隔的值而不是某个值。相比于定量数据，众数更多地用于定性数据，但是无论是均值还是中位数都不能用于定性数据。

> **分布中心的测量**
>
> **均值**是我们大多数时候所说的平均数，它的定义如下：
>
> $$均值 = \frac{所有数值的总和}{所有数值的个数总和}$$
>
> **中位数**是分类数据组的中间值（如果数据个数为偶数，则是两个中间数值和的一半）。
>
> **众数**是数据组中出现次数最多的值（或者一组值）。

在本章中，当计算中需要进行数据保留时，我们将采用如下规则。

> ── **统计计算中的舍入保留规则** ──
>
> 通常相对于原始数据而言，答案应该多保留一位小数。例如，如果给定的数据为整数形式，那么应该将均值保留到十分位；如果给定的数据保留一位小数，那么应该将均值保留到百分位，以此类推。一般来说，在计算过程中只对最终结果数据做保留而不对中间数据进行保留。

注意在电影案例中我们是如何运用这个规则的。表4-1中的数据由整数构成，所以我们以6.4来表达均值。如果计算结果恰巧与原始数据的有效数字相同，那么可以多保留一位小数。

例1 价格数据

下面是8家食品杂货店售卖PR产品的价格：

$1.09　　$1.29　　$1.29　　$1.35　　$1.39　　$1.49　　$1.59　　$1.79

请计算这些价格的均值、中位数和众数。

答案 平均价格是$1.41：

$$均值 = \frac{\$1.09 + \$1.29 + \$1.29 + \$1.35 + \$1.39 + \$1.49 + \$1.59 + \$1.79}{8} = \$1.41$$

为了求出中位数，首先按升序排列数据：

$1.09, $1.29, $1.29,　　　$1.35, $1.39,　　　$1.49, $1.59, $1.79

下面三个数据　　　　中间两个数据　　　　上面三个数据

因为这里有8个价格（偶数个），序列中间的两个数值分别为$1.35和$1.39，因此该中位数是两个数值和的一半：

$$中位数 = \frac{\$1.35 + \$1.39}{2} = \$1.37$$

根据舍入保留法则，以 $1.410 和 $1.370 表示均值和中位数。

众数为 $1.29，因为该价格比其他价格出现的次数多。

⏻ **技术应用**

均值、中位数和众数

EXCEL　Excel 为计算均值提供了内置函数"AVERAGE"，也为计算中位数和众数提供了各自的函数。下图显示了使用这三个函数进行例 1 的计算。B 列显示函数，C 列显示结果。

◇	A	B	C
1	Data	1.09	
2		1.29	
3		1.29	
4		1.35	
5		1.39	
6		1.49	
7		1.59	
8		1.79	
9	Mean	=AVERAGE(B1:B8)	1.41
10	Median	=MEDIAN(B1:B8)	1.37
11	Mode	=MODE(B1:B8)	1.29
12			

注：如果你拥有 Windows 版本的 Excel，你可以通过安装"分析工具库"得到更多的信息，通过帮助选项中的"加载项"找到它。安装之后，单击"数据"，在上端窗口中单击"数据分析"，并选择其中的"描述统计"，然后单击"确定"。在对话框中，输入数据范围（比如 A1：A8 对应 A 列的 8 个数值），单击"汇总统计"，然后单击"确定"。结果包含均值和中位数，还有一些我们接下来将要讨论的其他统计量。

作为另一种方法，XLSTAT 是本书的一个补充，可以运用于 Windows 和 Mac 系统。输入上述数据，单击"XLSTAT"，单击"可视化数据"，然后选择"描述统计"。输入数据范围，比如 A1：A8（如果第一行是数据名称，要注意单击"样本标签"旁边的对话框）。

STATDISK　在数据窗口中输入数据或者打开一个现有的数据组。单击"数据"，选择"描述统计"。单击"评价"可以得到更多的描述统计量，包括均值和中位数，以及一些接下来我们将要讨论的统计量。

TI-83/84 PLUS　首先通过单击 ⬭STAT⬭ 在 L1 列输入数据，然后选择"编辑"，单击 ⬭ENTER⬭ 按钮。在输入数值后，单击 ⬭STAT⬭ 并选择"CALC"，然后选择"1-Var Stats"，再双击 ⬭ENTER⬭ 按钮。结果包含均值和中位数，以及接下来我们即将讨论的一些统计量。用 ⬇ 键来浏览没有在最初界面显示的其他结果。

4.1.2 异常值的影响

为了研究均值、中位数和众数之间的区别，假设学校篮球队中即将毕业的五个大学生，他们在 NBA 第一年的合约金如下（0 意味着没有接到合约）：

0　0　0　0　$10 000 000

合约金的均值是：

$$均值 = \frac{0 + 0 + 0 + 0 + \$10\ 000\ 000}{5} = \$2\ 000\ 000$$

那么，该篮球队大四毕业生的平均合约金为 200 万美元的说法是否合理？

很显然不合理。因为获得高额合约金的球员使得均值变大。如果我们忽略这名球员而只考虑其他四名球员的话，那么平均合约金则为零。因为相比其他数值，1 000 万美元的数值过于庞大，所以我们称之为异常值。如同案例所示，一个异常值可以使均值显著提高或降低，因此使得整体数据不具有代表性。

> 一个调查发现美国北卡罗来纳州大学地理专业学生的平均初始工资比其他学校的高出很多。高均值是由一个异常值所造成的，这个地理专业的一名学生是篮球巨星迈克尔·乔丹（Michael Jordan）。

数据组中的**异常值**是一个比几乎其他所有数值都要大很多或者小很多的数值。

虽然异常值把合约金的均值抬得很高，但是它对合约金的中位数没有影响，其依旧是零。通常来说，异常值对中位数没有影响，因为异常值不在数据组中间。异常值也不影响众数。表 4-2 总结了均值、中位数和众数的特点，其中包括异常值的影响。

表 4-2　比较均值、中位数和众数

项目	定义	是否常用	存在性	是否每个值都参与运算	是否受异常值影响	优点
均值	$\frac{所有数值的总和}{所有数据的总个数}$	大多数	总是存在	是	是	通俗易懂，对于很多统计方法效果很好
中位数	中间的数值	经常	总是存在	否（除了计算所有值的个数）	否	当异常值存在时，比平均数更具有代表性
众数	出现次数最多的数值	偶尔	可能没有、有一个，或者有多个	否	否	适用于定性数据（见 2.1 节）

🕐 **思考时刻**

用中位数代表五个球员的平均合约金是否公平合理？为什么？

如何处理异常值是统计学中非常重要的问题。有时，比如篮球案例，为了更加合理恰当地解释均值和中位数，异常值必须是一个合理的数值。而有时，异常值则是一个数据组中的错误。判断异常值何时是重要的数值以及何时是错误的数值是非常困难的。

例2   错误

一位田径教练想确定运动员们在训练时适宜的心率。她选择了五位最好的跑步运动员，并让他们在运动时佩戴心率检测器。在训练过程中，她得到五位运动员的心率：130，135，140，145，325。在这个案例中哪种平均测量方式更好？均值还是中位数？为什么？

答案   五个数值中的四个数值相对较近，对于训练时的心率来说似乎很合理。325 这个很大的数值是一个异常值。这个异常值看上去像是个错误（有可能是心率检测器坏了），因为任何人达到这一高心率时都应该处于一个心脏骤停的状况。如果教练选用均值作为体现整体的平均水平，那将会包含这个异常值，这就意味着当她使用这个数据时会出现错误。如果选用中位数来体现平均水平，她将会得到一个更为合理的数值，因为中位数不会被异常值所影响。

4.1.3 "平均"的困惑

平均的不同意义会导致混淆。有时这种混淆的出现是因为我们不知道平均水平是指均值还是中位数，而有时是因为我们没有获取足够多的信息以确定平均是怎样计算的。下面的案例说明了这两种情况。

例3   工资争议

一家报社调查了高科技公司的员工薪金，并得出平均小时工资为 22 美元的结论。一家大公司的员工们随即要求涨工资，声称他们与其他公司雇员一样努力工作但是平均小时工资只有 19 美元。管理部门拒绝了他们的要求，并告之他们已经得到了足够多的报酬，因为他们的平均小时工资实际上是 23 美元。哪一方正确呢？请给出合理的解释。

答案   如果双方分别运用不同的平均定义，那么双方都是正确的。在这个案例中，员工们采用的是中位数而管理部门采用的则是均值。比如，假设该公司只有五名员工，它们的薪金分别是 19 美元、19 美元、19 美元、19 美元和 39 美元。这五个薪金的中位数是 19 美元（就像员工们强调的），但是均值则是 23 美元（就像管理部门声称的）。

例4   哪种均值

在一个小规模的大学里，总共有 100 名大一新生，他们选择了三门核心课程。其中两门课程以大课形式教授，100 名学生同在一个教室。第三门课程则以 10 个人的小班、10 个班的形式教授。学生与行政人员就课堂规模是否过大而争论。学生认为核心课程的平均容量应该为 70 人一个课堂。而行政人员则认为这个容量应该只有 25 人。哪一方正确呢？请给出合理的解释。

> 结果不会说谎，但是说谎者会制造结果。
> ——查尔斯·H.格罗夫纳
> （Charles H.Grosvenor）

答案   学生们计算课堂规模的均值是以每个学生都出勤为基础的。每个学生都要上两个以 100 人出勤，和一个以 10 人出勤的课程，所以每个学生的课堂平均规模是：

$$\frac{所有课程的总人数}{所有课程的总数} = \frac{100 + 100 + 10}{3} = 70$$

而行政人员计算的是整个课程的平均规模。一共有两个出勤人数为 100 人的课程，和 10 个出勤人数为 10 人的课程，所以总共有 300 个学生出勤 12 门课程，则每个课程的平均规模为：

$$\frac{所有出勤的学生人数}{所有课程总数} = \frac{300}{12} = 25$$

两个群体对均值的计算都是正确的，但是他们选取了不同的均值测量方法。学生计算的均值是每个学生的课程规模，而行政人员计算的均值是每个课程的平均人数。

⏱ **思考时刻**

在例 4 中，行政人员可以对全体学生进行再分配以达到每个课程的规模都为 25 人吗？如何做到？讨论这样改变的优缺点。

4.1.4 加权平均值

假设你的课程成绩基于四次小测验和期末考试。每次小测验占最终成绩的 15%，期末考试占 40%。你的小测验得分分别是 75 分、80 分、84 分和 88 分，你的期末考试最终得分为 96 分。那么你最后的总分为多少？

因为期末考试所占比例比小测验要多，所以简单地求五个分数的均值不能得到最终分数，必须对每个分数添加一个权重（表示重要程度）。在这个案例中，我们把小测验的权重设定为 15（15%），期末考试的权重设定为 40（40%）。通过每一部分分数乘以相对应权重的加和，再除以总权重得到加权平均值：

在运动统计中，根据运动员或队伍的表现进行评估时所采用的方法通常都是加权平均法。例如，棒球比赛中的投手防御率（ERA）和多垒安打率，橄榄球比赛中的四分卫法，以及大学的计算机排名。

$$加权平均值 = \frac{75 \times 15 + 80 \times 15 + 84 \times 15 + 88 \times 15 + 96 \times 40}{15 + 15 + 15 + 15 + 40}$$

$$= \frac{8\ 745}{100} = 87.45$$

加权平均值 87.45 是由小测验与期末考试不同的权重加权得来。根据保留原则，最终成绩为 87.5。

无论数值在其权重下如何变化，加权平均值总是合理的，你可以通过如下公式得到加权平均值。

> **加权平均值**是对变量在数值中重要程度的解释。每个数值被赋予一个权重，它对应的加权平均值是：
> $$加权平均值 = \frac{（数值 \times 对应权重）的总和}{权重的总和}$$

⏱ **思考时刻**

由于上述成绩案例中的权重是百分比，我们可能会认为权重是 0.15 和 0.40，而不是 15 和 40。现在用 0.15 和 0.40 来计算加权平均值。可以得到相同的答案吗？为什么？

例 5　平均成绩点数（GPA）

兰德尔（Randall）的学业成绩有 38 学分是 A，22 学分是 B，7 学分是 C。那么他的 GPA 是多少？在平均绩点计算中，A 记为 4.0，B 记为 3.0，C 记为 2.0。

答案　A，B，C 三个成绩分别代表的数值为 4.0，3.0，2.0。学分数就是权重。学分 A 是数值 4 的权重，为 38；学分 B 是数值 3 的权重，为 22；学分 C 是数值 2 的权重，为 7。加权平均值：

$$加权平均值 = \frac{4 \times 38 + 3 \times 22 + 2 \times 7}{38 + 22 + 7} = \frac{232}{67} \approx 3.46$$

根据保留原则，兰德尔的 GPA 为 3.5。

例 6　股票投票

公司选举投票通常是根据投票者所拥有的股票份额来规定相应的权重。假设一家公司中的五位股东对公司是否应该开展一项新的广告活动而进行投票。投票结果如表 4-3 所示（Y 为是，N 为否）。

表 4-3　投票结果

股东	所持有的股份	投票
A	225	Y
B	170	Y
C	275	Y
D	500	N
E	90	N

根据公司的规章制度，赞同率超过 60% 的方案才能通过。请问该方案是否通过？

答案　我们可以把赞同票看作数值 1，把反对票看作数值 0。每个股东在投票中的股份数量视为权重。因此，A 的数值为 1，权重为 225；B 的数值为 1，权重为 170；以此类推。投票的加权平均值如下：

$$加权平均值 = \frac{1 \times 225 + 1 \times 170 + 1 \times 275 + 0 \times 500 + 0 \times 90}{225 + 170 + 275 + 500 + 90}$$

$$= \frac{670}{1\,260} \approx 0.53$$

加权后的赞同率约为 53%，少于 60%，因此方案未通过。

4.1.5 用求和符号表示的均值

许多统计公式，如均值公式，可以简单地用一个数学公式（求和公式）来书写。

符号 $\sum$（希腊大写字母 sigma）被称为求和符号，它代表将一组数字相加。我们用符号 x 表示数据组中的每一个数值，所以数值总和写作：

$$数值总和 = \sum x$$

例如，一个含有 25 个期末考试成绩的样本，$\sum x$ 代表 25 个分数之和。同样，一个含有 1 万个家庭收入的样本，$\sum x$ 代表这 1 万个家庭的收入总和。

我们用 n 表示样本中数值的总数。因此，均值的一般公式为：

$$\bar{x} = 样本均值 = \frac{数值总和}{数值总数} = \frac{\sum x}{n}$$

> **技术备忘录**
>
> 求和通常使用个数的形式来书写，用于说明如何一步步进行求和。比如，符号 x_i 表示数据组中第 i 个数值，字母 i 就是个数。然后我们写出数值总和：
>
> $$\sum_{i=1}^{n} x_i$$
>
> 它读作"从 $i = 1$ 到 $i = n$（n 是该数据中的数值总个数），x_i 数值的总和"。通过这个公式，均值写作：
>
> $$\bar{x} = \frac{1}{n} \sum_{i=1}^{n} x_i$$

$\bar{x}$ 是样本均值的标准符号。当要处理总体均值时，统计学家选用希腊字母 μ（mu）来代替。

求和符号也使一般的公式可以简单地表达出来，比如加权平均值计算公式。x 代表每一个数值，w 代表每一个数值的权重，则每一个数值与其权重乘积的和是 $\sum (x \cdot w)$，权重之和是 $\sum w$。因此，加权平均值的计算公式是：

$$加权平均值 = \frac{\sum (x \cdot w)}{\sum w}$$

4.1.6 分组数据中的均值与中位数

本节的主要内容是简要说明分组数据。在分组数据中，以各组的中间值代表各组的所有数据。例如，考察如表 4-4 所示的 50 个分组数据。

表 4-4　50 个分组数据

组	频数
0~6	10
7~13	10
14~20	10
21~27	20

第一个分组的中间值是 3，所以我们假设 3 出现了 10 次。同理，表中 50 个数值的总和为：

$3 \times 10 + 10 \times 10 + 17 \times 10 + 24 \times 20 = 780$

因此，均值为 $780 \div 50 = 15.6$。由于一共有 50 个数，所以中位数在第 25 和第 26 个数之间。这两个数值在 14~20 的组中，所以我们称这个组为该数据的中位数组。众数在频数最高的组，本例中为 21~27。

>>4.2 分布形态

在上一节中，我们运用一些统计量（如均值和中位数）讨论了如何描述定量数据的分布中心，现在我们来讨论分布的总体形态。通常用三个特征进行描述：众数的个数、对称性（偏态）和离散程度。虽然与一个完整的分布图相比，这三个特征所显示的信息很少，但是它们依旧很有用。

注意，我们关注的是分布的一般形态，这样通常更容易检查图中的光滑曲线是否符合原始数据集。图 4-2 显示了三个样本数据，其中两个以直方图形式表示，一个以折线图形式表示。在每个案例中，光滑的曲线很好地近似原始分布。

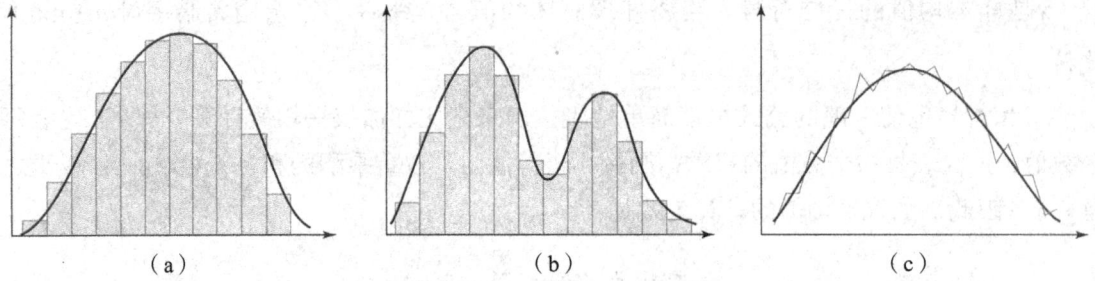

图 4-2　使用光滑曲线表现分布形态

4.2.1 众数的个数

通过数据峰值和众数的个数来描述分布形态是一种简单的方式。图 4-3a 中的分布被称为均匀分布，数据没有众数，因为所有的数值都有相同的频数。图 4-3b 所示为一个峰（众数）的分布。该分布被称为单峰分布。按照惯例，分布中的任意一个峰都是一个众数，即使所有峰值不同。例如，图 4-3c 中的分布就有两个众数，即使第二个峰值比第一个峰值低。该分布被称为双峰分布。相同的，图 4-3d 中的分布有三个众数，被称为三峰分布。

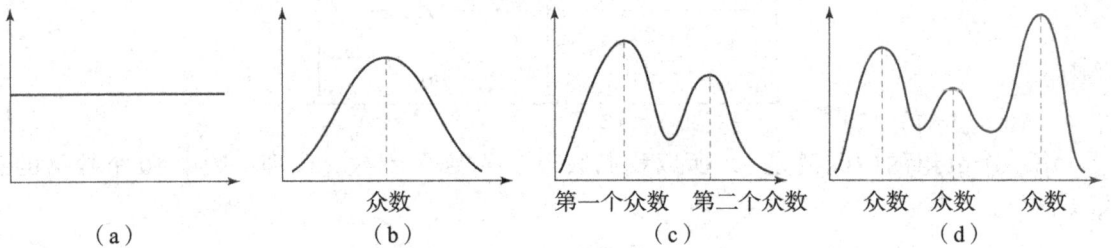

图 4-3　分布形态

注：（a）均匀分布没有众数；（b）单峰分布有一个众数；（c）双峰分布有两个众数；（d）三峰分布有三个众数。

例 1　众数的个数

在如下分布中，众数的个数各是多少？为什么？用清晰的坐标轴画出每个分布的草图。

a. 随机选择的 1 000 名成年女性的身高。

b. 随机选择的 1 000 名成年美国人 1 月份在电视上观看足球比赛的时间。

c. 童装零售店贯穿全年的每周销售量。

d. 社会安全号码最后一位是某个特定数字（0~9）的人口数。

答案　图 4-4 显示了各个分布的草图。

a. 女性身高的分布是单峰分布，因为大部分女性的身高是处于或者接近平均身高的，只有较少的女性身高高于或者低于平均水平。

b. 随机选择的 1 000 名成年人观看足球比赛的时间分布更倾向于双峰分布。一个众数代表男性观看比赛的平均时间，另一个众数则代表女性观看比赛的平均时间。

c. 童装零售店每周销售量的分布更可能有多个众数。比如，春季可能有一个夏季服装销售的众数，在夏末有一个返校促销的众数，在冬季有一个假期促销的众数。

d. 安全号码的最后一位在本质上是随机的，所以分布在不同尾数上的人口数量应该是相同的。大约

10% 的社会安全号码是以 0 结束的，10% 是以 1 结束的，以此类推。因此，这里呈现的是一个没有众数的均匀分布。

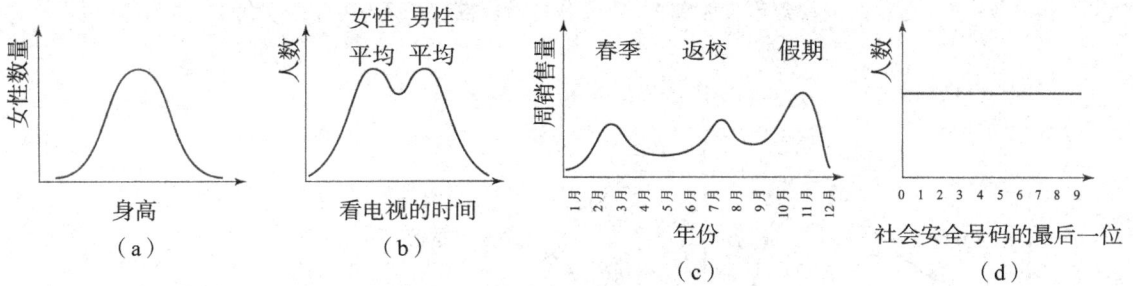

图 4-4 例 1 中分布的草图

4.2.2 对称性或偏态

用对称性或偏态来描述分布形态是第二种简单的方式。如果一个分布的左半部分与右半部分相同，那么这个分布就是对称的。图 4-5 所示的分布都是对称的。图 4-5a 是一个单峰钟形分布，这就是统计学中的正态分布。它非常重要，我们将在第五章专门研究学习这个分布。

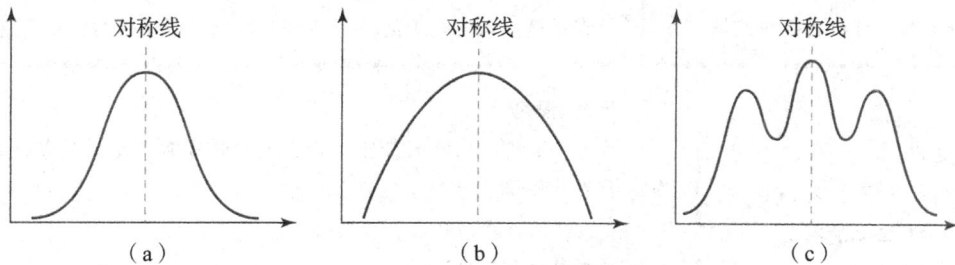

图 4-5 左半部分和右半部分呈镜面对称的分布

一个不对称的分布必须有一些数值使得一端比另一端有更加伸展的趋势。此时我们称这样的分布是偏态的。在图 4-6a 中的分布，数值更加倾向于向左侧延伸，这意味着低值中有一些是异常值。我们称这样的分布是左偏分布（或负偏态），因为它看上去像是尾巴被向左拉了一样。图 4-6b 中的分布，数值更加倾向于向右侧延伸，我们称这样的分布是右偏分布（或正偏态）。

> **技术备忘录**
>
> 左偏态分布被称为负偏态，右偏态被称为正偏态。对称分布为零偏态。

图 4-6 也显示了偏态对均值、中位数和众数相对位置的影响。根据定义，众数在单峰分布的峰值点。左偏分布的均值和中位数都位于众数的左边，它们的值小于众数。另外，数据组低位的众数使得均值小于中位数。同样，右偏分布的均值和中位数位于众数的右边，数据组高位的异常值使得均值大于中位数。当分布对称并且是单峰时，均值与中位数都等于众数。

当一个分布的左半部分与右半部分呈镜面效果时，它就是**对称分布**。

当一个分布的数值大多数分布在左侧时，它就是**左偏分布**。

当一个分布的数值大多数分布在右侧时，它就是**右偏分布**。

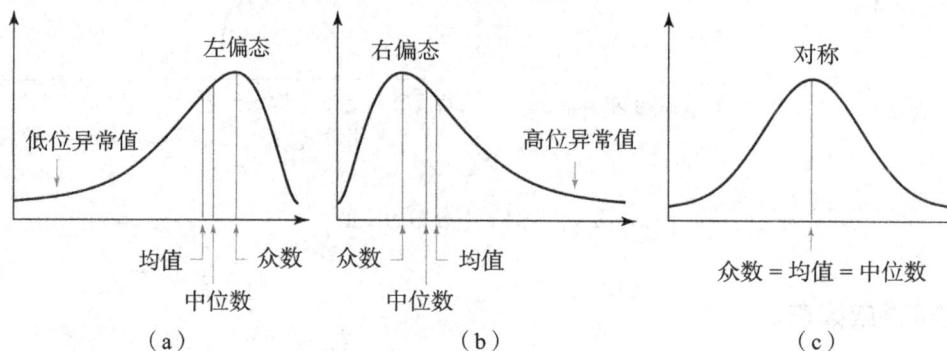

图4-6 偏态分布与对称分布

（a）左偏态：均值与中位数小于众数 （b）右偏态：均值与中位数大于众数

（c）对称分布：均值、中位数和众数相等

思考时刻

对于偏态分布，哪种测量"平均"（或者是分布中心）的方式更好？均值还是中位数？为什么？

美国家庭收入的中位数是50 000美元，低于平均家庭收入68 000美元（2011年的数据）。

例2 偏态

说明以下情况的数据分布形态，是对称分布、左偏分布还是右偏分布？请做出解释。

a. 随机抽取的100名女性的身高。

b. 美国的家庭收入。

c. 在巡逻车使用雷达测速的地方，公路上汽车的行驶速度。

答案 a. 女性身高的分布是对称的，因为高于身高均值和低于身高均值的女性数量大致相同，在均值两边的极端身高是非常少见的。

速度杀手。在美国，平均每12分钟就有一个人死于交通事故。其中的三分之一是由于司机超速造成的。

b. 家庭收入的分布是右偏分布。大部分家庭都是中等收入水平，所以该分布的众数是中等收入家庭的收入。但是一小部分高收入家庭使得均值变高，使分布向右延伸。

c. 在有巡逻车测速的地方司机们都会减速行驶。很少有司机会超速行驶，但是有些司机的车速会低于限速标准很多。因此，该速度分布是左偏分布，它的众数趋于限速标准，但是少量车速会低于限速标准很多。

4.2.3 离散程度

描述分布的第三种方式是离散程度，它可以测量数据有多分散。绝大多数数据聚集在一起的分布有个很小的方差。如图4-7a所示，这样的分布有一个相对较尖的峰值。当数据分布离中心很分散时，方差很大，峰很宽广。图4-7b显示了一个有适中方差的分布，图4-7c则显示了一个有大方差的分布。我们将在下一节讨论定量描述离散程度的方法。

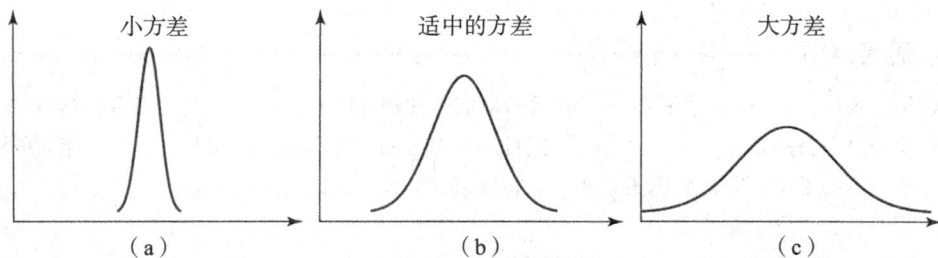

图 4-7　三种分布的方差递增

离散程度描述了数据组相对于其中心是如何分散的。

例3　马拉松比赛完成时间的离散程度

你认为奥运会马拉松比赛与纽约市马拉松比赛完成时间的离散程度有什么不同？请做出解释。

答案　只有优秀的长跑运动员才能参加奥运会马拉松比赛，他们完成比赛的时间大多接近世界纪录。纽约市马拉松比赛允许所有人参加，他们完成比赛的时间在一个很宽的范围内分散（从接近世界纪录的两个小时到更长的时间）。因此，纽约市马拉松比赛完成时间的离散程度应该比奥运会马拉松比赛完成时间的离散程度大很多。

>>4.3 离散程度的测量

在 4.2 节中，我们知道了如何定性地描述离散程度。在本节中，我们将讨论离散程度的定量计算。

4.3.1 离散程度的重要性

试想一下，顾客们分别在两个不同的银行排队等待接受服务。大银行的顾客们可以在三个任选的队伍等待，分别通向三个不同的窗口。最佳银行也有三个窗口，但是所有顾客必须在一个队伍中等待，之后被叫到下一个空闲的窗口。下面的数值为 11 名顾客在两家银行的等待时间（分钟）。数值以递增顺序排列。

大银行（三个队伍）：4.1　5.2　5.6　6.2　6.7　7.2　7.7　7.7　8.5　9.3　11.0

最佳银行（一个队伍）：6.6　6.7　6.7　6.9　7.1　7.2　7.3　7.4　7.7　7.8　7.8

相对于最佳银行，你会发现有更多不满意大银行的顾客，但这并不是因为它的平均等待时间更长。事实上，你可以证明两家银行等待时间的中位数和均值都是相同的。顾客们不同的满意程度来源于两家银行等待时间的不同离散程度。大银行的等待时间有一个很宽泛的范围，所以有一少部分顾客要等待很长的时间，以至于他们更可能烦躁。相比之下，最

> 排队等待不仅对人们很重要，对于数据来说也很重要，尤其是互联网上的数据流。大公司经常聘请统计学家帮助它们确保数据平稳地通过服务器和网页，避免瓶颈。

佳银行等待时间的离散程度很小，所以几乎所有的顾客都认为他们是被相同对待的。图 4-8
的直方图显示了两个离散程度的不同之处。

🕐 **思考时刻**

　　请解释，为什么有三个队伍的大银行在等待时间上比最佳银行的离散程度大很多。然后试想一下
你平时需要排队等待的地方，比如小卖部、银行、主题公园的停车场，或快餐店。面对庞大的顾客需
求，这些地方用的是单一顾客通道还是多条顾客通道？如果有的地方运用了多条顾客通道，你会认为
单一顾客通道更合适吗？请解释。

引自 1998 年斯科特·亚当斯的呆伯特漫画。允许转载。保留版权。

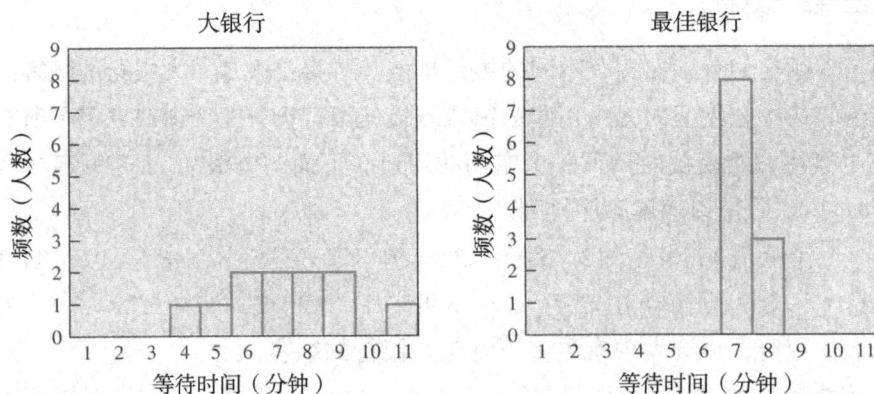

图 4-8　两家银行顾客等待时间的直方图

4.3.2 极差

　　描述一组数据离散程度最简单的方法是计算它的极差。极差被定义为最大值与最小值的

差值。以上述两家银行为例，大银行的等待时间分布从 4.1 分钟到 11.0 分钟，所以它的极差是 11.0-4.1 = 6.9（分钟）。最佳银行的等待时间从 6.6 分钟到 7.8 分钟，所以它的极差是 7.8-6.6 = 1.2（分钟）。大银行的范围更大，反映了它有更大的离散程度。

> 一组数值的**极差**是其最大值与最小值的差值：
>
> 极差 = 最大值 - 最小值

尽管极差很容易计算也很有用，但是有时会带来误区，比如下面的这个例子。

例 1 极差误区
考虑如下九名学生的两组小测验分数。哪组数据有更大的极差？这组数据也有更大的离散程度吗？

小测验 1： 1 10 10 10 10 10 10 10 10
小测验 2： 2 3 4 5 6 7 8 9 10

答案 测验 1 的极差是 10-1 = 9，大于测验 2 的极差 10-2 = 8。但是，不考虑单一的低值（一个异常值），测验 1 没有任何的离散因为每个学生都得了 10 分。相比之下，测验 2 中没有学生得到相同的分数，分数在可能的范围内广泛排列。因此，尽管测验 1 的极差更大，但测验 2 的离散程度却更大。

4.3.3 四分位数与五数概括法

除了最大值和最小值，更好地描述离散程度的方法就是考虑一部分中间的数值。常见的方法是观察四分位数，也就是将数据分布分为四部分的数值。下面再一次列举两家银行的等待时间，其中用黑体标注了四分位数。注意，中间的四分位数也就是中位数将数据分为两组。

> **技术备忘录**
>
> 统计学没有统一公认的四分位数的计算过程，不同的计算过程和不同的技术会导致结果略微不同。

	下四分位数 （Q_1） ↓		中位数 （Q_2） ↓		上四分位数 （Q_3） ↓		

大银行： 4.1 5.2 **5.6** 6.2 6.7 **7.2** 7.7 7.7 **8.5** 9.3 11.0
最佳银行： 6.6 6.7 **6.7** 6.9 7.1 **7.2** 7.3 7.4 **7.7** 7.8 7.8

> **下四分位数**（第一四分位数或 Q_1）将数据组最下部的 1/4 与上部的 3/4 分开。它是数据组下半部分的中位数。（如果数据组中的数据为奇数个，那么除去数据组的中间值。）
>
> **中间四分位数**（第二四分位数或 Q_2）是总体的中位数。
>
> **上四分位数**（第三四分位数或 Q_3）将数据组最下部的 3/4 与上部的 1/4 分开。它是数据组上半部分的中位数。（如果数据组中的数据为奇数个，除去数据组的中间值。）

在了解四分位数后，我们可以运用五数概括法来描述分布，即最小值、下四分位数、中位数、上四分位数和最大值。对于两家银行的等待时间，通过五数概括法得到如下数据。

大银行： 最佳银行：

最小值 = 4.1 最小值 = 6.6

下四分位数 = 5.6 下四分位数 = 6.7

中位数 = 7.2 中位数 = 7.2

上四分位数	= 8.5	上四分位数	= 7.7	
最大值	= 11.0	最大值	= 7.8	

五数概括法

五数概括法用以下五个数描述一组数据分布：

最小值　　下四分位数　　中位数　　上四分位数　　最大值

我们可以通过箱形图来展示五数概括法。使用一个参考数轴，将下四分位数到上四分位数绘制一个箱形图。然后，从中间位置画一条直线穿过箱子，并在最大值和最小值的位置添加两条竖线。图 4-9 所示为两家银行等待时间的箱形图。大银行的箱形图比最佳银行的要更宽广，这意味着它的等待时间的离散程度更大。

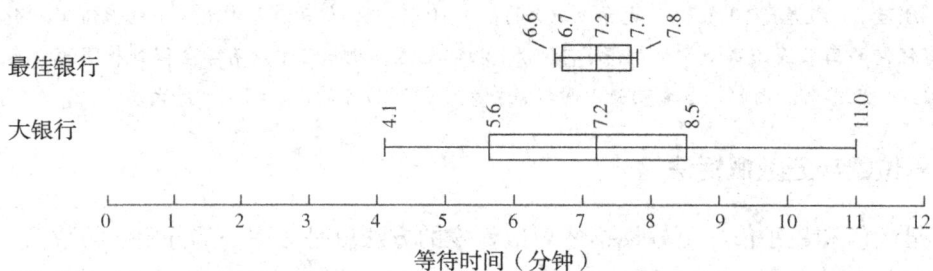

图 4-9　两家银行等待时间的箱形图

技术备忘录

本文中显示的箱形图又被称为骨骼箱形图。一些箱形图以星号（*）或点来表示异常值。而竖线扩展到最小和最大的非异常值处。这类箱形图叫作修正箱形图。

绘制箱形图

第一步，画一条包含数据组中所有数值的数轴。

第二步，将下四分位数到上四分位数放入箱中（箱子的厚度无意义）。

第三步，画一条直线穿过箱形的中间位置。

第四步，将直线延伸到最大值与最小值，并添加竖条。

⏻ **技术应用**

箱形图

EXCEL 尽管 Excel 本身并不是为了箱形图而设计的，但是本书可以使用它的附加功能 XLSTAT。下载 XLSTAT，然后输入或复制数据到电子表格的其中一列。单击"XLSTAT"，单击"可视化数据"，然后选择"单变量绘图"。输入包含数据的单元范围，如 A1：A11（如果第一行是数据名称，单击"样本标签"旁边的对话框）。单击"OK"。结果会显示一个箱形图，有如下两个特点：①箱形图是垂直的；②四分位数的准确值与之前描述的不太一样。

STATDISK 在数据窗口输入数据，然后单击"数据"，并单击"箱形图"。单击你想要输入的列，最后单击"绘图"。

TI-83/84 PLUS 在 L1 列输入样本数据。单击 `2ND` `Y=` 键来选择 STAT 绘图。单击 `ENTER` 键，在设置处选择"ON"。对于本节中第一部分描述的简单箱形图，选择第二排中间的箱形图选项；

⏻ **技术应用**

对于第二部分讲到的修正箱形图，选择第二排最左边的箱形图选项。X 列应该表明 L1 和频数值为 1。现在单击 (ZOOM) 键，选择 ZoomStat 中的选项 9。单击 **ENTER** 键后，箱形图就显示出来了。可以使用方向键调整左右，使得可以从水平方向读取数值。

例 2 被动吸烟和主动吸烟

一种研究香烟影响程度的方法是检测血液中的血清可替宁水平，它是人们从香烟的烟雾中吸收到身体中的尼古丁新陈代谢的产物。表 4-5 显示了 50 名吸烟者（主动吸烟者）和 50 名在家或工作场所被动吸烟者的血清可替宁水平。通过五数概括法和箱形图比较两组数据（主动吸烟者和被动吸烟者），并得出结论。

表 4-5　50 名吸烟者与 50 名不吸烟者血清中的可替宁水平（以升序排列）

单位：纳克/毫升

序号	吸烟者	不吸烟者	序号	吸烟者	不吸烟者
1	0.08	0.03	26	34.21	0.82
2	0.14	0.07	27	36.73	0.97
3	0.27	0.08	28	37.73	1.12
4	0.44	0.08	29	39.48	1.23
5	0.51	0.09	30	48.58	1.37
6	1.78	0.09	31	51.21	1.40
7	2.55	0.10	32	56.74	1.67
8	3.03	0.11	33	58.69	1.98
9	3.44	0.12	34	72.37	2.33
10	4.98	0.12	35	104.54	2.42
11	6.87	0.14	36	114.49	2.66
12	11.12	0.17	37	145.43	2.87
13	12.58	0.20	38	187.34	3.13
14	13.73	0.23	39	226.82	3.54
15	14.42	0.27	40	267.83	3.76
16	18.22	0.28	41	328.46	4.58
17	19.28	0.30	42	388.74	5.31
18	20.16	0.33	43	405.28	6.20
19	23.67	0.37	44	415.38	7.14
20	25.00	0.38	45	417.82	7.25
21	25.39	0.44	46	539.62	10.23
22	29.41	0.49	47	592.79	10.83
23	30.71	0.51	48	688.36	17.11
24	32.54	0.51	49	692.51	37.44
25	32.56	0.68	50	983.41	61.33

被动吸烟对于儿童的危害很大。很明显，相对于成年人已经长成的身体，香烟气体中的可替宁对于正在成长的儿童的身体有更大的影响。其他的可替宁，也有相同的影响作用，所以限制儿童暴露于可替宁化学物品中特别重要。

资料来源：National Health and Nutrition Examination Survey, National Institutes of Health。

答案 这两组数据已经按升序排列，很容易比较五数。每一组都有 50 个数据，所以中位数是第 25 个和第 26 个数值和的一半。对于吸烟者，第 25 个数值是 32.56，第 26 个数值是 34.21，所以中位数是：

$$\frac{32.56 + 34.21}{2} = 33.385$$

对于不吸烟者，第 25 个数值是 0.68，第 26 个数值是 0.82，所以中位数是：

$$\frac{0.68 + 0.82}{2} = 0.75$$

下四分位数是数值下半部分的中位数，也就是该组数据中的第 13 个数。上四分位数是数值上半部分的中位数，也就是该组数据中的第 38 个数。两组数据的五数概括法如下。

主动吸烟者：		被动吸烟者：	
最小值	= 0.08 纳克 / 毫升	最小值	= 0.03 纳克 / 毫升
下四分位数	= 12.58 纳克 / 毫升	下四分位数	= 0.20 纳克 / 毫升
中位数	= 33.385 纳克 / 毫升	中位数	= 0.75 纳克 / 毫升
上四分位数	= 187.34 纳克 / 毫升	上四分位数	= 3.13 纳克 / 毫升
最大值	= 983.41 纳克 / 毫升	最大值	= 61.33 纳克 / 毫升

图 4-10 为这两组数据的箱形图。箱形图使得我们更容易发现数据组的特点。比如，显而易见主动吸烟者血清可替宁水平的中位数更大，同时离散程序也更高。我们可以得出结论，吸烟者比不吸烟的被动吸烟者吸收更多的尼古丁。然而，被动吸烟者的血清可替宁水平会比那些吸烟但没有暴露在烟雾中的高（有其他数据证明，未在此显示）。事实上，不抽烟的被动吸烟量处于较高水平的话，甚至会比中等水平的吸烟者吸收更多的尼古丁。我们可以得出结论，被动吸烟会使不吸烟者暴露在大量的尼古丁之中。了解香烟的这些危害以后，我们可以知道被动吸烟对于身体健康是有影响的。

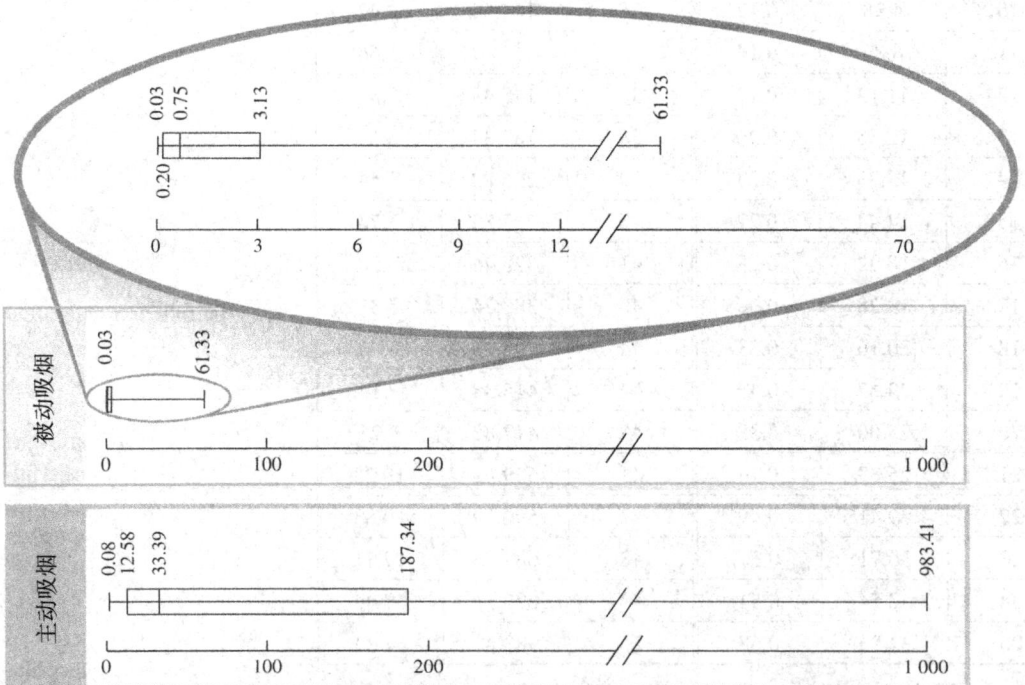

图 4-10　表 4-3 中数据的箱形图

4.3.4 百分位数

四分位数将一个数据组分为四部分。我们也可以将一个数据组分成更多的部分。例如，五分位数将一个数据组分成五部分，十分位数将一个数据组分为十部分。通过百分位数，将数据组分成一百组也是很常用的。比如第 35 百分位数，是将下部 35% 的数值和上部 65% 的数值分开的数。更准确地说，第 35 百分位数大于或等于至少 35% 的数值，并且小于或等于至少 65% 的数值。

如果一个数值正好在两个百分位数之间，通常说这个数值处于低位的百分位数。比如，如果大学入学考试的成绩比 84.7% 的人要高，我们说分数是第 84 百分位数。

> 技术备忘录
>
> 对于四分位数，统计学家和各种统计软件会采用不同的过程去计算，所以会有略微不同的结果。

> 数据组的第 n 百分位数把数据分为下部的 n% 和上部的（100-n）%。如果一个数值正好在两个百分位数之间，通常说这个数值处于低位的百分位数。可以通过以下公式大致估计任一组数据的百分位数：
>
> $$百分位数 = \frac{小于该数值的数据个数}{数据组中数据的总个数} \times 100$$

通过给定的百分位数，有很多方法查找数值，常见的方法是寻找第 L 个值。L 是百分位数（以小数形式）和样本容量的乘积。比如，有 50 个样本数值，第 12 百分位数是 $0.12 \times 50 = 6$，即第 6 个数值。

例 3　暴露在吸烟环境下的百分位数

根据表 4-3 中的数据回答如下问题。

a. 对于吸烟者而言，数值 104.54 对应的百分位数是多少？

b. 对于不吸烟者而言，数值 61.33 对应的百分位数是多少？

c. 对于吸烟者而言，第 36 百分位数对应的数值是多少？对于不吸烟者呢？

答案　a. 吸烟者的数据中，数值 104.54 对应的是数据组中第 35 个数值，这意味着有 34 个数值在它的下面。因此，它的百分位数是：

$$\frac{小于 104.54 的数值个数}{数据组中数值的总个数} \times 100 = \frac{34}{50} \times 100 = 68$$

所以，第 35 个数值就是第 68 百分位数。

b. 不吸烟者的数据中，数值 61.33 对应的是数据组中第 50 个数值，也是最大值，这意味着有 49 个数据在它的下面。因此，它的百分位数是：

$$\frac{小于 61.33 的数值个数}{数据组中数值的总个数} \times 100 = \frac{49}{50} \times 100 = 98$$

所以，该数据组的最高值在第 98 百分位数。

c. 因为该数据组中有 50 个数值，所以第 36 百分位数位于 $0.36 \times 50 = 18$，即第 18 个数值。对于吸烟者而言，该数值是 20.16；对于不吸烟者而言，该数值是 0.33。

4.3.5 标准差

五数概括法可以很好地描述离散程度，但是统计学家更偏向于用一个数值来描述离散程度。通常被用来描述离散程度的单一数值是标准差。

标准差是描述数值如何广泛地分布在均值左右的度量值。为了计算标准差，我们首先计算均值，然后计算每个数据偏离均值多少，即离差。考虑之前的银行数据，大银行和最佳银行的平均等待时间都是 7.2 分钟。对于等待时间 8.2 分钟，它与均值的离差是 8.2-7.2 = 1.0（分钟），即大于均值 1 分钟。对于等待时间 5.2 分钟，它与均值的离差是 5.2-7.2 = -2（分钟），即小于均值 2 分钟。

本质上来说，标准差测量的是所有误差偏离数据均值的平均水平。然而，离差的均值总是 0（因为正离差与负离差总是平衡），所以我们通过计算离差平方的均值（因为平方后的数值总是正的）并取其方根来计算标准差。由于技术原因，我们将平方和除以数值总数减 1。

> **技术备忘录**
>
> 在此给出的标准差公式中，我们用离差平方和除以数值总数减 1，这仅对于样本数据有效。当处理总体数据时，不减 1。在本书中，我们仅使用样本公式。
>
> 除以（$n-1$）是因为这里只有 $n-1$ 个独立样本数值。对于给定的均值，在最后一个数值确定之后，只有 $n-1$ 个数值是可以自由变动的。这里称其有 $n-1$ 的自由度。

> **计算标准差**
>
> 第一步，计算数据组的均值。通过对每个数值减去均值得到离差。对于每个数值：
>
> $$离差 = 数值 - 均值$$
>
> 第二步，求出所有离差的平方值。
> 第三步，将所有离差的平方值相加。
> 第四步，用离差的平方和除以数值总数减 1。
> 第五步，标准差是上述商的开方。综上所述，标准差的计算公式如下：
>
> $$标准差 = \sqrt{\frac{离差平方和}{数值总数 -1}}$$

> **技术备忘录**
>
> 第四步的结果被称为该分布的方差。换句话说，标准差是方差的方根。尽管方差被运用于很多先进的统计计算方法，但我们在本书中不使用这个统计量。

注意，由于我们在第三步得到了离差的平方，并在第五步开方得到方根，所以标准差的单位与原来数值的单位相同。比如，如果原数值的单位是分钟，那么标准差的单位依然是分钟。

理论上，标准差公式使用起来很简单，但是除了对于非常简单的数据，计算公式却不是很有用。实际上，我们通常使用计算器或计算机来计算。然而，如果通过一些案例进行实际计算的话，你会发现标准差公式很容易理解。

例 4　计算标准差

计算大银行和最佳银行等待时间的标准差。

答案　我们按照上述五步计算标准差。表 4-6 所示为前三步的内容。第一列是两家银行各自的等待时间（分钟）。第二列是每个等待时间的离差（第一步），其中两家银行的均值在之前的内容中已知，为 7.2 分钟。第三列为离差的平方（第二步）。我们在第三列的底部计算出了离差的平方和（第三步）。在第四步，用第三步中计算出的总和除以数值个数减 1。因为这里一共有 11 个数据，所以除以 10。

$$大银行：\frac{38.46}{10} = 3.846 \qquad 最佳银行：\frac{1.98}{10} = 0.198$$

最后，由第四步的数值开方得到第五步的标准差。

大银行：标准差 $= \sqrt{3.846} \approx 1.96$（分钟）

最佳银行：标准差 $= \sqrt{0.198} \approx 0.44$（分钟）

我们得出最终结果，大银行等待时间的标准差约为 1.96 分钟，最佳银行等待时间的标准差约为 0.44 分钟。正如我们预期的，最佳银行的等待时间有更大的离散程度，这就是为什么大银行的客户会比最佳银行的客户更恼怒。

表 4-6　计算标准差

大银行			最佳银行		
时间	离差（时间－均值）	离差的平方	时间	离差（时间－均值）	离差的平方
4.1	4.1－7.2＝－3.1	$(-3.1)^2 = 9.61$	6.6	6.6－7.2＝－0.6	$(0.6)^2 = 0.36$
5.2	5.2－7.2＝－2.0	$(-2.0)^2 = 4.00$	6.7	6.7－7.2＝－0.5	$(-0.5)^2 = 0.25$
5.6	5.6－7.2＝－1.6	$(-1.6)^2 = 2.56$	6.7	6.7－7.2＝－0.5	$(-0.5)^2 = 0.25$
6.2	6.2－7.2＝－1.0	$(-1.0)^2 = 1.00$	6.9	6.9－7.2＝－0.3	$(-0.3)^2 = 0.09$
6.7	6.7－7.2＝－0.5	$(-0.5)^2 = 0.25$	7.1	7.1－7.2＝－0.1	$(-0.1)^2 = 0.01$
7.2	7.2－7.2＝0.0	$(0.0)^2 = 0.0$	7.2	7.2－7.2＝0.0	$(0.0)^2 = 0.0$
7.7	7.7＝7.2＝0.5	$(0.5)^2 = 0.25$	7.3	7.3－7.2＝0.1	$(0.1)^2 = 0.01$
7.7	7.7－7.2＝0.5	$(0.5)^2 = 0.25$	7.4	7.4－7.2＝0.2	$(0.2)^2 = 0.04$
8.5	8.5－7.2＝1.3	$(1.3)^2 = 1.69$	7.7	7.7－7.2＝0.5	$(0.5)^2 = 0.25$
9.3	9.3－7.2＝2.1	$(2.1)^2 = 4.41$	7.8	7.8－7.2＝0.6	$(0.6)^2 = 0.36$
11.0	11.0－7.2＝3.8	$(3.8)^2 = 14.44$	7.8	7.8－7.2＝0.6	$(0.6)^2 = 0.36$
		平方和＝38.46			平方和＝1.98

⏻ 技术应用

标准差

EXCEL　Excel 中的函数 STDEV 可以自动计算标准差，所以你要做的就是输入数据，然后运用此功能。下图显示了输入大银行数据的过程，B 列显示函数，C 列显示结果。

◇	A	B	C
1		Big Bank	
2	Data	4.1	
3		5.2	
4		5.6	
5		6.2	
6		6.7	
7		7.2	
8		7.7	
9		7.7	
10		8.5	
11		9.3	
12		11	
13	Mean	=AVERAGE(B2:B12)	7.2
14	St. Dev.	=STDEV(B2:B12)	1.96
15			

⏻ 技术应用

注意，有另一种方法，使用 Analysis Tookit 或 XLSTAT 运行 4.1 节技术应用的步骤，结果会显示标准差的值。

STATDISK 或 TI-83/84　使用与 4.1 节技术应用相同的步骤，结果会显示标准差的值。

4.3.6 解读标准差

一个可以更深层次地理解标准差的方法是考虑近似值，名为极差经验法则。

技术备忘录

另一种解释标准差的方法是切比雪夫定理。该定理的内容是，对于任一数据分布，至少有 75% 的数值在均值 2 个标准差以内，至少 89% 的数据在均值 3 个标准差以内。

极差经验法则

极差经验法则中，标准差与极差的关系为：

$$标准差 \sim \frac{极差}{4}$$

如果知道分布的极差（极差 = 最大值 – 最小值），我们就可以通过这个法则来估计标准差。另一方面，如果知道标准差，我们也可以通过这个法则来估计最大值与最小值，公式如下：

最小值 ≈ 均值 – （2× 标准差）

最大值 ≈ 均值 + （2× 标准差）

当最大值与最小值为异常值时，极差经验法则不再适用。

当数据组中的数值分布非常均匀时，极差经验法则很合理。当最大值和最小值是异常值时，该法则不再适用。因此，你必须判断并决定极差经验法则是否适用于特殊的案例。在所有案例中，必须时刻牢记极差经验法则只用于计算估计值而不是准确值。

例 5　运用极差经验法则

运用极差经验法则估算大银行与最佳银行等待时间的标准差。并与例 4 中的实际值进行对比。

答案　大银行的等待时间为 4.1~11.0 分钟，这表示极差是 11.0-4.1 = 6.9（分钟）。最佳银行的等待时间为 6.6~7.8 分钟，这表示极差是 7.8-6.6 = 1.2（分钟）。因此，极差经验法则估计出如下标准差。

大银行：标准差 ≈ 6.9 ÷ 4 = 1.7

最佳银行：标准差 ≈ 1.2 ÷ 4 = 0.3

例 4 中的实际标准差为 1.96 和 0.44。对于这两个案例，极差经验法则的估计值略微低于实际标准差。然而，这个估计值还是给我们一个恰当的近似值，这表明该法则是有用的。

例 6　估计范围

很多技术如触媒转化器可以帮助减少许多由汽车排放的污染物，但是减少燃烧石油依旧是减少引起全球变暖的二氧化碳的唯一方法。这也是汽车生产厂商大力发展只消耗电力或燃料电池的高里程数混合动力汽车和零排放量汽车的原因。

研究普锐斯汽车在不同驾驶条件下每加仑汽油所行驶的里程，结果显示均值为每加仑 45 英里，标准差为每加仑 4 英里。在一般的驾驶条件下，估计每加仑汽油行驶里程的最小值和最大值。

答案　通过极差经验法则，估计每加仑汽油行驶里程的最大值和最小值：

最小值 ≈ 均值 – （2× 标准差）= 45- （2×4）= 37

最大值 ≈ 均值 + （2× 标准差）= 45+ （2×4）= 53

每加仑汽油行驶里程的范围约为 37~53 英里。

4.3.7 用求和符号表示的标准差

之前介绍的求和符号可以简化标准差公式。回顾一下，x 代表数据组中的数值，$\bar{x}$ 代表数据组的均值。因此，可以将离差写成如下形式：

$$离差 = 数值 - 均值 = x - \bar{x}$$

可以将离差平方和写成如下形式：

$$离差平方和 = \sum\left(x - \bar{x}\right)^2$$

则标准差可以表示为：

$$s = 标准差 = \sqrt{\frac{\sum\left(x - \bar{x}\right)^2}{n-1}}$$

> **技术备忘录**
>
> 方差的公式是：
>
> $$s^2 = \frac{\sum\left(x - \bar{x}\right)^2}{n-1}$$
>
> 方差的标准符号 s^2 反映了方差是标准差的平方。

s 代表样本标准差。对于总体标准差，统计学家用希腊字母 σ（sigma）表示，N（总体容量）代替（$n-1$）。因此，根据假设数据代表的是样本还是总体，计算的标准差会略微不同。

>>4.4 统计悖论

对于将要从事敏感性安全工作的新人，政府部门会对他们进行谎言测试。谎言测试的准确度为 90%，这意味着它可以发现 90% 的说谎者，也可以证实 90% 的人是可信的。大多数认为只有 10% 的在谎言测试中失败的人是被错误地认为是说了谎。事实上，错误认为的真实百分比可能更高，在某些案例中会高于 90%。为什么会这样呢？

我们稍后讨论答案，但是这个故事的寓意应该已经很清楚了：即使我们通过本章前面三节的内容认真地描述数据，也可能会得出非常意想不到的结论。在研究测谎仪问题之前，先让我们讨论一些令人惊讶的统计学问题。

4.4.1 每个部分都很好，总体反而很糟糕

假设一家制药公司研究开发了一种治疗痤疮的新办法。为了判断该新方法是否优于旧的治疗办法，这家公司对 90 名患者采用了旧的治疗办法，对 110 名患者采用了新的治疗办法。一些患者有轻微的痤疮而一些患者的痤疮比较严重。表 4-7 所示为治疗四周后的结果。如果仔细研究该表格，你会注意到如下关键的事实。

- 患有轻微痤疮的患者：
  接受旧治疗方法的 10 个人中，2 人被治愈，治愈率为 20%；
  接受新治疗方法的 90 个人中，30 人被治愈，治愈率为 33%。
- 患有严重痤疮的患者：

接受旧治疗方法的 80 个人中，40 人被治愈，治愈率为 50%；

接受新治疗方法的 20 个人中，12 人被治愈，治愈率为 60%。

表 4-7 痤疮治疗结果

方法	轻微患者		严重患者	
	治愈	未治愈	治愈	未治愈
旧方法	2	8	40	40
新方法	30	60	12	8

一般案例中，当每组数据对比与整体数据给出不同的结果时，我们就称之为辛普森悖论。如此命名是因为它是由爱德华·辛普森（Edward Simpson）于 1951 年描述的。然而，同样的观念早在 1900 年就被苏格兰统计学家乔治·尤尔（George Yule）准确地描述过。

注意，新的治疗方法对于轻微患者（新方法治愈率为 33%，旧方法治愈率为 20%）和严重患者（新方法治愈率为 60%，旧方法治愈率为 50%）来说都有更高的治愈率。因此，公司声称新治疗方法要优于旧治疗方法，这样的说法合理吗？

首先，这个声明看上去是有道理的。但是现在不将轻微痤疮患者和严重痤疮患者分开来考虑，我们关注整体的结果：

- 90 名患者接受了旧治疗方法，42 名患者被治愈（轻微患者 2 名，严重患者 40 名），整体的治愈率为 42 ÷ 90 = 46.7%；

- 110 名患者接受了新治疗方法，42 名患者被治愈（轻微患者 30 名，严重患者 12 名），整体的治愈率为 42 ÷ 110 = 38.2%。

总体而言，旧的治疗方法有更高的治愈率。

这个案例说明分成两组或多组进行比较时表现更好的情况从总体上来看却并不好是有可能的。如果仔细观察，你就会发现这种情况出现的原因是总体被划分为并不对等的组（在该案例中，是轻微痤疮患者组和严重痤疮患者组）。

例 1　谁投篮更准

表 4-8 给出了在一场篮球比赛中两名篮球运动员的投篮表现。沙奎尔·奥尼尔（Shaquille O'Neal）在上半场（40% Vs 25%）和下半场（75% Vs 70%）比赛中都有更高的投篮率。可以说奥尼尔投篮更准吗？

表 4-8 投篮命中率

球员	上半场			下半场		
	进球	出手	百分率	进球	出手	百分率
沙奎尔·奥尼尔	4	10	40%	3	4	75%
文斯·卡特	1	4	25%	7	10	70%

答案　不可以，我们可以根据全场比赛的统计数据得出该结论。沙奎尔·奥尼尔一共投中 7 次（上半场 4 次，下半场 3 次），出手 14 次（上半场 10 次，下半场 4 次），总体投篮命中率为 7 ÷ 14 = 50%。文斯·卡特（Vince Carter）一共投中 8 次，出手 14 次，总体投篮命中率为 8 ÷ 14 = 57.1%。出人意料的是，尽管沙奎尔·奥尼尔在两个半场比赛中都有更高的命中率，文斯·卡特却有更高的全场命中率。

4.4.2 一个阳性的乳房 X 光照片检测结果是否意味着癌症

当提到癌症时我们通常会联想到肿瘤，但是大多数肿瘤并不是癌症。从医学上讲，任一种反常的隆起或者组织增长都被认为是肿瘤。由癌症引起的肿瘤被称为恶性肿瘤，其他的都被称为良性肿瘤。

假设你是一名医生或者护士，正在治疗一名胸部长了肿瘤的患者。这名患者很紧张，你可以通过一些事实使她缓和一些，比如告诉她在 100 名患者中大概只有 1 名患者的胸部肿瘤会转化为恶性肿瘤。但是出于保险起见，你会通过乳房 X 光检验来判断她的肿瘤是否就是那 1% 中的恶性肿瘤。

> 乳房 X 光检测案例与测谎仪案例都是条件概率引起困惑的案例（将会在 6.5 节讨论）。处理条件概率问题的合理方法是由托马斯·贝叶斯（Thomas Bayes，1702—1761 年）发明的贝叶斯法则。

假设检查结果是阳性的，这意味着肿瘤是恶性的。因为乳房 X 光检验并不完全准确，所以阳性的结果不完全意味着患者是乳腺癌。更进一步，我们假设乳房 X 光检查的准确率是 85%：它能准确地判断 85% 的恶性肿瘤为阳性，判断 85% 的良性肿瘤为阴性。当你告诉患者她的乳房 X 光检查结果是阳性时，该告诉她患上癌症的概率是多少呢？

因为乳房 X 光检查的正确率为 85%，大多数人都会认为阳性的结果意味着癌症。研究表明大多数医生也是这样认为的，并告知患者准备治疗癌症。但是更细致的分析却持相反的意见。事实上，患者得癌症的概率相当小，大概为 5%。我们通过一些数字分析来看这其中的原因。

考虑一项研究，对 10 000 名胸部长有肿瘤的女性进行乳房 X 光检查。假设有 1% 的肿瘤是恶性肿瘤，1%×10 000 = 100，这意味着实际上有 100 名女性将得癌症，9 900 名女性仅为良性肿瘤。表 4-9 总结了乳房 X 光检测的结果。注意下述内容：

（1）乳房 X 光检查会正确地检查出这 100 个恶性肿瘤中的 85% 为恶性肿瘤。因此，它能判定 85 个恶性肿瘤是阳性，这些案例被称为真阳性。在剩下的 15 个案例中，结果是阴性，尽管女性实际上患有癌症，这些案例被称为假阴性。

表 4-9　10 000 名肿瘤患者的检测结果

项目	恶性肿瘤	良性肿瘤	总计
阳性	85 真阳性	1 485 假阳性	1 570
阴性	15 假阴性	8 415 真阴性	8 430
总计	100	9 900	10 000

（2）乳房 X 光检查能够以 85% 的准确率证实 9 900 个良性肿瘤是良性的。因此，它能够判定 85%×9 900 = 8 415 个良性肿瘤是阴性的，这些案例是真阴性。剩下的 9 900-8 485 = 1 485 名女性得到了阳性结果，由于乳房 X 光检查错误地表明她们的肿瘤是恶性肿瘤，这些

乳腺癌检测的准确度正在逐渐提高。新的技术包括数字化乳房 X 光检查与超声波检查，检测的准确度接近 98%。对于癌症来说最准确的检查是活体组织检查，但是如果操作不仔细的话，活体组织检测也会漏判癌症。如果你的检验结果是阴性但是你仍然异常担心，这可以成为你的第二种选择。这会挽救你的生命。

案例被称为假阴性。

总的来说，乳房 X 光检查得到 85 名实际患有癌症的女性患者为阳性，1 485 名没有癌症的女性患者为阳性的结果。阳性结果的总数为 85+1 485 = 1 570。因为她们之中只有 85 人是真阳性（剩下的是假阳性），所以阳性结果中实际患有癌症的概率仅有 85÷1 570 = 0.054，即 5.4%。因此，当患者的乳房 X 光检查结果为阳性时，你应该告诉她，她患有癌症的概率是很低的。

例 2　假阴性

假设你是一名医生，发现你的患者胸部长有一个肿瘤。她的乳房 X 光检查是阴性的。基于表 4-9 中的数据，她患有癌症的概率是多少？

答案　对于表 4-9 中的 10 000 名案例，15 名患有癌症和 8 415 有良性肿瘤的患者的乳房 X 光检查结果是阴性的。阴性结果的总数是 15+8 415 = 8 430。因此，患有癌症却得到假阴性结果的女性所占比例为 15÷8 430 = 0.001 8，即少于 2‰。换句话说，在乳房 X 光检查中得到阴性结果却患有癌症的概率仅为 2‰。

🕐 **思考时刻**

尽管在乳房 X 光检查中结果为阴性却患有癌症的概率很小，但是其并不等于零。因此，对所有肿瘤进行活体组织切片检验看上去是一个好方法。然而，活体组织切片检验需要手术支持，这也就意味着过程是痛苦的并且费用昂贵。基于这些现实，你认为要对所有肿瘤进行活体组织切片检验吗？还是检查在乳房 X 光检查中得到阳性结果的案例？说明你的观点。

测谎仪可以用来测量一系列身体机能的变量，包括心跳速度、皮肤温度、血压等。测谎仪操作员寻找当人们说谎时人体机能中的微妙变化。然而，在刑事诉讼中测谎仪的结果从没有被作为证据。首先，90% 的准确度对于法律来说还是太低。另外，研究表明测谎仪会轻易地被那些受过测谎仪训练的人所欺骗。

4.4.3 测谎仪与药物检测

我们现在回到本节最开始提到的那个问题，一个准确度为 90% 的谎言测试如何导致出人意料的错误指控。这里的解释与乳房 X 光检查案例很像。

假设政府对即将从事敏感性安全工作的 1 000 个新人进行谎言测试。再假设 1 000 个人中的 990 个人在谎言测试中说实话，只有 10 个人说谎。测试的准确率是 90%，我们可以得出如下结果：

- 对于 10 个说谎的人，测谎仪可以准确地判断出其中的 90%，即 9 个人失败了（他们被认定为说谎者），1 个人过关；
- 对于 990 个说实话的人，测谎仪的准确度为 90%，这意味着 90%×990 = 891 个诚实的人通过了检验，剩下 10%×990 = 99 个诚实的人未通过检验。

图 4-11 所示为树形图结果。未通过检验的人的总数是 9+99 = 108。当然，其中只有 9 个人是真实的说谎者；剩下的 99 个人被错误地判断为说谎者。99÷108 = 91.7%，即 91.7% 的人说实话却未通过检测。

在实际生活中，被错判的人的百分比取决于测验的准确度与说谎者的比例。然而，对于给出的数字，我们得出了令人震惊的结果：假设政府拒绝了在谎言测试中未通过的人，也就是 92% 被拒绝的人是说实话的，他们很可能会高质量地完成工作任务。

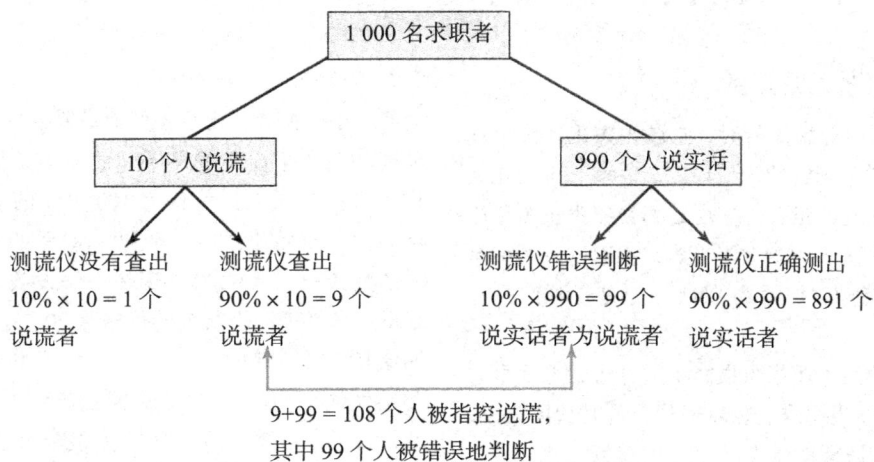

图 4-11　树状图结果

🕐 **思考时刻**

假设你被错误地指控为一名罪犯。警察建议，如果你确实是无辜的，你需要进行谎言测试。你会接受吗？为什么？

例 3　高中生药物检测

所有参加地区高校田径锦标赛的运动员必须提供尿样以备药物检测。未通过检测的运动员将被赛会除名，并且在接下来的一年将被禁赛一年。研究表明，实验室药物检测的准确度为 95%。假设有 4% 的运动员真正使用药物，那么未通过测试并被错误地判断为用药而导致被禁赛的运动员所占比重为多少？

答案　解决这个问题最简单的方法是使用一些样本数据。假设有 1 000 名运动员参加比赛。4% 也就是 40 名运动员会使用药物。剩下的 960 名运动员不会使用药物。在这个案例中，准确度为 95% 的药物检测会提供如下结论：

- 40 名运动员中的 95%，$0.95 \times 40 = 38$，即 38 名运动员未通过测试。剩下的 2 名虽然用药却通过了测试。
- 960 名运动员中的 95% 没有用药并且通过测试，但是 960 名中的 5%，$0.05 \times 960 = 48$，即 48 名运动员未通过测试。

未通过测试的运动员总数为 38+48 = 86。但是却有 48 人，$48 \div 86 = 56\%$，即 56% 的人实际上没有用药。尽管药物检测的准确度为 95%，但超过半数被禁赛的学生是无辜的。

聚焦股票市场

什么是道琼斯工业指数

当"指数"开始流行时，它就很杰出。你可以在新闻中随时听到它的最新动态，许多人每天花大量时间去追踪它的走势。它也是到目前为止衡量股票市场表现最著名的指数。当然，我们讨论的就是道琼斯工业指数，缩写为 DJIA。但是它到底是什么呢？

理解道琼斯工业指数最简单的方法就是回顾它的历史。在 19 世纪末，随着现代工业时代的来临，许多人都认为股票是风险很强且投机性很高的投资。一个原因是缺乏必要的规则，这使得富有的投资者、肆无忌惮的经理人以及公司的蓄意收购者操纵股票价格。另一个原因是，由于每日股票交易的复杂性，即使是华尔街的专家们也很难判断出股票会涨（牛市）还是会跌（熊市）。查尔斯·H. 道（Charles H. Dow）《华尔街日报》（*The Wall Street Journal*）的创建人［与爱德华·D. 琼斯（Edward D. Jones）一起］及其第一任主编，认为可以通过创建股票市场"平均"指数来解决这个问题。如果平均指数上升，则股票市场上涨；如果平均指数下降，则股票市场下跌。

为了完成平均样本，道琼斯选择了 12 家大公司来计算这个平均值。1896 年 5 月 26 日，他将这 12 家公司的股票价格相加并除以 12，得到股票价格的均值为 40.94 美元。这是最早的道琼斯指数。正如道琼斯所期望的，通过日复一日、月复一月、年复一年地比较他的指数，公众就可以很容易地把握市场的方向。

尽管现在名单上一共有 30 家公司而不是当初的 12 家，但是道琼斯指数背后的基本理念还是一致的。而且道琼斯指数也不再是 30 家公司的平均股票价格。取而代之的是，由 30 家公司的股票价格总和除以一个因数。由于这个因数，我们现在认为道琼斯工业指数帮助我们跟踪股票价值的指数，而不是股票价格的实际平均值。

这个因数可以保持由道琼斯工业指数所代表的潜在价值的连续性，因此，只要这 30 家的股票变动或其中一家公司出现了股票分割，这个因数就必须变动。举个简单的例子，假设道琼斯工业指数只包含两只股票：价格为 100 美元的股票 A 和价格为 50 美元的股票 B。这两只股票的平均价格是（$100+$50）÷ 2 = $75。现在，假设我们用股票 C 来取代股票 B，股票 C 的价格为 200 美元。新的平均值是（$100+$200）÷ 2 = $150。所以仅改变一只股票就使平均价格从 75 美元上升到 150 美元。因此，为了保持道琼斯工业指数的稳定性，当股票名单改变后，我们必须把新的平均值 150 美元除以 2。这样，道琼斯工业指数在名单变动的前后都保持75，但是我们不再认为 75 是以美元为单位的股票平均价格。

为了明白为什么股票分割也会改变因数，我们假设指数由两只股票构成：价格为 100 美元的股票 X 和价格为 50 美元的股票 Y，它们的平均值为 75 美元。然后假设股票 X 的每 1 股分割为 2 股，所以它的新价格是 50 美元。由于两只股票的价格都是 50 美元，股票分割后的平均价格也是 50 美元。换句话说，即使股票分割不影响公司的全部价值（它只改变了股份的数量和价格），我们仍会发现平均价格的下降，从 75 美元到 50 美元。在该案例中，我们可以通过对新的平均价格 50 美元除以 2/3（乘以 3/2）来保持连续性，这样道琼斯工业指数在股票分割前后都为 75。

正如以上简单的例子，实际因数随股票名单改变和股票分割而变动，所以它自从道琼斯第一次计算道琼斯工业指数的实际平均值后改变了很多次。现在因数值每天都被刊登在《华尔街日报》上。

众所周知，现在有超过 1 万只可以进行交易的股票，值得注意的是只有 30 只股票来反映整个市场活动。但是如今，当计算机中的很多方法使得计算股票市场上的"平均"变得简单时，我们可以通过观察历史数据发现道琼斯工业指数对于整个市场的表现确实是个可靠的指数。图 4-12 显示了道琼斯工业指数的历史数据。

如果你仔细观察图 4-12，你可能会认为可以根据图形规律预测未来市场的精确价值。遗憾的是，没有人找到可靠的预测方式，几乎所有的经济学家都认为这种预测是不可能的。

我们可以由本杰明·格雷厄姆（Benjamin Graham）教授的故事来证明试图去预测市场是徒劳的。本杰明·格雷厄姆被称为价值投资之父。在 1951 年春天，他的一个学生向他寻求一些投资建议。格雷厄姆教授注意到道琼斯工业指数那时处于 250

点，但是自从 1896 年起，它每年至少会有一次跌落到 200 点以下。因为在 1951 年道琼斯指数尚未跌落到 200 点以下，格雷厄姆教授建议他的学生直到跌落到 200 点以下再买进。格雷厄姆教授认为他的学生会听从他的建议，但是这个学生却没有。他的学生当即往股市投资了将近 1 万美元的资金。结果，股市从 1951 年至今，再也没有跌落到 200 点以下。这个学生，名叫沃伦·巴菲特（Warren Buffet），在最后成为了亿万富翁。

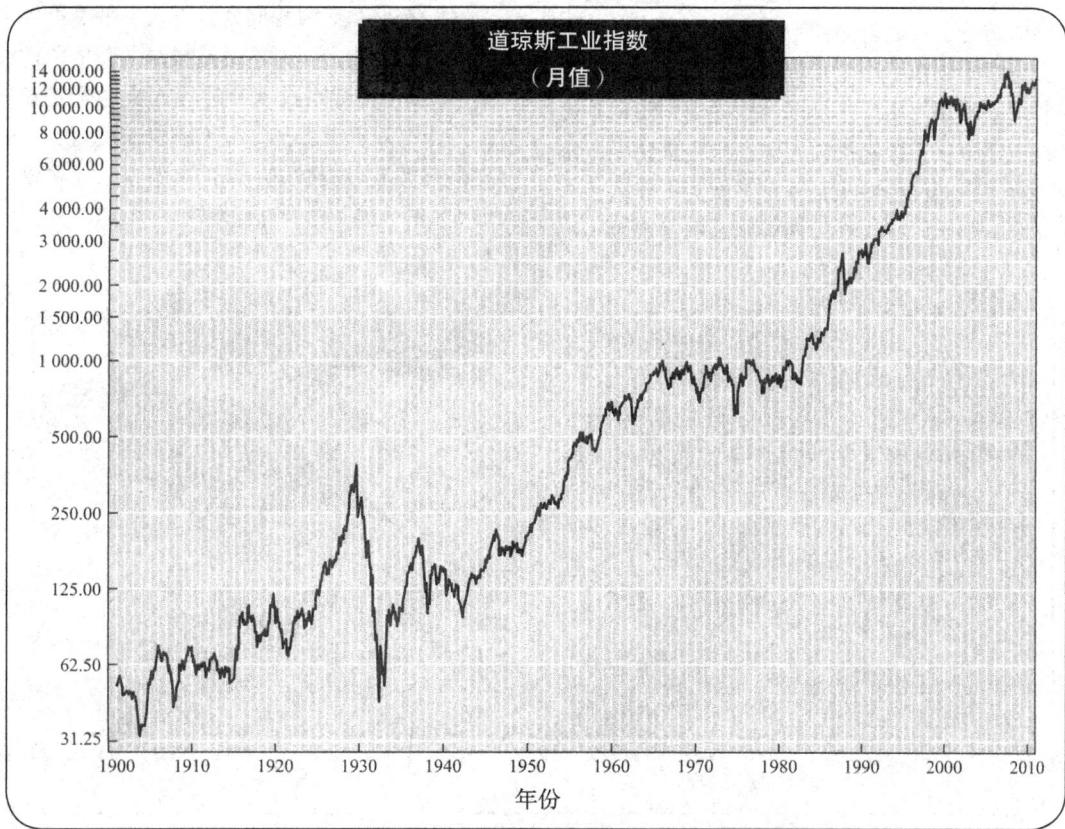

图 4-12 道琼斯工业指数 1900—2011 年的历史数值

聚焦经济

富人会变得更富有吗

　　媒体喜欢报道超级富豪奢侈的生活，使大家认为富人越来越富有，而我们远远地被落在后面。但这是真的吗？

　　如果希望得出一个关于普通人与富人差距是如何拉大的结论，我们就必须考虑总体的收入分配情况。经济学家创建了一个指标，即基尼系数，用来描述收入分配是否平等。基尼系数的定义使得它的取值范围是0~1。基尼系数为0意味完全公平，每个人都有大致相同的收入。基尼系数为1表示收入分配完全不公平，某一个人拥有全部的财富而其他

人什么都没有。图4-13所示为美国1947年以来的基尼系数。注意基尼系数在1947—1968年期间一直在下降，这表明在这段期间收入分配越来越平均。之后，基尼系数总体在不断上升，意味着富人确实变得更富有。

　　尽管基尼系数为我们分析收入不平等提供了一个简单的指标，但指标本身是很难解释的（也很难计算）。另一种观察收入分配的方法是研究五分位数，五分位数是指根据收入将总体分为五份。通常，会对最高的五分位做进一步的分解，以此将收入最高的5%的人和其他人进行比较。

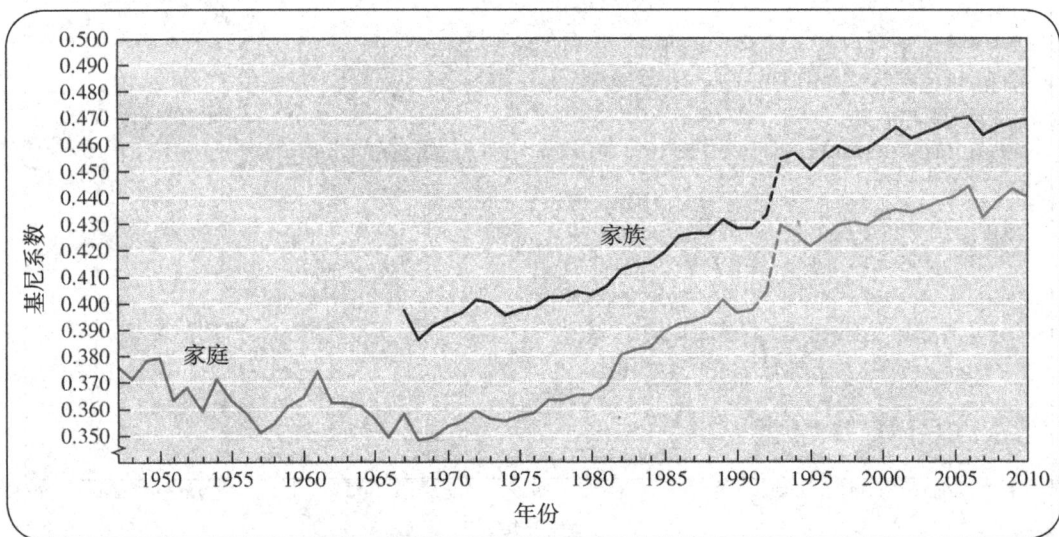

图4-13　1947—2010年的基尼系数

资料来源：在美国人口普查局数据的基础上有所调整。

　　图4-14中显示了每个五分位每10年获得的总收入和收入最高的5%的人每10年获得的总收入。每个条形的高度（条形上方的数字）代表总收入所占份额。例如在2010年，最低五分位数的"3.3"，意味着收入最低的20%的人口仅仅获得美国全部收入的3.3%。类似地，最高五分位数的"50.2"，意味着收入最高的20%的人口获得美国全部收入的50.2%。注意，收入最高的5%获得全部收入的

21.3%，几乎是最贫困的40%人口收入的两倍。如果你认真研究这个条形图，你会发现前四个五分位数获得的收入份额（也就是除了最富的20%的人口）自1970年开始下降。与此同时，最富的20%所获得的收入份额大幅度上升，同样的情况也发生在最富的5%的人身上。换句话说，这幅图同样证明了与大多数人相比，富人的确是越来越富有。

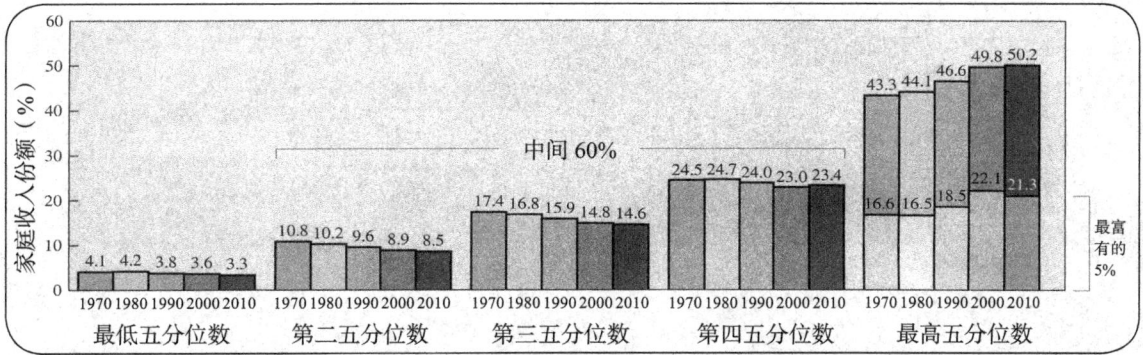

图 4-14 各五分位家庭收入所占份额（包括最高收入 5%）

资料来源：美国人口普查局。

现在我们已经确定富人正在变得越来越富有，接下来的问题就是，这对我们有影响吗？大多数人，包括大多数经济学家，都认为日益增长的收入分配不平等不利于民主。但是有一些不同政治派别的经济学家认为近十年来的变化有所不同。

首先，变化符合公认的帕累托法则。它是意大利经济学家维尔弗雷多·帕累托提出并以其名字命名的（帕累托图也以他的名字命名）。帕累托法则认为，任何改变可以在不损害他人利益的情况下，使一部分人受益。帕累托法则似乎很好地解释了当前的情况：美国经济总体的增长几乎让所有人受益。换句话说，尽管大多数人与过去相比收入份额所占比例变小，但是收入的绝对数量增加了，因此生活要比过去更好。

其次，如今的富人与过去的富人不同。例如，1980 年，"福布斯 400 强"（最富有的 400 个人）中有 60% 是通过继承获得他们所拥有的大部分财产。而今天，这一比例小于 20%。这表明在过去只有出生在一个富有的家庭才可能变富，而现在可以通过努力的学习和工作使自己变富。显然，这有利于鼓励人们努力学习和工作。

最后，虽然总体的收入不平等在扩大，但是不同种族、不同性别之间的收入差距在缩小。

STATISTICS

第五章 正态的世界

当你走进商店时，你如何确定商品物美价廉？当你进行锻炼并且心率上升时，你如何确定心率没有增长得太多，而正好是一次很好的锻炼？如果你 12 岁的女儿可以在 5 分钟内跑完 1 英里，她是否有希望成为未来的奥运冠军？虽然这些问题看起来大相径庭，但是从统计的角度来看却是十分相似的：每个问题都在讨论某个特定的数字（价格、心率、跑步时间）是否在某种程度上不太寻常。在本章中，我们将探讨如何在钟形正态分布的帮助下，来回答这类问题。

生命中没有事能让人感到恐惧，我们需要的只是去了解它。

——玛丽·居里（Marie Curie）

>>5.1 什么是正态

假如你有一个朋友怀孕了，预产期是 6 月 30 日，你会建议她在分娩前两周，也就是 6 月 16 日安排一个重要的商务会议吗？要想回答这个问题，我们需要知道孩子是否会提前 14 天到来。为此，我们需要认真观察预产期和实际出生日期方面的数据。

图 5-1 是普罗维登斯纪念医院 300 次自然分娩日期分布的直方图。虽然数据是假设的，

苏格兰政治家约翰·辛克莱（John Sinclair，1754—1835 年）是第一位经济数据、人口数据和农业数据的收集者。人们普遍认为他在听说德国将"统计学"和"统计"用于国家事务后，才把这两个概念引入到英文当中。

但却以没有医学干预情况下的分娩日期分布为基础。横轴表示出生日期早于或晚于预产期的天数。负数表示分娩早于预产期，零意味着正好在预产期当天出生，而正数则代表分娩晚于预产期。左边的纵轴表示每组中（每四天为一组）的分娩数量。例如，最高条形的频数为 35，对应提前两天到推后两天这一区间中分娩的数量；它表明在样本包含的 300 次分娩中，有 35 次分娩距离预产期在两天以内。

为了回答前面提出的问题，即是否会提前 14 天甚至更早分娩，分析频率会更有效。回想一下频率，它是任意数值的频数除以全部数据的总个数（见 3.1 节）。图 5-1 右边的纵轴表示的便是频率。例如，提前 14 天到提前 10 天这个区间（阴影部分）的频率是 0.07，即 7%。这表明，300 次分娩中有 7% 的实际出生日期是在预产期前 14 天到前 10 天。

通过将 -14 左侧全部区间的频率相加，我们可以简单地得到实际出生日期提前 14 天甚至更多的比例。可以通过图形证实 -14 左侧全部区间的频率是 0.21，这意味着实际出生日期有 21% 的概率会比预产期提前 14 天甚至更多。根据这些数据，你的朋友大约有 1/5 的概率在商务会议当天或之前分娩。所以，如果会议很重要的话，最好还是提早安排。

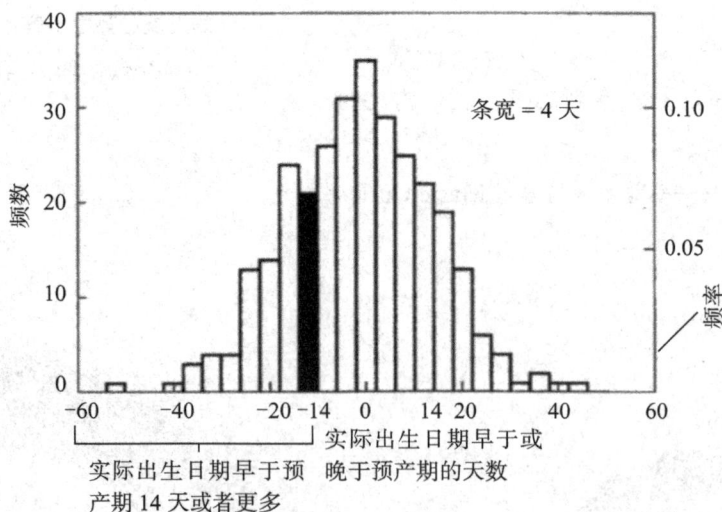

图 5-1　与预产期相比，实际出生日期的频数（左侧纵轴）和频率（右侧纵轴）直方图

思考时刻

假设你的朋友打算在分娩后休三个月的产假。根据图 5-1 的数据并假定预产期为 6 月 30 日，那么她是否能确定在 10 月 10 日重新回来工作？

5.1.1 正态分布

出生日期分布具有与众不同的形状，便于我们观察是否可以用一条平滑的曲线覆盖整个直方图（如图 5-2 所示）。对于我们当前的目标，这个平滑曲线分布具有以下三个重要的特征：

- 分布是单峰的。它的众数，也就是最普遍的出生日期，是预产期当天。
- 分布在其单峰的两侧是对称的，所以它的中位数、均值与众数相同。因为早于预产期出生的次数和晚于预产期出生的次数相同，所以中位数就是预产期。对于早于预产期的实际出生日期，都有一个晚于预产期同样天数的实际出生日期相对应，所以均值也是预产期。
- 由于该分布延伸的形状像一个钟形，我们称之为"钟形"分布。

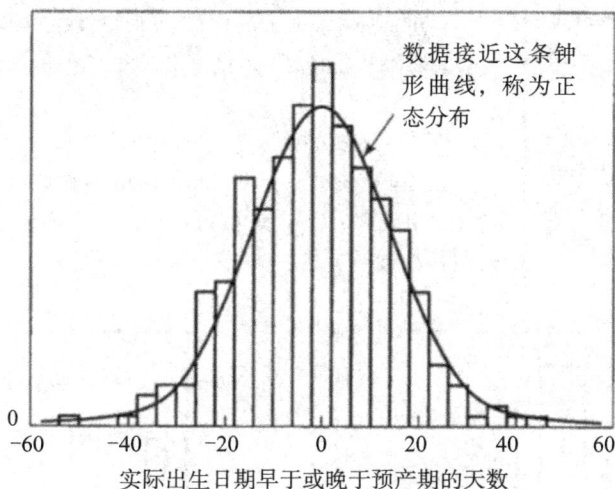

图 5-2　在图 5-1 基础上，画出的平滑的正态分布曲线

思考时刻

图 5-2 中，基于自然分娩日期绘制的直方图是对称的。如今，医生通常对超过预产期太久分娩的孕妇进行诱导分娩。那么如果包含这类情况，直方图的形状将有怎样的改变？

由于同时具有以上三个特征，图 5-2 中的平滑曲线分布就是一个正态分布。所有的正态

分布都具有"钟形"这一特点，但它们的均值和离散程度可以有所不同。图 5-3 呈现出两个不同的正态分布。两者具有相同的均值，但图 5-3a 的离散程度更大。正如我们将在下一节所讨论的，了解一个正态分布的标准差，我们便可以得到研究其离散程度所需要的信息。因此，正态分布仅用两个数就能描述出来：均值和标准差。

> **技术备忘录**
>
> 尽管我们并不会在本书中用到下面这个代数函数，但它通过均值 μ 和标准差 σ 描述出正态分布：
>
> $$y = \frac{e^{-\frac{1}{2}[(x-\mu)/\sigma]^2}}{\sigma\sqrt{2\pi}}$$

较大的标准差   较小的标准差

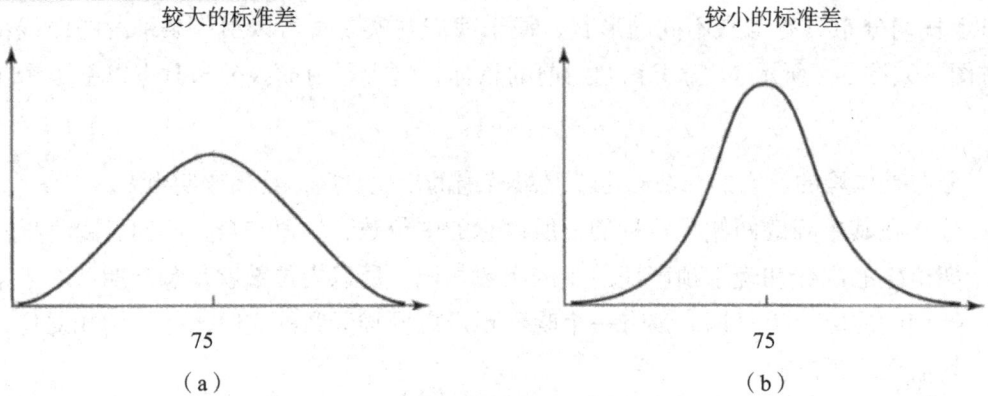

（a）   （b）

图 5-3　两个不同的正态分布

利用从法国和苏格兰民兵身上得到的数据，比利时社会学家阿道夫·凯特勒（Adolphe Quetelet）在 19 世纪 30 年代发现了人类的特征，例如身高与胸围都是正态分布的。这个发现使他创立了"平均人"的概念。凯特勒是美国统计协会第一位外籍成员。

> **正态分布**是单峰、对称的钟形分布。其单峰与分布的均值、中位数和众数相对应。它的离散程度可以用标准差表示。

例 1　正态分布

图 5-4 中有两个分布：（a）1846 年收集的 5 738 名苏格兰民兵胸围的著名数据集；（b）美国 50 个州人口密度的分布。哪个是正态分布？请解释原因。

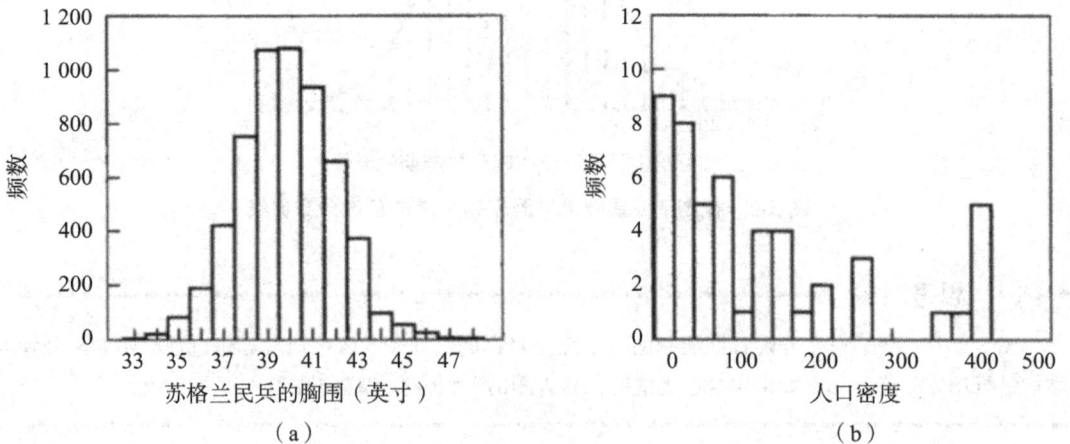

苏格兰民兵的胸围（英寸）   人口密度

（a）   （b）

图 5-4　例 1 的两个分布

资料来源：（a）阿道夫·凯特勒，*Lettres à S.A.R. le Duc Régnant de Saxe-Cobourg et Gotha*，1846。

答案 图 5-4a 中的分布接近对称，均值位于 39~40 英寸[①]之间。离均值越远，频数越少，这使其具有钟形的特征。图 5-4b 中的分布表明大多数州的人口密度都比较低，但有一些州却高得多。这一事实使得分布右偏，所以它不是正态分布。

5.1.2 正态分布和频率

回想一下，任何数据的频率之和都是 1（见 3.1 节）。现在考虑图 5-2 中正态分布的平滑曲线，该曲线在图 5-5 中再次出现。尽管不再体现直方图，但我们依然将正态曲线的高度与频率联系起来。频率总和必须为 1 这个事实，可以转化为正态曲线下方的区域面积之和也为 1。

这里面关键的一点是：任意一个数值范围内的频率就是同一范围内曲线下方的区域面积。例如图 5-5，精确的计算表明，在 -14 天左侧范围内，曲线下方的面积占全部面积的 18%。所以我们可以得出结论，在少于 -14 天这一范围内的频率约为 0.18，这意味着大约有 18% 的婴儿早于预产期 14 天出生。同理，在 18 天右侧范围内曲线下方的面积占全部面积的 12%。所以我们同样可以得出一个结论，在多于 18 天这一范围内的频率约为 0.12，这意味着大约有 12% 的婴儿晚于预产期 18 天出生。合在一起，我们发现有 18%+12% = 30% 的分娩早于预产期 14 天或晚于预产期 18 天发生。

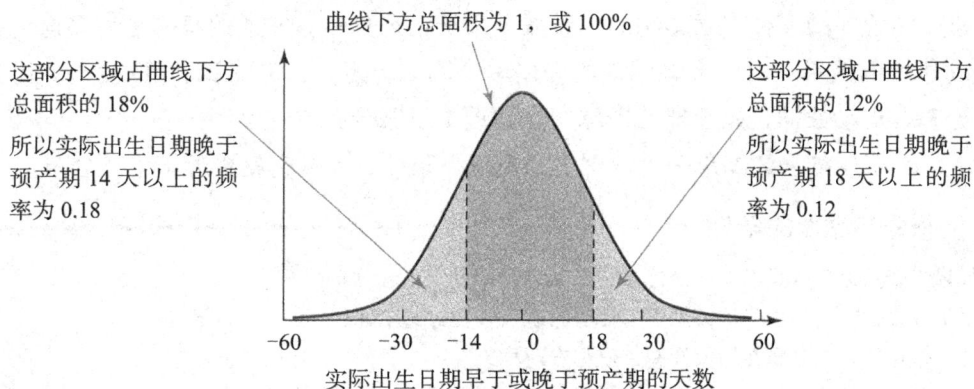

图 5-5 正态曲线和频率的关系

频率与正态分布

- 与横轴一定范围内数值相对应的、正态分布曲线下方的面积，是这些数值的频率。
- 由于频率总和必然为 1，正态分布曲线下方的面积之和也一定为 1，或 100%。

例 2 估计面积
我们再看一下图 5-5 中的正态分布。
a. 估计出生日期在预产期之后 0~60 天这一区间所占的百分比。
b. 估计出生日期在预产期之前 14 天到预产期之后 14 天这一区间所占的百分比。
答案 a. 曲线下方的全部区域中，有大约一半的面积是出生日期在预产期之后 0~60 天。这意味着有 50% 的分娩发生在这一区间内。

---

① 1 英寸 =0.025 4 米。——译者注

b. 图 5-5 表明，约有 18% 的分娩发生在早于预产期 14 天甚至更多的这个区间内。由于分布是对称的，所以一定有 18% 的分娩发生在晚于预产期 14 天甚至更多的这个区间内。所以分娩发生在早于预产期 14 天甚至更多，或者晚于预产期 14 天甚至更多的概率为 18%+18% = 36%。问题涉及的是剩下的区域，也就是出生日期在预产期之前 14 天到预产期之后 14 天这一区间，所以这个区域代表了 100%-36% = 64% 的分娩。

> ### 🕐 思考时刻
>
> 在图 5-5 中，出生日期在预产期之前 14 天到预产期之后 18 天这一区间所占的百分比是多少？请解释（提示：记住曲线下方全部区域的面积为 100%）。

为了纪念 19 世纪德国数学家卡尔·弗里德里希·高斯（Carl Friedrich Gauss），正态分布曲线也被叫作高斯曲线。美国逻辑学家查尔斯·皮尔斯（Charles Peirce）大约在 1870 年介绍了术语正态分布。

5.1.3 在什么情况下，可以预期是一个正态分布

如果能够理解正态分布为何如此普遍，我们就能领会到它的重要性。人类的特征（如身高），便很接近正态分布。大多数男性或女性的身高都基本聚集在平均身高（对于各自的性别）附近，所以身高的数据集在平均身高处有一个单峰。但是，随着身高向均值两侧不断增加，我们会发现人数越来越少。这种远离平均身高处的"越来越少"，形成了正态分布的双尾。

更进一步说，受多种因素影响的定量数据服从正态分布。成人的身高是许多遗传和环境因素共同作用的结果。由于考试成绩由许多单个问题决定，SAT 测试和 IQ 测试的得分趋近于正态分布。运动数据，如棒球的击球率也趋近于正态分布，这是因为它涉及不同技术水平的不同人。更普遍的是，如果一个数据集满足以下条件，那么它就接近于正态分布。

正态分布需要的条件

如果一个数据集满足以下四个标准，那么它就接近于正态分布：

（1）大多数数值集中于均值附近，使分布有一个良好的单峰；

（2）数值均匀地分布在均值周围，使分布对称；

（3）与均值的离差越大，出现的概率就越小，形成分布逐渐减小的尾部；

（4）个别数值是由多种不同的因素共同作用造成的，如遗传和环境因素。

例 3　判断下列情况是否为正态分布

下列变量中，哪些是正态分布或接近正态分布？

a. 一次非常简单的考试的成绩。

b. 一个成年女性鞋码的随机样本。

c. 有 100 个篮子，每个篮子中的苹果个数。

答案　a. 考试有最大的可能得分（100%），使得数值大小受到限制。如果考试十分简单，那么均值会很高并且多数成绩将接近最大值。分散在均值之下的成绩会越来越少。所以，我们预期分布是左偏且非正态。

b. 脚的长度这个人类特征是由多种遗传和环境因素共同决定的。因此，我们预期女性的脚长集中分布在均值附近，并且离均值越远，数值个数越少。如此，分布呈钟形。所以，女性鞋码接近于正态分布。

c. 篮子中苹果的个数会随苹果大小的改变而改变。我们预期分布中会存在一个接近于篮子中苹果平均个数的众数。苹果多于平均数的篮子个数与苹果少于平均数的篮子个数十分接近。所以，我们预期每个篮子中的苹果个数会接近于正态分布。

（时钟图标）**思考时刻**

对于一次难度适当的考试，考试成绩是否符合正态分布？至少再举出两个你认为可能符合正态分布的例子。

>>5.2 正态分布的性质

假设一份消费者调查报告调查每个参与者多久更换一次电视机。在这个调查中，我们感兴趣的变量是更换电视机的时间间隔。通过调查可知，更换时间间隔的均值是 8.2 年，我们将其定义为 μ。分布的标准差为 1.1 年，我们将其定义为 σ（sigma）。我们做出一个合理的假设：电视机更换时间间隔近似服从正态分布（如图 5-6 所示）。

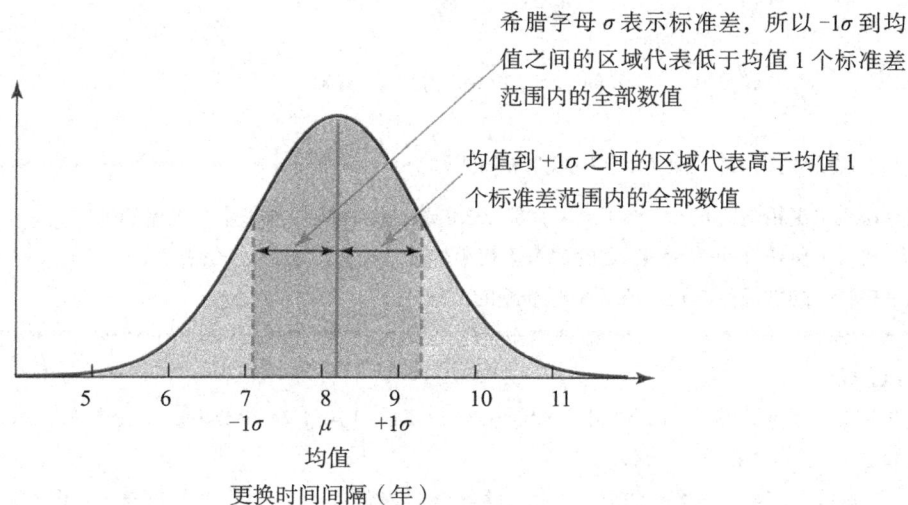

希腊字母 σ 表示标准差，所以 -1σ 到均值之间的区域代表低于均值 1 个标准差范围内的全部数值

均值到 $+1\sigma$ 之间的区域代表高于均值 1 个标准差范围内的全部数值

5　6　7　8　9　10　11
-1σ　μ　$+1\sigma$
均值
更换时间间隔（年）

图 5-6　电视机更换时间间隔服从正态分布

（时钟图标）**思考时刻**

运用正态分布的四个标准（见 5.1 节），解释电视机更换时间间隔为何接近于正态分布。

由于所有正态分布都具有钟形这一特征，了解分布的均值和标准差能使我们知道数值大多分布于哪个区间内。例如，如果测量图 5-6 中曲线下方的面积，我们会发现大约 2/3 的面积处于距均值 1 个标准差的区间内，即 8.2-1.1 = 7.1 到 8.2+1.1 = 9.3 之间。所以，在全部调查当中，有 2/3 的电视机更换时间间隔在 7.1~9.3 年之间。类似地，有 95% 的面积处于距均值 2 个标准差的区间内，即 8.2-2.2 = 6.0 到 8.2+2.2 = 10.4 之间。我们可以得出结论，在全部调查当中，有 95% 的电视机更换时间间隔在 6.0~10.4 年之间。

技术备忘录

正态分布的均值可以是任何值，标准差可以是任何一个正数。标准正态分布特指均值为 0，标准差为 1 的正态分布。

对于正态分布，有 3σ 原则，它为衡量全部数值中处于均值两侧 1、2、3 个标准差内的数值所占的百分比提供了精确的指引。接下来通过文字叙述这个原则，图 5-7 也形象地展示了 3σ 原则。

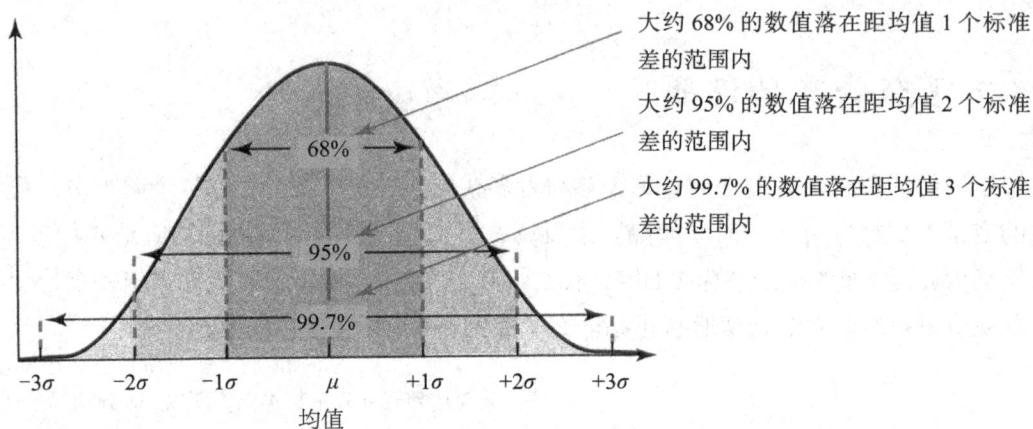

图 5-7　正态分布的 3σ 原则

正态分布的 3σ 原则（68-95-99.7 规则）

- 大约 68%（更精确的是 68.3%）或者大概 2/3 的数值落在距均值 1 个标准差的区间内。
- 大约 95%（更精确的是 95.4%）的数值落在距均值 2 个标准差的区间内。
- 大约 99.7% 的数值落在距均值 3 个标准差的区间内。

例 1　SAT 成绩

由语言（阅读理解）和数学组成的测试 SAT（以及 GRE、LAST 和 GMAT），其分数呈正态分布，均值 $\mu = 500$，标准差 $\sigma = 100$。解释这一说法。

答案　由 3σ 原则可知，大约 68% 的学生成绩落在距均值（500 分）1 个标准差（100 分）的区间内；也就是说，大约 68% 的学生成绩在 400~600 分之间。大约 95% 的学生成绩落在距均值 2 个标准差（200 分）的区间内，即 95% 的学生成绩在 300~700 分之间。大约 99.7% 的学生成绩落在距均值 3 个标准差（300 分）的区间内，即 99.7% 的学生成绩在 200~800 分之间。图 5-8 形象地做出了解释，注意横轴既表示实际分数，也表示用标准差度量的与均值的距离。

例 2　假币检测

自动售货机需要调整，以便拒收重量低于或高于某特定值的硬币。美国法定的 25 美分的硬币重量服从均值为 5.67 克，标准差为 0.070 0 克的正态分布。如果自动售货机拒收重量大于 5.81 克和小于 5.53 克的硬币，那么有百分之多少的法定硬币会被拒收？

答案　当硬币重量为 5.81 克时，高于均值 0.14 克或 2 个标准差。当硬币重量为 5.53 克时，低于均值 0.14 克或 2 个标准差。所以，接收重量位于 5.53~5.81 克之间的 25 美分硬币，意味着机器接收重量距均值 2 个标准差以内的硬币，并且拒收重量距均值超过 2 个标准差的硬币。

技术备忘录

正如在本章最后"聚焦心理学"部分所讨论的，由于测试部分和年份不同，SAT 某一次的平均成绩会与 500 分有明显差异。

据估计，美国 1 美分硬币的流通率约为 34%（与之相比，25 美分的流通率是 88%）。这个均值意味着美国造币厂每个月制造的 3 亿多个 1 美分硬币中的 2/3，铸造出来后就进了存钱罐。

根据 3σ 原则可知，95% 的法定硬币会被接受，而 5% 的法定硬币会被拒收。

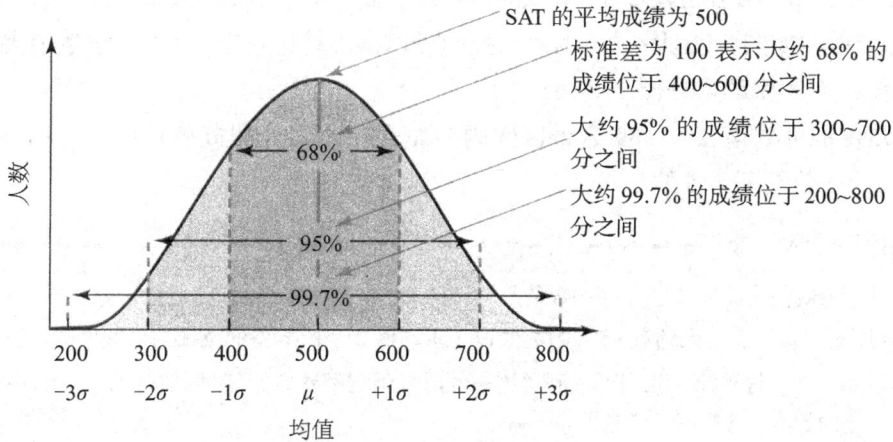

图 5-8 SAT 成绩的正态分布

5.2.1 3σ 原则的应用

利用 3σ 原则，我们可以回答正态分布中各数值频数（或频率）的问题。考虑 1 000 名学生参加的一次考试，考试分数服从均值 $\mu = 75$，标准差 $\sigma = 7$ 的正态分布。那么有多少名学生的得分超过 82 分？

当得分为 82 分时，高于均值（75 分）7 分或 1 个标准差。根据 3σ 原则可知，约 68% 的分数将位于距均值 1 个标准差的范围内。所以，约 100%-68% = 32% 的分数距均值超过 1 个标准差。这其中有一半，也就是 16% 的分数低于均值且超过 1 个标准差；而另外 16% 的分数则高于均值且超过 1 个标准差（如图 5-9a 所示）。我们可以得出结论，在 1 000 名学生中大约有 16% 的学生，即 160 名学生的得分超过 82 分。

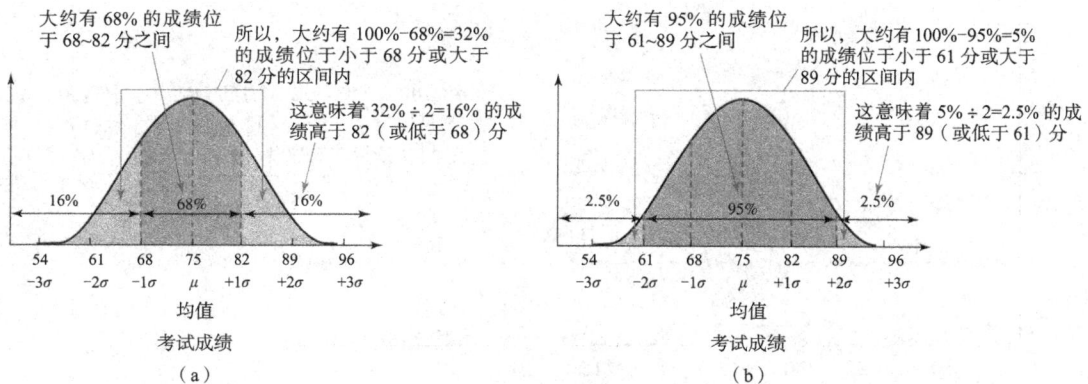

图 5-9 考试成绩服从正态分布

注：（a）68% 的成绩位于距均值 1 个标准差的范围内；（b）95% 的成绩位于距均值 2 个标准差的范围内。

类似地，假设我们想要知道有多少学生的成绩低于 61 分。当得分为 61 分时，低于均值

14分或2个标准差。根据3σ原则可知，约95%的分数位于距均值2个标准差的范围内。所以，约5%的分数距均值超过2个标准差。这其中有一半，也就是2.5%的分数低于均值且超过2个标准差（如图5-9b所示）。因此，我们可以得出结论，在1 000名学生中大约有2.5%的学生，即25名学生的得分低于61分。

由于95%的分数落在61~89这个区间内，而落在区间外的概率较低，我们称那些不在这个范围内的分数是不寻常的。

识别不寻常结果

在统计中，我们常常需要区分哪些数值是典型的或是"寻常的"，而哪些数值是"不寻常的"。通过运用3σ原则，我们发现大约有95%的数值位于距均值2个标准差的范围内。这意味着，约5%的数值距均值超过2个标准差。我们可以利用这一性质来确定哪些数据相对"不寻常"：那些距均值超过2个标准差的数值，便是不寻常数值。

例3　旅行与怀孕

让我们再一次来讨论，你是否应该建议你一个怀孕的朋友在距预产期两周的时候安排重要的商务会议。实际数据表明实际出生日期和预产期之间的天数服从均值 $\mu = 0$ 天，标准差 $\sigma = 15$ 天的正态分布。那么你怎样帮你的朋友做决定呢？在预产期前两周分娩是否是"不寻常的"？

答案　假设你的朋友不会在预产期前14天或是1个标准差的日子分娩。但是由于这一结果位于距均值2个标准差的范围内，它并不是"不寻常的"。根据3σ原则，有68%的孕妇会在距预产期1个标准差，即提前15天到延迟15天的范围内分娩。这意味着约100%-68% – 32%的生产日期要么提前15天以上，要么延迟15天以上。所以，其中的一半即16%的分娩会早于预产期15天以上（如图5-10所示）。你可以告诉你的朋友，大约16%的孕妇在预产期前15天分娩。如果你的朋友喜欢以概率的方式思考，那么你可以告诉她会有16%的概率在会议当天或早于会议的时间分娩。

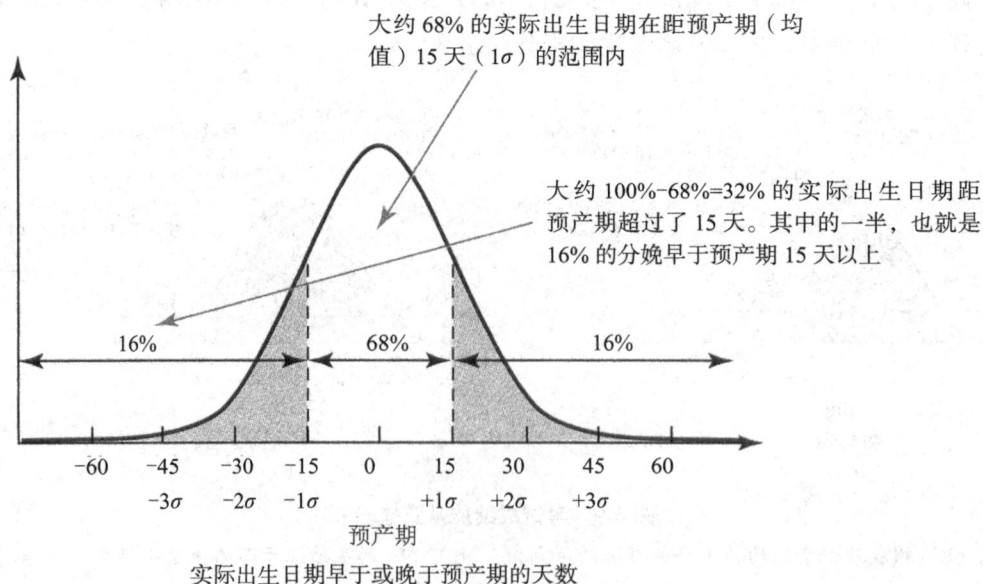

大约68%的实际出生日期在距预产期（均值）15天（1σ）的范围内

大约100%-68%=32%的实际出生日期距预产期超过了15天。其中的一半，也就是16%的分娩早于预产期15天以上

图 5-10　大约 16% 的分娩会早于预产期 15 天以上

例 4　正常心率

尝试每天中午测量你休息时的心率，如此坚持一年并记录数据。你会发现数据服从均值为 66，标准差为 4 的正态分布。一年中有多少天你每分钟的心跳次数低于 58？

答案　当心率为 58 时，低于均值 8（或 2 个标准差）。根据 3σ 原则，约 95% 的数值位于距均值 2 个标准差的范围内。所以，有 2.5% 的数值低于均值且超过 2 个标准差，同样有 2.5% 的数值高于均值且超过 2 个标准差。一年中有 2.5% 天，即 9 天，你测量的心率会低于每分钟 58 下。

🕐 **思考时刻**

正如例 4 所说，对于特定的一个人，多次测量他休息时的心率，其心率会服从正态分布。你认为不同人休息时的平均心率也同样服从正态分布吗？两者中哪个分布的标准差更大？为什么？

5.2.2 标准分数

3σ 原则只适用于数值距均值 1、2、3 个标准差的情况。在其他情况下，如果能够准确地知道某一特定数值距均值有多少个标准差，我们就可以将这一原则进行推广。某一特定数值大于或小于均值的标准差个数，就是标准分数（或 z 值）。通常用字母 z 表示。例如：

- 均值的标准分数 $z = 0$，因为其距离均值 0 个标准差；
- 大于均值 1.5 个标准差处数值的标准分数 $z = 1.5$；
- 小于均值 2.4 个标准差处数值的标准分数 $z = -2.4$。

下面总结标准分数的计算方法。

计算标准分数

某一数值大于或小于均值的标准差个数叫作**标准分数**（或 **z 值**）。标准分数的计算公式为：

$$z = 标准分数 = \frac{数值 - 均值}{标准差}$$

数值大于均值时，标准分数为正；数值小于均值时，标准分数为负。

例 5　IQ 的标准分数

斯坦福—比奈 IQ 测试的均值为 100，标准差为 16。请计算 IQ 分数分别为 85、100、125 时的标准分数。

答案　在已知均值为 100，标准差为 16 的情况下，利用标准分数计算公式可以得到这些 IQ 分数的标准分数。

IQ 分数为 85 时的标准分数：$z = \dfrac{85 - 100}{16} \approx -0.94$

IQ 分数为 100 时的标准分数：$z = \dfrac{100 - 100}{16} = 0.00$

IQ 分数为 125 时的标准分数：$z = \dfrac{125 - 100}{16} \approx 1.56$

我们对于标准分数的解释如下：85 低于均值 0.94 个标准差；100 等于均值；而 125 高于均值 1.56 个标准差。图 5-11 所示为 IQ 分数的正态分布。

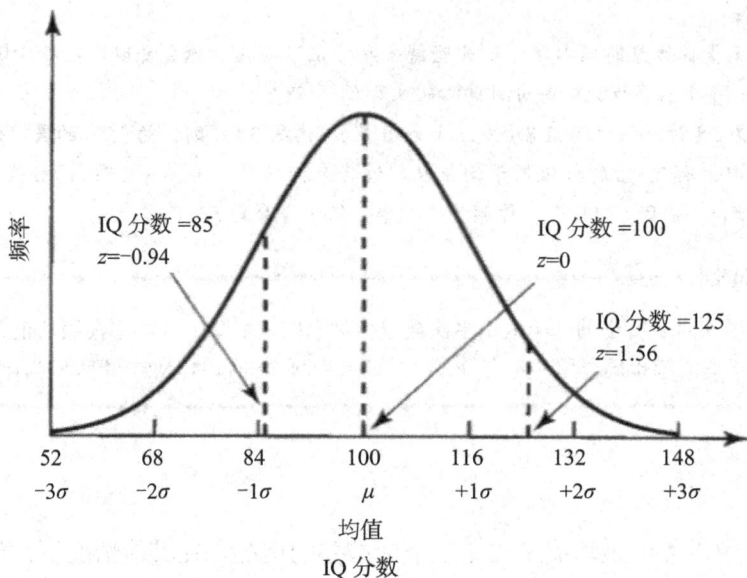

图 5-11　IQ 分数分别为 85、100、125 时的标准分数

5.2.3 标准分数和百分位数

一旦我们知道了某一数值的标准分数，根据正态分布的性质，我们就可以得到分布的百分位数。例如，如果你在 SAT 考试的成绩位于第 45 百分位上，那么这意味着有 45% 的 SAT 成绩低于你的成绩。

百分位数

如果某一特定数值满足在全部数据中小于等于它的比率为 $n\%$，那么该数值的最小可能取值便是第 n 百分位数。处于两个百分位数之间的数据，我们称其位于更低的百分位上。

通过标准分数表，我们可以将标准分数转化为百分位数，例如表 5-1（在附录 1 中有更详细的表格），也可以利用计算机软件进行转换。对于正态分布中的每一个标准分数，表格给出了分布中小于等于该数的百分比。例如，表格显示正态分布中有 55.96% 的数值的标准分数小于等于 0.15。换句话说，标准分数为 0.15 的数据位于第 55 百分位上。

⏻ **技术应用**

Excel 中的标准分数

在已知分布均值和标准差的条件下，利用 Excel 中的内置函数 STANDARDIZE 可以得到任何数值的标准分数。在表格中输入"=STANDARDIZE（数值，均值，标准差）"。下面的截图便以例 5 的数值、均值和标准差展现了这一功能；该功能参考的数据来自于单元格（B1，B2，B3）。C 列显示了最终的结果。

	A	B	C
1	data value	95	
2	mean	100	
3	standard deviation	16	
4	standard score	=STANDARDIZE(B1,B2,B3)	−0.3125
5			

表 5-1　正态分布的标准分数和百分位数（从左侧开始）

标准分数	%	标准分数	%	标准分数	%	标准分数	%
−3.5	0.02	−1.0	15.87	0.0	50.00	1.1	86.43
−3.0	0.13	−0.95	17.11	0.05	51.99	1.2	88.49
−2.9	0.19	−0.90	18.41	0.10	53.98	1.3	90.32
−2.8	0.26	−0.85	19.77	0.15	55.96	1.4	91.92
−2.7	0.35	−0.80	21.19	0.20	57.93	1.5	93.32
−2.6	0.47	−0.75	22.66	0.25	59.87	1.6	94.52
−2.5	0.62	−0.70	24.20	0.30	61.79	1.7	95.54
−2.4	0.82	−0.65	25.78	0.35	63.68	1.8	96.41
−2.3	1.07	−0.60	27.43	0.40	65.54	1.9	97.13
−2.2	1.39	−0.55	29.12	0.45	67.36	2.0	97.12
−2.1	1.79	−0.50	30.85	0.50	69.15	2.1	98.21
−2.0	2.28	−0.45	32.64	0.55	70.88	2.2	98.61
−1.9	2.87	−0.40	34.46	0.60	72.57	2.3	98.93
−1.8	3.59	−0.35	36.32	0.65	74.22	2.4	99.18
−1.7	4.46	−0.30	38.21	0.70	75.80	2.5	99.38
−1.6	5.48	−0.25	40.13	0.75	77.34	2.6	99.53
−1.5	6.68	−0.20	42.07	0.80	78.81	2.7	99.65
−1.4	8.08	−0.15	44.04	0.85	80.23	2.8	99.74
−1.3	9.68	−0.10	46.02	0.90	81.59	2.9	99.81
−1.2	11.51	−0.05	48.01	0.95	82.89	3.0	99.87
−1.1	13.57	0.0	50.00	1.0	84.13	3.5	99.98

注：尽管有可能会得到更大或更小的标准分数，但是表中仅描述了标准分数处于 −3.5~3.5 之间的百分位数（附录 1 为更详尽的标准分数表）。"%" 这一列告诉我们分布中小于对应标准分数的数值所占百分比。

例 6　胆固醇水平

18~24 岁男性的胆固醇水平服从均值为 178，标准差为 41 的正态分布。

a. 对于一个 20 岁的男性，其胆固醇水平为 190，该数据的百分位数是多少？

b. 当胆固醇水平与第 90 百分位数相对应时，就需要进行治疗。那么请问此时的胆固醇水平是多少？

答案　a. 当胆固醇水平为 190 时，其标准分数为：

$$z = \frac{190 - 178}{41} \approx 0.29$$

根据表 5-1，标准分数为 0.29 时，对应的是第 61 百分位数。

b. 根据表 5-1，有 90.32% 的数据的标准分数小于 1.3。也就是说，第 90 百分位数大约大于均值 1.3 个标准差。已知平均胆固醇水平为 178 且标准差为 41，大于均值 1.3 个标准差处的胆固醇水平为：

$$\underset{\text{均值}}{178} + \underset{\text{1.3 个标准差}}{(1.3 \times 41)} = 231.3$$

第 90 百分位数对应的胆固醇水平约为 231，所以任何人在达到甚至超过这个水平时，就需要及时治疗。

⊙ 技术应用

标准分数和百分位数

EXCEL Excel 中的内置函数 NORMDIST 将节省查阅表格的工作，如查阅表 5-1。通过输入
"=NORMDIST（数值，均值，标准差，TRUE）"，可以得到正态分布中某一数值的百分位数。要得到
百分位数的结果，必须输入 "TRUE"。下面的截图以例 6a 的数据为例，展现了标准分数和百分位数的
计算方法。C 列显示最终的结果。注意这里百分位数得到的结果是 0.615，所以需要乘以 100% 变换成
百分数形式（61.5%）。

◇	A	B	C
1	data value	190	
2	mean	178	
3	standard deviation	41	
4	standard score	=STANDARDIZE(B1,B2,B3)	0.29
5	percentile	=NORMDIST(B1,B2,B3,TRUE)	0.615
6			

STATDSK STATDISK 可以用于替代表 5-1。选择分析、概率分布、正态分布。既可以通过输入
z 值寻找对应的区域，也可以输入累计面积来寻找 z 值。当数据输入完毕后，单击求值按钮。结果会分
别显示 z 值左侧区域和右侧区域的面积。

TI-83/84 PLUS

- 查找区域。为了得到两个数值间的区域，先按 `2ND`，再按 `VARS`，打开分布菜单。选择
"normalcdf"。输入两个数值、均值和标准差，数据中间全部用逗号隔开，其输入形式为：（左侧
数值，右侧数值，均值，标准差）。提示：如果没有左侧数值，那么左侧数值便输入 -999 999；
同理如果没有右侧数值，那么右侧数值就输入 999 999。例如，运行 normalcdf（80，85，100，
15），结果为 0.067 4（四舍五入），表明在均值为 100，标准差为 15 的正态分布中，有 6.74% 的
数值落在 80~85 这个区间内。

- 查找 x 值。为了得到与已知区域相对应的数值，先按 `2ND`，再按 `VARS`，打开分布菜单。
选择 "invNorm"，接着输入某一数值左边区域的面积、均值和标准差。数据中间全部用逗号隔
开，其输入形式为：（某一数值左边区域的面积，均值，标准差）。例如，运行 invNorm（0.4，
100，15），结果为 96.2（四舍五入），表明在均值为 100，标准差为 15 的正态分布中，当数值为
96.2 时，其左侧区域的面积为 0.4（或 40%）。

例 7 IQ 分数

IQ 分数服从于均值为 100，标准差为 16 的正态分布（同例 5）。请问位于第 75 百分位和第 40 百分位的
人的 IQ 分数是多少？

答案 表 5-1 表明第 75 百分位数的标准分数在 0.65~0.70 之间；所以我们估计它的标准分数约为 0.67。
这相当于 IQ 高于均值 0.67 个标准差，或者说高于均值 0.67 × 16=11。因此，位于第 75 百分位的人的 IQ 分
数为 111。第 40 百分位对应的标准分数为 -0.25，或者说低于均值 0.25 × 16=4。所以，处于第 40 百分位的
人的 IQ 分数为 96。

例 8 军队中的女性

18~24 岁的美国女性身高服从均值为 65 英寸，标准差为 2.5 英寸的正态分布。在美军中服役的女性的
身高必须在 58~80 英寸之间。根据身高估计，有资格服役的女性占百分之多少？

答案 军队身高限制的最小值为 58 英寸，最大值为 80 英寸，它们的标准分数分别为：

对于 58 英寸：$z = \dfrac{58-65}{2.5} = -2.8$

对于 80 英寸：$z = \dfrac{80-65}{2.5} = 6.0$

根据表 5-1 可知，标准分数 2.8 对应百分位数 0.26。而标准分数 6.0 并未在表 5-1 中出现，这意味着它大于百分位数 99.98（表中最大的百分位数）。所以，我们可以得出结论，有 0.26% 的女性因为太矮而无法服役，有 0.02% 的女性由于太高而无法服役。或者说，每 400 名女性中有一个人由于身高原因而无法去军队服役。

5.2.4 走近概率

假设随机选择一名婴儿，看他是否在早于预产期 15 天以上出生。因为出生日期是围绕着预产期，且标准差为 15 天的正态分布，所以我们知道在全部自然分娩中，早于预产期 15 天以上出生的占 16%（见例 3）。因此对于每个随机选中的婴儿，我们可以说其至少提前 15 天出生的概率为 0.16（大约 1/6）。正态分布的性质使得我们可以对单独的个体进行概率形式的描述。在这个案例中，概率形式的描述就是至少提前 15 天出生的概率为 0.16。

事实上，在本书剩下的大部分内容中，我们的研究都更贴近概率这一观点。因此我们将在下一章研究概率的基本内容。但在下一小节，我们先介绍统计学中一个十分重要的概念。

>>5.3 中心极限定理

一位高中英语教师有 100 名毕业生要进行大学入学考试。考试成绩的均值为 500，标准差为 100。利用本章所学的方法，她可以确定成绩高于 600 分的学生所占的百分比。但是她能够预测与 100 名学生成绩有关的任何事情吗？例如，样本组平均成绩高于 600 分的可能性有多大？在大总体中，类似这种关于样本组均值的问题可以通过中心极限定理来回答。

在讨论定理本身之前，我们通过分析掷骰子的问题加深思考。假如我们掷一个骰子 1 000 次，并记录每次的结果，结果记为 1，2，3，4，5，6。图 5-12 是掷骰子结果的直方图。由于骰子每个面向上的可能性相等，这六个结果的频率大致相等。也就是说，直方图接近均匀分布（见 4.2 节）。利用第四章描述的方法，我们可以计算出这个分布的均值为 3.41，标准差为 1.73。

现在我们考虑同时掷两个骰子 1 000 次，并记录所得结果的均值（如图 5-13 所示）。为了得到单个骰子的均值，我们先将两个数求和再除以 2。例如，如果掷骰子得到的两个数为 3 和 5，那么均值为（3+5）÷2=4。同时掷两个骰子，每次可能取得的均值为 1.0，1.5，2.0，…，5.0，5.5，6.0。

掷一个骰子 1 000 次

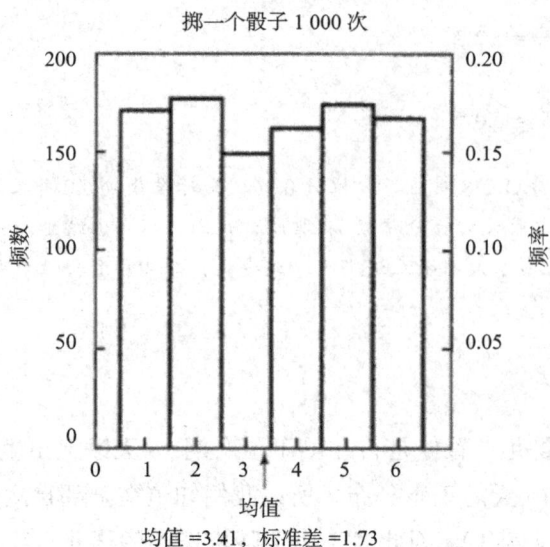

均值 =3.41，标准差 =1.73

图 5-12　掷骰子 1 000 次结果的频数和频率

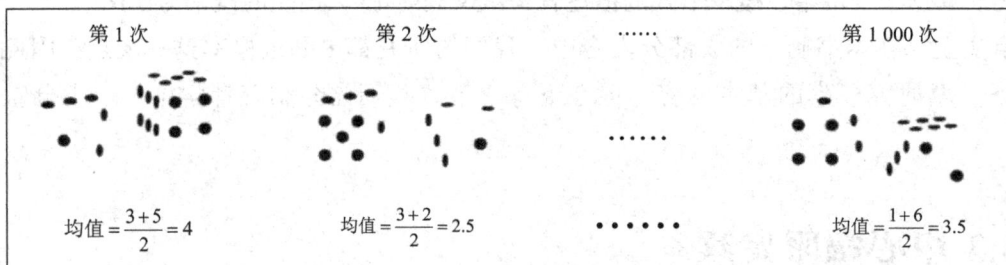

图 5-13　同时掷两个骰子 1 000 次，两个骰子的均值

注：均值的范围在（1+1）/2=1 到（6+6）/2=6 之间。

图 5-14a 是同时掷两个骰子得到的典型结果。在这个分布中，最常见的数值是中间的 3.0、3.5 和 4.0。这些数值之所以常见，是因为可以从多种方式得到这些结果。例如，如果两个骰子的数字为 1 和 6、2 和 5、3 和 4、4 和 3、5 和 2、6 和 1，得到的均值都为 3.5。太大或太小的数值出现的频率较低，是因为它们只能从较少的方式得到。例如，只有在两个骰子同时出现 1 的时候，得到的均值才会是 1。同样，我们可以计算出这个分布的均值和标准差，分别为 3.43 和 1.21。

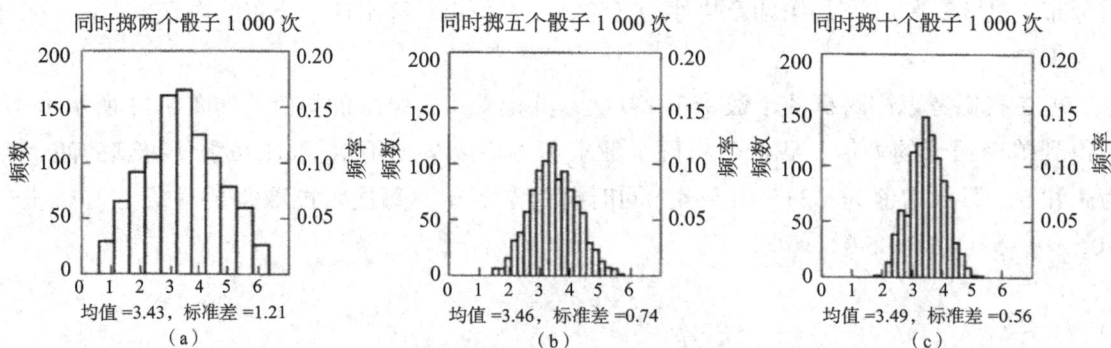

图 5-14　掷骰子所得样本均值分布的频数和频率

当我们掷的骰子数增加时，会出现什么情况呢？假设我们同时摇五个骰子 1 000 次，并记录每次五个骰子所得结果的均值。图 5-14b 所示便是这一实验结果的直方图。我们再一次发现 3.5 附近的中间值出现的频率最大，但是与前两种情况相比，分布范围相对更窄。通过计算，我们得到这个分布的均值为 3.46，标准差为 0.74。

如果我们将骰子个数增加到 10 个并同样掷 1 000 次，可以得到如图 5-14c 所示的直方图，这个分布范围更加狭窄。在这种情况下，均值为 3.49，标准差为 0.56。

表 5-2 总结了上述的四个实验。表格的第 2 列和第 3 列都是指均值的分布，因为在掷骰子的试验中，我们记录的都是 1 000 次试验中每次结果的均值。换句话说，在一个实验中，1 000 次试验的均值就是均值分布的均值（第 2 列）。类似地，在一个实验中，1 000 次试验的标准差就是均值分布的标准差（第 3 列）。

表 5-2 掷骰子实验总结

每次同时掷骰子的个数	均值分布的均值	均值分布的标准差
1	3.41	1.73
2	3.43	1.21
5	3.46	0.74
10	3.49	0.56

在这四个实验中有一个值得注意的地方。掷一个骰子 1 000 次可以视为从掷骰子试验的总体中选取 1 000 个样本容量为 1 的样本。掷两个骰子 1 000 次可以视为选取 1 000 个样本容量为 2 的样本。掷五个或者十个骰子 1 000 次则可以分别视为选取 1 000 个样本容量为 5 或者 10 的样本。表 5-2 显示随着样本容量的增加，分布的均值会越接近 3.5，且标准差会逐渐变小（使分布更加狭窄）。更重要的是，随着样本容量的增加，分布越来越像一个正态分布。后面一个事实令人吃惊，因为我们是从均匀分布（掷一个骰子的结果已在图 5-12 中显示）中选取的样本，而非正态分布。不过，在很大的样本容量下，均值的分布会接近正态分布。这个事实便是中心极限定理。

技术备忘录

①从实际意义上讲，如果样本容量大于 30，均值的分布就接近正态分布。②如果原始总体是正态分布，那么任意样本容量为 n 的样本均值的分布都是正态分布。③在理想的情况下，均值的分布来源于所有可能的样本，均值分布的均值等于总体均值 μ，均值分布的标准差等于 $\sigma/\sqrt{n}$。

中心极限定理

假设在任意分布（没有必要是正态分布）中，对某一变量随机选取了容量为 n 的若干样本，并记录每个样本均值的分布，那么：

（1）在大样本情况下，均值的分布将近似于正态分布；

（2）在大样本情况下，均值分布的均值近似等于总体均值 μ；

（3）在大样本情况下，均值分布的标准差为 $\sigma/\sqrt{n}$，其中 σ 为总体标准差。

尤其要注意第三点：样本均值分布的标准差不是总体标准差 σ，而是 $\sigma/\sqrt{n}$，其中 n 为样本容量。

🕐 **思考时刻**

表 5-2 中，n 分别等于 2，5，10 时，证明均值分布的标准差与中心极限定理预测的值相等。其中 $\sigma=1.73$（图 5-12 中的总体标准差）已知。例如，$n=2$ 时，$\sigma/\sqrt{2}=1.22\approx1.21$。

下面总结一下中心极限定理的要素。我们总是从一个特定的变量开始，这个变量在总体中随机变化，如掷骰子的结果或人的体重。变量有确定的均值 μ 和标准差 σ，这两个数值我们可能知道，也可能不知道。变量分布的形状可以是任何形状，而不一定是正态分布。然后我们选取容量为 n 的若干个样本，并记录每个样本的均值（例如每次同时掷 n 个骰子结果的均值，或者 n 个人的平均体重）。绘制这些样本均值的直方图，我们会发现该分布接近正态分布。样本容量 n 越大，均值的分布就越接近正态分布。图 5-13 有助于我们巩固这一重要的思想。

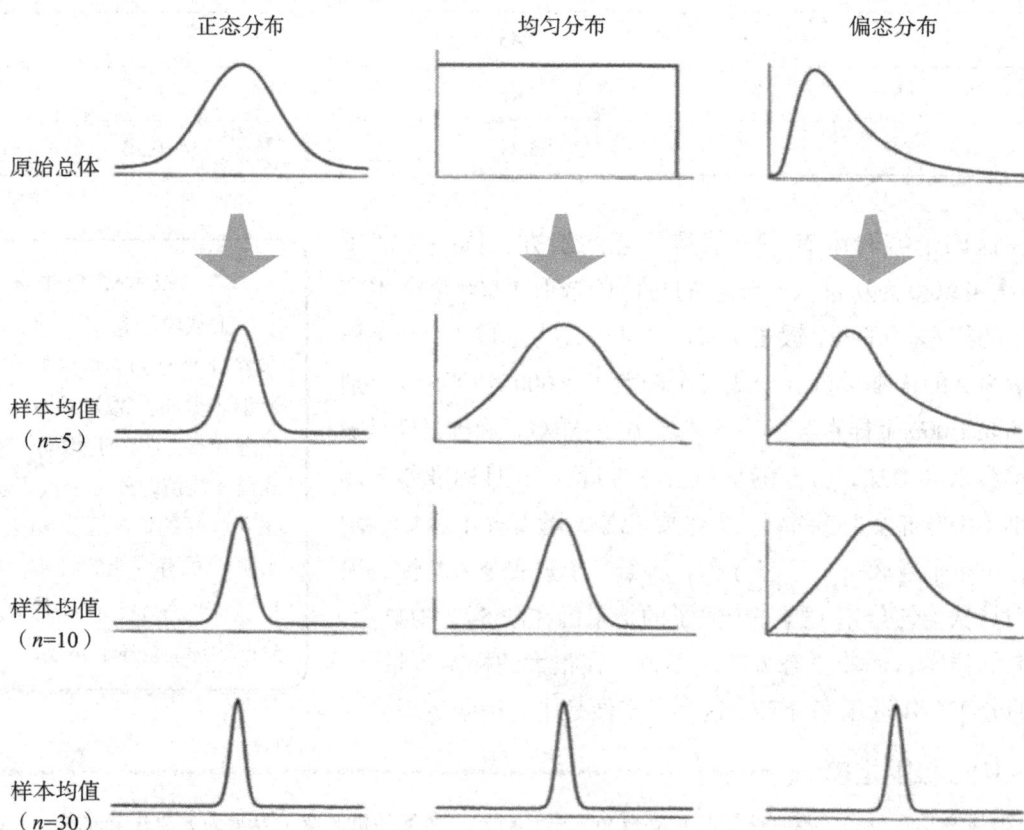

图 5-15　样本均值的分布

例 1　预测考试成绩

现在你是某所中学的校长，你校 100 名八年级学生将要参加国家标准化考试。假设考试的分数服从于均值 $\mu=400$，标准差 $\sigma=70$ 的正态分布。

a. 随机选择一名八年级学生，他的考试分数低于 375 的可能性有多大？

b. 你作为校长的绩效取决于全体八年级学生的考试成绩。那么 100 名八年级学生的平均分数低于 375 的可能性有多大？

答案 a. 解决单个分数的问题，我们需要利用 5.2 节中所讨论的标准分数。已知均值为 400 且标准差为 70，375 分对应的标准分数为：

$$z = \frac{375 - 400}{70} \approx -0.36$$

根据表 5-1，标准分数 -0.36 对应的是第 36 百分位数。也就是说，我们预期有 36% 的学生成绩低于 375。所以随机选择一名学生，他的成绩低于 375 的概率约为 0.36。

> 当你在听爆米花声音时，是否听到了中心极限定理？
>
> ——威廉·A. 梅西
> （William A.Massey）

b. 这个问题关于全部学生的均值，所以需要用中心极限定理来解决。根据这一定理，如果我们随机选择容量为 100 的若干个样本，并计算每个样本的均值，那么均值的分布将近似于正态分布。此外，这个分布的均值 $\mu = 400$，标准差 $\sigma/\sqrt{n} = 70/\sqrt{100} = 7$。在已知均值和标准差的条件下，平均成绩 375 分对应的标准分数为：

$$z = \frac{375 - 400}{7} \approx -3.57$$

在表 5-1 中，标准分数 -3.57 对应的是第 0.02 百分位数，在这个例子中标准分数甚至会更小。有不到 0.02% 的样本平均成绩低于 375。所以随机选择一组同学，这 100 名学生的平均成绩低于 375 的概率小于 0.000 2。

这个案例有十分重要的意义。个人成绩低于 375 的概率大于 1/3（36%），但是容量为 100 名学生的样本平均成绩低于 375 的概率不到 1/5 000（0.02%）。所以，个人成绩比一组样本平均成绩的变动要大。

例 2　工资的公平性

某公司 9 000 名员工的平均工资 $\mu = \$26\,400$，标准差 $\sigma = \$2\,420$。调查员随机选择了 400 名员工，发现他们的平均工资为 26 650 美元。调查员得到这个结果是否偶然？还是说差异使得这一结果值得怀疑？

答案　问题关于容量为 400 的样本组的均值，适用于中心极限定理。定理告诉我们，如果随机选择若干个容量为 400 的样本组并计算各样本组的均值，那么均值的分布将接近均值 $\mu = \$26\,400$，标准差 $\sigma/\sqrt{n} = \$2\,420/\sqrt{400} = \$121$ 的正态分布。在均值分布中，平均工资 26 650 美元对应的标准分数为：

$$z = \frac{26\,650 - 26\,400}{121} \approx 2.07$$

换句话说，如果样本组是随机选择的，那么它的平均工资超过整个公司平均工资 2 个标准差以上。根据表 5-1，标准分数 2.07 接近第 98 百分位数。所以，在全部容量为 400 的样本组中，该样本组平均工资（26 650 美元）大于 98% 的样本组平均工资。也就是说，随机选择一个容量为 400 的样本组，其平均工资高于 26 650 美元的概率约为 2%，或者是 0.02。这个样本组的平均工资高得令人吃惊，可能是调查有缺陷。

🕐 **思考时刻**

当某个员工工资为 26 650 美元时，它位于第 98 百分位之上还是之下？为什么？

中心极限定理的意义

如果我们知道总体的均值 μ 和标准差 σ，那么中心极限定理使我们可以研究样本组的均值。这十分有用，但更为重要的是它的反向应用。

统计主要的两个任务在于估计总体均值和对总体均值进行假设检验。假设我们并不知道某一变量的总体均值，如果仅知道某个较小样本的均值，我们能否对总体均值（比如全部互联网使用者的平均收入）进行良好的估计呢？正如你所猜想的那样，能够回答这类问题的核心在于统计抽样，尤其是民意测验和调查。中心极限定理提供了回答这类问题的关键。我们将在第八章讨论这个主题。

聚焦教育

我们可以从 SAT 考试的发展趋势中了解什么

自 1941 年起，准备升入大学的美国高中生开始参加学习能力测试（SAT），参加第一届考试的学生有 11 000 名。现在，每年有超过 200 万名考生。2006 年以前，SAT 考试只包括两个部分：语言测试和数学测试。在 2006 年，语言测试变更为批判性阅读测试，并且将写作列为第三个考试部分。

最初，SAT 每部分的分数均值为 500，标准差为 100。最大值和最小值分别为 800 和 200，分别高于或低于均值 3 个标准差（得分高于均值 3 个标准差以上，分数记为最大值 800；得分低于均值 3 个标准差以上，分数记为最小值 200）。

但是，每年的平均分数并不总是 500。每年的考试会设置一些与前一年相同的考题，美国大学理事会（设立考试的组织）以此将今年的成绩与往年进行比较。目的在于使得 500 分始终代表相同的学习水平，从而可以将每年的成绩进行比较。例如，如果某一年的平均成绩高于 500，则意味着与平均成绩为 500 的学生们相比，这一年的学生普遍表现较好。

SAT 成绩的变化趋势被广泛地用于分析美国教育的一般状况。图 5-16 显示了 1972—2010 年语言 / 批判性阅读部分（2006 年前是语言部分，之后改为批判性阅读）和数学部分的平均成绩。写作测试的结果并没有在图中体现，这是因为至今还没有足够的数据供我们来观察其变化趋势。

变化趋势既表明了 SAT 每年的成绩是否都具有可比性，也表明了与几十年前的考生相比，尽管最近几年 SAT 考生在数学技巧上有所提升，但是在语言技巧方面却有明显的下降。但是在接受这一结论之前，我们必须先回答两个重要的问题：

- 参加 SAT 考试的高中生的样本成绩趋势能否代表全部高中生总体？
- 除了少数几个问题会在下一年再次出现，其他的题目每年都在改变。某一年的成绩可以与其他年份相比，这一说法是否合理？

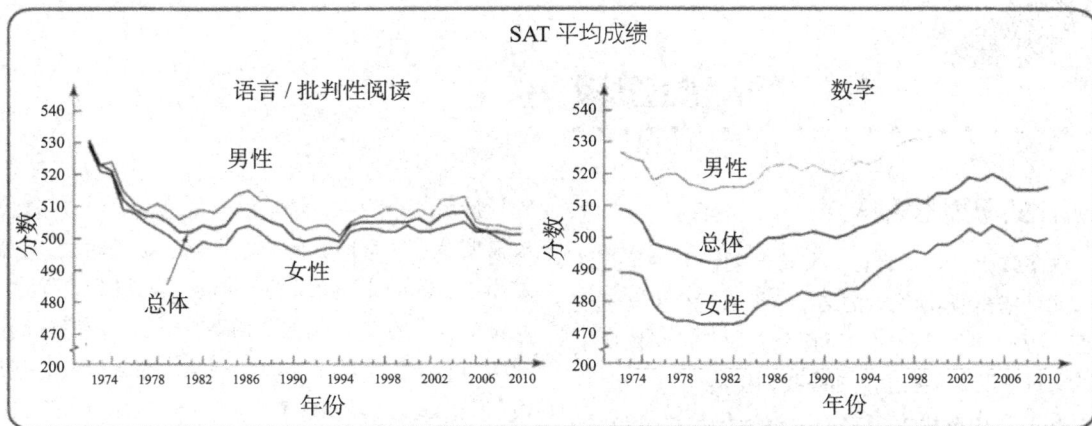

图 5-16　1972—2010 年语言 / 批判性阅读部分和数学部分的平均成绩

注：1996 年之前显示的分数是调整后的分数，而不是原始分数。

资料来源：美国大学理事会。

遗憾的是，两个问题都没有明确的肯定答案。例如，在 20 世纪 70 年代，只有大约 1/3 的高中毕业生参加 SAT 考试，而现在有超过 50% 的高中毕业生参加。如果之前的样本代表的是高中生中成绩较好的那一部分，那么语言成绩的下降仅仅表示后来的样本反映了更多学生的能力。

第二个问题则更为复杂。尽管一些考题会在下一年再次出现，但是由于各个学校强调的重点不同，所以在不同的年份，学生回答同一问题的正确率会有所差异。

当考试经历重要变革时，问题将更加复杂。例如，1994 年第一次允许在数学测试中使用计算器，还增加了考试时间（语言测试在那一年也经历了重大的变动）。数学部分的成绩在同一年开始上升只是巧合吗？还是说这些变动使得考试变得更简单？类似地，在 2006 年，批判性阅读和数学部分的成绩经历 30 年来最大的下降。评论人士认为由于写作测试的加入，考试变得较难，从而导致了成绩的下滑；而美国大学理事会则将成绩下滑归因于重复考试者数量的减少（因为在第二次或第三次考试中成绩会有所提高，所以重复考试者可以提高平均分数）。很明显，考试结构的变化使得我们很难确定平均成绩的变化能否真实地反映教育水平的变化。

或许更重要的是，SAT 考试在 1996 年经历重大变化时所做出的校准。在当时，成绩与最初设定的平均分 500 分相比有明显的下滑：语言部分的平均分降至约 420 分，而数学部分的平均分降至约 470 分。由于分数范围只能是 200~800，实际分数的下降意味着最大值和最小值与均值之间不再具有相同的标准差，这给统计分析带来了困难。所以在 1996 年，大学理事会决定将全部的平均分调整至 500 分。平均分调整对不同百分位数的影响是不同的，它使语言部分的平均成绩增加了约 80 分，使数学部分的平均成绩增加了约 30 分。图 5-16 中的成绩便采用了调整后的数据。例如，图 5-16 中显示 1994 年语言部分的平均成绩接近 500 分，但是如果翻阅当年的新闻，你将会发现 1994 年实际的语言部分平均成绩约为 420 分。

大学理事会认为他们在数据分析过程中非常仔细，并认为除去调整和考试的变动之外，SAT 分数的趋势如实地反映了教育水平的变化。评论人士普遍认为统计分析做得不错，但其他因素的存在使得成绩的可比较性失效，例如参加考试总体的变化以及教育体系的变化。但是对于学生来说，许多大学仍然使用 SAT 分数作为是否接受申请学生的标准之一。只要这一现状存在，SAT 就始终会是最重要的考试之一，而对其价值的争论也将继续下去。

聚焦心理学

我们比父母更聪明吗

大多数孩子认为自己比父母聪明，但这是真的吗？如果你相信 IQ 测试的结果，那么就会发现不仅我们比我们的父母聪明，而且我们的父母同样比他们的父母聪明。事实上，如果我们生活在 100 年前，那么我们当中的绝大多数都会被当作天才。当然，在我们认为自己有如爱因斯坦般的能力之前，很有必要研究一下这背后存在的道理。

IQ，也就是智商，是由法国心理学家阿尔弗雷德·比奈（Alfred Binet，1857—1911 年）创建的。他设计了一个测试，希望以此来确定哪些孩子在学校需要特殊的帮助。他让很多孩子接受测试，并通过用"心理年龄"除以生理年龄（再乘以 100）来得到每个孩子的 IQ。例如，如果一个五岁孩子的测试成绩与六岁孩子的平均成绩相同，那么他的心理年龄就是六岁。他的 IQ 就是（6÷5）×100，即 120。注意，如果按这个定义，IQ 测试只对儿童有意义。但是之后的研究者，尤其是美国陆军心理学家扩大了 IQ 的概念，使得它同样适用于成人。

现在，IQ 被定义为一个均值为 100，标准差为 16 的正态分布。传统上，心理学家将 IQ 低于 70（约低于均值 2 个标准差）的人归为"智力低下"；将 IQ 高于 130（约高于均值 2 个标准差）的人归为"高智商"。

你可能已经意识到 IQ 测试的争议归结为两个关键问题：

- IQ 测试衡量的是智力还是其他因素？
- 如果 IQ 测试衡量的是智力，那么智力是天生的、由遗传决定的，还是由环境和教育后天塑造的？

对于以上问题的完整讨论过于复杂，所以不在此展开，但是有关 IQ 分数的一个惊人的趋势可以阐明这些问题。正如我们前面所述的那样，这个趋势是相当明显的，但之所以长期无人发现，是因为 IQ 测试的评分方式。当前有许多不同、相互矛盾的 IQ 测试版本，而且每种测试都在不断地变化与更新。但是在所有情况中，都会对 IQ 测试的得分进行调整，以此来满足均值为 100，标准差为 16 的正态分布。所以 IQ 测试在本质上是利用同一种方法评分，即指导者"在曲线上"为考试评分。由于这个调整，IQ 测试的均值永远是 100，这使得我们无法去衡量 IQ 得分是如何随时间的变化而变化的。

不过，有一些 IQ 测试并不会随着时间的推移而做实质的改变，甚至一些变动较大的测试会始终重复一些旧问题。在 20 世纪 80 年代早期，一位叫詹姆斯·弗林（James Flynn）的政治科学教授开始研究未经改动的考试和问题的原始成绩，结果令人震惊。

弗林教授发现尽管增长的分数随考试类型的不同而不同，但是原始成绩一直在稳定地增长。最高的增长率出现在测量抽象推理能力的测试中（如"乌鸦"测试）。在这些测试中，弗林教授发现现代社会人们的原始 IQ 成绩每 10 年增长 6%。换句话说，一个人在 2010 年测试中的得分为 100 分，那么他在 2000 年的测试中可以得到 106 分，在 1990 年的测试中可以得到 112 分，以此类推。这意味着经过 100 年的时间，分数可以增长 60 分。也就是说，在今天 IQ 为 70 的"智力低下"的人，放到一个世纪前便是 IQ 为 130 的"高智商"的人。

IQ 得分不断提高的这一长期趋势就叫作弗林效应。尽管各个类型 IQ 测试的增长幅度并不一定与抽象推理测试的相同，但它们同样会存在这一趋势。例如，图 5-17 体现的是 1932—1997 年世界上应用最广泛的 IQ 测试（斯坦福—比奈 IQ 测试）结果的变化情况。注意，如果按照原始成绩，均值在那一段时间里增长了 20 分。换句话说，如果一个人在 1997 年的测试中得了 100 分，那他在 1932 年的测试中可以得到 120 分。如图 5-17 所示，大约有 1/4 的 1997 年测试参与者会在 1932 年的测试中成为"高智商"的人。尽管数据仍饱受争议，但是有证据表明在最近几年，分数的增长已经开始减缓甚至停止。

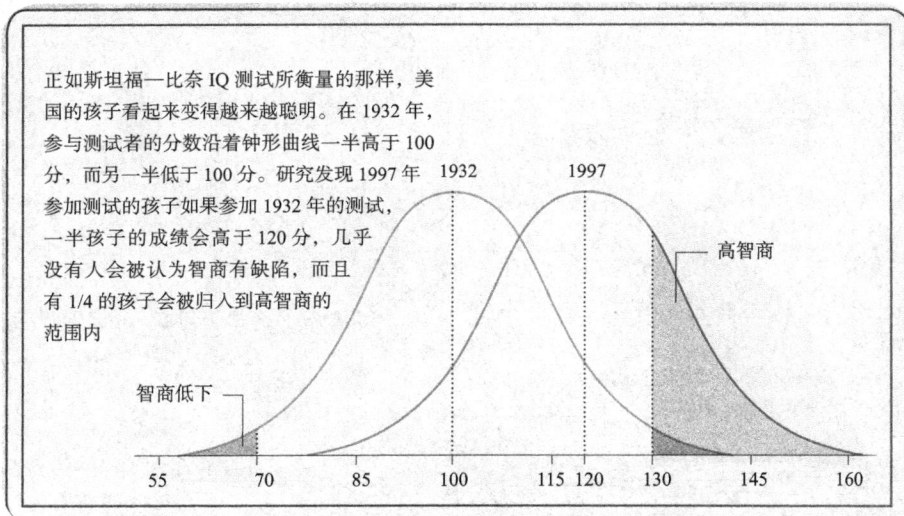

正如斯坦福—比奈 IQ 测试所衡量的那样，美国的孩子看起来变得越来越聪明。在 1932 年，参与测试者的分数沿着钟形曲线一半高于 100 分，而另一半低于 100 分。研究发现 1997 年参加测试的孩子如果参加 1932 年的测试，一半孩子的成绩会高于 120 分，几乎没有人会被认为智商有缺陷，而且有 1/4 的孩子会被归到高智商的范围内

图 5-17 IQ 曲线取值变大

资料来源：*The Rising Curve: Long-Term Gains in IQ and Related Measures.* American Psychological Association，1998。

注：在奈瑟尔数据的基础上，《纽约时报》进行了调整。

　　其他很多科学家对弗林效应进行了分析，并一致认为长期趋势是真实的。含义很明确：无论 IQ 测试衡量的是什么，现在的人们总会比几十年前的人做得更好。如果 IQ 测试真的是衡量智力，那么这意味着我们确实比父母聪明（平均上讲），而父母也会比他们的父母聪明（平均上讲）。

　　当然，如果 IQ 测试衡量的不是智力，而仅仅是某种技能的话，那么分数的增长只能表明现在的孩子比过去的孩子更多地运用这一技能。抽象推理能力分数的增长最多这个事实就支持了上述观点。这些测试经常涉及的问题包括解决拼图问题以及在一系列图形中寻找图案。而在今天，这类问题在游戏和考试中经常出现。

　　虽然弗林效应没有回答 IQ 测试是否在测量智力，但它却告诉我们一件重要的事情：如果真的如弗林效应所说，IQ 在不断地提高，此外由于继承特征不可能在短短数十年内改变这么多，所以 IQ 不是一个可以完全继承的特征。也就是说，如果 IQ 测试衡量的是智力，那么智力将由环境和遗传因素共同塑造。

　　弗林的发现已经改变了心理学家对于 IQ 测试的看法，并提供了有活力的、新的研究课题。此外，考虑到现代社会中 IQ 测试的多种用途，弗林效应可能会同时在社会和政治方面产生重大的影响。所以回到我们一开始的问题：我们比父母更聪明吗？我们很难说清，但希望确实如此，因为解决未来的问题将需要我们付出更多的脑力。

第六章 统计中的概率

大多数统计研究都会试图从一些较小的样本中得到总体特征。因此，在统计研究中关键的问题就是用样本来估计总体是否可靠。为了回答这个问题，我们必须掌握已知样本的数据适用于总体的可能性或概率。在本章中，我们主要讨论统计学中常用的概率基础知识，以及概率在实际中的广泛应用。

概率是生活的指南。

——西塞罗（Cicero）

（公元前 106—前 43 年）

>>6.1 概率在统计学中的作用：统计显著性

为了说明概率在统计学中的重要性，假设你正在证实投掷硬币是否公平，就是验证硬币掉落在地面时出现正面和反面的可能性是否一样。如果进行 100 次测试，得到 52 次正面和 48 次反面，你是否会得出投掷硬币不公平的结论呢？不会的，尽管我们期待在每 100 次公平投掷硬币中出现 50 次正面和 50 次反面，但是我们同样预期到多次的结果将会出现差异。观察到不同于 50 次正面和 50 次反面的结果，我们也不会感到诧异，因为我们预期到会出现偶然误差。

相反，如果投掷 100 次硬币出现的结果是 20 次正面和 80 次反面，这和 50 次正面和 50 次反面的结果出现了重大的偏差，你很有可能得出投掷硬币不公平的结论。换句话说，当你观察到投掷 100 次硬币出现重大偏差的结果时，将很有可能得出投掷硬币不公平的结论。当观测值和期望值之间的差异并不能由偶然性单独解释时，我们称这种差异为统计显著性差异。

> 如果在统计研究中一组测量值或观测值并不是由偶然因素造成的，就称为具有**统计显著性**。

例 1　可能性事件

a. 底特律的一名侦探发现，在过去一周的犯罪事件中，使用的 62 支枪支有 25 支是在同一家枪支商店购买的。这个发现就显示了显著性关系。因为在底特律地区有许多枪支商店，每 62 支枪就有 25 支出自同一家枪支商店不可能是偶然的。

b. 就全球平均温度而言，依据 1880—2010 年的统计数据，其中排序前 11 年的温度有 10 年出现在了 2001—2010 年。温度排序在前 11 的年份有 10 个出现在同一个 10 年具有统计显著性。出现连续高温年份，不可能是偶然的。这为全球变暖提供了重要的证据。

c. 在一场篮球比赛中，联赛中拥有糟糕胜负记录的球队打败了联赛冠军球队。这一场胜利并不具有显著性，因为尽管我们会预料战绩很差的球队将输掉他们大部分的比赛，但我们同时也会预料他们将赢得部分比赛甚至打败联赛的卫冕冠军。

6.1.1 从样本到总体

让我们通过一次民意调查理解统计显著性。假设在一次投票中，随机抽取 1 000 个人，其中 51% 支持总统。一周以后，在另外一次投票中，随机抽取 1 000 个人，仅有 49% 支持总统。我们是否能够得出结论，在一周之内美国民选发生改变？

在典型调查中，49% 和 51% 的差异并不具有统计显著性。但如果在一次样本容量非常大的投票中，这样的差异就可能是显著的。一般来说，如果样本容量足够大的话，任何差异都可能具有显著性。

我们能够猜出答案是否定的。这种投票结果是样本统计量（见 1.1 节）。在第一个样本中，总统的支持率为 51%，我们可以用这个样本统计量估计总体参数，即在全体美国人中支持总统的百分比。如果第一个样本抽样具有典型性，就可以称在全美国总统的支持率接近 51%。同样，第二个样本中 49% 的支持率表明在全美国总统的支持率接近 49%。因为这两个样本统计量之间的差异较小（51% 和 49%），很可能总统的实际支持率并没有发生变化。而这两次投票反映了合理的和预期的两个样本间的差异。

相反，如果第一次抽样中，总统的支持率为 75%；第二次抽样中，总统的支持率为 30%。假设这两次抽样都具有典型性，两组随机抽取的 1 000 个人之间的差异如此之大，这不能由偶然因素单独解释了。在这个案例中，我们需要寻找其他的解释。或许在两次投票间隔的一周内，美国民意确实发生了变化。

就统计显著性而言，在第一组民意调查中 51% 和 49% 之间的差异并不具有显著性，因为我们可以合理地把两个样本间的差异归结于随机误差。但是在第二组民意调查中，从 75% 到 30% 的变化是统计显著的，因为这类差异不太可能是偶然因素造成的。

例 2　实验中的统计显著性

研究人员进行了一组双盲实验，用来测试一种新的草药配方是否能够有效预防感冒。在实验的三个月中，实验组随机选取 100 个实验者服用这种草药配方，而对照组随机选取 100 个实验者服用安慰剂。最后结果表明，实验组有 30 个人感冒，对照组有 32 个人感冒。我们是否能够得出这种草药配方能够有效预防感冒的结论呢？

答案　一个人在任意三个月期间内是否感冒受到多种不可预计的因素影响。因此，我们不能预期任意两组人群的样本中感冒人数完全相等。在这个案例中，实验组中 30 个人感冒和对照组中 32 个人感冒的差异很小，足以归结于偶然因素。这样的差异并不是统计显著性差异，同时我们不能得出这种草药配方有效果的结论。

6.1.2 量化统计显著性

在例 2 中，我们认为实验组中 30 个人感冒和对照组中 32 个人感冒之间的差异不显著。因为它们之间的差异比较小。但是如果实验组中 24 个人感冒而对照组中 32 个人感冒，我们能认为这样的差异显著吗？答案是不确定，因为统计显著性的定义对于回答这个问题太模糊了。我们需要一种方法来量化统计显著性。

一般我们通过概率判定统计显著性，用概率量化由偶然因素造成结果的可能性。首先回答一个问题，由偶然因素造成观察误差的概率是否小于等于 0.05（1/20）？如果答案是肯定的话（概率小于等于 0.05），我们就说这样的误差在 0.05 水平上显著。如果答案是否定的，就有理由认为误差是由偶然因素造成的，因此差异并不显著。

选择 0.05 这个概率有一点随意性，但是这个值在统计学中经常使用。有时也会使用其他概率，如 0.1 和 0.01。0.01 水平的统计显著性比 0.05 水平的更有说服力，而 0.05 水平的统计显著性比 0.1 水平的更有说服力。

> **量化统计显著性**
> - 如果由随机误差造成差异的概率小于等于 0.05，则这种差异在 0.05 水平上显著。
> - 如果由随机误差造成差异的概率小于等于 0.01，则这种差异在 0.01 水平上显著。

运用统计显著性时需要注意，我们预期在 20 次试验中不超过 1 次，则这个结果在 0.05 水平显著，尽管它真的是偶然发生的。换句话说，在 0.05 或其他水平上的统计显著性并不能保证显著影响或者显著差异真的存在。

⏱ **思考时刻**

如果试验表明服用新草药的人中感冒的人数明显少于服用安慰剂的那组，这个结果在 0.01 水平上显著。这样的试验是否能说明新草药可以有效预防感冒？请解释。

例 3　脊髓灰质炎疫苗的显著性

在索尔克脊髓灰质炎疫苗试验中（见 1.1 节），20 000 名试验组成员中有 33 名患小儿麻痹症，而在 20 000 名对照组成员中有 115 名患小儿麻痹症。计算表明这两组试验差异是偶然的概率小于 0.01。请描述这个结果的影响。

答案　脊髓灰质炎疫苗试验的结果在 0.01 水平上显著，意味着对照组和实验组之间的差异偶然发生的概率是 0.01（或小于 0.01）。因此，我们可以认为是疫苗造成了这样的差异。（事实上，这两组试验差异是由偶然因素造成的概率明显小于 0.01，研究人员因此认定这种疫苗是有效果的，我们在第九章还会讨论，这个概率被称为 P 值。）

>>6.2 概率基础知识

在 6.1 节中，我们了解到概率思想在统计中是非常关键的，尤其在理解统计显著性这个概念上。我们将在第七到第十章继续讨论统计显著性，现在我们先探讨概率的基本内容和其在生活中的应用。

首先思考掷两枚硬币的问题，由图 6-1 可以看出一共会出现四种不同方式。这些方式是掷两枚硬币最基本的可能结果。假设我们只关心出现正面的次数，图 6-1 中中间的两种结果都只出现了一次正面，因此我们可以认为这两种结果代表同一个事件。同一个事件可以描述一种或多种可能的结果，而这些结果具有相同性质，在这个案例中就是正面出现的次数。图 6-1 显示在掷两枚硬币时共有四种不同的结果，但是只有三种可能事件：出现 0 次正面，出现 1 次正面，出现 2 次正面。

> 在这个世界上，只有死亡和税收是不可避免的。
> ——本杰明·富兰克林
> （Benjamin Franklin）

结果是指在观察或实验中出现的最基本的可能结果。
事件是指一种或多种结果的集合，这些结果有相同特性。

结果	👤👤	👤👤	👤👤	👤👤
事件	0 次正面	1 次正面	1 次正面	2 次正面

图 6-1　掷两枚硬币可能出现的四种结果

从数学角度，我们用 0~1 之间的数字表示概率。例如掷硬币正面向上的概率是一半或者 0.5。如果是不可能事件，我们假定它的概率为 0，例如同一个事件在两个不同地点同时发生。另一个极端是必然事件，我们假定它的概率为 1，例如太阳必定从地平线升起。图 6-2

显示事件发生的可能性与概率值的对应关系。

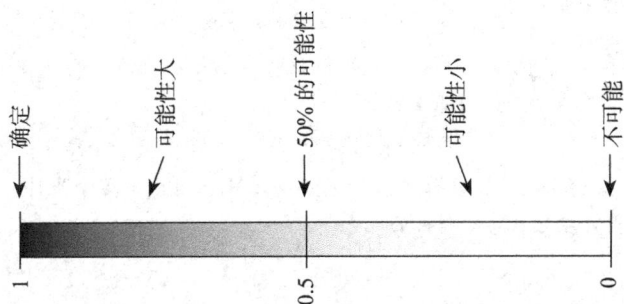

图 6-2　不同概率值表示的多种确定性程度

用特殊符号表示概率很有必要。我们用 P（事件）表示一个事件的概率，事件通常用字母或符号表示。例如，如果我们使用 H 代表掷硬币，那么硬币正面出现的概率为 $P(H)$=0.5。

┌─── **概率的表示** ─────────────────────────────┐

用 P（事件）表示一个事件的概率，其取值总是在 0~1 之间（包括 0 和 1）。概率为 0 时，事件不可能发生；概率为 1 时，事件必定发生。

└──┘

6.2.1 理论概率

有三种基本方法来计算概率，分别是理论方法、频率方法和主观方法。我们首先讨论理论方法。

当我们说掷一枚硬币出现正面的概率为 1/2 时，我们假设掷硬币是公平的，出现正面和反面的可能性一样。实际上，这种概率是依据硬币本身的特性用理论方法得出的。思考掷骰子问题，会出现六个可能性相同的结果（如图 6-3 所示），每个结果的理论概率都是 1/6。

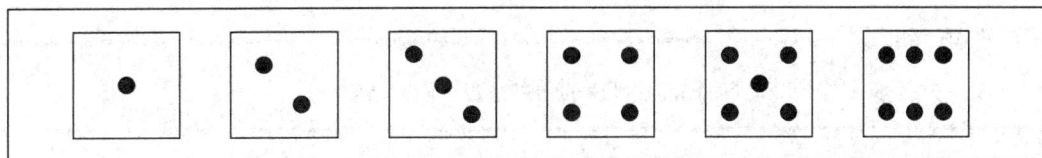

图 6-3　掷一枚六面骰子可能出现的六种结果

只要所有结果的可能性相同，我们就可以使用下面的公式计算理论概率。

┌─── **针对相同可能性结果的理论方法** ──────────────┐

步骤 1：计算所有可能结果的总数。

步骤 2：在所有可能的结果中，计算由特性 A 所构成事件发生的次数。

步骤 3：得出概率，$P(A) = \dfrac{\text{事件 A 发生的次数}}{\text{所有结果的总数}}$。

└──┘

生日在全年并不是随机分布的。通过统计数据可知，一月是出生率最低的月份，而六月和七月是出生率最高的月份。

例 1　猜生日

你可以在参加会议的人中随机选择一位，假定一年有 365 天，你选择的这个人生日在七月的概率是多少？

答案　我们假设生日在每一天的可能性相同，则可以使用三步理论方法计算概率。

步骤 1：每一个可能的生日都是一个结果，所以有 365 个可能的结果。

步骤 2：七月有 31 天，365 个可能结果中有 31 个代表在七月过生日这个事件。

步骤 3：随机被选人生日在七月的概率如下。

$$P（七月生日）= \frac{31}{365} \approx 0.084\ 9$$

生日在七月的概率比 1/12 大一点。

假设我们掷两枚硬币并计算所有结果的总数。第一枚硬币会出现两种结果：正面（H）和反面（T）。第二枚硬币也会出现两种同样的结果。第一枚硬币的两种结果和第二枚硬币的两种结果可以任意组合，因此掷两枚硬币一共会出现 2×2=4 种结果。图 6-4a 的树状图清晰地展示了四种结果：HH，HT，TH 和 TT。

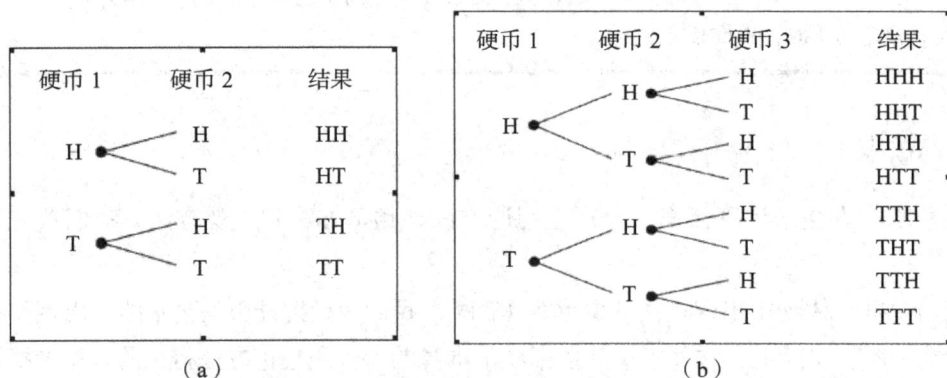

图 6-4　掷两枚和三枚硬币的结果

🕐 **思考时刻**

按顺序分别掷两枚硬币和同时掷两枚硬币的结果是否一样？请解释。

扩展思路，如果我们掷三枚硬币就有 2×2×2=8 种可能的结果，结果都在 6-4b 的树状图中显示，这种思路是下面计算规则的基础。

计算结果

如果过程 A 有 a 种可能，过程 B 有 b 种可能结果，假设过程 A、B 之间的结果不会相互影响，不同结果的总数为 $a \cdot b$。这种思想适用于多个过程。例如过程 C 有 c 种可能结果，则三个过程的总结果数为 $a \cdot b \cdot c$。

例 2　掷骰子

a. 投掷两枚骰子一共有多少种结果？

b.投掷两枚骰子，同时出现两个 1 点（加和为 2 点）的概率是多少？

答案 a.掷一枚骰子有六种可能性相同的结果（见图 6-3），因此当掷两枚骰子时，一共有 6×6=36 种不同的结果。

b.掷两枚骰子共有 36 种可能的结果，只有一种结果是同时出现两个 1 点。因此，出现两个 1 点的概率是：

$$\frac{\text{出现两个 1 点的次数}}{\text{所有结果总数}} = \frac{1}{36} \approx 0.027\,8$$

例 3 计算孩子比例

随机选取拥有三个小孩的家庭，其中是两个女孩和一个男孩的概率是多少？假设男孩和女孩的出生比例相同。

答案 我们使用理论三步法。

（1）每一次出生都有两种可能性相同的结果：男孩（B）和女孩（G）。拥有三个小孩的家庭，一共有 2×2×2=8 种可能的结果：BBB，BBG，BGB，BGG，GBB，GBG，GGB，GGG。

（2）对于八种可能结果，其中三种是两个女孩和一个男孩：BGG，GBG 和 GGB。

（3）拥有三个小孩的家庭，有两个女孩和一个男孩的概率是：

$$P（两个女孩）= \frac{\text{两个女孩的结果个数}}{\text{所有结果总数}} = \frac{3}{8} = 0.375$$

> 男孩和女孩的出生比例并不相同，每有 100 个女孩出生就有 105 个男孩出生。但是男性的死亡率高于女性，因此女性的人口总数高于男性。

🕐 思考时刻

如果考虑出生顺序，四个孩子的家庭中有多少种不同结果？四个孩子的家庭中都是女孩的概率是多少？

6.2.2 频率概率

得到事件 A 近似概率的第二种方法是频率方法（实证方法），通过大量的观测值，计算事件 A 发生的次数。例如，如果每年平均下雨的天数为 100 天，就可以得出随机选择一天下雨的概率是 100/365。下面是频率方法的过程。

频率方法

步骤 1：重复发生或者观察一个过程，计算 A 事件发生的次数。
步骤 2：估计 $P(A)$。

$$P(A) = \frac{\text{事件 A 发生的次数}}{\text{观察事件总数}}$$

例 4 500 年一遇的洪水

地质记录显示在过去的 2 000 年中，有一条河发生过四次重大洪涝灾害。那么河流在明年发生重大洪涝灾害的频率概率是多少？

答案 根据数据，在任意一年发生重大洪涝灾害的概率 $= \frac{\text{发生洪水的年数}}{\text{统计年数}} = \frac{4}{2\,000} = \frac{1}{500}$。

我们称它为 500 年一遇的洪水，因为重大洪涝灾害平均 500 年发生一次。在任意一年发生此类洪涝灾害的概率为 1/500 或 0.002。

6.2.3 主观概率

第三种得出概率的方法是通过经验或者直觉估计主观概率。例如，朋友在明年结婚的概率，或者优秀的成绩单帮你获得梦寐以求工作的概率。

计算概率的三种方式

- **理论概率**假设所有结果发生的可能性一致，用一种事件发生的次数除以所有可能结果的总数。
- **频率概率**依据观察数据或者实验数据，就是某一事件的相关频率。
- **主观概率**是依据经验或者主观估计的数值。

蒙特卡洛方法是另一种得出概率的方法。这种方法使用计算机模拟，本质上仍是计算频率概率。在这种情况下，观测值由计算机模拟得出，基本上与现实事件一样。

理论方法又被称为先验方法，"priori"是拉丁语，意思是事实之前或者经验之前。

例 5　选择什么方法

区分得出以下结论的方法。

a. 你在明年结婚的概率为 0。

b. 根据政府报告的数据，每年机动车事故中死亡率大约是 1/8 000。

c. 掷一枚 12 面的骰子，出现数字 7 的概率为 1/12。

答案　a. 主观概率，因为是依据当前时刻的感觉得出的概率。

b. 频率概率，因为是依据过去机动车事故的数据得出的概率。

c. 理论概率，因为假设掷 12 面骰子出现任何一面的可能性一样大。

6.2.4 未发生事件的概率

假设我们关注一个特定事件或者结果并未发生事件的概率。例如，在有五个选项的选择题中选错答案的概率。随机选择一个可能性答案正确的概率为 1/5，那选错的概率就是 4/5。这两个概率相加一定等于 1，因为答案不是正确的就是错误的。下面我们进行推导。

未发生事件的概率

如果事件 A 发生的概率是 $P(A)$，那事件 A 未发生的概率 $=1-P(A)$。注意，事件 A 未发生又称为事件 A 的互补事件，通常用 $\overline{A}$ 表示事件 A 未发生。

例 6　对特殊商品价格使用扫描仪是否同样精确

为了研究付款扫描仪系统，通常要比较样品的扫描价格和公开价格。表 6-1 显示了 419 个样品的比较结果。基于数据，正常商品价格扫描错误的概率有多大？特殊广告商品价格扫描错误的概率有多大？

表 6-1　扫描精准度

项目	正常商品（个）	特殊广告商品（个）
低估价格	20	7
高估价格	15	29
正确的价格	384	364

资料来源：Ronald Goodstein，"UPC Scanner Pricing Systems: Are They Accurate？" *Journal of Marketing*，Vol.58。

答案　我们用 R 代表正常商品价格被正确扫描的事件，在 419 个正常商品中有 384 个被正确扫描：

$P(R) = \frac{384}{419} \approx 0.916$。

错误扫描事件是正确扫描的互补事件，所以正常商品价格被错误扫描（低估或者高估）的概率是 $P(\bar{R})$ =1-0.916=0.084。

我们用 A 代表特殊广告商品价格被正确扫描的事件，在 400 个特殊广告商品中有 364 个被正确扫描：
$P(A) = \frac{364}{400} \approx 0.910$。

特殊广告商品价格被错误扫描的概率是 $P(\bar{A})$ =1-0.910=0.090。

两种商品的扫描错误率几乎一致，但是表 6-1 显示了这些错误估计对消费者而言有不同的影响。大多数特殊广告商品价格扫描错误都是高估价格，而大多数正常商品价格扫描错误都是低估价格。

6.2.5 概率分布

在第三到第五章，我们讨论了频数和频率的分布，如年龄和收入的分布。在概率和统计中最重要的概念之一就是概率分布。顾名思义，概率分布是指相关变量在概率上的分布。

如果同时掷两枚硬币，综上所述（如图 6-4a 所示）一共会出现四种可能的结果：HH，HT，TH，TT。注意这四种结果只代表三种不同事件：一种结果（HH）代表出现两个正面；一种结果（TT）代表出现两个反面；还有两种结果（HT，TH）代表出现一正一反这一事件。因此出现两个正面的概率为 1/4=0.25，出现两个反面的概率为 1/4=0.25，出现一正一反的概率为 2/4=0.50。我们可以用表格（如表 6-2 所示）或者直方图（如图 6-5 所示）显示这种概率分布。所有概率之和必须等于 1（因为必有一种事件发生）。

表 6-2 掷两枚硬币

事件	概率
2 次正面，0 次反面	0.25
1 次正面，1 次反面	0.50
0 次正面，2 次反面	0.25
总计	1

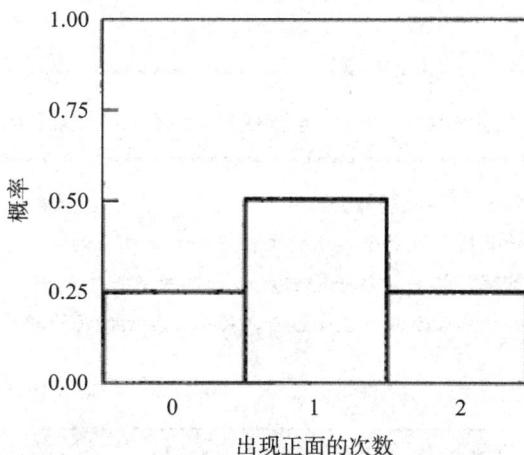

图 6-5 掷两枚硬币结果的概率分布的直方图

绘制概率分布表

一张概率分布表展现了所有可能事件发生的概率。依照以下步骤绘制概率分布表。

步骤 1：列出所有可能结果，可以借助图或表进行统计。

步骤 2：区分代表同一事件的不同结果，并计算每一事件发生的概率。

步骤 3：编制对应表格，一列是所有事件，另一列是相应的概率。所有概率相加之后必须等于 1。

可能性的另一种表述是发生概率。避免事件发生的概率是用事件未发生的概率比事件发生的概率。例如，避免掷骰子出现 6 点的概率是（5/6）/（1/6），或者 5/1。在赌博中概率被称为赔率，以此可以得出获胜之后的收益。例如，如果在一次赛马比赛中一匹特定的马的赔率为 3/1，这意味着你在这匹马上投注 1 美元，如果它最终获胜你将赢得 3 美元（同时收回你投入的 1 美元）。

例 7　投掷三枚硬币

同时投掷三枚硬币，进行相应的概率分布统计。

答案　我们使用三步法。

（1）投掷三枚硬币出现不同结果的总数为 2×2×2=8（如图 6-4b 所示）：HHH, HHT, HTH, HTT, THH, THT, TTH 和 TTT。

（2）八种结果代表四种不同事件：0 次正面，1 次正面，2 次正面和 3 次正面。0 次正面只出现一次时，它的概率是 1/8，这和出现 3 次正面事件的概率相同。剩下出现 1 次正面和出现 2 次正面的事件都是三次，它们的概率都是 3/8。

（3）表 6-3 显示出概率分布，四种事件在左边一列，相对应的概率在右边一列。

表 6-3　掷三枚硬币

结果	概率
3 次正面，0 次反面	1/8
2 次正面，1 次反面	3/8
1 次正面，2 次反面	3/8
0 次正面，3 次反面	1/8
总计	1

🕐 思考时刻

当掷四枚硬币时，会出现多少种不同的结果？如果关注出现正面的个数，那会有多少不同的事件？

例 8　两枚骰子的分布

计算掷两枚骰子的点数之和，并绘制相应的概率分布图。

答案　掷一枚骰子会出现六种不同结果（见图 6-3），掷两枚骰子会出现 6×6=36 种结果。表 6-4 中的行和列分别表示两枚骰子各自的结果，里面的每一单元格显示的是点数相加的结果。

表 6-4　掷两枚骰子的结果和点数之和

点数	1	2	3	4	5	6
1	1+1=2	1+2=3	1+3=4	1+4=5	1+5=6	1+6=7
2	2+1=3	2+2=4	2+3=5	2+4=6	2+5=7	2+6=8
3	3+1=4	3+2=5	3+3=6	3+4=7	3+5=8	3+6=9
4	4+1=5	4+2=6	4+3=7	4+4=8	4+5=9	4+6=10
5	5+1=6	5+2=7	5+3=8	5+4=9	5+5=10	5+6=11
6	6+1=7	6+2=8	6+3=9	6+4=10	6+5=11	6+6=12

需要注意的是，可能的结果相加之后，这个案例中的事件就是2~12。我们通过每一事件的发生次数与可能结果的总数即36的比，来计算每一事件的概率。例如，在表格中相加之和为8的不同结果有五个，所以8这个事件发生的概率为5/36。表6-5所示为全部的概率分布，同样图6-6中的直方图也能体现出概率分布。

早在公元前3600年，在中东地区被称为踝骨的圆形骨头就和骰子一样被使用。我们所熟悉的立方体骰子大概在公元前2000年就在埃及和中国出现了。纸牌游戏是中国在10世纪发明并在14世纪传到欧洲的。

表 6-5　掷两枚骰子所得点数之和的概率分布概率

事件（和）	2	3	4	5	6	7	8	9	10	11	12	总计
概率	$\frac{1}{36}$	$\frac{2}{36}$	$\frac{3}{36}$	$\frac{4}{36}$	$\frac{5}{36}$	$\frac{6}{36}$	$\frac{5}{36}$	$\frac{4}{36}$	$\frac{3}{36}$	$\frac{2}{36}$	$\frac{1}{36}$	1

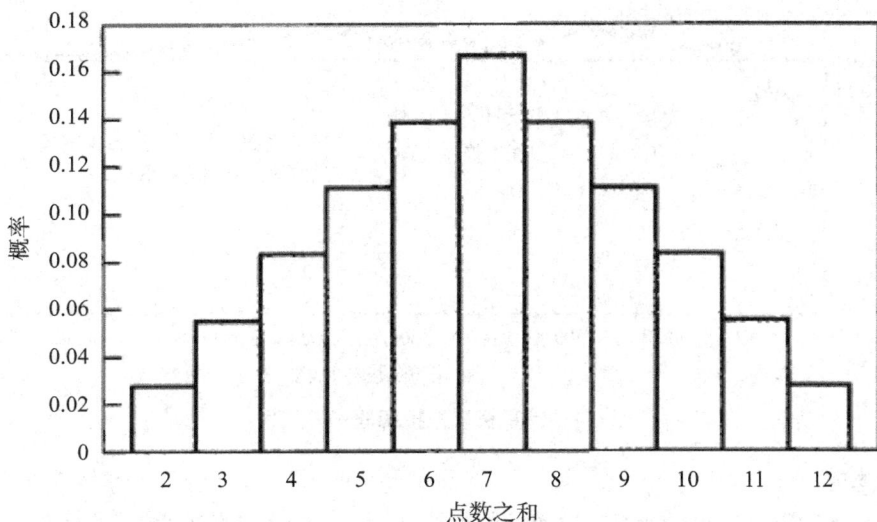

图 6-6　掷两枚骰子所得点数之和的概率分布

>>6.3 大数定律

如果掷一枚硬币，你不能准确预测哪一面落地，你可以声称正面出现的概率为0.5。如果掷一枚硬币100次，你仍然不能准确预测正面出现的次数，但是你有理由得出正面出现的次数接近总次数的一半。如果掷一枚硬币1 000次，你可以预测正面出现的概率更加接近0.5。当单一事件无法预测结果时，大量事件可能会显示出一些特性。这种规律被称为大数定律（有时称为平均法则）。这一定律在统计学中具有重要的意义。

错误观念在社会的各阶层普遍存在，无论是受过教育的还是没有受过教育的，都看重机会和运气。这说明一个真相，人们普遍认为的几乎必然是错误的。

——理查德·普洛克特（Richard Proctor），《机会和运气》（*Chance and Luck*）（1887年）

大数定律

　　大数定律适用于已知事件 A 的概率是 $P(A)$，且重复实验的结果并不依赖于先前实验结果（实验彼此之间相互独立）的实验过程。如果重复同一实验多次，事件 A 出现的概率将无限接近概率 $P(A)$。实验次数越多，事件 A 发生的概率就越接近 $P(A)$。

　　我们通过投掷骰子实验来验证大数定律。点数 1 出现的概率为 $P(1)=1/6=0.167$。我们使用计算机模拟随机投掷骰子的过程。图 6-7 显示了计算机模拟随机掷骰子 5 000 次之后的结果。水平轴表示实验次数，曲线的高度表示出现 1 点的概率。当投掷次数较小时，概率曲线上下波动，但当实验次数增多时，出现点数 1 的概率接近其理论概率 0.167。这一结果和大数定律预测的一致。

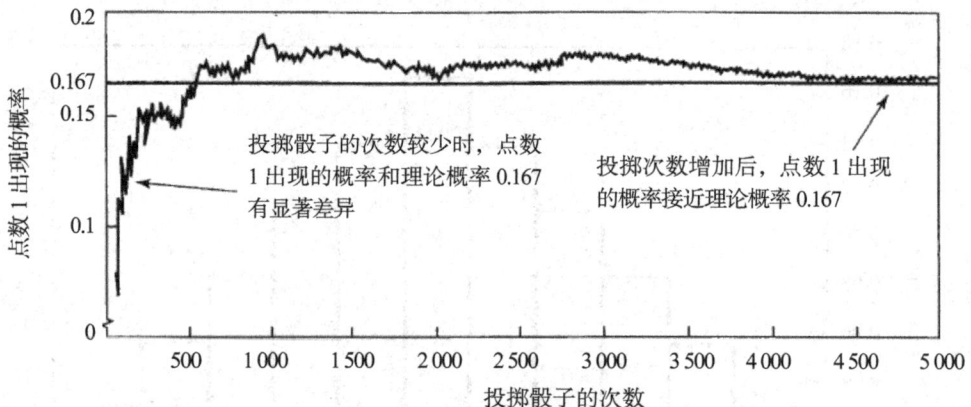

图 6-7　计算机模拟投掷骰子的结果

例 1　轮盘赌

轮盘有 38 个数字：18 个黑色数字，18 个红色数字，0 和 00 都是绿色的（假定所有结果即 38 个数字出现的概率相等）。

a. 任意一次旋转，得到红色数字的概率是多少？

b. 如果顾客在赌场旋转轮盘赌 100 000 次，如何预测出现红色数字的次数？

　　答案　a. 在任意一次旋转中得到红色数字的理论概率是：

$$P(A)=\frac{红色数字出现的次数}{所有结果出现的总次数}\ \frac{18}{38}\approx 0.474$$

　　b. 大数定律告诉我们，出现红色数字的比例越来越接近 0.474。100 000 次轮盘旋转中，红色数字出现的概率应该接近 47.4%，约 47 400 次。

6.3.1 期望值

　　卡特里娜飓风（2005 年）是美国历史上造成损失最严重的自然灾害，接近 2 000 人死亡，损失估计超过 800 亿美元。

　　假设保险公司出售一种特殊险种，当你因为特殊病情不得不辞去工作时，保险公司支付你 100 000 美元。根据过去的数据，500 个投保人中会有 1 个要求赔偿。如果保险公司以 250 美元一份的价格出售保险单，公司是否能够期待获利？

当公司仅出售少量保险单时，获利或亏损都是难以预料的。例如，以 250 美元出售 100 份保险单，保险公司会得到财政收入 100×250=25 000（美元）。如果 100 个投保人中没有人进行索赔，那么公司将获得所有利润。然而，当 100 个投保人都要求赔偿时，公司将面临巨大的亏损。

相反，当保险公司出售大量保险单时，大数定律告诉我们申请索赔的投保人比例将接近 1/500。例如，出售 100 万份保险单时，我们可以预计赔偿 100 000 美元的人数将接近 1 000 000×1/500=2 000（个）。支付 2 000 份索赔将会花费 2 000×100 000=20（亿美元）。当出售 100 万份保险单时，预计每份保险单收入为 250 美元，平均支出为 200 美元，公司在每份保险单上的平均收益将会是 250-200=50（美元）。我们称这个平均数为每份保险单的期望收益。注意，只有当公司大量出售保险单时，期望收益才会发生。

> 某一变量的**期望值**是对所有可能值的加权平均。这只是一个平均数，只有当大量事件发生时我们才能计算期望值，同时大数定律才会有效。

我们可以用更正式的方法求出期望值。保险案例包括两种不同的事件，每一事件都有特定的概率和公司相应的收益。

（1）消费者购买保险单，公司每份保险单的收入为 250 美元这一事件。公司获利 250 美元的概率为 1，因为所有购买保险单的消费者都会支付 250 美元。

（2）消费者进行索赔，公司支付 100 000 美元赔偿金。以上事件发生的概率为 1/500。发生这一事件对公司是不利的，因为公司将相应亏损 100 000 美元。

我们可以将收益与相应的概率相乘，再将两种事件的结果相加，从而得出每份保险单的期望收益：250×1+（-100 000）×1/500=250-200=50（美元）。这一期望结果和我们之前计算的一致，出售 100 万份保险单时公司预计收益 5 000 万美元。

技术备忘录

有很多方法可以计算期望值。在保险案例中，我们重新定义事件 1 是不用赔偿的保险单，事件 2 是公司需要赔偿 100 000 美元的保险单。事件 1 中公司的收益为 250 美元（每份保险单的售价），相应的概率为 499/500。事件 2 中公司的收益为 250-100 000 或者 -99 750 美元，相应的概率为 1/500。这种方法同样给出了相同的期望值：（250×499/500）+（-99 750×1/500）=50（美元）。统计学家更喜欢这种计算方式，因为事件概率相加之和为 1。

计算期望值

考虑两个事件，每个事件都有自己的概率和值，则期望值为：

期望值 = 事件 1 的值 × 事件 1 的概率 + 事件 2 的值 × 事件 2 的概率

这一公式可以推广到计算多种事件的期望值。

🕐 **思考时刻**

保险公司是否可以从每份保险单中收益 50 美元？能否在 1 000 份保险单中收益 50 000 美元？请解释。

例 2　彩票的期望值

假设 1 美元的彩票具有以下的概率：1/5 的概率获得免费彩票（价值 1 美元）；1/100 的概率赢得 5 美元；1/100 000 的概率赢得 1 000 美元；1/10 000 000 的概率赢得 100 万美元。那么彩票的期望值是多少？讨论这种可能的结果（注意，中奖的人不会获得他们购买彩票的 1 美元）。

答案　最简单的方式是将所有结果和相对应的概率在同一张表中展现（如表 6-6 所示），这样我们就可以计算一张彩票的期望值。彩票价格为负值因为它花费你 1 美元，赢得的收益是正值。

表 6-6　彩票所有结果和概率

事件	收益	概率	收益 × 概率
购买彩票	-$1	1	（-$1）× 1=-$1.00
赢得免费彩票	$1	$\frac{1}{5}$	$1 × $\frac{1}{5}$ =$0.20
赢得 5 美元	$5	$\frac{1}{100}$	$5 × $\frac{1}{100}$ =$0.05
赢得 1 000 美元	$1 000	$\frac{1}{100\ 000}$	$1 000 × $\frac{1}{100\ 000}$ =$0.01
赢得 100 万美元	$1 000 000	$\frac{1}{10\ 000\ 000}$	$1 000 000 × $\frac{1}{10\ 000\ 000}$ =$0.10
			总计：-$0.64

彩票期望值是所有事件的值和概率相乘之和，表格最后一列显示彩票期望值为 -0.64 美元。换句话说，平均多次购买结果，你每购买一张彩票将会损失 64 美分。如果你购买 1 000 张彩票，你的预期损失将会是 640 美元。

呆伯特　（斯科特·亚当斯画）

引自 1994 年斯科特·亚当斯的呆伯特漫画。允许转载。保留版权。

6.3.2　赌徒谬论

考虑掷硬币游戏，如果出现正面你将赢得 1 美元，出现反面则损失 1 美元。假设投掷硬币 100 次，出现 45 次正面和 55 次反面，你损失 10 美元。你认为会转运吗？

你可能会意识到答案是否定的：你过去的坏运气并不会对你未来的机遇产生影响。但是大多数赌徒尤其是狂热赌徒的答案恰恰相反。他们相信运气变差时，好运将会到来。这种错误的信念通常被称为赌徒谬论。

> **赌徒谬论**是个错误的信念，它认为一连串的坏运气发生之后好运将会到来。

多数人深信赌徒谬论的原由是对大数定律的误解。在投掷硬币游戏中，大数定律告诉我们在大量投掷的基础上，出现正面朝上的可能性接近0.5。但这并不意味着你可以弥补之前的损失。我们来看看为什么。表6-7显示了由计算机模拟大量投掷硬币所得出的结果。注意，当投掷的次数增加时，出现正面的概率越来越接近0.5，和大数定律预测的一致。但是表格最后一列说明了正面朝上和反面朝上次数之间的差异也在不断扩大，这意味着尽管正面出现的概率接近0.5，你的亏损（正面和反面出现次数的差异）还是在不断扩大。

> 一个人押注任何一部分财产，不论是多么小，在数学意义上都是在玩不公平的游戏，以非理性的行为在冒险。一个赌徒将会轻率地在侥幸游戏中投入他更多的财产。
> ——丹尼尔·伯努利（Daniel Bernoulli），18世纪数学家

表 6-7　投掷硬币实验的结果

投掷次数	正面出现的次数	正面出现的概率	正面和反面出现次数的差异
100	45	45%	10
1 000	470	47%	60
10 000	4 950	49.5%	100
100 000	49 900	49.9%	200

例 3　持续亏损

玩投掷硬币游戏，出现正面赢得1美元，出现反面亏损1美元。投掷100次之后，出现了45次正面和55次反面，我们亏损10美元。继续游戏直到投掷1 000次为止，出现了480次正面和520次反面。这个结果是否与大数定律预期的结果一致？你是否可以弥补损失？请解释。

答案　前100次投掷出现正面的概率为0.45。1 000次投掷之后正面出现的次数为480次，出现的概率为0.48。因为概率不断接近0.5，这样的结果与大数定律预期的一致。但是我们总共亏损了40美元，赢得480美元却亏损520美元。尽管正面出现的概率越来越接近0.5，但我们的损失却在不断增加。

6.3.3 一连串事件

对于一连串事件的误解也会导致赌徒谬论。假设你投掷一枚硬币六次，最后的结果是HHHHHH（全是正面）。然后继续实验六次，出现的结果是HTTHTH。多数人会认为后面的结果是正常的，而出现一连串正面则是奇怪的。但是事实上两种结果出现的概率相同。投掷六次硬币出现所有结果的总数为 $2×2×2×2×2×2=64$，每一种结果出现的概率都是1/64。

> 对于一连串事件的看法同样适用于选择彩票数字。并没有一个特定的彩票数字组合更容易中奖。例如彩票号码为1，2，3，4，5，6，其中奖概率和其他六个数字组合一致。

假设你连续投掷出现六次正面，然后让你对下一次投掷的结果进行预测。你也许会认为已经连续出现六次正面，下一次投掷中会出现反面。但是下一次投掷出现正面和反面的概率仍然都是 0.5，之前的投掷不会对硬币有任何影响。

🕐 **思考时刻**

已有六个男孩的家庭的下一个孩子是否更有可能或更无可能是男孩？连续投中 20 个空位投篮的球员在下一次空位投篮中是否有可能仍然命中？某一天的天气是否独立于第二天的天气（像例 4 所假设的）？请解释。

例 4　期待下雨

一个农场主知道每年这个时候，他所在地区下雨的概率为 0.5。但现在已经连续 10 天没有下雨了，农场主需要决定是否开始灌溉。农场主推迟灌溉是否因为他认为雨期将会到来？

答案　连续 10 天的干旱是非预期的，像一个赌徒一样，农场主正在连续"亏损"。但是如果我们假设每天的天气是相互独立的，某一天下雨的概率仍是 0.5，所以农场主并不是在赌雨。

>>6.4 风险观念和预期寿命

一位善于言辞但诚实的促销员向你推荐一种新型产品：

"我不能透露太多的细节，但你将会喜欢上这种产品！它会以超出你想象的方式来提升你的生活。唯一的后果就是所有使用过它的人都面临死亡。"你会购买这种产品吗？

不太会有人购买，毕竟不太可能真的有物品值得用生命去交换。一星期之后，促销员再次推销：

"没人购买这种产品。现在我们已经对产品进行了提升。使用它死亡的概率只有 1/10。你准备好购买了吗？"

尽管产品有了提升，大多数人仍然不会购买。他们等待着促销员的回应：

"好吧，现在我们更加完善了产品，我们确保了它的安全，在 25 年期间使用它死亡的人数和旧金山人口差不多。而这个产品仅仅只需花费你 30 000 美元。"

每天大约有 90 人死于车祸，或者每 16 分钟就有 1 人死于车祸，车祸是 6~27 岁人群死亡的最主要原因。车祸中有 85% 需要机动车车主负责，而 15% 需要行人和自行车车主负责。

如果你像大多数美国人一样，你将会购买它。你也许意识到了这个商品就是汽车。它确实在很大程度上提升了生活品质，并且 30 000 美元是个合适的价格。每年超过 30 000 人死于车祸中，25 年期间车祸死亡人数和旧金山人口数（大约 800 000 人）一致。

像这个案例所呈现的，我们会在风险和收益之间不断权衡。在本章中，我们讨论如何用概率的思想量化风险，帮助我们在权衡之后做出决定。

6.4.1 风险和尝试

小汽车还是多功能运动汽车更安全？现在的汽车是否比 30 年前的更加安全？如果你将跨越多个城镇进行旅游，你会选择乘坐飞机还是汽车？回答这些类似的问题时，你必须量化旅行中的风险，才能根据情况做出决定。

旅行风险通常用事故率或者死亡率来表达。例如，每年每 100 000 名乘客中有 750 名在旅行中出现事故。这意味着在 100 000 人的团队中，每年平均有 750 名乘客发生事故。这个陈述表明了一个期望值，同样也代表了一个概率：任意一名乘客每年发生车祸的概率是 0.007 5。

旅行风险的概念是明确的，但是仍然需要用与我们相关的数字来表明。例如，旅行风险通常用每 100 000 人作为基数，有时使用每次旅途或者每英里。如果用每次旅途的死亡率来比较飞机和汽车的风险，我们就会忽略飞机每次的旅程都比汽车长很多。类似地，如果用每人的事故率来比较风险，我们就会忽略大多数汽车事故中都是轻伤。

例 1　驾车是否越来越安全

图 6-8 显示了 40 年内每年汽车事故死亡的人数和驾驶总里程数。依据每英里的死亡率，驾驶的风险率是否发生变化？

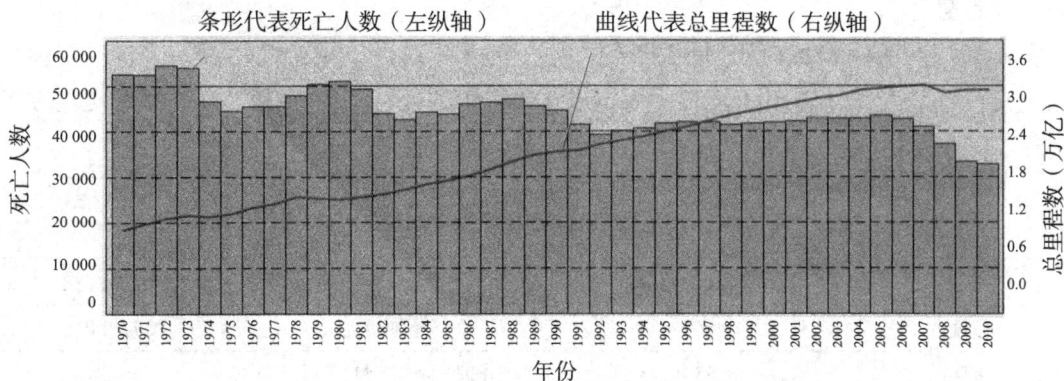

图 6-8　1970—2010 年每年汽车事故的死亡人数和总里程数

资料来源：美国国家交通安全公告。

答案　比较 1970—2010 年每英里的近似死亡率。

1970 年：$\dfrac{52\,000}{1 \times 10^{12}} \approx 5.2 \times 10^{-8}$

2010 年：$\dfrac{33\,000}{3 \times 10^{12}} \approx 1.1 \times 10^{-8}$

注意，5.2×10^{-8} 和每 1 亿英里 5.2 个死亡人数相等。我们可以得出结论，在大约 40 年的时间里，每 1 亿英里的死亡人数从 5.2 个下降到 1.1 个。所以驾车变得越来越安全了。多数研究人员将这种提高归结于更好的汽车设计和安全设置，如安全带和安全气囊。

例 2　乘坐飞机和驾车哪一种更安全

1990—2010 年期间，美国商用飞机每年的平均死亡人数大约为 60 人（每年的实际人数有显著差异）。截至 2010 年，美国乘客里程达到每年 80 亿英里。运用这些数据计算飞机每飞行 1 英里的死亡人数，并比较乘坐飞机的风险率和驾车的风险率。

生活的成本在上升，生活的机会却在下降。

——威尔逊（Flip Wilson），
喜剧演员

答案 $\dfrac{60}{8 \times 10^9} \approx 0.75 \times 10^{-8}$

乘坐飞机每 1 亿英里的死亡人数为 0.75 个，这个风险率是 2010 年驾车死亡风险率的 2/3（1 亿英里的死亡人数为 1.1 个，见例 1）。注意，因为每次旅途飞机的行程都会远远超过汽车的行程，所以每次旅途飞机的风险率更高，然而每英里驾驶汽车的风险率更高。

🕐 **思考时刻**

如果需要完成亚特兰大到休斯顿 800 英里的旅程，你认为是乘坐飞机安全还是驾车安全？阐述你的观点。

6.4.2 人口动态统计

关于出生率和死亡率的数据被称为人口动态统计，它对于权衡风险和利益非常重要。例如，保险公司根据人口动态统计评估风险和设定赔率。健康专家研究人口动态统计来评估医疗程序并且决定需要更加关注哪些研究领域。人口学家运用出生率和死亡率来预测未来的人口走势。

表 6-8 所示为人口动态统计中关于死亡原因的重要统计。更全面的表格会包括年龄、性别和种族数据。人口动态统计通常用每 100 000 人中的死亡人数来表述，这样方便比较不同年份和不同州县的死亡率。

表 6-8　死亡原因

原因	死亡人数	原因	死亡人数
心脏病	684 462	糖尿病	73 249
癌症	554 643	肺炎 / 流行性感冒	65 681
中风	157 803	阿尔茨海默病	63 343
肺病	126 128	肾衰竭	42 536
交通事故	105 695	败血病	34 243

例 3　人口动态统计的解释

假设美国大约有 3 亿人口，比较每人和每 100 000 人中肺炎（包括流行性感冒）与癌症的死亡率。

答案　肺炎 / 流行性感冒：$\dfrac{65\ 681}{300\ 000\ 000} \approx 0.000\ 22$

癌症：$\dfrac{554\ 643}{300\ 000\ 000} \approx 0.001\ 8$

将这些比值转化为每 10 万人的。我们发现每 10 万人中由肺炎 / 流行性感冒造成死亡的人数为 22 人，远远低于由癌症所造成死亡的人数 180 人。

🕐 **思考时刻**

表 6-7 表明中风的死亡率比车祸的高 50%，但是这些数据包括所有年龄段人群。你如何看待年轻人群和老年人群在中风和车祸中的风险差异？请解释。

6.4.3 预期寿命

人口动态统计中关键的一项就是预期寿命长短，这也经常被用作比较不同时期或者不同国家之间的健康状况。如果我们研究死亡率的话，这个概念就会越来越清晰。图 6-9a 所示为全美各年龄段中每 1 000 人的死亡人数。婴儿出生阶段的死亡率较高，之后死亡率将会逐渐下降至很低的水平，15 岁之后死亡率又逐步上升。

全世界的预期寿命各不相同。在非洲撒哈拉沙漠以南的国家，预期寿命低于 40 岁；而在少数欧洲和亚洲国家，预期寿命高于 80 岁。截至 2010 年，美国的预期寿命在全世界排名第 30 位。

图 6-9b 所示为不同年龄段美国人的预期寿命。预期寿命被定义为人们预期可以生存的平均时间。和我们预期的一样，年轻人的平均预期寿命更长。刚出生时，现在美国人的预期寿命为 78 岁（男性为 75 岁，女性为 80 岁）。

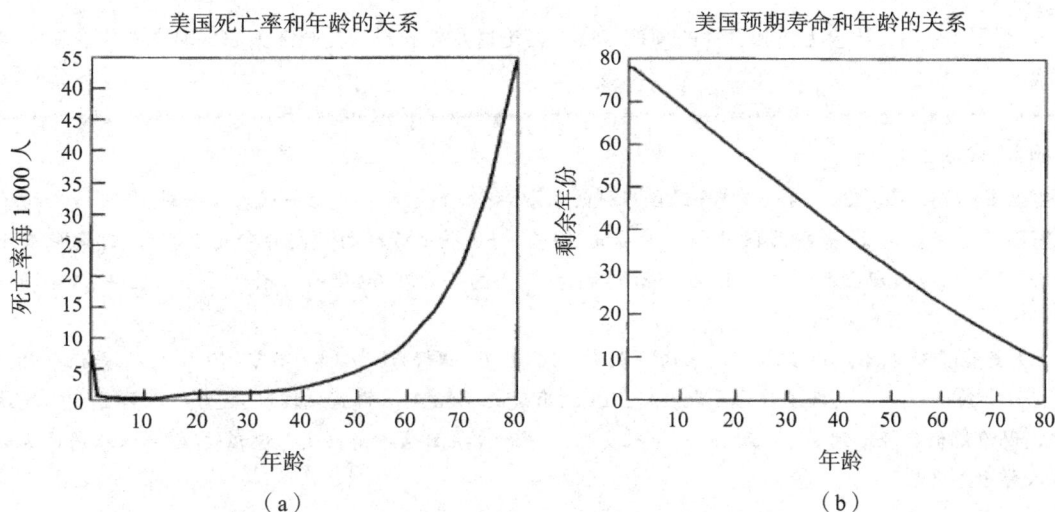

图 6-9 死亡率和预期寿命

预期寿命的微妙变化来源于医疗水平和公共卫生状况的改善。预期寿命由当前的死亡率进行计算。例如，婴儿出生时的预期寿命为 78 岁，如果医疗水平和公共卫生未来没有任何变化，则婴儿将平均活到 78 岁。现在得出的预期寿命可以作为当前整体健康水平的有效测量方法，但是不能作为未来寿命的预期值。

实际上，随着医疗水平和公共卫生水平的提高，20 世纪人类预期的寿命提升了 60%（如图 6-10 所示）。如果依照这个趋势发展，现在婴儿的平均预期寿命将远远高于 78 岁。

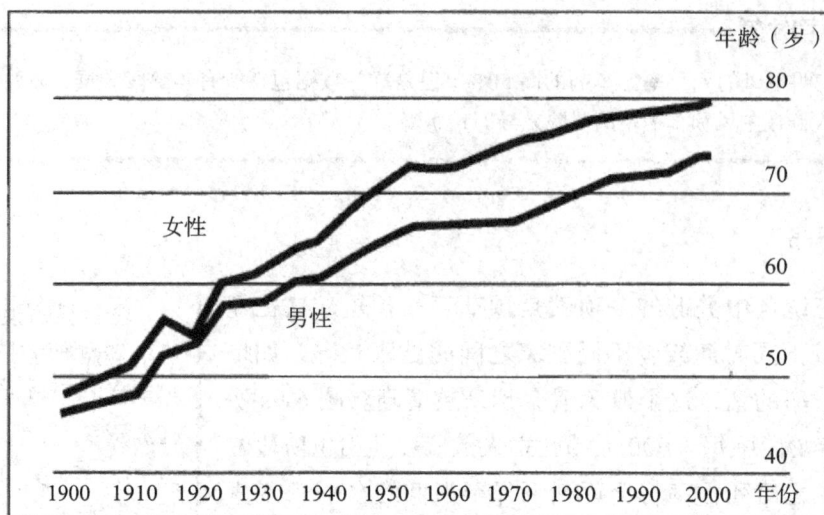

图 6-10　20 世纪美国预期寿命的变化

资料来源：《纽约时报》和美国国家健康科学中心的统计数据。

🕐 **思考时刻**

运用图 6-10，比较男性和女性的预期寿命。讨论这些差异对于社会政策如保险率有何意义？请解释。

例 4　预期寿命

根据图 6-9b，计算 20 岁和 60 岁年龄段人群的预期寿命。这些数字是否一致？请解释。

答案　图中显示 20 岁年龄段的预期寿命是 59 岁，60 岁年龄段的预期寿命是 23 岁。这意味着平均年龄在 20 岁的人预期还可以生存 59 年即活到 79 岁。平均年龄在 60 岁的人预期还可以生存 23 年即活到 83 岁。

你可能会觉得奇怪，60 岁人群的平均预期寿命比 20 岁人群的还高（83 岁 Vs 79 岁）。但是记住预期寿命是根据当前的数据。如果医疗水平和公共卫生没有变化，60 岁人群将比现在的 20 岁人群更有可能达到 83 岁，因为他们已经达到 60 岁了。但是如果医疗水平和公共卫生不断提高，现在的 20 岁人群将比如今的 60 岁人群活得更长。

🔍 **案例研究**　预期寿命和社会保障

因为美国人口年龄结构的变化，未来领取社会保障福利金的退休人员将不断增加，而支付社会福利税的劳动人员的人口的增幅将不断减缓。最终，未来社会保障的最大挑战将是寻找一种方式确保有足够的社会保障福利金支付给未来的失业者。

目前的预测显示，如果没有重大变化，社会保障项目将会破产，到 2037 年将无法支付福利金。社会保障局为了解决这个问题已经提出几种不同的解决方法，包括减少福利支出数目、增加社会保障税率、延迟退休年龄和部分或完全私有化社会保障计划。每一项提议都将面临政策障碍。另外，这些提议都是建立在未来预期寿命不变的基础之上。退休年龄没有相应变化，较长的寿命意味着需要支付更多年份的社会保障福利金。

更特别的是，美国社会保障局最近提出的建议都是假设社会寿命在 21 世纪只会发生轻微变化。例如，社会保障局预测到 2030 年，美国女性的预期寿命将达不到 82 岁。但是在许多亚洲和欧洲国家已经达到了这个预期值。实际上，20 世纪美国人口的预期寿命每 10 年上涨 3 岁。依照这种上涨趋势，女性的预期寿命到 2030 年将达到 86 岁，这意味着社会保障局（医疗机构）面临的预算问题比它们预期的还要糟糕。

🕐 **思考时刻**

如果 21 世纪预期寿命的增长和 20 世纪一样快速，到 2100 年预期寿命将会变成多少？这对项目如社会保障有何影响？对社会会造成何种其他影响？你认为预期寿命的快速增长对社会是否有益？陈述你的观念。

>>6.5 组合事件的概率

> 机会只青睐有准备的人。
> ——路易·巴斯德（Louis Pasteur），
> 19 世纪科学家

概率知识在统计学和生活中有着广泛的应用。在本节，我们将研究概率的一些其他知识及其广泛的应用。

6.5.1 和概率

假设你公平地投掷两枚骰子，想知道两个骰子都出现 4 点的概率。其中一种方法是把掷两次骰子的结果当作一次，之后我们可以用概率知识（见 6.2 节）计算结果。因为在 36 种结果中，同时出现两个 4 的结果只是其中一种，所以其概率为 1/36。

另一种方法是，独立地考虑这两个骰子的结果。对于每个骰子，出现 4 的概率都是 1/6，我们可以把每个骰子出现 4 的概率相乘：

$$P（两个 4）= P（4）\times P（4）= \frac{1}{6} \times \frac{1}{6} = \frac{1}{36}$$

无论哪一种方法，得到两个 4 的概率都是 1/36。一般来说，我们可以把事件 A 和事件 B 同时发生的概率称为**和概率**（或是联合概率）。

这种合并概率方法的优势可以非常容易地拓展到两个或更多的事件中去。例如，我们想得到掷 10 次硬币都是正面的概率，或是在同一年中生孩子和加薪的概率。然而，计算和概率时要注意一个重要的事项，必须区分独立事件和非独立事件。

1. 独立事件

重复投掷一枚骰子就是独立事件，因为一个骰子的结果不会对其他骰子结果的概率产生影响。类似地，投掷硬币也是独立事件，因为投一枚硬币不会对其他硬币产生影响。对于独立事件，可以利用乘法计算和概率。

事件是否独立有时并不是很明显。例如一个运动员进行投球运动。一些人认为每次投球的概率都是一样的；另一些人认为成功或失败对其心理的影响会对运动员的下一次投球产生影响。尽管许多统计学家进行了研究，但没有人能清楚地说明哪种观点是正确的。

┌─ **独立事件的和概率** ─────────────────────

如果一个事件的结果不会对另一个事件的结果产生影响，我们就称这两个事件为**独立事件**。我们将事件 A 和 B 的概率分别用 $P(A)$ 和 $P(B)$ 表示。A 和 B 一同出现的概率是：

$$P(A 和 B) = P(A) \times P(B)$$

这种原则可以拓展到多个事件中。例如，事件 A、B 和第三个独立事件 C 的和概率是：

$$P(A 和 B 和 C) = P(A) \times P(B) \times P(C)$$

└────────────────────────────────

例 1　三枚硬币

假设投掷三枚公平的硬币。三次都是反面的概率是多少？

答案　因为投掷硬币是独立的，我们把独立的硬币每次出现背面的概率相乘：

$$P(三次背面) = P(背面) \times P(背面) \times P(背面) = \frac{1}{2} \times \frac{1}{2} \times \frac{1}{2} = \frac{1}{8}$$

投掷三枚硬币得到的结果都是背面的概率是 1/8（6.2 节的例 7 中，我们是通过更加复杂的方法得到结果的）。

2. 非独立事件

15 个记忆芯片中有 5 个瑕疵品。如果在这些芯片中随机抽取一个芯片，抽到瑕疵品的概率是 5/15。现在，假设第一次你抽到了一个瑕疵品，并把它放到了你的口袋里。第二次你抽到瑕疵品的概率是多少？

由于你在总的芯片中抽走了一个有瑕疵的芯片，总的芯片还剩 14 个，含有 4 个瑕疵品。因此第二次抽到瑕疵品的概率是 4/14。其概率小于第一次抽的 5/15，因为第一次操作改变了芯片总体。我们把第一个事件对第二个事件的概率产生影响的情况称为**非独立事件**。

我们依然用独立个体的概率相乘计算非独立事件的概率，但是必须考虑前面的事件对后面事件的影响。在记忆芯片案例中，我们得到获得两个瑕疵品事件的概率，第一次的概率为 5/15，第二次的概率为 4/14，我们把这两个概率相乘：

$$P(2 个瑕疵品) = P(瑕疵品) \times P(瑕疵品) = \frac{5}{15} \times \frac{4}{14} \approx 0.095\ 2$$

第一次抽取　｜　第一次抽取瑕疵品后的第二次抽取

┌─ **技术备忘录** ─┐
│ $P(B 在 A 发生后)$ 被称作条件概率，在一些书中，常被写为 $P(B|A)$。 │
└────────┘

如果在第二次抽取前把第一次抽取的芯片放回去，我们得到概率（5/15）×（5/15）≈ 0.111，两次抽取都是瑕疵品的概率是 0.095 2，稍微小于 0.111。

┌─ **非独立事件的和概率** ─────────────────────

如果一个事件的结果对另一个事件的概率产生影响，我们就称两个事件是**非独立事件**。非独立事件 A 和 B 同时发生的概率是：

$$P(A 和 B) = P(A) \times P(B 在 A 发生后)$$

其中，$P(B 在 A 发生后)$ 表示在事件 A 发生的条件下 B 发生的概率。

这种方法可以延伸到多个事件中。例如，非独立事件 A、B 和 C 的和概率是：

$$P(A 和 B 和 C) = P(A) \times P(B 在 A 发生后) \times P(C 在 A 和 B 发生后)$$

└────────────────────────────────

例 2 宾戈游戏

宾戈游戏就是在一个盒子中以随机的方式不放回地抽标签。其中有 75 个标签，B、I、N、G 和 O 各有 15 个。在前两次抽取中同时抽到两个 B 的概率是多少？

答案 宾戈游戏是非独立事件，因为两次取样为不放回取样，所以抽走一个标签会改变盒子里的总体。第一次抽到 B 的概率是 15/75。如果第一次抽到 B，盒子里还剩 74 个标签，其中有 14 个 B 标签。因此，第二次抽到 B 的概率是 14/74。前两次抽到两个 B 的概率是：

$$P（B 和 B）= P（B）\times P（B）= \frac{15}{75} \times \frac{14}{74} \approx 0.037\ 8$$

第一次抽取 | 第一次抽到 B 的条件下进行第二次抽取

🕐 **思考时刻**

假如你有一副标准的纸牌（52 张纸牌中有 13 张红心纸牌）。第一次实验，在不放回的情况下从总体中抽三张纸牌。第二次实验，抽到一张纸牌进行记录，然后放回并在下次抽样前重新洗牌。不进行任何计算，得到三张红心纸牌的概率，第一次大还是第二次大？请解释。

例 3 调查概率

一个民意调查机构对 1 000 个人进行电话调查。民意调查专家知道 1 000 个人中有 433 个是民主党成员。假如给每个人只能打一次电话，那么调查的前两个人都是民主党成员的概率是多少？

答案 这是一个非独立事件的和概率问题：一旦一个人被调查，这个人就不能再被调查了。调查人员为民主党成员的概率是 433/1 000。当这个人在总体中被排除时，第二次调查人员仍然为民主党成员的概率为 432/999。因此，在前两次调查中，调查人员都为民主党成员的概率是 $\frac{433}{1\ 000} \times \frac{432}{999} \approx 0.187\ 2$。

> 概率的重要性只能来自于判断，这种判断是理性的指导行动。
>
> ——约翰·梅纳德·凯恩斯
> （John Maynard Keynes）

在本例中，值得注意的是当我们把两次回访当作独立事件时结果会有所不同。两次回访都是民主党成员的概率会变为 $\frac{433}{1\ 000} \times \frac{433}{1\ 000} \approx 0.187\ 5$。

这个结果和非独立事件的结果非常接近。一般来说，如果从样本中抽取相对少的样本或人员时（本例中，在 1 000 人当中抽取 2 人），非独立事件可以当作独立事件处理，但结果会存在少许误差。一般的原则是当抽取的样本少于总体的 5% 时，可以把非独立事件当作独立事件处理。民意调查组织经常利用这个原则。

6.5.2 或概率

假设我们想知道两个事件其中之一发生的概率，而不是两个事件同时发生的概率。在这样的情况下，我们是在求或概率，比如生一个蓝眼或绿眼婴儿的概率，或者因火灾或暴风失去家园的概率。如同和概率，或概率也有两种情况：非重叠事件和重叠事件。

1. 非重叠事件

掷一枚硬币的结果可能是正面，也可能是反面，但是结果不可能既是正面也是反面。当两个事件不能同时发生时，它们就称为非重叠事件（或互斥事件）。我们可以用维恩图表示非重叠事件，其中一个圆圈代表一个事件。如果圆圈没有重叠，就表示相应的事件不能同时发生。例如，我们可以把掷一次硬币出现正面和反面称为非重叠事件，因为一枚硬币不能同时出现正面和反面（如图 6-11 所示）。我们可以用如下的公式计算非重叠事件的或概率。

非重叠事件的或概率

如果两个事件不能同时发生，就称它们为**非重叠事件**。如果 A 和 B 是非重叠事件，A 或 B 同时发生的概率为：

$$P（A 或 B）=P（A）+P（B）$$

这条原则可以延伸到多个非重叠事件中。例如，事件 A、事件 B 或事件 C 发生的概率是：

$$P（A 或 B 或 C）=P（A）+P（B）+P（C）$$

例 4　骰子中的或概率

假如你掷一枚骰子，结果出现 2 或 3 的概率是多少？

答案　出现 2 或 3 是非重叠事件，因为一枚骰子只能出现一种结果。每个结果的概率都是 1/6（因为一枚骰子的结果有 6 种），所以总的概率就是：

$$P（2 或 3）=P（2）+P（3）=\frac{1}{6}+\frac{1}{6}=\frac{2}{6}=\frac{1}{3}$$

结果是 2 或 3 的概率是 1/3。

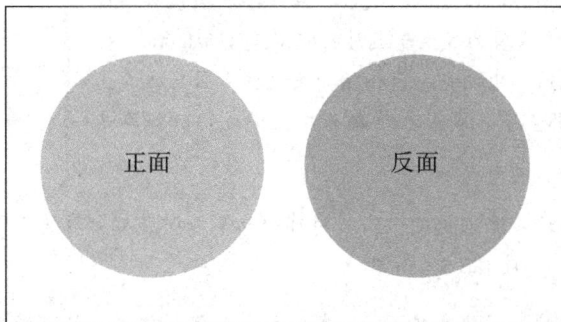

图 6-11　非重叠事件的维恩图

2. 重叠事件

为了提高法国和美国的旅游业，两个国家的政府组成了 20 个人的委员会：2 名美国男性、4 名法国男性、6 名美国女性以及 8 名法国女性（详见表 6-9）。如果随机遇见其中一个人，这个人为女性或是法国人的概率是多少？

20 个人中有 12 个人是法国人，所以遇见法国人的概率是 12/20。类似地，其中有 14 个人是女性，所以遇见女性的概率是 14/20。两个事件的总概率就是：$\frac{12}{20}+\frac{14}{20}=\frac{26}{20}$。

这种方法得到的结果不可能是正确的，因为总概率不可能大于 1。图 6-12 的维恩图表明在本题中简单地加总是错误的。左边的圆圈包含 12 名法国人，右边的圆圈包含 14 名女性，美国男性不在任何一个圆圈中。我们可以得知是法国人或是女性（或是二者）的有 18 人。因为样本的总人数是 20 人，所以遇见法国人或是女性的概率是 18/20=9/10。

表 6-9 旅游委员会

项目	男性	女性
美国人	2	6
法国人	4	8

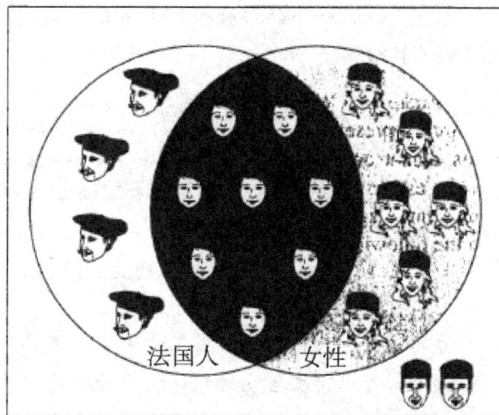

图 6-12 重叠事件的维恩图

正如维恩图显示的一样，简单加总是不正确的，重叠的区域包含了 8 个既是法国人也是女性的部分。如果我们把这两个个体的概率加总，这部分的 8 个人就加了两遍：其中一次当作女性，另一次当作法国人。遇见法国女性的概率是 8/20，我们可以减去这个概率从而对错误的结果进行校正。因此，遇见法国人或是女性的概率是：

$$P（女性或法国人）= \underset{\text{女性概率}}{\frac{14}{20}} + \underset{\text{法国人概率}}{\frac{12}{20}} - \underset{\text{法国女性概率}}{\frac{8}{20}} = \frac{18}{20} = \frac{9}{20}$$

结果和之前得到的结果是相同的。

我们称遇见女性或法国人的概率是重叠事件（或是非互斥事件），因为二者可能同时发生。将这个例子一般化，我们可以得到如下的结论。

重叠事件的或概率

如果两个事件 A 和 B 能同时发生，这两个事件就称为**重叠事件**。对于重叠事件，A 或 B 发生的概率是：

$$P（A 或 B）= P（A）+ P（B）- P（A 和 B）$$

最后一项 $P（A 和 B）$，是对 A 和 B 同时发生计算两次的矫正。我们不一定要用这个公式进行计算。通过细心的计数，避免重复计算总会得到最终的概率。

🕐 思考时刻

出生在周三和出生在拉斯维加斯这两个事件是重叠事件吗？出生在周三和出生在三月是重叠事件吗？出生在周三和出生在周五是重叠事件吗？请解释。

例 5 少数民族和贫困

假如美国派恩溪镇有 2 350 个的居民，其中 1 950 个是白种人，400 个是其他人种。进一步假设白种人中有 11%，也就是 215 人，生活在贫困线以下；其他人种的 28%，也就是 112 人，生活在贫困线以下。如果你去派恩溪镇，以随机的方式调查一个人，这个人是非白种人或者生活在贫困线以下居民的概率是多少？

答案 遇见一个非白种人和生活在贫困线以下的居民是重叠事件。表6-10非常有用，可以看清四种情况下的居民数量。

表 6-10 派恩溪居民

项目	贫困	非贫困
白种人	215	1 735
非白种人	112	288

你可以核实表格里的数据与给定的数据是一致的，四种情况居民的总和是 2 350。因为其中有 400 个是非白种人，所以随机遇见的人是非白种人的概率是 400/2 350≈0.170。因为有 215+112=327 个居民生活在贫困线以下，所以遇见生活在贫困线以下居民的概率是 327/2 350≈0.139。遇见一个非白种人且生活在贫困线以下居民的概率是 112/2 350=0.048。依据重叠事件的规则，遇见一个非白种人居民或是生活在贫困线以下居民的概率是：

P（非白种人或贫困）=0.170+0.139−0.048=0.261

遇见一个居民是非白种人或生活在贫困线以下的概率大约是 1/4。注意要把遇见非白种人且生活在贫困线以下的那一部分减去。

6.5.3 总结

表 6-11 总结了加总事件所用的规则。

表 6-11 加总事件小结

独立事件和概率	非独立事件和概率	非重叠事件或概率	重叠事件或概率
P（A 和 B）= P（A）×P（B）	P（A 和 B）= P（A）×P（B 在 A 发生后）	P（A 或 B）= P（A）+P（B）	P（A 或 B）= P（A）×P（B）−P（A 和 B）

聚焦社会科学

彩票伤害穷人了吗

　　美国国家发行的彩票是政府的一大笔收入，彩票每年的收入超过 500 亿美元，其中三分之一（约 170 亿美元）被当作财政收入（其余被用于奖金和花费）。但是发行彩票是否是一个好的社会政策呢？

　　彩票支持者指出彩票的几点有益的方面。例如，彩票的财政收入可以帮助政府为教育和娱乐提供基金，同时使政府能够保持低税率。支持者指出购买彩票属于自愿，调研指出大多数美国人支持国家发行彩票。

　　例如，科罗拉多州官方彩票中心给出了彩民和普通大众在年龄、收入和受教育方面比较的统计图（如图 6-13 所示）。在几个百分点中，总体上彩民的年龄分布和普通大众一致。类似地，彩民收入的条形图给人的印象是彩民在整体上是典型的市民。除了收入在 15 000~25 000 美元和 25 000~35 000 美元的条形图对比，这两类的对比显示出穷人买彩票的比例高于他们在人口中所占的比例。

　　尽管彩票有明显的好处，但关于彩票只是一种不公平的税收的争论却一直不断。为了调查实际情况，《纽约时报》研究了 48 875 名彩民，他们在新泽西州中至少获得了 600 美元奖金（在巧妙的抽样中，这些获奖者被认为是彩民中一组随机的样本，但是这些样本并不能真实代表所有彩民，因为一般的获奖者购买彩票的数量远远多于普通彩民）。通过识别彩民的邮政编码，研究人员可以得出彩民来自高收入地区还是低收入地区，接受高等教育还是低等教育，以及其他人口统计学的特征。《纽约时报》得出的主要结论是，相对而言彩票支出对于低收入人群和低教育人群的影响更大。例如，以下就是部分重要的发现。

- 低收入人群的彩票相对支出是高收入人群的五倍。低收入人群每年收入 100 000 美元会花费 25 美元购买彩票，远远高于高收入人群的 5 美元。
- 以每 10 000 人为单位，穷人地区彩票代售点出售的彩票数量是富人地区的两倍。
- 年收入每 10 000 美元在彩票上面的开支，低教育地区是高教育地区的五倍。
- 彩票的广告和推广主要针对低收入地区。

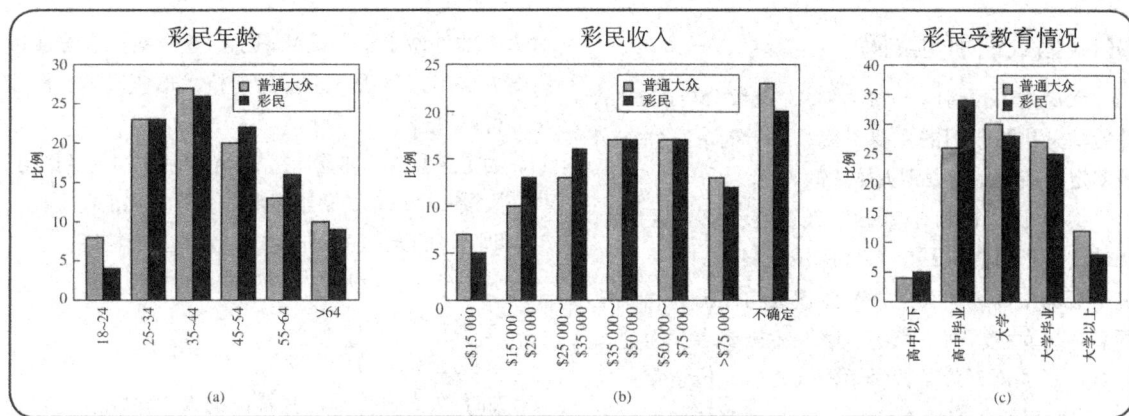

图 6-13　科罗拉多州彩民的年龄（a）、收入（b）和受教育情况（c）与普通大众的对比

《纽约时报》的部分调查结果见图 6-14。尽管新泽西州有正向的税收结构（高收入人群的税额在收入中所占的比例更高），但是"彩票税"却是负向的。进一步的调查表明，彩票收入贡献比例较高的地区并没有分享相应比例的资金。

在其他州的研究也给出了相似的结论。总体结论为：尽管出售彩票为政府提供了诸多收益，但是这些财政收入大多来源于低收入和低学历人群。

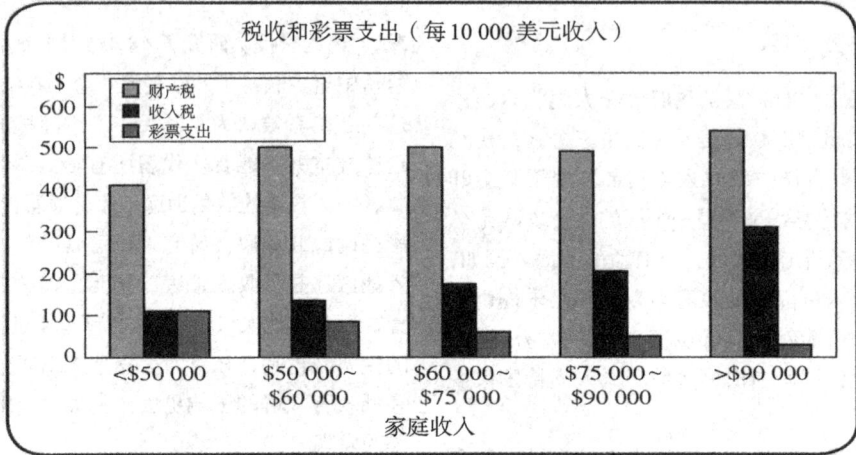

图 6-14　新泽西州中奖者在彩票与税收上的花费

资料来源：《纽约时报》。

聚焦法律

DNA 指纹识别可靠吗

DNA 指纹识别（也称为 DNA 指纹分析或 DNA 鉴定）是执法部门的主要工具，用于刑事案件和亲子鉴定，甚至用于识别人体残骸。

DNA 识别的科学基础已经存在很多年了。然而，这些思想直到 1986 年才应用于案件中。案件是关于英国中部纳伯勒的一个男孩被指控强奸和谋杀两名在校女生。在审讯中，嫌疑犯被要求验血，血样被送到了位于莱斯特大学附近著名遗传学家亚历克·杰弗里斯（Alec Jeffreys）的实验室中。杰弗里斯通过使用亲子鉴定的方法，比较嫌疑犯和罪犯样本的 DNA。结果显示尽管强奸和谋杀为同一个人所为，然而罪犯不是被拘留的嫌疑犯。次年，在收集了 4 500 个血样之后，研究人员用杰弗里斯的方法

对谋杀案件做出了正确的识别。这个案件和杰弗里斯的方法迅速传播开来。这项技术迅速测试、商业化并得以改进。

为了探索概率和统计在 DNA 识别中的关键作用，我们假设一个简单的目击者案件。假设你正在寻找一个帮助过你的人，你只记得这个人的三个特征：

- 这个人是女性；
- 她有绿色的眼睛；
- 她有红色的长头发。

如果你找到符合这些特征的人，你能说她就是帮助你的人吗？为了回答这个问题，你需要数据告诉你，在具有这样特征的总体中随机选择一个个体就是你要找的人的概率是多少。这个人是女性的概率是 1/2。我们假设绿色眼睛的概率是 0.06（人群中有 6%

的人是绿色眼睛），红色长头发的概率是 0.007 5。再假设这些事件都是独立的，随机选择一个具有上述三种特征的人的概率是：

0.5 × 0.06 × 0.007 5＝0.000 225

这接近于 2/10 000。这看起来可能相对较低，但是这个概率足以让我们得到结论。例如，在一个拥有 100 万人口的城市里，2/10 000 的概率表明符合这些特征的有 200 人。

DNA 识别就是基于类似的思想，但是它涉及的概率要低得多。每个人的 DNA 都是独特的，并且一生不变。单一的物理特性由染色体（如图 6-15 所示）上特定位置的 DNA 片段——基因所决定；人类有 23 对染色体，大约有 30 000 个基因。一个基因可以有两种或更多（通常是几百种）的形式，被称为等位基因。不同的等位基因产生不同的特征（如不同的发色和不同的血型）。不同的等位基因能够出现在同一基因位，同时对于不同的人相应片段的 DNA 会有不同的长度（称为变数串联重复或重复序列）。实验室中收集并进行分析的基因证据主要由 5~8 个不同基因位的等位基因长度或种类所构成。

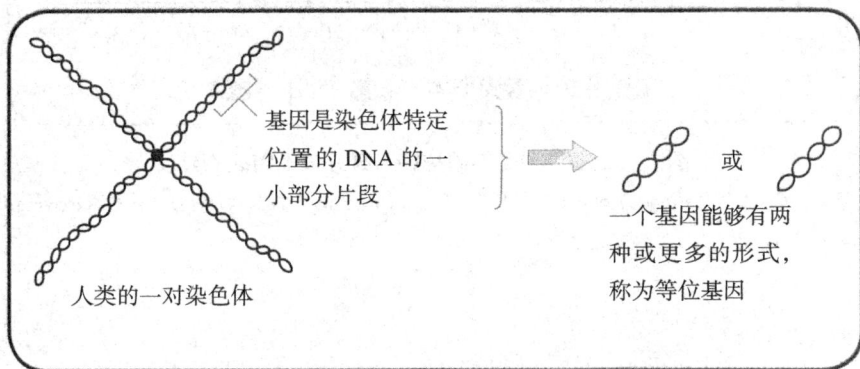

图 6-15　染色体、等位基因、基因和基因位点之间的关系

收集基因证据（来自血样、组织、头发、精液甚至邮票上的唾液）并进行分析是非常简单的，至少理论上是这样。然而，这个过程却受到学术争论和误差来源的影响。在我们的类比中，假如一个人最终是"红棕色"头发而不是"红色"头发又该如何？因为许多特征是连续（非离散）的变量，你能把这个人排除掉或是就认为红棕色已经很准确了？由此，这类分级问题就变得非常重要（见 3.1 节）。你可以认为应该包括所有红头发的人，或者选择一个较小的范围（比如只包括鲜红色头发的人），这会得到不同的结果。

同样的问题也出现在基因测试中。当在实验室测量等位基因的类型或长度时，会出现各种各样的连续变化和误差。分类的宽度也要选择恰当，如何对其进行选择就成为争论的根源。分类的宽度越小，测试的精度就会越高，也会排除掉更多的疑问，最终会为被告提供强有力的证据。

其他设计科学和统计上的争议主要来自不同遗传特性的独立性以及如何选择测量不同特征的频率。对于前者，DNA 指纹识别法独立于其他遗传特性，这意味着我们可以用独立事件的乘法法则来计算，但是一些科学家认为特殊的特性可能会影响其他特性的概率。对于后者，我们思考图 6-16，其展示了四种不同的亚洲分组人口的等位基因测试。水平轴代表 30 个不同的等位基因。垂直轴代表不同分组基因的频数。曲线显示不同分组人口存在重大差异，嫌疑人的内疚感也会导致不同的概率结果，并且其结果还要受到嫌疑人归属于哪个亚洲分组人群的影响。幸运的是，如今得到的计算结果会是足够小的概率，只要在检验证据的时候不要出现错误，DNA 指纹识别会非常可靠。

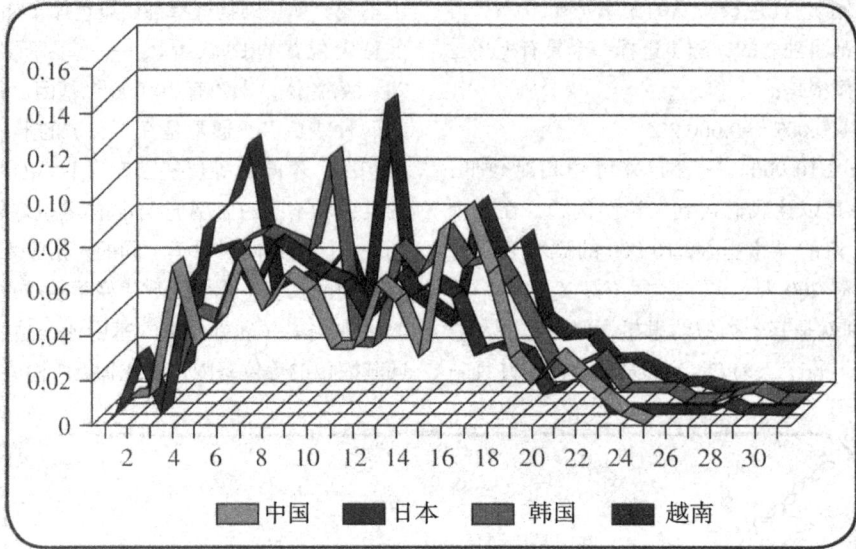

图 6-16　亚洲四个不同种族人群等位基因的差异

资料来源：凯瑟琳·罗德（Kathryn Roeder），"DNA Fingerprinting：A Review of the Controversy"，*Statistical Science*，Vol.9，No.2，pp.222-247。

第七章　相关性和因果关系

　　吸烟会导致肺癌吗？开车时打电话会更危险吗？是人类活动引起全球变暖的吗？许多统计研究的一个主要目标是在不同的变量之间寻找相关关系，然后研究人员才能够判断一个因素是否会影响另一个因素。一旦这种关系得到证实，我们就能够尝试判断其中是否蕴含着某种潜在的原因。在本章中，我们将介绍相关关系的基本知识，然后阐述相关关系对研究更难的因果关系的重要性。

　　"知其然"而有工作，"知其所以然"而成为老板。

——丹尼·里维奇

（Diane Ravitch）

学习目标

7.1 探索相关性

　　掌握相关的定义，通过散点图探索相关关系，并且理解作为相关强度测量指标的相关系数。

7.2 解释相关性

　　了解解释相关性的重要注意事项，特别是异常值和分组数据的影响，同时要注意存在相关关系并非意味着一定存在因果关系。

7.3 最佳拟合线和预测

　　熟悉最佳拟合线的概念，掌握利用最佳拟合线进行预测的注意事项，并且理解多元回归的基本概念。

7.4 因果关系分析

　　了解在相关关系中建立因果关系的困难度，研究因果关系的置信水平。

热点话题

　　聚焦教育：什么可以帮助孩子学习阅读

　　聚焦环境：什么导致全球变暖

>>7.1 探索相关性

当我们说吸烟导致肺癌这句话的时候，其背后的含义是什么？这当然并不意味着吸一支烟就会得肺癌，甚至也不意味着重度吸烟的人一定会得肺癌，因为事实上一些重度吸烟者的确没有得肺癌。当然，从统计角度上进行陈述，我们可以说吸烟的人要比不吸烟的人更有可能得肺癌。

研究人员是怎么得知吸烟会导致肺癌的呢？这只是偶然的发现，因为医生注意到患有肺癌的病人当中有相当一部分是吸烟者。因此，研究人员将吸烟者和非吸烟者的肺癌情况进行了认真的对比研究。研究结果清楚地表明重度吸烟者更容易得肺癌。如果以更正式的术语来说就是，"吸烟的数量"和"得肺癌的可能性"这两个变量之间存在相关关系。相关关系就是变量之间一种特殊的关系：一个变量的上升或下降会导致另一个变量的上升或下降。

下面是一些相关关系的例子：

- 人的"身高"和"体重"这两个变量之间存在相关关系，也就是说，高的人与矮的人相比，体重更重；
- "对苹果的需求"和"苹果的价格"这两个变量之间存在相关关系，也就是说，价格上涨，对苹果的需求会降低；
- 钢琴演奏者的"练习时间"和"技能水平"这两个变量之间存在相关关系，也就是说，练习时间更长的人技能会更高。

除了肺癌，吸烟还和许多严重的疾病相关，包括心脏病和肺气肿。吸烟也和许多不致命的健康状况相关，如皮肤皱纹增加。

两个变量之间存在相关关系并不意味着一个变量的变化会导致另一个变量的变化，明白这一点非常重要。吸烟和肺癌的相关关系并不表明吸烟一定会导致肺癌。例如，我们可以认为人体的一些基因会使一个人既吸烟同时又得肺癌。无论如何，要想了解吸烟是否会导致肺癌，识别它们的相关关系是非常重要的第一步。在本章的最后我们会分析更难的因果关系。目前，我们探讨如何寻找、识别以及解释相关关系。

> ### 🕐 思考时刻
>
> 假设真的存在一个基因使得一个人既吸烟又会得肺癌，那么请解释为什么我们在上述案例中只能说吸烟和肺癌存在高度相关关系，而不能说吸烟导致肺癌。

单词"karats"用于描绘黄金，和用于描绘钻石与其他宝石的"carats"含义不同。1 carat 用于测量重量，等于 0.2 克。karats 是用于测量纯金属的单位：24K 黄金的纯度是 100%；18K 黄金的纯度是 75%（以及 25% 的其他金属）；12K 黄金的纯度是 50%（以及 50% 的其他金属）；以此类推。

7.1.1 散点图

表 7-1 列出了珍贵钻石样本的一些数据，包括价格和几项可以决定它们价值的常规测量指标。因为在钻石的宣传中经常提到的仅仅是它们的重量（以克拉计），我们可以推测重量和价格存在相关性。我们可以通过散点图显示变量"重量"和"价格"的关系，从而寻找它们的相关关系。

表 7-1　取自宝石经销商的 23 颗钻石样本的价格和特性

钻石	价格	重量（克拉）	深度	台宽	颜色	净度
1	\$6 958	1.00	60.5	65	3	4
2	\$5 885	1.00	59.2	65	5	4
3	\$6 333	1.01	62.3	55	4	4
4	\$ 4 299	1.01	64.4	62	5	5
5	\$ 9 589	1.02	63.9	58	2	3
6	\$6 921	1.04	60.0	61	4	4
7	\$4 426	1.04	62.0	62	5	5
8	\$6 885	1.07	63.6	61	4	3
9	\$5 826	1.07	61.6	62	5	5
10	\$3 670	1.11	60.4	60	9	4
11	\$7 176	1.12	60.2	65	2	3
12	\$7 497	1.16	59.5	60	5	3
13	\$5 170	1.20	62.6	61	6	4
14	\$5 547	1.23	59.2	65	7	4
15	\$7 521	1.29	59.6	59	6	2
16	\$7 260	1.50	61.1	65	6	4
17	\$8 139	1.51	63.0	60	6	4
18	\$12 196	1.67	58.7	64	3	5
19	\$14 998	1.72	58.5	61	4	3
20	\$9 736	1.76	57.9	62	8	2
21	\$9 859	1.80	59.6	63	5	5
22	\$12 398	1.88	62.9	62	6	2
23	\$11 008	2.03	62.0	63	8	3

注：重量以克拉（1 克拉 =0.2 克）计。深度定义为高径比的 100 倍。台宽就是最上面的平整表面的尺寸（深度和台宽决定"切工"）。颜色和净度分别通过标准尺度来衡量，其中 1 是最好的。对颜色而言，1= 无色，随着数值的增加颜色会变黄。对于净度而言，1= 无瑕疵，6 说明瑕疵可以通过肉眼观测到。

散点图（或散布图）是每个点在两个变量上呈现其值的图形。

表 7-1 中数据呈现的散点图可以依据如下步骤绘制。

（1）我们把一个变量分配到两根坐标轴上并用与数据相符的刻度标注坐标轴。有时候轴的选择是随意的，但是如果我们认为一个变量随另一个变量变化，就会把解释变量画在横轴上，反应变量画在纵轴上。在本例中，我们认为钻石的价格至少部分取决于重量，因此认为重量是解释变量（因为它有助于解释价格）。价格是反应变量，因为它对解释变量的变化做出反应。我们选取 0~2.5 的区间作为重量的坐标，\$0~\$16 000 作为价格坐标。

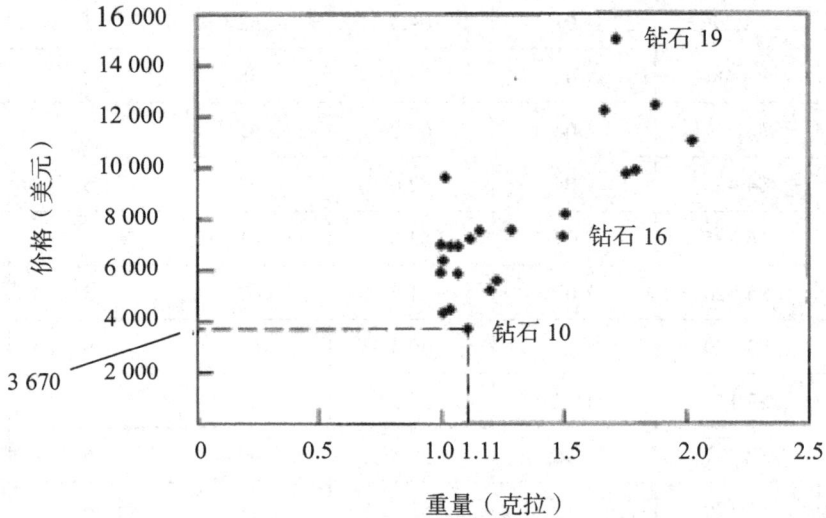

图 7-1　表 7-1 中钻石的价格和重量的相关关系

（2）对于表 7-1 中的每个钻石，绘制一个点，水平位置对应它的重量，垂直位置对应它的价格。例如，钻石 10 这个点对应水平轴上的 1.11 克拉和垂直轴上的 3 670 美元。图 7-1 中的虚线展示了我们怎样定位这个点。

（3）（可选项）我们可以标出一些（或是所有的）数据点，如图 7-1 中已经标明的钻石 10、16 和 19。

散点图的分布会显示变量的相关关系，散点图也因此而得名。在图 7-1 中，我们看到了总体的上升趋势，这表明更重的钻石也更加昂贵。这种相关关系还不是最合适的。例如，最重的钻石却不是最昂贵的，但总体趋势非常明显。

🕐 **思考时刻**

在表 7-1 中找到钻石 3、7 和 23 的点。

例 1　颜色和价格

运用表 7-1 中的数据创建一个散点图，寻找钻石的颜色和价格的相关关系，并评价这种关系。

答案　我们认为颜色会影响价格，所以把解释变量"颜色"画在横轴上，把反应变量"价格"画在纵轴上，如图 7-2 所示（你可以对应表 7-1 中的数据检验几个点）。这些点似乎比表 7-1 的更加分散。然后，你可能会注意到从左上角到右下角呈现一种斜向下的微弱趋势。这种趋势表明了一种弱相关：颜色更黄的钻石（颜色数值更高的）也会更廉价。这种趋势和我们期待的一致，因为颜色值更小的钻石更加光彩夺目，因此通常也更具有欣赏性。

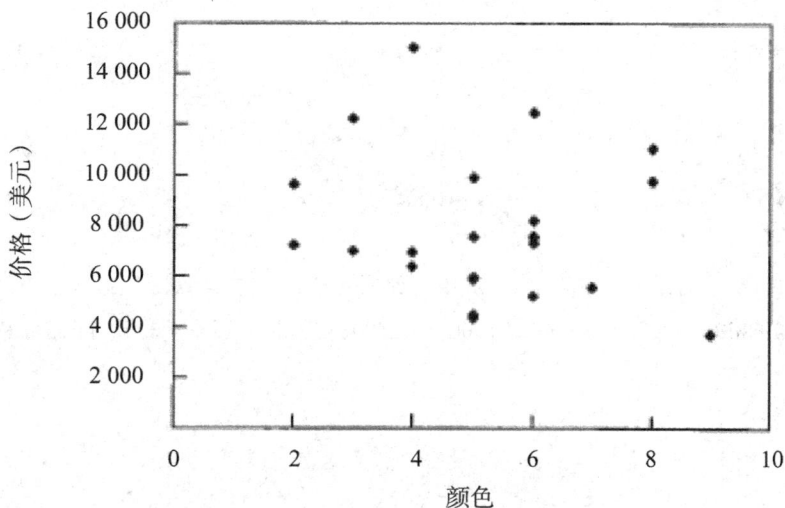

图 7-2 表 7-1 中颜色和价格数据的散点图

🕐 **思考时刻**

由于工作中获得了大量的奖金，你拥有购买钻戒的 6 000 美元的预算费用。销售商为你提供了两种可选的价位：一个钻戒重 1.20 克拉，颜色值为 4；另一个重 1.18 克拉，颜色值为 3。假设钻石的其他特征都相同，你会选择哪一种？为什么？

7.1.2 相关的类型

我们已经见过相关的两个案例：图 7-1 显示了钻石的重量和价格间的强相关关系；图 7-2 显示了钻石的颜色和价格间的弱相关关系。现在我们概括一下相关关系的类型。图 7-3 所示为变量 x 和 y 的八种散点图，注意它们的以下关键特征。

- 图形 a~c 显示正相关：y 值随 x 值的增加而增加。图 a~c 正相关的关系越来越强。事实上，c 显示了完全正相关，其中所有点始终在一条直线上。
- 图形 d~f 显示负相关：y 值随 x 值的增加而减小。图 d~f 负相关的关系越来越强。同样地，f 显示了完全负相关，其中所有点始终也在一条直线上。
- 图形 g 显示 x 和 y 不相关：不管怎样，x 值和 y 值都没有关系。
- 图形 h 显示一种非线性关系：x 值和 y 值相关，却不是一种直线关系（线性意味着是一条直线，非线性表明不是一条直线）。

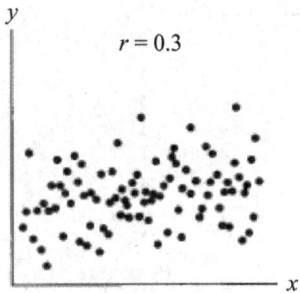

（a）x 和 y 弱正相关

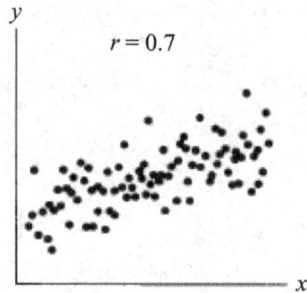

（b）x 和 y 强正相关

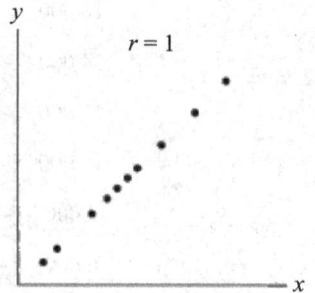

（c）x 和 y 完全正相关

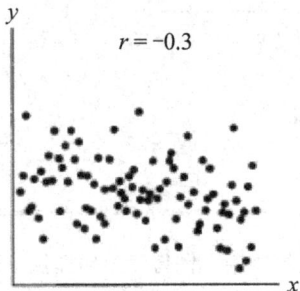

（d）x 和 y 弱负相关

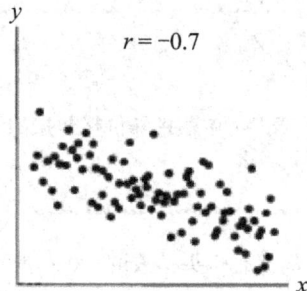

（e）x 和 y 强负相关

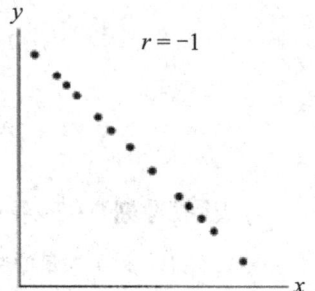

（f）x 和 y 完全负相关

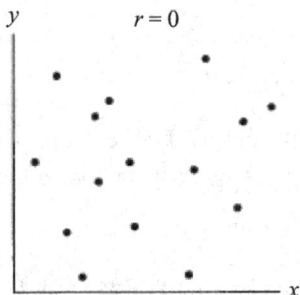

（g）x 和 y 没有相关关系

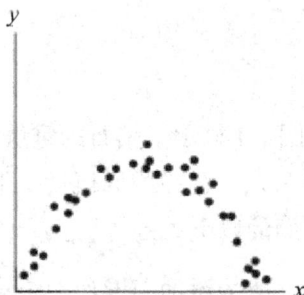

（h）x 和 y 有非线性关系

图 7-3　相关类型的散点图

技术备忘录

　　在本书中，相关关系仅指线性关系。一些统计学家把非线性关系称作"非线性相关关系"。有一些处理非线性关系的方法，那些方法和本书中描绘线性关系的类似。

相关的类型

正相关：两个变量同时增加（或减小）。

负相关：两个变量变化的趋势相反，一个变量增加而另一个变量减小。

不相关：两个变量间没有明显的（线性）关系。

非线性关系：两个变量有关联，但是以散点图呈现的相关关系不是直线形状。

例 2 预期寿命和婴儿死亡率

图 7-4 显示了 16 个国家的"预期寿命"和"婴儿死亡率"这两个变量间关系的散点图。它属于哪种相关关系？这种相关关系有意义吗？其中有因果关系吗？请解释。

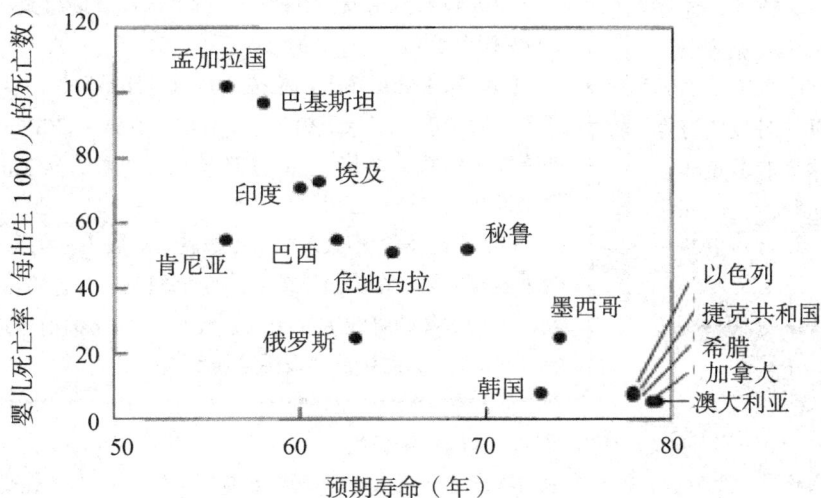

图 7-4 预期寿命和婴儿死亡率数据的散点图

资料来源：联合国。

答案 散点图显示出中等程度的负相关关系：婴儿死亡率低的国家倾向于有较高的预期寿命。认为两个变量呈现负相关是因为二者的变动方向相反。这种相关关系是有实际意义的，因为我们有理由认为卫生保健情况更好的国家婴儿死亡率更低，预期寿命则会更高。但是，这并不表明婴儿死亡率和预期寿命之间存在因果关系，我们不会希望为增加预期寿命而降低婴儿死亡率。降低婴儿死亡率会使预期寿命有些许提高，因为婴儿死亡数量减少一般会提高人口死亡年龄的平均值。

7.1.3 测量相关性强度

对于大多数场合，陈述一个相关关系是强、弱或是不存在就已经足够了。然而，有时使用更加精准的术语对相关关系的强度进行描述是非常有帮助的。统计学家用相关系数（用字母 r 表示）来测量相关性的强度。原则上相关系数是容易计算的，但如果不利用计算器或计算机，整个计算工作非常冗长。

图 7-3 显示了不同类型相关关系的 r 值，我们可以借此图解释相关系数。注意，相关系数总是在 $-1 \sim 1$ 之间。当散点图中的点呈现一条上升的直线时，相关系数是正的并接近 1；当所有的点呈现为一条下降的直线时，相关系数是负的并接近 -1；当点的分布不满足以上任何一种类型或分布接近一条水平的直线时（表明 y 值不依赖于 x 值），相关系数接近于 0。

技术备忘录

对于本节所用的方法，前提是两个变量符合"二元正态分布"。这意味着对于任何一个变量的固定值，另一个变量的对应值符合正态分布。通常这个前提是非常难检验的，所以这种检验就简化为验证两个变量的样本数据符合正态分布。

相关系数 r 的性质

（1）相关系数 r 用于测量相关性的强度，它的取值范围是 $-1 \sim 1$。

（2）如果不相关，点的分布就不会以直线模式上升或下降，r 的值接近于 0。

（3）如果是正相关，相关系数就是正数（$0 < r \leqslant 1$）：两个变量一同增加。完全正相关（所有的点在散点图中呈现一条上升的直线）的相关系数 $r = 1$。r 的值接近 1 表明是强正相关，r 的值接近 0 表明是弱正相关。

（4）如果是负相关，相关系数就是负数（$-1 \leqslant r < 0$）：一个变量上升，另一个变量下降。完全负相关（所有的点在散点图中呈现一条下降的直线）的相关系数 $r = -1$。r 的值接近 -1 表明是强负相关，r 的值接近 0 表明是弱负相关。

例 3 美国农场规模

图 7-5 所示为美国的"农场数量"和"平均农场规模"这两个变量的散点图。每个点代表 1950—2000 年的数据；在这个图中，左边代表最初的情况，右边代表后来几年的情况。通过与图 7-3 的对比，估计相关系数，并讨论相关背后的原因。

1900 年，美国有超过 40% 的人在农场工作。到 2000 年，这个人数还不到 2%。

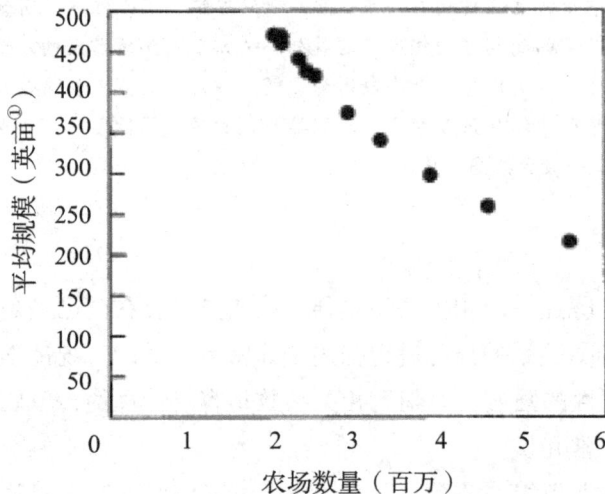

图 7-5 农场规模散点图

资料来源：美国农业部。

答案 散点图显示了强负相关，图形类似表 7-3f 中的散点图，相关系数大约为 -0.9。相关系数表明当农场越少时，它们的规模就越大；当农场越多时，它们的规模就越小。这种趋势反映了农场变化的基本原因：在 1950 年，大多数农场是小的家庭农场。随着时间的推移，那些小农场被农业企业拥有的大农场所取代。

---

① 1 英亩 = 4 046.856 平方米。——译者注

例4 天气预报的准确性

图 7-6 所示为近两周实际高温天气的当天预测（a）和未来三天预测（b）。计算每个数据集的相关系数，并讨论这两个相关系数对天气预报的作用。

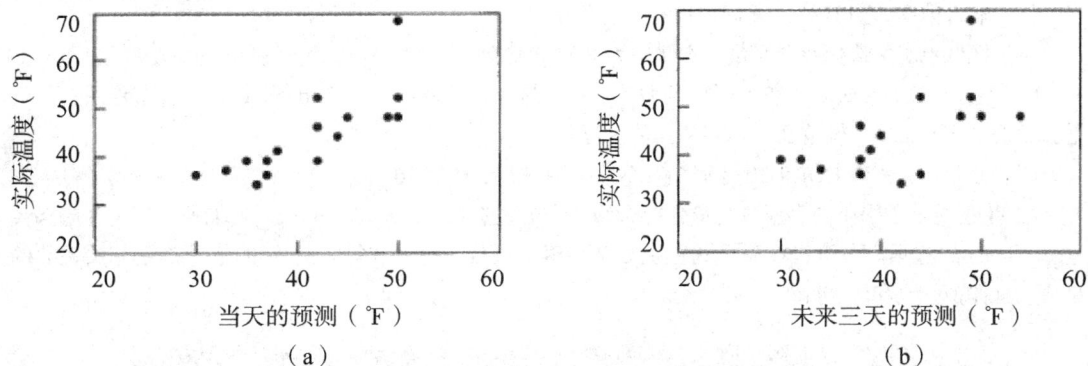

图 7-6 当天预测（a）和未来三天预测（b）的实际高温对比图

答案 如果天气预报都是正确的，每个实际温度会和预测温度一样，结果就会使所有点都位于一条直线上且相关系数 $r = 1$。在图 7-6a 中，数据是从当天开始预测得到的，所有的点几乎位于一条直线上，这表明当天的预测接近实际温度。通过和图 7-3 进行对比，我们可以合理地估计，相应的相关系数 r 大约为 0.8。在图 7-6b 中，相关性就显得弱一些，这表明未来三天的预测不会和当天预测那样准确接近实际温度，它的相关系数 r 约为 0.6。结果并不出人预料，因为我们认为长期预测的准确性会更差一些。

🕐 **思考时刻**

为进一步练习，试直观估计钻石重量和价格（如图 7-1 所示）以及钻石颜色和价格（如图 7-2 所示）的相关系数。

7.1.4 计算相关系数

（线性）相关系数 r 的公式可以通过不同的方式表示，并且它们都是等价的，计算的结果也相同。下面的公式可以更好地表达 r 的基本原理：

$$r = \frac{\Sigma \left[\dfrac{(x - \bar{x})}{s_x} \dfrac{(y - \bar{y})}{s_y} \right]}{n - 1}$$

在上述公式中，被 $n-1$ 除（n 代表成对的数据数量）表明 r 是一个平均数，所以 r 不会因为成对数据的增加而简单地增加。符号 s_x 表示 x 值（或第一个变量值）的标准差，s_y 表示 y 值的标准差。表达式 $(x - \bar{x})/s_x$ 和 5.2 节介绍过的标准分数形式相同。使用 x 和 y 的标准分数，可以确保 r 值不会因为使用不同比例值而变化。理解 r 基本原理的关键在于 x 和 y 的标准分数的乘积。当正相关时，这个乘积是正数；当负相关时，这个乘积是负数；当不相关时，这个乘积可能是正数也可能是负数，但会接近于 0。对于不相关的数据，因为一些结果是正相关而另一些是负相关，所以得到总的结果就是相关系数接近于 0。

⚙ **技术应用**

散点图和相关系数

EXCEL 以下截图显示了绘制散点图 7-1 的过程。

（1）输入数据，如 B 列（重量）和 C 列（价格）。

（2）在散点图中选择两列变量，本例中为 B 列和 C 列。

（3）选择"XY Scatter"作为图形类型，不带连接线。然后使用"chart options"（在图形中右击就会显示）自定义结果、轴范围、标签和其他内容。

（4）使用内置函数 CORREL 计算相关系数，结果显示在第 26 行。

（5）【可选项】图中的直线称为最佳拟合线，是通过选项"Add Trendline"增加的。确定为趋势线选择"linear"选项。也可以在图形的左上方增加两个项目：直线的等式和 R^2 的值，R^2 是相关系数的平方。最佳拟合线和 R^2 将在 7.3 节讨论。

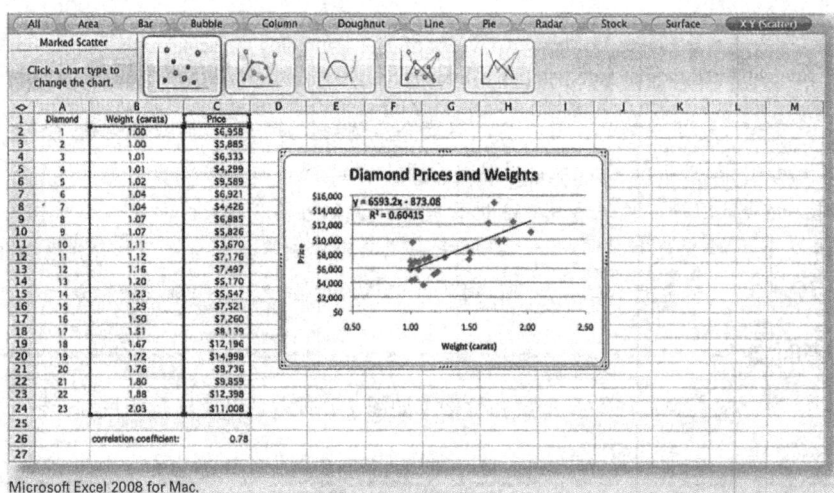

Microsoft Excel 2008 for Mac.

STATDISK 在 STATDISK 的数据框的列中输入成对的数据。在主菜单栏中选择分析，然后选择相关和回归。选择可用的列数据，选后单击计算按钮。STATDISK 显示的结果包括线性相关系数 r 的值和其他项目。单击绘图按钮也会获得散点图。

TI-83/84 PLUS 在 L1 和 L2 列中输入成对的数据，然后单击 **STAT** 并选择"TESTS"。使用 LinRegTTest 选项会得到包括线性相关系数 r 值的一些显示值。

为了获得散点图，单击 **2ND**，然后单击 **Y=**（for STAT PLOT）。单击 **ENTER ENTER** 打开图 1，然后选择类似散点图的第一个图形类型。设置 X 列和 Y 列为 L1 和 L2 后单击 **ZOOM**，在选择"ZoomStat"后单击 **ENTER**。

以下是 r 的另一个计算公式，可以使计算简化，所以当手工计算时经常使用。该公式在统计软件或计算器中也可以非常容易地实现：

$$r = \frac{n \cdot \Sigma\ (x \cdot y)\ -\ (\Sigma x)\ \cdot\ (\Sigma y)}{\sqrt{n \cdot\ (\Sigma x^2)\ -\ (\Sigma x)^2} \cdot \sqrt{n \cdot\ (\Sigma y^2)\ -\ (\Sigma y)^2}}$$

原则上，这个公式可以直接使用。首先计算每一个所需的总和，然后把值带入公式中。一定要注意 Σx^2 和 $(\Sigma x)^2$ 是不同的。Σx^2 要先将 x 平方，再对其求和；$(\Sigma x)^2$ 要先对 x

求和，再平方。总而言之，首先要计算小括号里面的公式。Σy^2 和（Σy）^{2} 的计算同上。

>>7.2 **解释相关性**

　　研究人员通过仔细分析统计数据来寻找有意义的相关关系，一个惊人的新发现经常会有大量的新闻报道。下面的一些相关性也许会勾起你的回忆：吃黑巧克力与降低心脏病的死亡率相关；音乐天才与其优异的数学成绩相关；少吃与长寿相关。可惜的是，解释这些相关关系比发现它们要困难得

> 统计数据显示，那些好吃的人很少长寿。
>
> ——华莱士·欧文
> （Wallace Irwin）

多。在新闻报道的热潮消退以后很久，我们也许依然不能确定这些相关是否显著，即这些相关能否告诉我们一些实际的价值。在本章中，我们通过解释相关性来讨论一些常见的难题。

7.2.1 发现异常值

　　查看图 7-7 中的散点图，你会发现其中存在正相关：x 的值越大，y 的值也越大。实际上，如果计算数据的相关系数，你会发现相关系数高达 $r = 0.880$，表明具有很强的相关性。

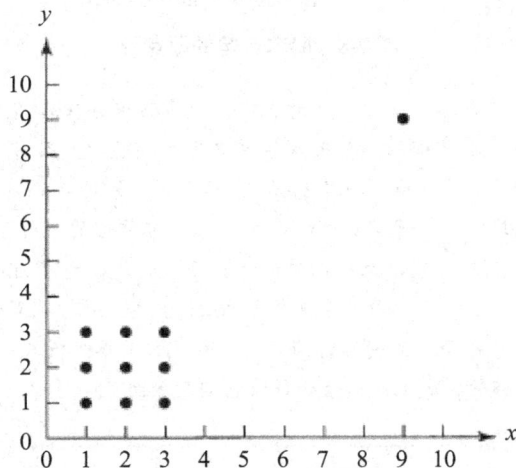

图 7-7　异常值如何影响相关性

　　然而，如果你用大拇指挡住图 7-7 中右上角的那个点，也就不存在明显的相关性。事实上，没有右上角的这个点，其相关性为 0，即去掉这个点就会使得相关系数由 $r = 0.880$ 变为 $r = 0$。

　　这个案例表明异常值对相关性有非常大的影响。回忆一下，一个非常极端的异常值和数据集中的大多数其他值对比的情形（见 4.1 节）。在解释相关性之前，我们必须检验异常值及其影响。一方面，如果异常值是数据中的错误数值，它们可以制造错误的相关性或是遮掩真实的相关性。另一方面，如果异常值是数据中真实、正确的数值，我们就可以通过这些异常值找到非常难以发现的关系。

注意，当非常细致地检验异常值时，我们不应该将它们移除掉，除非有充足的理由相信它们是错误的数值。在上面那个案例中，良好的研究原则要求我们报告异常值并有理由删除它们。

例 1　被掩盖的相关性

你打算通过一项研究来判断一个人一天消耗的能量和骑车时间是相关的。样本由 10 个身高和体重相似的女性骑行者组成。两周之后，你让每个女性记录每天的骑车时间和所吃的食物。通过所吃的食物计算每天消耗的能量。图 7-8 所示为散点图，其中水平轴代表每天的平均骑车时间，纵轴代表每天摄入的平均能量。摄入更多的能量就会有更长的骑车时间吗？

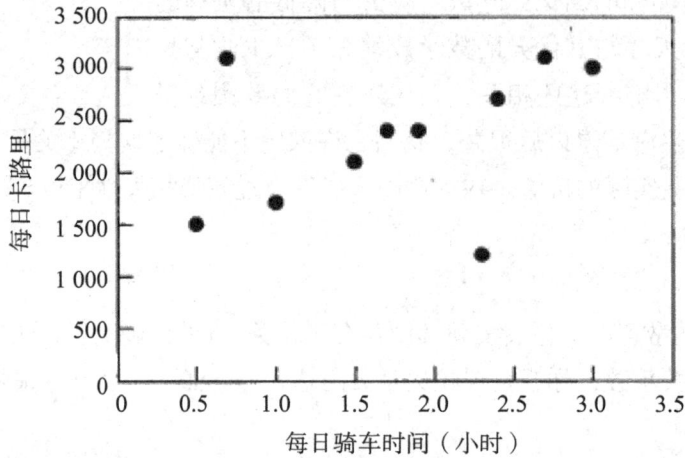

图 7-8　骑车实验的散点图

答案　如果将数据看作一个总体，从图形上看我们会认为其中存在正相关：更多的能量摄入就会有更长的骑车时间。但是其相关性是非常小的，相关系数仅仅为 $r = 0.374$。然而需要注意的是，存在两个异常值：一个值显示一个骑车的女性每天的消耗超过 3 000 卡路里，每天骑车半小时；另一个值显示每天消耗仅 1 200 卡路里，骑车却超过 2 小时。在所有女性的身高和体重都相似的条件下来解释这两个异常值是非常困难的。因此我们认为研究者没有准确记录她们每天的数据，或是在两周的研究中没有按照她们的习惯记录。如果能够证实这种假设，我们就有理由删除这两个无效的数据。图 7-9 显示了在没有这两个异常值的条件下，数据存在强相关性，表明每小时的骑车时间对应 500 多的卡路里摄入。当然，在没有证实猜想之前，我们不能将它们作为无效数据移除，我们应该说明移除它们的原因。

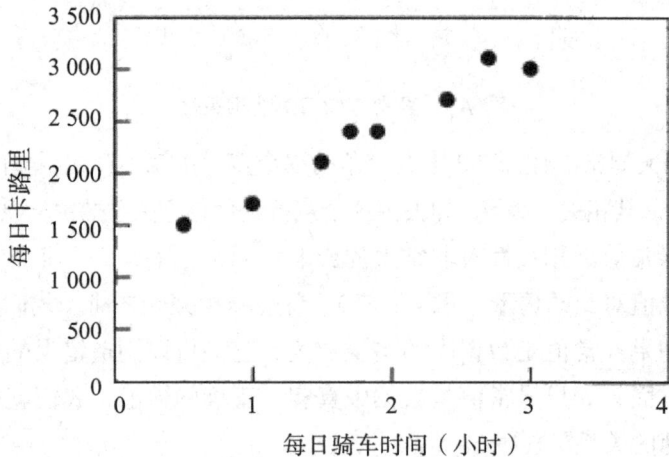

图 7-9　除去异常值后的散点图

7.2.2 注意不恰当的分组

当数据分组不恰当时，相关性也会被错误地解释。在一些案例中，分组数据会隐藏相关性。思考一项研究（假设的），其中研究人员想要寻找每周看电视的时间和高中 GPA 的关系。他们收集了如表 7-2 所示的 21 对数据。

散点图（如图 7-10 所示）显示，实际上数据不存在相关性，其相关系数大约为 $r = -0.063$。缺乏相关性表明看电视的时间和学习成绩没有关系。然而，一个敏锐的研究人员发现大多数学生观看的都是教育节目，其他同学观看的是喜剧、戏剧和电影。因此，她把数据分为看教育节目的同学和看其他节目的同学。表 7-3 所示为分组后得到的结果。

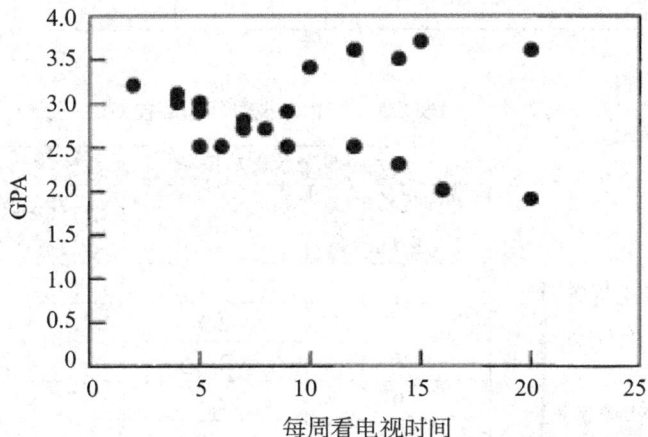

图 7-10 没分组前观看电视的时间和 GPA 不相关

现在，我们发现了两个强相关（如图 7-11 所示）：一个是观看教育节目的强正相关（$r = 0.855$）；另一个是观看其他节目的强负相关（$r = -0.951$）。这项研究说明最原始的数据集隐藏了观看电视时间和 GPA 之间重要的相关性（假设上存在）：观看教育节目和 GPA 正相关，而观看非教育节目和 GPA 负相关。只有当数据分组正确时我们才能发现这一结论。

表 7-2 观看电视的时间和高校 GPA 得分（假设数据）

每周观看电视时间（小时）	GPA
2	3.2
4	3.0
4	3.1
5	2.5
5	2.9
5	3.0
6	2.5
7	2.7
7	2.8
8	2.7
9	2.5

（续表）

每周观看电视时间（小时）	GPA
9	2.9
10	3.4
12	3.6
12	2.5
14	3.5
14	2.3
15	3.7
16	2.0
20	3.6
20	1.9

表 7-3　观看电视时间和高校 GPA—分组数据（假设数据）

组 1：观看教育节目		组 2：观看其他节目	
每周观看电视时间	GPA	每周观看电视时间	GPA
5	2.5	2	3.2
7	2.8	4	3.0
8	2.7	4	3.1
9	2.9	5	2.9
10	3.4	5	3.0
12	3.6	6	2.5
14	3.5	7	2.7
15	3.7	9	2.5
20	3.6	12	2.5
		14	2.3
		16	2.0
		20	1.9

2~5 岁的儿童每周观看电视的时间平均为 26 个小时，而 6~11 岁的儿童为 20 个小时（尼尔森媒介研究）。成年观看者每周的平均时间超过 25 个小时。如果一般成年人用看电视的时间进行每小时仅 8 美元的工作，他（她）的平均收入会提高超过 10 000 美元。

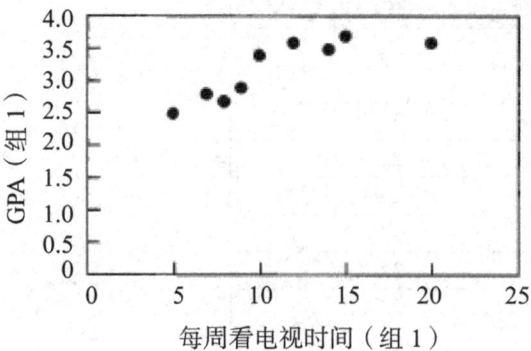

（a）

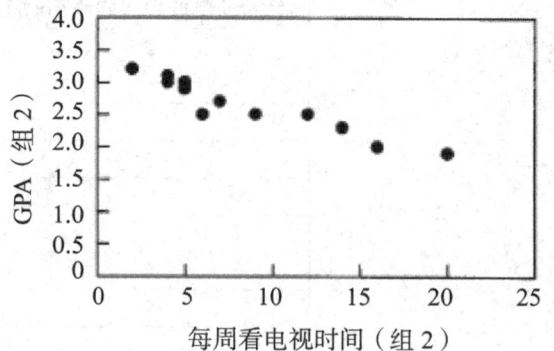

（b）

图 7-11　图 7-10 中的数据按照表 7-3 分为两组后的情况

在其他案例中，一个数据集可能会比分组后的相关性更强。考虑表 7-4 中的数据（假设的），其显示了汽车重量和价格之间的关系。图 7-12 所示为其散点图。

数据集作为一个总体显示了强相关性，相关系数 $r = 0.949$。然而在进一步检验后，我们发现数据根据轻型汽车和重型汽车分为两部分。如果我们单独分析这两个小组，两者都不显示相关性：轻型汽车（表 7-4 中前六个数据）的相关系数仅仅为 $r = 0.019$；重型汽车（表 7-4 中后六个数据）的相关系数仅仅为 $r = -0.022$。图 7-12 显示了这个情况。把数据集看作一个整体，相关性就很明显；然而把数据集分为两组后，每一组都不存在相关性。

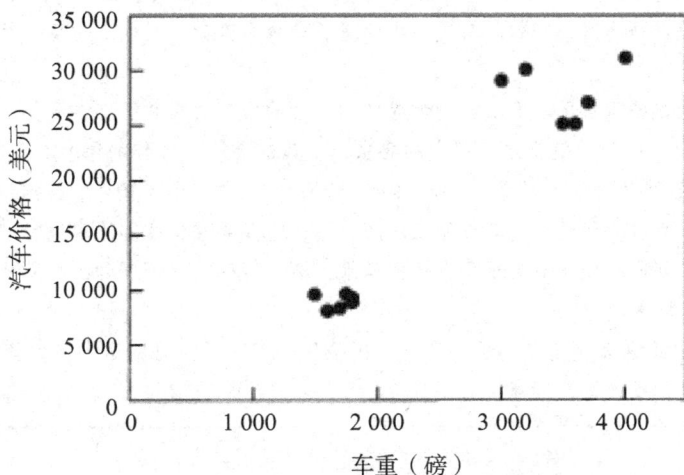

图 7-12　表 7-4 中汽车重量和价格的散点图

表 7-4　汽车重量和价格（假设数据）

重量（磅）	价格（美元）
1 500	9 500
1 600	8 000
1 700	8 200
1 750	9 500
1 800	9 200
1 800	8 700
3 000	29 000
3 500	25 000
3 700	27 000
4 000	31 000
3 600	25 000
3 200	30 000

🕐 **思考时刻**

　　假如你正打算购买一辆简约型汽车。如果你仅仅看到图 7-12 中的全部数据和相关性，你会把重量作为价格的一个重要参考因素考虑吗？如果把数据分为轻型汽车和重型汽车，你又会怎样考虑？请解释。

🔍 **案例研究**　非合理相关性

　　牛津大学医学博士理查德·皮托（Richard Peto）在英国医学杂志《柳叶刀》（*Lancet*）上发表的一篇论文提出，如果心脏病患者在心脏病发作后的几小时内服用阿司匹林，存活概率会增加。《柳叶刀》的编辑让皮托将数据分为几组，以验证阿司匹林的效用对不同组的患者是否有差异。例如，对某一年龄段或某种饮食习惯的患者，其是否更有效？

　　将数据分为几组可以揭示重要的事实，例如男性和女性的治疗效果是否存在差异。然而，皮托认为编辑是让他把样本分为多组。因此，他拒绝了编辑的要求，认为这会产生纯粹的偶然相关。《华盛顿邮报》（*The Washington Post*）报道这件事的记者里克·韦斯（Rick Weiss）说："当编辑坚持的时候，皮托还是让步了，但除了编辑所要求的分组之外，他还把患者按照星座进行划分，并要求将这些发现进行发表。如今，像是对统计经验不足的警告，分组实验向读者展现了奇怪的结果：阿司匹林对双子座和天秤座的心脏病患者无效，但是对其他星座的人却是福音。"

　　这个案例所传递出的意义就是相关性的"非法检验"会产生不恰当的结果。尽管通过标准的统计方法可以得到明显的相关性，但是其实际意义并不强。

7.2.3 相关并不蕴含着因果

　　对于解释相关性最应该注意到的就是上文提到的，相关关系并不一定蕴含着因果关系。一般来说，相关是由于以下三个原因。

相关的可能解释

（1）相关是偶然的。

（2）两个相关变量可能直接受到一些潜在因素的影响。

（3）一个变量是另一个变量的原因。但是要注意，即便如此，它也许只是众多原因中的一个。

　　例如，图 7-4 中婴儿死亡率和预期寿命相关就是受潜在因素影响的一个案例，其中两个变量都受到另一个潜在变量"健康护理水平"的影响。吸烟和肺癌的相关性反映了吸烟导致肺癌的事实（见 7.4 节）。偶然的相关性也很常见，以下讨论的例 2 就是这种情形。

　　许多统计研究都试图得到因果关系，因此谨慎地找到因果关系就显得异常重要。因为这些研究一般都会从研究相关性开始，这总会让人认为一旦发现相关性，研究也就结束了。然而，正如我们在 7.4 节讨论的，建立因果关系非常困难。

　　例 2　如何在股市中致富（理论上的讨论）

　　每位财务顾问对预测股市走向都有自己的一套方法，大部分集中在基础经济数据分析上，如利率和公司收益。但是有个研究关注的是一个非常出名的相关关系——每年一月份超级碗的获胜方和当年余下时间的股市走向：当获胜方为 1970 年之前美国国家橄榄球联盟的老牌球队时，股价趋于上升；否则相反。这种相关关系使得其在 32 场比赛中成功匹配 28 场，这使得"超级碗指标"比同时期的专业股票经纪人都要可靠。事实上，详细的计算表明这种事件的成功率小于十万分之一。因此，你会根据最近美国国家橄榄球联盟的超级碗获胜者对股市投资做出决策吗？

答案 这种非常强的相关性似乎让你感觉根据超级碗指标进行投资还不错，但是有时候你也要运用一点常识。无论这种相关性有多强，认为获胜队会真正地影响股市走向都是不可思议的事情。毫无疑问，这种相关性是巧合的，事实上如果你对它们进行检验就会发现这种纯粹事件发生的概率少于十万分之一。最近的超级碗对此就有证实，在超级碗 32 场后的比赛中，指标仅仅成功预测了未来 10 年中的五次股市走向，这恰好说明了纯粹事件中的小概率。

案例研究 燕麦麸和心脏病

含有燕麦麸的产品会对健康有益。实际上，一些研究已经发现食用较多的燕麦麸与患心脏病的低发生率相关。但这是否意味着每个人都应该吃更多的燕麦麸呢？

这倒不一定。因为食用燕麦麸和降低患心脏病的风险相关，并不意味着它就会降低患有心脏病的风险。事实上，本例中的这种因果问题是具有相当大的争议的。其他研究表明多吃燕麦麸的人一般来说会有健康的饮食结构。因此，食用燕麦麸和降低患心脏病风险的这种相关性可能只是一种常见的潜在因果关系：饮食健康的人一般会食用更多的燕麦麸，这样也降低了患有心脏病的概率。在这个案例中，对于一些人来说在饮食中添加燕麦麸并不明智，因为它可能会使人们体重增加，而体重增加和患有心脏病的风险增加是有相关性的。

这个案例表明当考虑问题的相关性和因果关系时，我们要慎重。医学研究人员也许需要很长时间才能确定在饮食中增加燕麦麸是否真的可以降低心脏病概率。

7.2.4 相关性的有用解释

在讨论相关性的用途时，可能会得到错误的解释。我们已经讨论了异常值、不恰当分组、不合理相关性和由相关性得到因果关系的不合理结论。但是，相关性也会有许多正确并有用的解释，其中的一些我们已经研究过了。所以在解释相关性时要小心谨慎，它对于统计研究的任何领域来说都起着重要的作用。

>>7.3 最佳拟合线和预测

假如你足够幸运地在一场比赛中赢得了 1.5 克拉的钻石。基于图 7-1 中钻石重量和价格的相关性，可以预测钻石的大概价值。只要仔细研究这张图并判断接近 1.5 克拉钻石的点最有可能落在哪里。因此，我们根据数据画一条最佳拟合线（也称回归曲线），如图 7-13 所示。这条线是根据标准的统计测量得出的"最佳"拟合线，与其他可以求得的直线相比，所有的点最接近这条直线。

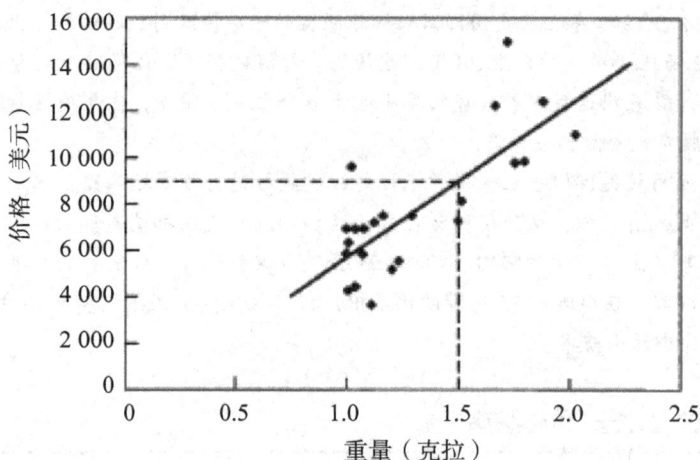

图 7-13 **图 7-1** 数据的最佳拟合线

> 散点图中的**最佳拟合线**（或回归直线），是指比其他拟合线更优的直线（根据严谨的标准统计测量），所有的点都更接近这条直线。

术语"回归"来自弗朗西斯·高尔顿（Francis Galton）在 1877 年的一项研究。他发现男孩的父亲无论高矮，男孩的身高与他们的父亲相比，都更接近平均水平。因此，他认为儿童的身高回归于平均身高，从此有了"回归"这个术语。如今这个用于数据方面的术语和回归均值没有任何关系。

对于图中所有可能绘制的直线，如何判断哪条直线是最佳拟合线？在许多情况下，通过观察数据、画出离所有点看上去最近的线就可以得到最佳拟合线。这是通过肉眼观察的方法得到的最佳拟合线。你也许会想，一定存在计算最佳拟合线的精确等式（见 7.3.4 节），计算机和计算器可以自动地完成这些计算。出于本书的目的，通过肉眼观察一般来说就足够了。

7.3.1 利用最佳拟合线进行预测

我们可以通过图 7-13 中的最佳拟合线预测 1.5 克拉钻石的价格。图中的虚线显示，这个钻石的价格大约为 9 000 美元。然而需要注意的是，在图中有两个实际存在的数据点对应 1.5 克拉钻石，二者的花费都要少于 9 000 美元。也就是说，尽管 9 000 美元的预测是合理的，却不能保证正确。事实上，通过本例数据集的散布程度可知，我们不应该依赖最佳拟合线精准地预测任何钻石的价格。然而，在统计意义上来说，预测

在没有证据之前就得出结论是一个严重的错误。

——阿瑟·柯南·道尔

是有意义的：它告诉我们，如果我们检验了许多 1.5 克拉的钻石，它们的平均价格大约为 9 000 美元。这是利用最佳拟合线解释预测结果的几个重要注意事项中的第一个。

第二个注意事项是，当最佳拟合线超过数据集的界限时，要谨慎地使用最佳拟合线进行预测。图 7-14 显示了图 7-4 中的婴儿死亡率和预期寿命相关的最佳拟合线。依据这条线可以得到，一个预期寿命超过 80 岁的国家，其婴儿出生率会非常低，然而这是不太可能的。

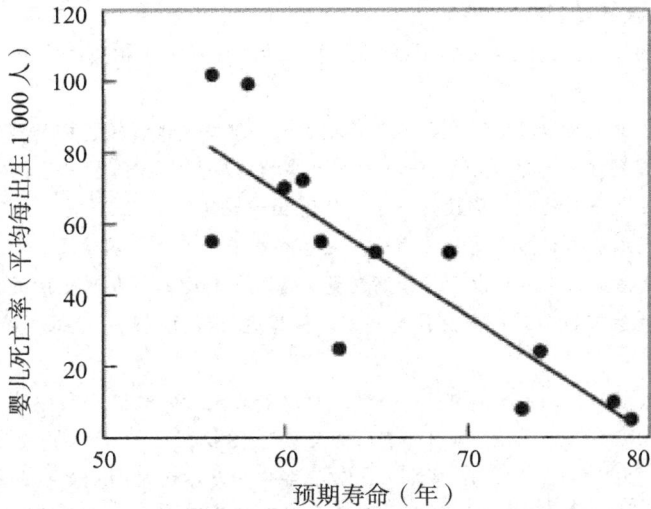

图 7-14 图 7-4 中婴儿死亡率和预期寿命相关的最佳拟合线

资料来源：联合国。

第三个注意事项是，避免使用旧数据拟合的最佳拟合线预测最近或未来的结果。例如，通过研究历史数据，经济学家发现失业率和通货膨胀之间存在非常强的负相关性。依据此相关性，在 21 世纪中期，当失业率降到 6% 时，通货膨胀应该会急剧上升。但实际上通货膨胀依然很低，这表明从过去数据得到的相关性不适合新的形势。

> 很难做出预测，尤其是对未来。
> ——尼尔斯·波尔（Niels Bohr）、
> 尤吉·贝拉等

第四个注意事项是，从特定总体中抽取的样本，其相关性一般不能预测其他总体的情况。例如，我们不能认为仅从男性群体得到的服用阿司匹林和心脏病发作之间的相关关系也适合女性群体。

第五个注意事项是，可以通过任何数据集画出一条最佳拟合线，但是当其相关性不显著或呈现非线性关系时拟合的线没有意义。例如，鞋的尺寸和智力没有任何关系，因此不能用鞋的尺寸去预测智力值。

利用最佳拟合线进行预测时的注意事项

（1）如果关系不强或是数据量不足，用最佳拟合线预测的效果就不会太好。如果所有的点都落在最佳拟合线附近，相关性非常强，预测也会因此而非常准确。如果有大量的样本点远离最佳拟合线，相关性非常弱，预测的结果也会不太准确。

（2）不要使用最佳拟合线对超出数据范围的点进行预测。

（3）一条由过去数据得到的最佳拟合线对现在和未来的预测都是无效的。

（4）不要对与样本所在总体不同的总体进行预测。

（5）当相关性不显著或呈现非线性关系时拟合的线没有意义。

例 1 有效的预测

陈述下列案例中所提的预测（或暗指的预测）是否可信，并解释原因。

a. 你已经找到人们每天锻炼的平均时长和他们每天摄入的能量之间的最佳拟合线。你用这个相关性预测一个人每天锻炼 18 小时会消耗 1 500 卡路里。

b. 有一个非常有名的弱相关，就是 SAT 得分和大学成绩。你用这个相关关系根据你最好朋友的 SAT 得分预测她的大学成绩。

c. 历史数据显示国家出生率和富裕程度之间是负相关的。那就是说，较富裕的国家出生率一般比较低。

d. 中国的一项成果发现了一种相关性，并用于设计博物馆展览，得到了孩子们的喜爱。一位管理者建议利用这个信息为亚特兰大地区的孩子们设计一个新的博物馆展览。

e. 科学研究已经发现儿童的铅摄入量和智力缺陷之间存在强相关。基于此，含铅的颜料被禁止使用。

f. 基于一个庞大的数据集，你绘制出沙拉酱消耗量（每人）和受教育年限之间的散点图。图形显示两者非显著性相关，但是你依然可以得到一条最佳拟合线。根据这条线预测到一个每周消耗一品脱沙拉酱的人，其受教育年限至少为 13 年。

答案　a. 没有人每天坚持不间断地锻炼 18 小时，所以如此大量的锻炼一定超过了数据收集的界限。因此，预测一个人每天锻炼 18 小时是不可信的。

> 在美国，1978 年房屋涂料中禁用铅；1991 年食品罐中也禁用；到 1995 年，一共花费 25 年的时间逐步停用含铅汽油。尽管如此，许多儿童尤其是生活在平民区的儿童，他们的血液中依然含铅过高，这对他们的健康造成伤害。这种铅危害的主要来源包括旧房屋的涂料和公路附近的土壤（过去使用含铅汽油，造成其铅含量较高）。

b. 事实上，SAT 得分和大学成绩的相关性是非常弱的，这意味着数据非常分散。因此，利用这种弱相关进行预测往往不会很准确。

c. 我们不能潜意识地认为历史数据对今天依然适用。

d. 有人认为在中国得到的相关性预测也适用于亚特兰大，因此就将其用于亚特兰大。然而，基于中国和亚特兰大之间文化的差异，在没有得到更多信息的情况下这个管理者的建议是不应该被支持的。

e. 基于这种强相关性和结果的严重性，结论和随之而来的禁令看上去是合理的。事实上，之后的研究把铅当作智力缺陷的诱因，就使得禁令更合理。

f. 由于没有明显的相关性，依据最佳拟合线得到的任何预测都是无意义的。

例 2　女性比男性更快吗

图 7-15 显示了男性和女性 1 英里比赛的世界纪录及其最佳拟合线。基于这些数据，预测何时女性的世界纪录比男性的更快。对此预测做出评论。

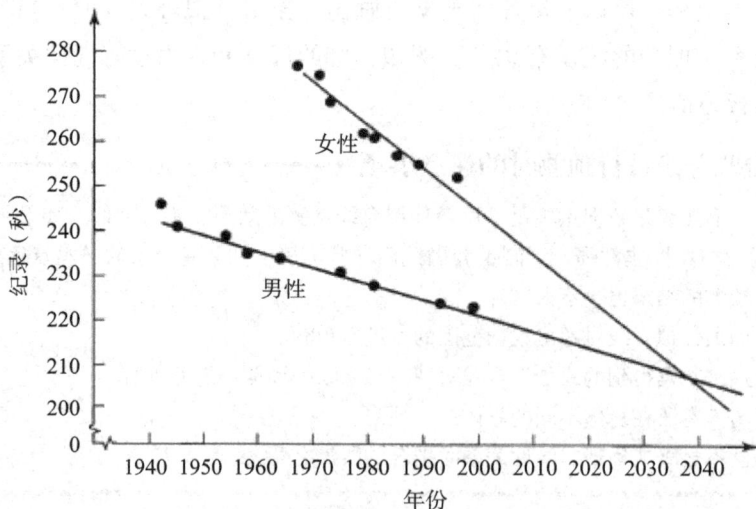

图 7-15　1 英里世界纪录（男性和女性）

答案　如果我们认同这条最佳拟合线，那么到 2040 年，女性的世界纪录会和男性的相同。然而，这种预测是无效的，因为其延伸最佳拟合线后超出了实际数据范围。事实上，我们要注意，最近的世界纪录中（截至 2011 年），男性从 1999 年开始记录的，女性从 1996 年开始，最佳拟合线预测的是这些年以来纪录下降了多少。

7.3.2 相关系数和最佳拟合线

之前，我们讨论了用相关系数测量相关性强度的方法。我们也可以利用相关系数评论最佳拟合线预测的正确性。

在数理上进行解释（不在本书中进行讨论），相关系数的平方（即 r^2）是指变量在最佳拟合线中可以解释的比例，或者更专业地说，是最佳拟合线所表示的线性关系。例如，钻石的重量和价格的相关系数（如图 7-13 所示）$r = 0.777$。对其平方，得到的结果是 $r^2=0.604$。对此我们可以做出如下解释：60% 的钻石价格变化可以由涉及重量和价格的最佳拟合线来解释；剩余的 40%，受其他因素的影响，包括深度、切面、颜色和净度等。这就是用图 7-13 中的最佳拟合线进行预测不准确的原因。

最佳拟合线只有在完全相关（$r = 1$ 或 $r = -1$）时才能提供准确的预测。这时 $r^2=1$，意味着变量 100% 的变化可以由最佳拟合线解释。在这种特殊情况下，如果样本数据能够真实表达总体，预测就会完全准确。

> **技术备忘录**
> 统计学家称 r^2 为判定系数。

> ── **最佳拟合线和 r^2** ──────
> 相关系数的平方（r^2），是指可以用最佳拟合线进行解释的变量的变化比率。

例 3　零售业招聘

你是一家大型百货公司的经理。这些年来，你发现九月份的销售量和节假日期间为达到最高效率而雇用的员工数量之间是强相关的，相关系数是 0.950。今年九月份的销售量也非常高。根据这条最佳拟合线，你应该开始做广告招聘员工吗？

答案　在本例中，我们发现 $r^2 = 0.950^2 = 0.902\ 5$，其含义是在这个线性关系中，九月份的销售量能够解释最高员工数量 90% 的变化。最高员工数量 10% 的变化未能得到解释。因为 90% 是非常高的，我们认为最佳拟合线对数据解释得非常好，所以用它来预测今年假期你需要的员工数量是非常合理的。

例 4　投票率和失业率

政治学者对影响选举投票率的因素很感兴趣。其中一个因素是失业率。通过 1964 年以来总统选举的数据，可以得到投票率和失业率之间存在非常弱的相关性，并得到其相关系数 $r = -0.1$（如图 7-16 所示）。基于此相关性，我们可以用失业率预测下届总统选举的投票率吗？

答案　相关系数的平方 $r^2 = (-0.1)^2 =0.01$，这意味着最佳拟合线只能解释数据 1% 的变化。数据的大多数变化都要由其他因素解释。我们可以得出结论，失业率不是预测投票率的可靠指标。

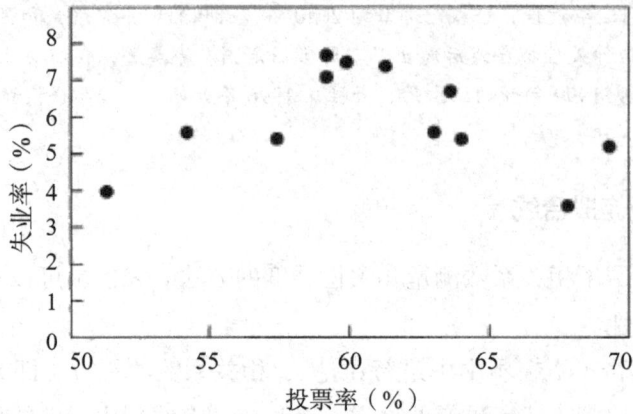

图 7-16　投票率和失业率的数据（1964—2008 年）

资料来源：美国劳工统计局。

7.3.3 多元回归

如果你曾经买过钻石，你可能会对如图 7-2 所示的颜色和价格之间的弱相关感到非常惊讶。当然，一颗钻石如果颜色比较差也不会太值钱。也许颜色可以帮助解释为什么重量和价格之间的相关并不完全。例如，颜色之间的差异可以解释为什么同样重量的两颗钻石存在价格差异。为了检验这种想法，可以寻找价格和重量与颜色（把重量和颜色组合，当作一个组合变量）之间的相关性。

> 🕐 **思考时刻**
>
> 　　验证表 7-1 中的说法。例如，钻石 4 和 5 的重量比较相近，但是钻石 4 的价格是 4 299 美元，而钻石 5 的价格是 9 589 美元。两者价格之间的差异可以通过颜色来解释吗？研究表 7-1 中重量相同而价格不同的特例。总的来说，如果不单独将重量和颜色其中的一个当作变量而是把它们结合起来，研究其与价格的相关性，你认为相关性会更强吗？请解释。

研究一个变量（如价格）和两个或两个以上变量的组合变量（如重量与颜色）之间相关性的方法叫作多元回归。我们可以利用多元回归找到三个或三个以上变量之间的最佳拟合方程。因为其中涉及两个以上变量，所以我们不能通过简单的图形来展现多元回归的最佳拟合方程，但可以计算方程对数据拟合程度的指标。多元回归中最常用的测量指标是判定系数，记为 R^2。它告诉我们最佳拟合方程可以在多大程度上解释散点数据。如果 R^2 接近 1，在数据波动范围内用最佳拟合方程进行预测对我们帮助会很大；如果 R^2 接近 0，用最佳拟合方程得到的预测结果对我们的帮助会很小。

> 　　利用**多元回归**可以计算一个变量（如价格）和两个或两个以上变量的组合变量（如重量和颜色）之间拟合的最佳方程。判定系数（R^2）告诉我们最佳拟合方程可以解释的散点数据的比率。

在本书中，我们不讨论寻找多元回归最佳拟合方程的方法。然而你可以使用 R^2 值来解释多元回归的结果。例如，价格与重量和颜色联合变量相关的判定系数 $R^2= 0.79$。这高于我们发现的价格和重量之间相关的判定系数 $R^2 = 0.61$。研究钻石价格的统计学家知道，在多元回归中增加变量（如深度、台宽和净度）可以得到更强的相关性。考虑到每年在钻石上的花费有数十亿美元，可以肯定的是，在帮助钻石经销商实现最大可能的利润方面，统计学家扮演着重要的角色。

一项对校友贡献的研究发现，在得到多元回归方程的过程中，应当包含以下变量：收入、年龄和婚姻状况，贡献者来自男学生联谊会或是女学生联谊会，贡献者是否在校友事务上非常活跃，贡献者距离大学的距离，以及作为测量经济指标的美国全国失业率（Bruggink and Siddiqui, "An Econometric Model of Alumni Giving: A Case Study for a Liberal Arts College", *The American Economist*, Vol. 39, No.2 ）。

例 5 校友的贡献

你被大学校友会邀请进行一项研究，课题为过去的贡献和校友收入与毕业后的时间之间的相关性。结果发现其 $R^2=0.36$。我们可以通过这项结果得到什么启示？

答案 依据 $R^2=0.36$，我们可以得到过去贡献 36% 的变动可以用校友收入与毕业后的时间来解释。也就是说过去贡献 64% 的变动需要用除校友收入水平与毕业时间之外的变量进行解释。因为变量的大部分需要用其他因素解释，所以有必要识别对过去贡献有严重影响的其他因素。

7.3.4 找到最佳拟合线的方程

得到最佳拟合线方程的数学方法基于以下基本思想。如果在散点图上任意画一条直线，我们可以测量每个数据点和直线之间的垂直距离。衡量这条直线对数据拟合程度的指标之一就是垂直距离的平方和。

平方和很大，就说明数据点离直线垂直方向的距离很大，因此这条直线拟合得就不是很好。如果平方和很小，则说明数据点离直线很近，拟合程度也比较好。在所有可能的直线中，最佳拟合线就是所求的垂直距离平方和最小的直线。因此，最佳拟合线也被称为最小平方线。

任何一条直线的方程都可以写成如下形式：

$$y = mx+b$$

其中，m 是直线的斜率；b 是直线的截距。最佳拟合线的斜率和截距公式可以表示为：

$$\textbf{斜率} = m = r \cdot \frac{s_y}{s_x}$$

$$\textbf{截距} = b = \bar{y} - m \cdot \bar{x}$$

式中，r 是相关系数；s_x 是 x 值（或第一个变量的值）的标准差；s_y 是 y 值的标准差；$\bar{x}$ 是变量 x 的均值；$\bar{y}$ 是变量 y 的均值。因为这些公式手工计算非常烦琐，我们通常使用计算器或计算机来计算最佳拟合线的斜率和截距。统计软件包和一些计算器，如计算器 TI-83/84 Plus，可以自动计算出最佳拟合线的方程。

当使用软件或计算器找到最佳拟合线的斜率和截距时，结果通常以如下形式显示：

$$y = b_0 + b_1 x$$

其中，b_0 代表截距；b_1 代表斜率。所以在识别这两个系数的时候要仔细。

>>7.4 因果关系分析

相关关系可能蕴含着因果关系，但是仅通过相关关系并不能确定是否存在因果关系。我们需要更多的证据来确定一个变量是另一个变量的原因。在本章的前几节中，我们发现两个变量的相关性产生的原因大致有三种：①巧合因素；②共同的潜在原因；③一个变量对另一个变量有直接的影响。建立因果关系的过程本质上是排除前两个因素的过程。

理论上，我们可以通过实验研究排除前两个原因。

- 可以通过多次重复实验或在实验中采用大量被试来排除偶然因素。因为偶然是随机发生的，同样的偶然不可能在实验中重复发生。

- 通过对照实验和随机实验排除混杂变量，进而排除共同的潜在原因（见 1.3 节）。如果控制实验排除了混杂变量，剩余的效应就是由我们所研究的变量引起的。

遗憾的是，这些理论付诸实践是非常困难的。在排除偶然性的案例中，重复一项实验耗时耗财，代价较高。为了排除一个共同的潜在原因，必须要控制除我们研究变量之外的所有情况，实际上这是不可能的。此外，在许多情况下进行实验要么不合实际要么违背伦理道德，因此我们只能收集观察数据。因为观察研究不能保证严格的因果关系，所以我们必须找到确定因果关系的其他方法。

利用统计方法不能证明吸烟能够引起肺癌，但是统计方法可以作为一种识别方法，之后研究者会试图寻找物理的因果证据。约翰霍普金斯大学的戴维·西德兰斯基（David Sidransky）博士和其他研究者在吸烟人群中发现了可以直接刺激特定基因突变的因素。基因突变的分子分析可以帮助研究者判断吸烟是否能够引起肺癌（"Association Between Cigarette Smoking and Mutation of the p53 Gene in Squamous-Cell Carcinoma of the Head and Neck", by Brennan, Boyle et al., *New England Journal of Medicine*，Vol 332，No.11.）。

7.4.1 建立因果关系

假设你已经发现存在相关关系的一对变量，并怀疑其存在因果关系。如何验证你的猜测？我们回忆一下吸烟和患肺癌的案例。仅凭吸烟和患肺癌之间的强相关性并不能证明吸烟会导致肺癌。原则上，我们需要通过控制变量的实验研究来寻找证据。因为实验要求随机筛选的人群吸烟，这是不道德的，所以如何确定吸烟就是患肺癌的原因呢？

要回答这个问题，首先要得到以下几个证据。第一，研究者发现吸烟和肺癌之间的相关性存在于许多群体之中：女性、男性以及不同种族和文化的人们。第二，群体之中看起来相似的人中，不吸烟者得肺癌的情况更少。第三，吸烟更多、吸烟时间更长的人患肺癌的概率更高。第四，当研究人员研究肺癌的其他潜在原因（如接触氡气或石棉）时，他们发现几乎所有的剩余肺癌案例也发生在吸烟人群中（如接触二手烟）。

以上是得出因果关系的四个强有力的证据，但是依然可能存在一些其他的因素（如遗传因素），促使人们既吸烟又患肺癌。然而，另两个证据表明没有这种可能性。一个结论来自动物实验。在实验研究中，动物被随机分成实验组和对照组。实验中依然发现吸烟和肺癌之间的关系，至少对动物来说，这一结论排除了基因的因素。另一个结论来自生物学家对人类肺癌组织的一个小样本研究。生物学家发现在研究的过程中，烟草中的物质引起致癌物质突变。这个过程没有表现出与任何基因因素相关，凭此可以确定肺癌是由吸烟而不是任何潜在的基因因素引起的。接触二手烟也和肺癌相关进一步表明肺癌不是由基因因素（因为二手烟影响非吸烟人群）引起的，而是烟草中的因素激活了致癌物质。

下面概括建立因果关系的指导原则。一般来说，当满足这些原则时，因果关系会非常强。

建立因果关系的指导原则

如果你怀疑某一特定的变量（被怀疑的原因）对其他变量产生了一些影响：

（1）寻找对被怀疑变量产生影响的那些变量，此时我们并不关心其他因素变化与否。

（2）在被怀疑变量存在或剔除后有不同变化的变量中，核实被怀疑的变量剔除与否对这些变量的影响是否相同。

（3）寻找大量的被怀疑变量产生众多影响的证据。

（4）如果影响由其他潜在的原因引起（你怀疑之外的原因），确保在解释了其他潜在的原因之后，影响依然存在。

（5）如有可能，通过实验研究测试被怀疑的原因。如果由于道德原因实验不能够模拟的话，考虑用动物、细胞培养物或计算机模型进行实验。

（6）试判断由被怀疑变量产生影响的物理机制。

> 指导中的前四个原则是以约翰·斯图尔特·密尔（John Stuart Mill，1806—1873 年）命名的，名为密尔定律。密尔是其时代著名的学者，早期女权的倡导者。在哲学中，这四个方法分别被称为求同法、差异法、共变法和剩余法。

🕐 思考时刻

对动物进行实验是否符合道德存在巨大的争议。你对动物实验如何看待？说出你的原因。

🔍 案例研究　安全气囊和儿童

到 20 世纪 90 年代中期，安全气囊已经成为汽车的标准配置。统计研究表明，在中速或高速碰撞的事故中，安全气囊已经挽救了许多生命。但是令人不安的现象却悄然而生。在一些案例中，儿童尤其是位于儿童汽车座椅中的婴儿和幼童，在低速碰撞的汽车事故中因安全气囊而丧生。

起初，许多安全倡导者觉得安全气囊导致死亡是难以置信的。但是观察得到的证据越来越充分，满足建立因果关系的前四条原则。例如，坐儿童汽车座椅的儿童风险更大符合第三个原则，这表明离安全气囊越近，死亡的风险就越大（儿童座椅在汽车座椅的前面，因此儿童座椅上的儿童也会比汽车座位上的儿童更接近安全气囊）。

为了验证这个案例，安全专家进行仿真实验。他们发现，由于儿童的身形较小，他们坐的位置使得他们在突然打开的气囊面前更容易受伤。实验也展示了安全气囊对儿童的影响非常大，足以导致他们死亡，这也揭示了儿童死亡的物理机制。

> 基于这些研究，美国政府规定儿童座椅不能在车前排使用，12 岁以下（或 4 英尺 9 英寸身高以下）的儿童要坐在后排。

🔍 **案例研究　心脏搭桥手术**

心脏搭桥手术是为心脏供血动脉（冠状动脉）严重堵塞的人进行的手术。如果血液在那些动脉中停止流动，患者就会心脏病发作从而导致死亡。心脏搭桥手术要将新的血管移植到堵塞的动脉处，之后血液才能够在受阻的部位流动。到 20 世纪 80 年代，许多医生一直深信这种手术延长了患者的生命。

然而，几个早期的回归性研究发现了令人不安的结果：在统计学上，手术似乎没有任何作用。换句话说，患者要比那些没有进行心脏搭桥手术的人忍受更大的痛苦。如果这是真的话，那么它意味着以疼痛、风险和花费换取手术是不值得的。

因为这个结果与许多医生所想的以及他们对自己患者的观察大相径庭，所以研究者决定进行更深入的研究。不久，他们发现早期研究中没有发现的混杂变量。例如，他们发现做手术的患者通常动脉堵塞更加严重。因为这些患者本来情况就危急，把他们和其他患者的生命长短进行比较是无效的。

更重要的是，不久之后研究者在不同医院进行手术的患者中发现了差异性的结果。特别是少数几所医院在搭桥手术中取得了显著性的成功，这些患者比那些没有进行手术或在其他医院手术的患者的生存时间更长。很明显，高水平医院医生的手术技术与其他医院医生的有差异且较好。医生差异的研究要确保所有医生都经过同样高水平的技术训练。

总而言之，堵塞数量和手术技术是混杂变量，它们阻碍了早期研究找到心脏搭桥手术和延长寿命之间真正相关的关系。如今，心脏搭桥手术得到认可，该技术可以延长冠状动脉堵塞患者的生命。现在这项手术也和其他手术一样常见，并且该手术可以延长冠状动脉堵塞患者几十年的生命。

也许你会想到，定义"合理怀疑"是很难的。对于刑事审判，美国最高法院认可法官鲁思·巴德·金斯伯格（Ruth Bader Ginsburg）的观点："合理怀疑的证据就是让你坚信被告有罪的证据。在世界上，我们绝对确定的事情非常少。在犯罪案例中，法律并不要求证据排除所有的疑点。基于你对证据的考虑，如果你坚信被告有罪，你必须找到他犯罪的证据。另外，如果你认为被告真的可能是无辜的，你必须给予他怀疑的权利，并找到他无罪的证据。"

7.4.2 隐藏的相关性

我们已经讨论了如何在发现相关关系之后建立因果关系。然而，有时相关或不相关会隐藏潜在的因果关系。正如下面的研究案例所展示的，由于混杂变量的存在，这种情况经常发生。

7.4.3 因果关系的置信度

第六条原则为我们提供了一个检验因果关系强度的方法，但是我们经常要在一个因果关系被完全确定之前做出决策。例如，思考众所周知的全球变暖的案例。到底是不是化石燃料的燃烧导致全球变暖（见本章的"聚焦环境"）？所有的疑问都被证明几乎是不可能的。所以尽管我们对一些原因仍然不确定，也要有所行动。那么在行动前需要了解多少信息呢？

在统计学的其他领域中，我们通过计算置信度或显著性水平就可以处理这种不确定性。但是，没有公认的方法对那些不确定原因的问题赋值。幸运的是，其他领域的研究（我们的法律制度）已经处理这种实际的因果问题几百年了。下面是三种表达常见的法律上置信水平的方法。

┌───┐

因果关系的置信水平

　　可能的原因：我们已经讨论了相关性，但是不能确定相关性之中是否蕴含着因果关系。在法律体系中，可能的原因（例如认为一个嫌疑人可能犯罪了）经常成为开始一项调查的原因。

　　合理的根据：我们有足够的理由去怀疑相关包含因果关系，可能是因为符合一些建立因果关系的原则。在法律体系中，合理的根据会成为法官批准逮捕令或合法窃听的一般标准。

　　排除合理怀疑：我们已经找到合理解释一件事情影响另一件事情的实体模型，怀疑这个因果关系是不合理的。

　　在法律体系中，排除合理怀疑是定罪的一般标准，并且要在陈述中展示嫌疑人是如何以及为什么犯罪。排除合理怀疑并不意味着排除一切怀疑。

└───┘

　　虽然这些置信水平依然含糊不清，但至少提供给我们一些讨论因果关系置信度的常用语言。如果你学习法律，你就会了解更多解释这些术语的微妙之处。然而，在统计学中很少研究这些，因此在本书中我们就不过多地讨论了。

聚焦教育

什么可以帮助孩子学习阅读

关于如何最有效地教会孩子们读书，每个人都有自己的想法。一些人提倡语言式教学，让学生"说出"话来；一些人提倡整体语言学习法，让孩子在全文中识别词语；另外还有一些人提倡把这些方法或其他的一些方法结合起来使用。如果这些思想仅仅是理论上的建议，那么它们并不重要。但是，对于每年在教育方面支出接近 1 万亿美元的国家来说，阅读教学的不同方法涉及了不同利益集团的冲突。

阅读教学涉及巨大的风险，这就要求用统计方法对不同的方法效用做出对比测量。美国教育进展评估（NAEP）是最具权威的教育统计机构，通常被更简单地称为"全国报告卡"。NAEP 是一项对学生成绩进行持续调查的项目，由国家教育统计中心管理，并受到国会的授权和资金支持。

NAEP 采用对样本的随机抽样，通过选择具有代表性的样本来了解四年级、八年级和十二年级学生的种族、家庭收入、学校类型等。对被筛选的学生进行一个测试，测量他们在特定学科中的学业成就，如阅读、数学或历史。样本在全州和全美国两个层次上进行筛选。总而言之，每一项测试都要筛选几千名学生。来自 NAEP 测试的结果难免会出现两种报道：吹捧进步的文章和责难成绩下降的文章。

但是什么才真正促进阅读水平的提高呢？研究者首先从阅读水平和其他因素的相关性开始研究。有时候这种相关性是明显的，但是对提高阅读水平没有直接的建议。例如，父母的受教育程度和阅读成绩显著相关——具备更高教育程度的父母与那些未受教育的父母相比，其孩子更擅长阅读——但是这种相关性不会提供任何指导性建议，因为孩子是无法选择父母的。有些时候，相关性却可以提供一些提高阅读水平的建议。例如，在学校和家中经常阅读的同学一般会比那些阅读量小的同学更擅长阅读。这提示我们学校要提高学生的阅读量。

当然，教育中的高风险会导致教育统计被误解或误用。考虑如下几个让 NAEP 测试难以解释的问题：

- NAEP 是标准的多选项测试。一些人认为这样的测试会不可避免地出现偏见，不能真正地测量阅读能力。

- 因为测试一般不会影响学生的成绩，所以一些学生不会认真对待测试，在这样的情况下测试结果不会真实地反映学生的阅读能力。

- 如果不同的州，组成样本的学生群体之间差异非常大（尤其对那些英语是第二母语的部分），那么州之间的对比缺乏现实依据。

- NAEP 测试中有部分人存在一些明显的欺骗迹象。例如，选取一些不具有代表性的样本，倾向于选择擅长阅读的学生。

你可能会想到其他一些使得 NAEP 的结果难以解释的问题。所以作为个人，你能通过什么方法帮助孩子提高阅读？幸运的是，NAEP 的研究也显示了一些符合常理且不存在争议的结论。例如，更高的阅读水平和下列因素是相关的：

- 更多的总体阅读量，为了学业同时也要兼顾兴趣；

- 更多的选择，即允许孩子自主选择阅读内容；

- 更多的写作，尤其要拓展散文和长信等形式的写作；

- 对于阅读资料，与朋友以及家人进行更多的讨论；

- 看更少的电视。

这些相关因素至少提供了一些帮助孩子提高阅读水平的指导，将会成为讨论如何提高阅读能力的良好开端。

聚焦环境

什么导致全球变暖

全球变暖是当今我们面临的一个重要问题，然而调查和媒体报道显示许多人质疑它的真实性或认为人类应该对此负责。基于这一点，我们接下来对大多数气候学家认定是人类活动导致全球变暖的证据进行研究。

我们在第三章的"聚焦环境"一栏已经讨论过，测量结果清楚地显示大气的二氧化碳浓度正在急剧地上升，如今至少比过去 80 万年的二氧化碳浓度都要高（见图 3-24）。化学家的分析结果显示二氧化碳浓度增加主要是由于人类活动，尤其是化石燃料的燃烧。此外，来自冰芯的数据显示二氧化碳浓度和全球平均温度是相关的。所以关键问题就是这种相关性是否表明因果关系。为了回答这个问题，首先我们必须了解像二氧化碳这样的物质是如何影响气温的，然后调查最近浓度的增加是否可以得到预期的影响。

一些大气气体（我们称为温室气体）能够吸收热量，这在 150 年前就已被人所知。1859 年，爱尔兰物理学家约翰·廷德尔（John Tyndall）在实验室中测试了二氧化碳和水蒸气吸收热量的效用。著名的瑞典科学家斯凡特·阿列纽斯（Svante Arrhenius，1859—1927 年），后来指出化石燃料的燃烧可以释放二氧化碳，这可能就是引起全球变暖的原因。如今，二氧化碳和其他温室气体（最重要的是水蒸气和甲烷）可以使全球变暖的机制被称为温室效应（如图 7-17 所示）。

科学家通过测试其他行星的温度来进一步测试这种效应。对于没有温室气体的行星，其平均温度由两个主要因素决定：与太阳的距离和日光照进星球并被星球吸收的部分（剩余的部分被反射到太空中）。在这种情况下，有一个简单的公式可以计算温度，结果成功地预测了没有温室气体的行星，如月亮和水星的温度。对于没有温室气体的行星，科学家能够通过温室效应成功地预测这些行星的温度，结果也成功地表明更多温室气体会储存更多的热量。离我们最近的行星生动地展现了这个事实。火星上的二氧化碳气体非常稀薄，因此温室效应作用很小，其温度大约为 11 ℉。金星上的气体含量非常大，大约是地球的 20 万倍，其温室效应非常强烈，金星表面的温度大约是 850 ℉，这种温度足以融化铅。

地球是一个处于二者之间的幸运行星。如果没有温室效应，地球的平均温度会低于零度，大约为 -16 ℃（3 ℉）。但是由于大气中二氧化碳、甲烷和水蒸气的存在，真实的温度接近 15 ℃（60 ℉）。从这种观点来看，温室效应是件好事，因为没有温室效应我们就没有生存的可能。

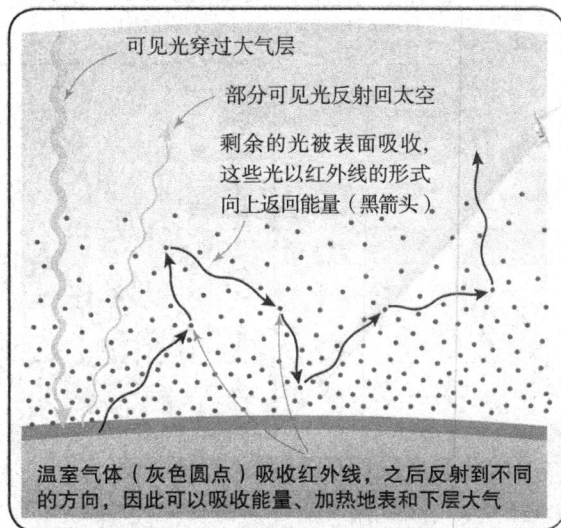

图 7-17　温室效应的基本原理

注：温室气体越多，红外线外溢得越慢，地球也就越温暖。

根据来自实验室和对其他行星研究的证据，我们有充分的理由相信二氧化碳和其他温室气体的存在使得一个行星比没有这些的情况更好。然而，因为二氧化碳并不是影响地球温度的唯一因素，我们可能会好奇二氧化碳上升的影响可否被温室气体的减少或地球反射日光量的增加而抵消。科学家通过两种途径检验这种想法。

第一种，他们查看地球平均温度改变的数据。如图 7-18 所示，地球的平均温度实际是上升的，这些数据表明最近 10 年温度的上升在加速。

第二种，对化石燃料的燃烧引发全球变暖进行实验。当然我们不能在地球上进行实验，所以科学家设计计算机模型，模拟地球气候运作的方式。地球气候运作十分复杂，所以模型肯定存在缺陷。然而，如今的模型对气候运作已经匹配得很好了，科学家认为现在的模型可以进行预测。图 7-19 将真实的数据输入模型中，从而得出存在人类活动和没有人类活动的情况下温室气体浓度的变化。在图 7-19 中，我们可以看到包含人类活动的模型与温度真实观察值的匹配度很好。

结论很明显，实验室对温室气体效应的测量，科学家对其他行星的研究，地球温度和二氧化碳浓度上升的事实以及计算机模型对气候的模拟都对人类活动导致全球变暖提供了支持。因此，科学家们相当肯定这种因果关系是真实的。

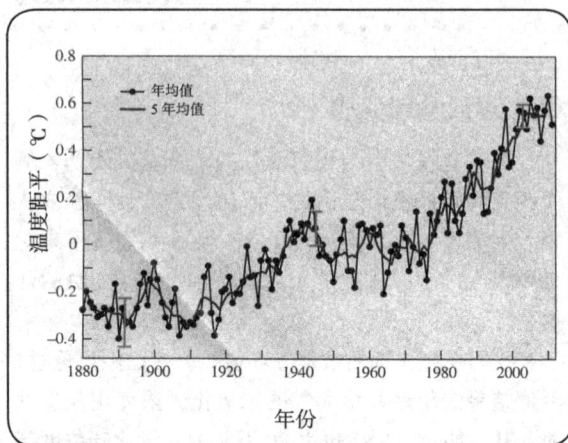

图 7-18　全球平均温度

注：黑色曲线显示了每年全球的平均温度；灰色曲线显示了由计算机模拟的五年平均温度；垂直刻度（"温度距平"）显示了 1951—1980 年每年的实际温度和平均温度的差异；灰色条代表三个不同时间的不确定范围。近年来不确定性在降低，因为测量越来越精准。

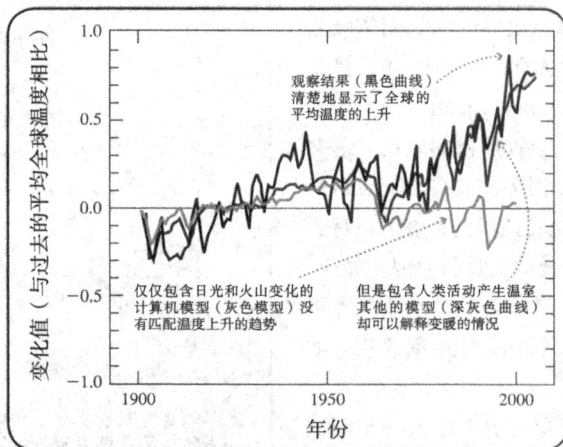

图 7-19　观察温度（黑色曲线）与气候模型预测温度的对比

注：气候模型中包含自然因素，如太阳光强度的变化和火山的效应（灰色曲线），也包含人类活动产生的温室气体（深灰色曲线）。其中，只有深灰色曲线与真实观察值匹配得较好。（深灰色和灰色曲线是许多科学家建立的相互独立的全球变暖模型温度的平均值，这些模型之间的差异在 0.1~0.2℃之间。）

第八章　从样本到总体

你是否曾经想过这些问题：在投票结束前数小时，一项全国性选举的结果就被预测出来是怎么做到的？一个大型零售商怎样基于几百个人的调查，就做出关键性的市场决策？这些案例显示了统计学强大的方面：具有通过小样本的信息得出总体结论的能力。这个过程叫作推断，它是统计学的一个分支——推断统计。

有些人不喜欢统计学，但是我却觉得它充满美感并对其感兴趣。不论何时，统计学都不是蛮不讲理的。在实际应用中只要运用正确的方法，它就可以细致并严谨地解释问题。统计学处理复杂事件的能力是无与伦比的。

——弗朗西斯·高尔顿（1822—1912 年）

学习目标

8.1 抽样分布

理解抽样分布的基本概念，掌握样本均值和样本成数的分布。

8.2 估计总体均值

掌握估计总体均值以及计算相关的误差幅度和置信区间的方法。

8.3 估计总体成数

掌握估计总体成数以及计算相关的误差幅度和置信区间的方法。

热点话题

聚焦历史：统计学起源于哪里

聚焦文学：莎士比亚认识多少个单词

>>8.1 抽样分布

考虑下面来自最近新闻或研究报告的内容：

- 美国人平均每天的蛋白质消耗量是 67 克；
- 全美国范围内，孕妇分娩一个婴儿后在医院停留的时间从 1980 年的平均 3.2 天下降到现在的 2.0 天；
- 30% 的美国高中女生相信，结婚比不结婚幸福；
- 大约 5% 的美国儿童和祖父母 / 外祖父母一起生活。

以上每个内容都对一个基于相对较小样本的统计信息的总体做出描述。更具体地说就是，样本信息被用来对相应的总体参数（见 1.1 节）做出估计。这种方法是统计学的一个分支，叫作推断统计。

需要注意的是，以上四个论述是建立在两个不同类型的样本统计之上的。前两个论述估计了一个平均数——67 克蛋白质的平均消耗量，以及 3.2 天和 2.0 天的平均留院时间；后两个论述则涉及总体的比例问题——30% 的高中女生和 5% 的美国儿童。处理样本均值和样本成数的方法是不同的，下面分别进行讨论。

8.1.1 样本均值：基本概念

例如，一个家庭有三个孩子，他们的年龄分别是 4 岁、5 岁和 9 岁。单独研究这个家庭，这三个孩子是研究的总体。当然这种情况几乎不会出现在真实的统计应用中，这样设计只是有助于我们简单地去观察抽样过程。

> **技术备忘录**
>
> 在大总体中，是否使用重置抽样，并没有显著性差异。但就像在 6.5 节发现的那样，独立事件要比相关事件容易分析。这也是我们关注重置抽样的原因。

这个总体的平均年龄是（4+5+9）÷3=6.0（岁），最小的样本容量 $n=1$，这时有三个样本：4 岁的儿童，5 岁的儿童，9 岁的儿童。每个 $n=1$ 的样本的均值就是该样本中孩子的年龄。图 8-1 呈现了每个样本容量 $n=1$ 的样本均值的直方图。

来自一个特定容量的所有可能样本的分布叫作抽样分布。图 8-1 中的分布则被称作样本均值的抽样分布，因为它显示了所有 $n=1$ 的样本的均值。由于这个例子里的样本仅仅是每个孩子的年龄，样本均值的平均值与总体均值是相同的，也就是 6.0 岁。

样本均值的抽样分布是指给定一定容量，所有可能样本的均值的分布。

每个容量 $n=1$ 的样本代表总体中三个孩子中的一个。样本均值就是孩子的年龄

三个样本均值的平均值与总体均值相等，为 6.0

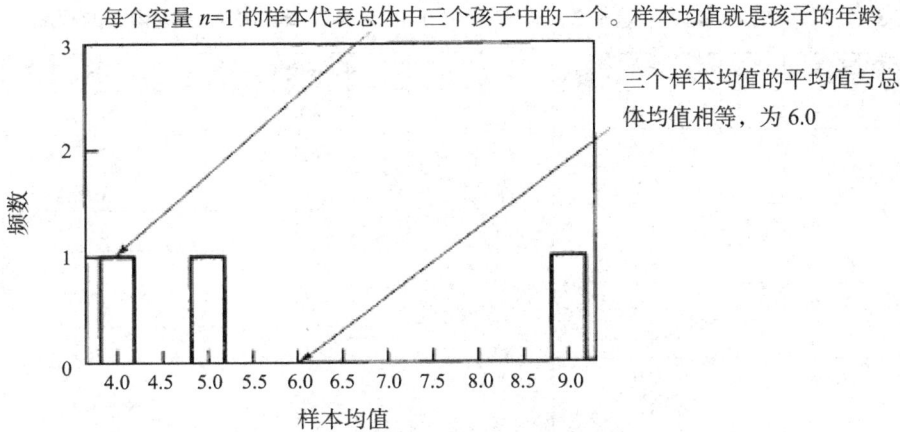

图 8-1 **样本均值的抽样分布**（样本容量 $n=1$）

假设样本的 $n=2$，则每个样本中有两个孩子。同时假设一个样本中同一个孩子可以出现两次。随机抽取一个孩子，作为样本的第一个值，然后把这个孩子放回选择池中，再抽取样本的下一个值。这种抽样方法被称作重置抽样。对于这个样本中的每个值来说，都有三种选择，所以样本容量 $n=2$ 的所有可能取值数为 $3^2=9$。表 8-1 列出了九种不同的样本值，以及对应的样本均值。一定要注意，每一个样本均值只是特定样本包含的样本值的均值。比如，一个包含年龄为 4 和 9 的样本，其样本均值为（4+9）÷2=6.5。

为了画出样本均值的抽样分布图，我们需要浏览表 8-1，找出每个样本均值发生的频率。例如，样本均值 4.0 仅仅出现了一次（如样本 {4，4}），而样本均值 4.5 出现了两次（如样本 {4，5} 和样本 {5，4}）。表 8-2 列出了每个容量 $n=2$ 的样本，其样本均值的频率。图 8-2 显示了样本均值抽样分布的直方图。这里需要注意两点：第一，可以用表 8-2 中的数据计算 9 个样本均值的平均值：$\dfrac{4.0+2\times4.5+5.0+2\times6.5+2\times7.0+9.0}{9}=6.0(岁)$。可以看出，与之前 $n=1$ 样本的情况一样，这里的样本均值的平均值与总体均值也相等，为 6.0 岁。第二，虽然图 8-2 看上去并不像一个正态分布，但却比图 8-1 更符合正态分布，因为一些值开始分布在均值附近。

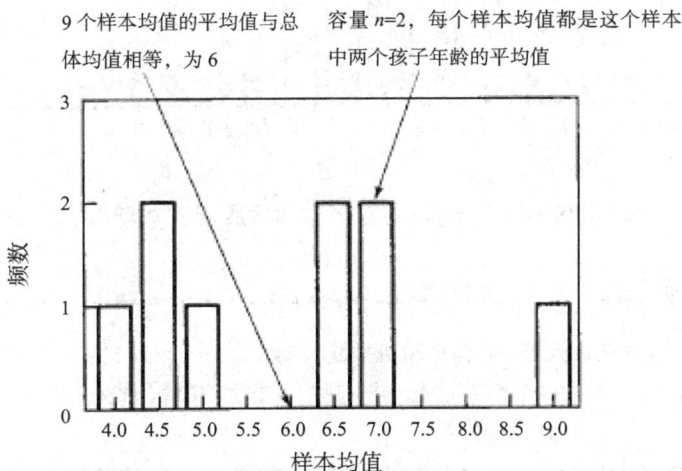

9 个样本均值的平均值与总体均值相等，为 6

容量 $n=2$，每个样本均值都是这个样本中两个孩子年龄的平均值

图 8-2 **样本均值的抽样分布**（样本容量 $n=2$）

表 8-1 样本均值（样本容量 *n*=2）

样本	样本均值
4，4	4.0
4，5	4.5
4，9	6.5
5，4	4.5
5，5	5.0
5，9	7.0
9，4	6.5
9，5	7.0
9，9	9.0

表 8-2 表 8-1 中样本均值的频数

样本均值	频数
4.0	1
4.5	2
5.0	1
6.5	2
7.0	2
9.0	1

事实上，如果我们选用更大的样本容量，就会发现样本均值的抽样分布更像正态分布（源于 5.3 节讨论过的中心极限定理）。例如，使用计算机从包含年龄为 4、5、9 岁的总体中随机抽取 1 000 个容量为 10 的样本（如图 8-3 所示），其抽样分布看上去就像一个正态分布。当然，从一个仅仅包含三个孩子的总体中抽取容量为 10 的样本，在某种程度上来说是不现实的，因为这意味着每个样本中，至少一个孩子会出现数次。因此，如果要继续研究下去，我们需要转向更加现实的情形。

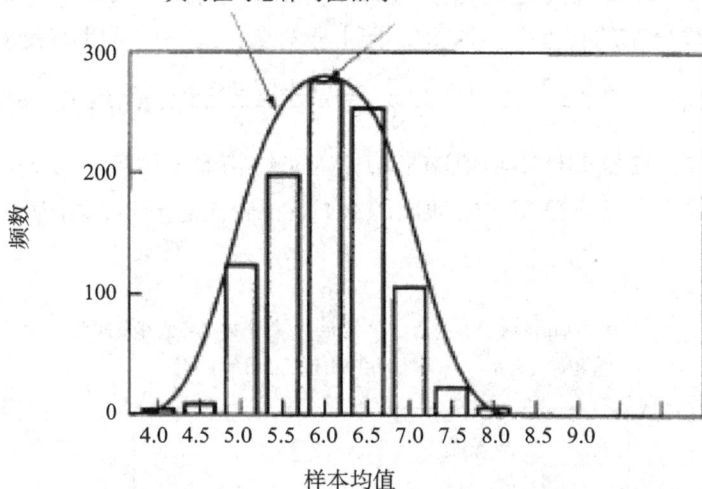

图 8-3 样本均值的抽样分布（1 000 个样本容量 *n*=10 的随机抽取的样本）

🕐 **思考时刻**

图 8-3 显示了从包含三个孩子的总体中随机抽取 1 000 个容量 *n*=10 的样本。但是这并不是所有的可能样本。那么，在这个案例中最多有多少个样本呢？（提示：10 次抽取中，每次都能选择三个孩子中的一个。）

8.1.2 大总体的样本均值

在实际的统计研究中，我们很少涉及一个小到只有三个个体的总体。为了让探索样本选取和构建样本均值分布的过程更符合实际，接下来我们考虑较大的总体。

假设你在一个小学院的计算机服务部门工作，为了网络更好地发展，你调查了学院所有400名学生，以确定他们每周花费多少小时使用互联网上的搜索引擎。调查结果如下。

3.4	6.8	6.7	3.4	0.0	5.0	5.4	1.8	0.7	1.6	2.1	3.5	3.4	6.4	7.2	1.8	7.4	3.0	4.0	5.2
1.2	7.8	7.0	0.4	7.2	4.8	3.6	8.0	5.4	6.4	3.5	5.3	4.7	5.4	5.6	3.8	0.1	2.4	0.5	4.0
4.5	8.0	4.2	1.0	6.2	7.1	3.8	0.7	5.5	1.7	2.6	1.6	0.7	1.3	6.5	2.4	3.0	0.3	2.2	0.4
1.9	5.0	2.0	5.3	7.5	5.0	0.3	7.4	6.0	4.3	1.3	0.8	7.2	6.6	0.2	3.4	1.6	2.2	3.0	4.5
5.5	5.3	6.5	0.1	0.3	4.2	2.2	6.2	7.3	3.1	5.4	4.3	4.5	7.1	5.8	6.1	0.5	0.4	4.1
7.0	6.0	1.1	0.8	1.4	2.9	7.3	0.8	2.7	0.6	3.0	0.7	2.8	6.5	1.9	3.6	1.6	2.6	2.6	6.6
6.8	6.1	3.6	1.4	7.7	5.2	3.8	6.0	2.2	7.5	6.7	4.4	4.1	7.3	5.2	5.7	6.7	2.4	0.6	6.7
1.0	2.3	0.7	1.2	4.5	3.3	4.2	2.1	5.9	3.0	7.2	7.9	2.5	7.1	8.0	6.7	4.1	4.9	0.0	3.1
6.0	0.5	4.2	2.7	0.1	1.4	2.1	2.5	3.9	5.8	5.9	2.7	2.8	3.7	7.3	0.7	6.9	4.4	0.7	1.6
3.1	2.1	7.4	3.6	6.5	2.9	5.4	3.9	3.0	0.8	0.3	3.3	0.8	8.0	5.6	7.1	1.3	0.2	5.2
7.8	4.7	7.2	0.9	5.1	0.9	1.7	1.2	0.4	6.9	0.6	3.0	3.6	6.1	1.6	6.0	3.8	0.4	1.1	4.0
3.8	4.0	1.8	0.9	1.1	3.9	1.7	1.7	2.6	0.1	4.0	1.4	1.9	0.9	0.2	4.2	4.7	0.2	5.3	2.2
5.8	7.5	5.8	5.2	3.9	3.4	7.3	4.1	0.5	7.9	7.7	7.7	5.0	2.3	7.8	2.3	5.6	6.5	7.9	5.0
2.0	5.5	5.4	6.6	6.7	4.4	7.2	2.5	4.9	7.0	2.1	7.2	4.1	1.2	6.2	3.3	6.3	2.3	4.9	2.2
6.4	7.2	0.1	5.3	3.0	0.7	1.5	1.2	1.1	7.4	5.1	7.2	7.2	3.0	7.1	4.5	6.7	7.2	7.2	0.9
2.9	4.3	2.5	0.7	7.6	3.9	0.7	5.8	6.6	3.4	0.3	6.5	7.5	0.7	6.1	6.1	4.8	1.9	1.9	5.0
1.1	7.8	6.8	4.9	3.0	6.5	5.2	2.2	5.1	3.4	4.7	7.0	3.8	5.7	6.8	1.2	1.7	6.5	0.1	4.3
6.3	1.2	0.8	0.7	0.6	7.0	4.0	6.6	6.9	0.5	4.3	1.0	0.5	3.1	0.9	2.3	5.7	6.7	7.3	0.5
0.3	0.9	2.4	2.5	7.8	5.6	3.2	0.7	5.4	0.0	5.7	0.3	7.2	5.1	2.5	3.2	3.1	2.8	5.0	5.6
3.1	0.7	0.5	3.9	2.6	7.3	1.4	1.2	7.1	5.5	3.1	5.0	6.8	6.5	1.7	2.1	7.3	4.0	2.2	5.6

你可以计算出 400 个调查结果的均值，为每周 3.88 小时。这个均值是真实的总体均值，因为它是包含 400 名学生的总体的均值。我们用希腊字母 μ 来表示总体均值。同理，可以计算出总体标准差 $\sigma = 2.40$ 小时。

在一般的统计应用中，总体会很大，调查总体中的每一个个体不太现实，并且成本巨大。因此，我们很少能知道真实的总体均值 μ。所以考虑用样本均值来估计总体均值是很有意义的。虽然一个样本很容易得到，但是它却不可能完全代表总体。那么选取样本时，则会引入一个误差，称之为抽样误差。我们可以通过上面容量为 400 的样本来分析这个概念。

抽样误差

抽样误差是指一个随机样本被用来估计总体参数时所产生的误差。它不包括源于其他的误差，比如偏性抽样、质量不高的调查问题或者记录错误。

🕐 **思考时刻**

当样本容量增大时，你认为抽样误差是增大还是减少呢？请解释。

假设上述容量为 400 的总体中随机选取一个容量 $n=32$ 的样本，然后计算这个样本的均值。例如，这个随机样本可能为：

| 1.1 | 7.8 | 6.8 | 4.9 | 3.0 | 6.5 | 5.2 | 2.2 | 5.1 | 3.4 | 4.7 | 7.0 | 3.8 | 5.7 | 6.5 | 2.7 |
| 2.6 | 1.4 | 7.1 | 5.5 | 3.1 | 5.0 | 6.8 | 6.5 | 1.7 | 2.1 | 1.2 | 0.3 | 0.9 | 2.4 | 2.5 | 7.8 |

这个样本的均值称为样本均值，用 $\bar{x}$ 表示，它的值为 4.17 小时。

总体和样本均值的符号

n = 样本容量
μ = 总体均值
$\bar{x}$ = 样本均值
σ = 总体标准差
s = 样本标准差（8.2 节开始出现）

假设从同样的数据集中随机选取第二个容量 $n=32$ 的样本，比如下列样本：

| 1.8 | 0.4 | 4.0 | 2.4 | 0.8 | 6.2 | 0.8 | 6.6 | 5.7 | 7.9 | 2.5 | 3.6 | 5.2 | 5.7 | 6.5 | 1.2 |
| 5.4 | 5.7 | 7.2 | 5.1 | 3.2 | 3.1 | 5.0 | 3.1 | 0.5 | 3.9 | 3.1 | 5.8 | 2.9 | 7.2 | 0.9 | 4.0 |

这个样本的均值 $\bar{x}$ =3.98 小时。

需要注意的是，这两个样本均值（4.17 和 3.98）并不相同，且都与真实的总体均值（μ =3.88）不相同。这并不奇怪，因为样本并不能完全代表总体。假设继续选取更多容量为 32 的样本，每一次都计算样本均值 $\bar{x}$，并绘制这些样本均值的直方图（如图 8-4 所示）。可以看到，这个直方图十分接近正态分布，而且它的均值与总体均值 μ =3.88 十分接近。

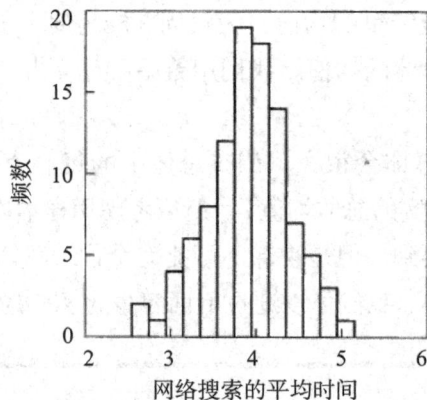

图 8-4 100 个样本均值的分布（样本容量为 32）

⏱ 思考时刻

假设你只选择一个容量 $n=32$ 的样本。依据图 8-4，所选择的样本的均值小于 2.5 或者小于 3.5 的概率是多大？请解释。

我们能不能通过分析样本容量 $n=32$ 的所有可能样本，来绘制一个完整的样本均值（而不仅仅是 100 个样本均值）分布的直方图？实际上我们并不能计算出所有的样本均值，因为数太多了：来自总体为 400、样本容量为 32 的样本的均值有 400^{32} 个（因为 32 个个体都有 400 个选择）。这看上去比可观测的世界中预计的原子数目要多得多。

然而，如果能够计算总体中所有的样本均值，我们将会发现它们的分布与正态分布没有差别，其平均值等于总体均值（该案例中为 3.88），而且其标准差等于总体标准差与样本容量开方之比的值，即 $\sigma / \sqrt{n} = 2.40 / \sqrt{32} = 0.42$。

> **技术备忘录**
>
> 一个通用的准则是：如果样本容量大于 30，样本均值的分布接近正态分布。

样本均值分布的特征

对于任何样本均值的分布：

- 样本容量越大，样本均值的分布越接近正态分布；
- 总体中所有样本均值的平均值与总体均值相等；
- 总体中所有样本均值的标准差的表达式为 $\dfrac{\sigma}{\sqrt{n}}$。

接下来考虑另一个样本，其中的数据来源于 P199 的总体。

| 5.8 | 7.5 | 5.8 | 5.2 | 3.9 | 3.4 | 7.3 | 4.1 | 0.5 | 7.9 | 7.7 | 7.7 | 5.0 | 2.3 | 7.8 | 2.3 |
| 5.0 | 6.8 | 6.5 | 1.7 | 2.1 | 7.3 | 4.0 | 2.2 | 5.6 | 4.7 | 5.3 | 3.5 | 6.5 | 3.4 | 6.6 | 5.0 |

这个样本的均值 $\bar{x} = 5.01$。已知样本均值分布的平均值是 3.88，标准差是 0.42，则标准分数为：

$$z = \frac{\text{样本均值} - \text{总体均值}}{\text{标准差}} = \frac{5.01 - 3.88}{0.42} \approx 2.7$$

换句话说，这个样本有一个平均值在抽样分布均值的 2.7 个标准差之上。从表 5-1 可以看出，这个标准分数对应 99.65%。因此，选择另一个均值小于 5.01 的样本的概率是 0.996 5，而选择另一个均值大于 5.01 的样本的概率为 1–0.996 5=0.003 5。这么小的概率意味着样本偏离了这个分布中心。

例 1　农场抽样

得克萨斯州大约有 225 000 个农场，是美国农场最多的州。农场面积的均值 $\mu = 582$ 英亩，标准差 $\sigma = 150$ 英亩。随机选择一个样本（$n=100$ 个农场），计算样本均值抽样分布的均值和标准差。随机选择包括 100 个农场的样本，其均值大于 600 英亩的概率是多少？

答案　因为样本均值的分布近似正态分布，所以其均值与总体均值

> 美国农场的总数在 1935 年达到顶峰，为 680 万个。现在大约有 200 万个。但是现在的平均种植面积要大于过去。

相等，即 582 英亩。抽样分布的标准差为 $\sigma/\sqrt{n}=150/\sqrt{100}=15$。样本均值 $\bar{x}=600$，则标准分数为：

$$z=\frac{\text{样本均值}-\text{总体均值}}{\text{标准差}}=\frac{600-582}{15}=1.2$$

依据表 5-1，这个标准分数对应 88%，因此选择一个均值小于 600 英亩的样本的概率是 0.88，同理大于 600 英亩的概率是 0.12。

8.1.3 样本成数

我们所知道的样本均值分布的大部分内容可以延伸到样本成数的分布。假设抽取与上面类似的另一个 400 个学生调查的样本，目标是确定所有 400 个学生中拥有汽车的比例。下面是问题"你是否拥有自己的汽车"的回答（"Y"代表有，"N"代表没有）：

```
Y N Y Y N Y N Y N N Y N Y Y N N N Y Y Y N Y Y N Y N Y Y Y N Y Y Y Y N
N N Y Y N Y N Y N Y N Y Y N Y N Y Y Y N Y Y N Y Y N Y N Y Y Y Y N Y Y
N Y N Y N Y Y N Y N Y N Y N Y Y N Y Y N Y Y Y N N Y Y N Y Y Y N N Y N
N Y Y N Y N Y N N N Y N Y Y N Y N Y N Y N Y Y N Y Y N Y Y N Y Y N Y Y
N Y N Y N N Y Y N Y N Y Y N Y N Y Y N Y N Y Y N Y Y N Y Y N Y N Y Y Y
Y N Y N Y Y N Y N Y N Y N Y Y N Y Y N Y Y N Y N Y Y N Y Y N Y N Y N Y
N N Y Y N Y Y N Y N Y N Y N Y Y N Y N Y Y N Y Y N Y N Y Y N Y Y N Y N
Y N Y Y N Y N Y N Y Y N Y N Y Y N Y N Y N Y Y N Y Y N Y Y N Y N Y Y Y
Y N Y N Y Y N Y N Y N Y Y N Y N Y N Y Y N Y Y N Y N Y Y N Y Y N Y Y N
N Y Y N Y N Y N Y Y N Y N Y N Y Y N Y Y N Y Y N Y Y N Y Y N Y Y N Y N
```

可以发现，400 个回答中，有 240 个是有自己的汽车。所以，这个总体里有车的确切比率是 $p=240/400=0.6$。

总体成数 $p=0.6$ 是总体参数，它是 400 个学生的总体中，拥有汽车的真实比例。

> ⏱ **思考时刻**
>
> 假设另一个调查问题，调查结果以总体成数显示而不是总体均值。

再一次强调，在典型的统计问题中，调查总体中的每一个个体是不实际的或代价很大。因此，考虑用一个随机样本（比如容量 $n=32$）来估计总体成数是很合理的。假设从上述"Y"和"N"的列表中随机抽取 32 个回答，构建下面的样本：

```
Y N Y Y N Y Y N Y N Y N Y Y N Y Y Y N N Y Y Y N N Y Y N Y Y Y N Y Y
```

在这个样本中，Y 的比率是 $\hat{p}=21/32\approx0.656$。

这个比率是样本统计量，叫作样本成数，用符号 $\hat{p}$ 表示，与总体成数 p 进行区分。

> **总体成数和样本成数的符号**
>
> $n=$ 样本容量　　　　$p=$ 总体成数　　　　$\hat{p}=$ 样本成数

跟先前讨论样本均值一样，假设接下来多次选取容量为32的样本，每次都计算样本成数 $\hat{p}$。如果我们绘制样本成数的直方图，则会发现 $\hat{p}$ 在 0 和 1 之间。图 8-5 所示为 100 个容量为 32 的样本的样本成数直方图。与样本均值类似，样本成数的分布与正态分布十分相近，而且它的平均值与总体成数 0.6 非常接近。

> 现实中存在三种意见，有理有据的，没有依据的，无关紧要的。大多数美国人的意见是没有依据的。
> ——保罗·塔尔梅（Paul Talmey），
> 民意调查分析家

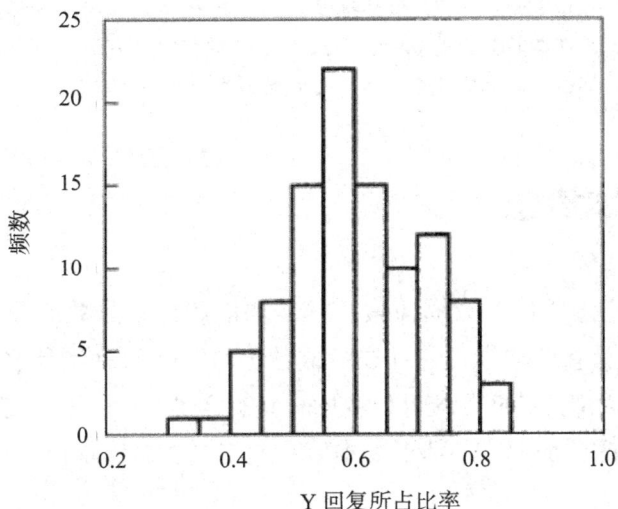

图 8-5　样本成数的分布（100 个容量为 32 的样本）

如果能够选取所有容量 $n=32$ 的样本，那么这个分布就叫作样本成数的抽样分布。这个分布与样本均值的分布有很多共同点，而且能够被用来确定一个特定样本均值的概率。

样本成数的分布

样本成数的抽样分布是指给定容量时，源自所有可能样本的成数（ $\hat{p}$ ）的分布。

注意：

- 样本容量越大，样本成数的分布越接近正态分布；
- 样本成数分布的平均值与总体成数相等；
- 样本成数分布的标准差的表达式为 $\sqrt{\dfrac{p(1-p)}{n}}$ 。

例 2　分析样本成数

考虑图 8-5 所示的样本成数的分布，假设随机抽取如下包含 32 个回答的样本：

Y Y N Y Y Y Y N Y Y Y Y Y Y Y N Y Y N Y Y Y N Y Y N Y Y N Y N Y Y

计算样本成数 $\hat{p}$。它偏离总体均值有多远？选择另外一个样本，其样本成数大于本题样本的概率是多少？

答案 在这个样本中，回答 Y 的比例 $\hat{p}$ =24/32=0.75。

使用总体成数 0.6（之前已经给过），样本成数分布的标准差为：

$$\sqrt{\frac{p(1-p)}{n}} = \sqrt{\frac{0.6(1-0.6)}{32}} \approx 0.09$$

样本统计量 $\hat{p}$ =0.75，则标准分数为：

$$z = \frac{样本成数 - 总体成数}{标准差} = \frac{0.75 - 0.6}{0.09} \approx 1.7$$

即这个样本成数在抽样分布平均值 1.7 个标准差之上。在表 5-1 中，1.7 的标准分数对应 95%。因此，选择另一个成数小于 0.75 的样本的概率是 0.95，而大于 0.75 的概率是 0.05。换句话说，如果随机选择 100 个包含 32 个回答的样本，那么预计只有 5 个样本，其成数会高于我们之前所选的。

>>8.2 估计总体均值

在 8.1 节，我们通过总体的数据探索了样本均值和样本成数的分布。这很有用，因为可以使我们将样本统计量（样本均值和样本成数）与实际的总体参数（总体均值和总体成数）进行比较。但在大部分的实际统计研究中，只有样本数据，而没有总体数据。在本章的剩余小节，我们会考虑更加现实的情形。本节我们将关注总体均值，8.3 节则重点讨论总体成数。

8.2.1 估计总体均值的基本方法

我们的日常饮食中需要蛋白质，而不同的组织和政府对其每日的摄取量给出了以下建议：对于男性来说，蛋白质每日建议的摄取量是 55~60 克，而对于女性来说是 45~50 克（怀孕或者哺乳时会稍高）。那么与每日建议摄取量相比，美国人实际的摄取量是多少？

我们为什么需要蛋白质？蛋白质是所有活细胞的关键构成材料，因此对地球上所有的生命都是必需的。我们的身体通过氨基酸来合成蛋白质，因此需要氨基酸来完成这个生化机制。而获得氨基酸的来源便是食物。我们的身体通过分解我们吃过的动植物来获取氨基酸。

显然，我们不能测出总体的蛋白质摄取量，所以我们需要研究一些能够很好地代表总体的样本。图 8-6 所示为我们将用到的样本，一个容量 n=267 的每日蛋白质摄入量的样本。这个样本的均值 $\bar{x}$ =77.0 克，标准差 s=58.6 克。我们的目标是用这些样本信息对美国所有男性的蛋白质每日平均摄入量进行推断，包括以下两个基本步骤。

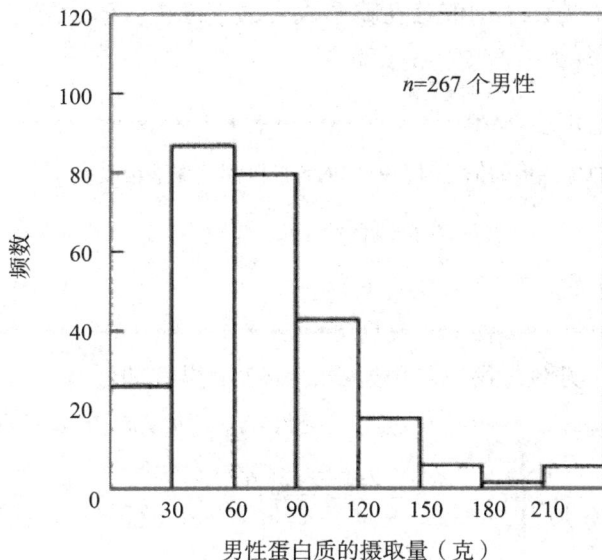

图 8-6　每日蛋白质摄取量的直方图（*n*=267 个男性）

资料来源：美国全国健康状况统计中心。该样本来自第三次美国全国健康和营养调查（NHANES III），这个
调查研究了大约 30 000 名参与者的健康和饮食的不同方面。

用样本均值估计总体均值

假设计算出样本均值 $\bar{x}$，它来自于总体的一个样本。接下来估计总体均值：

（1）因为只有一个样本均值，我们把它当作总体均值最佳（唯一）的估计量；

（2）基于样本容量和样本标准差（s），计算误差的范围，并用它建立一个置信区间，然后可以陈述估计总体均值的质量有多高。

在这个实例中，我们选取样本均值 $\bar{x}$=77.0 克 / 每天，作为总体均值的最佳估计。虽然这是最佳（唯一）估计量，但可能是一个好的估计量，也可能不是一个好的估计量。所以我们下一步就是计算误差的范围，以及构建置信区间。

8.2.2 寻找置信区间

就像在第一章讨论过的，置信区间是一定范围的值，它很大可能地包含总体均值的真实值。在本书中，我们主要采用 95% 的置信水平，有时用到其他的置信水平（比如 90% 或者 99%）。

置信区间的思想来源于我们在 8.1 节所讨论的抽样分布的内容。回想一下，样本均值的抽样分布近似于样本均值等于总体均值 μ 的正态分布。因此，正态分布的 68-95-99.7 规则（见 5.2 节）告诉我们，大约 95% 的样本均值在总体均值两边 2 个标准差之内。

当然，我们不知道总体均值和总体标准差的真实值。因

技术备忘录

68-95-99.7 规则是个大致估计。真实值 95% 的精确范围是其周围 1.96 个标准差。在本书中使用 2 个标准差来进行估计。

此，我们并不知道 95% 的样本均值处在哪个真实的范围内。但我们能够用样本标准差和样本容量去计算误差幅度。误差幅度的定义如下。

样本均值的误差幅度

当用样本均值作为总体均值的估计时，95% 的置信区间的误差幅度是：

$$误差幅度 = E \approx \frac{2s}{\sqrt{n}}$$

其中，s 是样本标准差。

继续使用蛋白质的实例，我们采用容量 $n=267$ 个男性的样本，其样本均值 $\bar{x}=77.0$ 克，样本标准差 $s=58.6$ 克。则 95% 的置信区间的误差幅度为：

$$E \approx \frac{2s}{\sqrt{n}} = \frac{2 \times 58.6}{\sqrt{267}} \approx 7.2 \text{（克）}$$

接下来构建在第一章讨论过的 95% 的置信区间：将样本均值 $\bar{x}=77.0$ 加上或者减去误差幅度，则 95% 的置信区间是 77.0−7.2=69.8 到 77.0+7.2=84.2，即 $69.8 < \mu < 84.2$。注意，这意味着美国男性的蛋白质消耗量显著不同于建议的日均摄取量 55~60 克。

通常，样本均值位于总体均值置信区间中心，然后向双侧延伸相同的距离（等于误差幅度）（如图 8-7 所示）。

> **技术备忘录**
>
> 误差幅度的精确公式使用 1.96 而不是 2。只有在样本足够大（通常是 $n > 30$，但是容量的需求依赖于实际总体分布的属性）时使用样本标准差 s 才是有效的。类似的公式能够用于其他的置信区间。例如，对于 90% 的置信区间，就用 1.645 取代 2；对于 99% 的置信区间，用 2.575 取代 2。

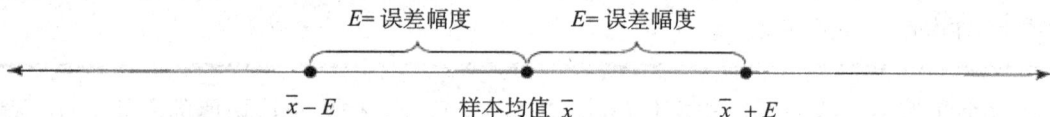

图 8-7　95% 的置信区间

总体均值的置信区间

我们通过加上和减去样本误差幅度来得到 95% 的置信区间。于是，95% 的置信区间的范围是：

从（$\bar{x}$ − 误差幅度）到（$\bar{x}$ + 误差幅度）

正式的写法为：

$$\bar{x} - E < \mu < \bar{x} + E \quad 或 \quad \bar{x} \pm E$$

8.2.3 解释置信区间

置信区间很容易构建，而且十分有用。但对它进行解释时，需要十分谨慎。合适的解释需要考虑均值的抽样分布。回想一下，所有可能的样本中，95% 的样本均值都在总体均值 2 个标准差以内。因此，如果多次重置抽样以及构建置信区间，那么 95% 的置信区间将会包含总体均值（μ），而 5% 的则不包含。

解释 95% 的置信区间

当选择样本且构建 95% 的置信区间时，我们并不知道它是否包含总体均值（μ）。但是，如果多次重置抽样，就可以发现 95% 的置信区间包含总体均值，而 5% 的则不包含。

图 8-8 所示为置信区间的直观解释。图中，真实的总体均值（μ）用垂直线表示，处于图的中间。垂直线左边的区域代表低于总体均值的值，右边代表高于总体均值的值。图中显示了 20 个不同样本的置信区间，中间的黑点代表样本均值（$\bar{x}$），线代表样本均值附近 95% 的置信区间。可以看出，95% 的样本即 20 个样本中的 19 个，它们的置信区间包含总体均值。20% 的样本即 20 个样本中的 1 个（从上往下数第六个），它的置信区间不包含总体均值。

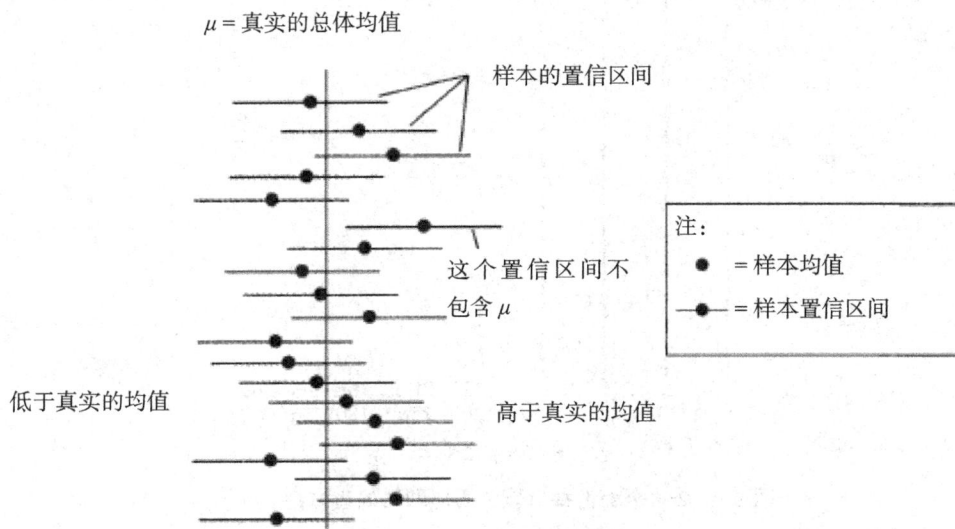

图 8-8　置信区间的直观解释

⏻ 技术应用

总体均值的置信区间估计

EXCEL 使用 XLSTAT。单击顶部的 "XLSTAT"，单击 "Parametric tests"，然后选择 "One sample t test and z test"。在屏幕上出现 "Data" 框，输入数据范围，例如 A1：A12 表示的是 A 列中的 12 个数据值。在 "Data Format" 中选择 "One sample"。单击 "z test"。然后单击 "Option" 进入 "Significance level（%）"，输入 5 代表一个 95% 的置信区间。单击 "OK"。输出结果后找到 "confidence interval on the mean"（基于某些原因，不推荐 Excel 的置信工具）。

STATDISK 选择 "Analysis"，接下来是 "Confidence Interval"，然后选择 "Mean-One Sample"。在对话框中，先输入一个小数作为显著性水平，比如输入 0.95 代表 95% 的置信水平，然后进行其他必需的步骤，最后单击 "Evaluate"，就输出了置信区间。

TI-83/84 PLUS TI-83/84 Plus 计算器能构建储存在一列中的原始样本值的置信区间，也可用符号 n、$\bar{x}$ 和 s 表示。输入 L1 中的数据，或使用可用的概括统计量，然后点击 **STAT**，选择 "TESTS" 和 "Zinterval"，计算器将会显示以（$\bar{x} - E$，$\bar{x} + E$）的形式出现的置信区间。

实际上，置信度和概率并不是一回事。当我们根据一个样本均值建立置信区间时，并不知道这个置信区间是包含总体均值的 95% 的区间之一，还是不包含总体均值的 5% 的区间之一。换句话说，置信区间要么包含总体均值要么不包含，其他概率性的论述都是错误的。所以只能说样本的所有可能置信区间中的 95% 包含总体均值，5% 不包含。

例 1　女性的蛋白质摄取量

图 8-9 所示为容量 $n=264$ 个女性的样本（同样来自 NHANES III）的直方图。均值 $\bar{x}=59.6$ 克，标准差 $s=30.5$ 克。估计总体均值，给出 95% 的置信区间，并与推荐的女性蛋白质摄取量 45~50 克进行比较。

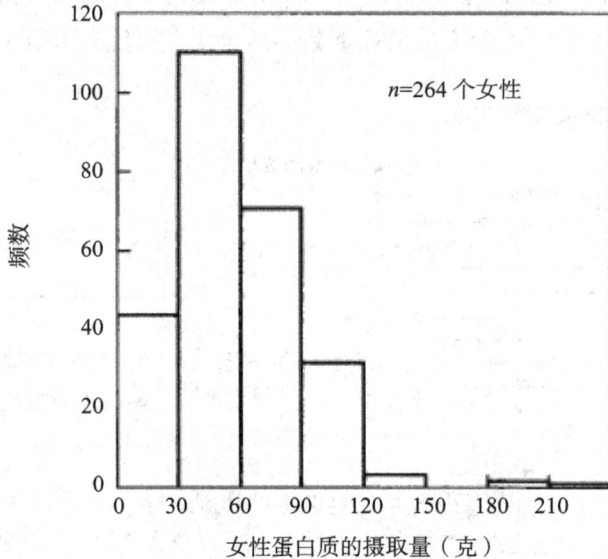

图 8-9　264 个女性每日蛋白质摄取量的直方图

答案　用样本均值 $\bar{x}=59.6$ 克作为总体均值的最佳（唯一）估计量。为了找到 95% 的置信区间，必须先计算样本的误差幅度（样本容量 $n=264$，样本标准差 $s=30.5$）：

$$E \approx \frac{2s}{\sqrt{n}} = \frac{2 \times 30.5}{\sqrt{264}} \approx 3.8(\text{克})$$

因此，95% 的置信区间为 59.6−3.8=55.8（克）到 59.6+3.8=63.4（克），即：

55.8 克 $< \mu <$ 63.4 克

55.8~63.4 克之间包含真实的总体均值的置信度为 95%。这意味着，如果多次重复这个过程，那么 95% 的置信区间包含总体均值的真实值。可以得出结论：女性的蛋白质消耗量显著不同于推荐的日均摄取量 45~50 克。

> 🕐 **思考时刻**
>
> 回想一下，通过男性样本数据算出的蛋白质摄取量标准差 $s=58.6$ 克，这几乎是女性样本标准差（$s=30.5$ 克）的两倍。这种差异是怎样影响误差幅度的？推测为什么两个标准差不同？

例 2　垃圾的产生

美国亚利桑那州大学的一项垃圾处理计划的研究分析了 62 个家庭的垃圾。每个家庭的成员从 2~11 个人不等。图 8-10 的直方图显示了样本中家庭的每周垃圾总产出量（以磅为单位）。样本均值 $\bar{x}=27.4$ 磅，标准差 $s=12.5$ 磅。估计每周垃圾产出总量的总体均值及其 95% 的置信区间。

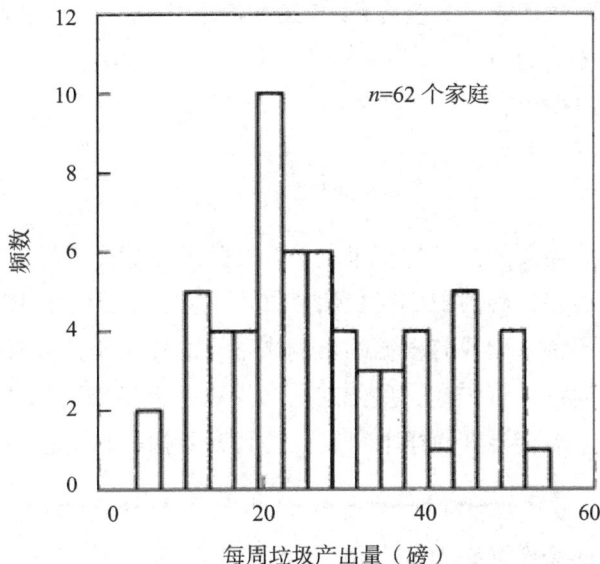

图 8-10 62 个家庭每周垃圾产出总量的直方图

答案 用样本均值 $\overline{x}$ = 27.4 磅作为总体均值的最佳（唯一）估计量。使用误差幅度公式计算得出：

$$E \approx \frac{2s}{\sqrt{n}} = \frac{2 \times 12.5}{\sqrt{62}} \approx 3.2\left(磅\right)$$

因此，95% 的置信区间为 27.4-3.2=24.2（磅）到 27.4+3.2 磅 =30.6（磅），即：

24.2 磅 $< \mu <$ 30.6 磅

24.2~30.6 磅之间包含美国家庭每周垃圾总产出量的总体均值的置信度为 95%。

例 3 平均体温

美国马里兰大学的一项研究调查了 n=106 个目标的体温。该样本的均值 $\overline{x}$ =98.20 ℉，标准差 s=0.62 ℉，请估计总体的平均体温及其 95% 的置信区间。

答案 样本均值 $\overline{x}$ =98.20 ℉，是总体平均体温的最佳（唯一）估计值。95% 的置信区间的误差幅度是：

$$E \approx \frac{2s}{\sqrt{n}} = \frac{2 \times 0.62}{\sqrt{106}} \approx 0.12\left(℉\right)$$

因此，95% 的置信区间是 98.20 ℉ − 0.12 ℉ =98.08 ℉ 到 98.20 ℉ +0.12 ℉ =98.32 ℉，即：

98.08 ℉ $< \mu <$ 98.32 ℉

> **技术备忘录**
>
> 样本容量的公式假设置信水平为 95%。如之前讨论的那样，更准确的公式会使用 1.96 而不是 2。本节内容的方法是，如果总体标准差未知，就使用样本标准差 s 来作为总体标准差的估计值。只有样本容量足够大时，这个结果才理想。如果从非正态分布中抽取小样本，那么用 s 来代替 σ 结果将会很差。

区间（98.08 ℉，98.32 ℉）包含真实的总体均值的置信度为 95%。这意味着如果选择许多容量 n=106 的不同样本，并计算所有样本的置信区间，那么可以预计 95% 的置信区间包含真实的总体均值。需要注意的是，公认的人体均温（98.6 ℉）不在这个区间内。基于这个样本，公认的人体均温 98.6 ℉ 很有可能是错误的。

8.2.4 选择样本容量

在设计统计调查和实验时，我们经常提前知道可能接受的误差幅度。例如，我们想要估计一辆新汽车的平均价格，误差范围在 200 美元以内。只需要通过误差幅度的公式（$E \approx 2s/\sqrt{n}$）来确定样本容量 n。

通过简单的转换可以得出：

$$n \approx \left(\frac{2s}{E} \right)^2$$

准确的样本容量公式需要知道总体标准差 σ，以此来代替样本标准差 s。在实际操作中，我们很少会知道总体标准差，因为我们仅仅研究样本。因此，为了使用样本容量公式，我们通常根据先前的研究、预备试验或有根据的推测来估计总体标准差。任何实际的样本容量必须是一个整数，所以我们可以将样本容量公式的结果取一个最接近的整数。任何一个样本容量如果大于满足给定误差幅度要求的样本容量，则其误差幅度与之相同或较小。

选择正确的样本容量

为了估计一个最大误差幅度为 E 的总体均值，样本容量至少为：

$$n = \left(\frac{2\sigma}{E} \right)^2$$

其中，σ 指总体标准差（常用样本标准差 s 做估计）。

例 4　平均住房成本

你想通过采集最近的各个（代表性）地区房屋销售的样本来研究一个国家的住房成本，目标是提出一个 95% 的置信区间。前期研究表明，总体标准差约为 7 200 美元。在下列不同误差幅度下，样本容量应该是多少（最少数量）？

a. 误差幅度在真实总体均值 500 美元以内。

b. 误差幅度在真实总体均值 100 美元以内。

答案　a. 当 E=500 美元，总体标准差估计值 σ=7 200 美元时，最小样本容量为：

$$n \approx \left(\frac{2\sigma}{E} \right)^2 = \left(\frac{2 \times 7\ 200}{500} \right)^2 = 28.8^2 = 829.44$$

因为样本容量必须是整数，所以样本容量至少是 830。

b. 当 E=100 美元，总体标准差估计值 σ=7 200 美元时，最小样本容量为：

$$n \approx \left(\frac{2\sigma}{E} \right)^2 = \left(\frac{2 \times 7\ 200}{100} \right)^2 = 144^2 = 20\ 736$$

需要注意的是，当误差幅度减少到 1/5（从 500 美元到 100 美元）时，我们必须将样本容量增加到原来的 25 倍。这就是为什么提高准确率通常需要高成本。

>>8.3 估计总体成数

本节中，我们将注意力转向总体成数的估计。许多熟知的投票和调查都基于接下来所讨论的技术。例如，尼尔森媒体调查公司对某广播或电视节目所进行的总体收视率估计，美国劳工统计局发布的月度失业率是美国总体失业率的估计，以及主导美国政治的各种投票是支持某个特定候选人的总体成数的估计。

8.3.1 估计总体成数的基本方法

美国劳工统计局基于每月对 60 000 个家庭的调查来估计全美国的失业率（见 1.1 节的例 2）。这个样本的失业率就是样本成数 $\hat{p}$（样本中的失业人数所占的比率）。与处理均值类似，我们用样本成数作为总体成数 p（总体中的失业人数所占的比率）的最佳（唯一）估计。

就像总体均值一样，如果我们用误差幅度和置信区间去描述总体成数的精确度，就可以很好地理解总体成数的估计。与总体均值相比，仅有的变化在于对误差幅度的定义。

> **技术备忘录**
>
> 误差幅度的精确公式会使用 1.96 而不是 2。而且只有在 $np \geqslant 5$ 和 $n(1-p) \geqslant 5$ 时，这个公式才会有效。在实际操作中，这些条件很容易满足。（更高级的统计学内容会提供小样本容量的技术。）

总体成数的误差幅度

对总体成数来说，95% 的置信区间的误差幅度是：

$$E \approx 2\sqrt{\frac{\hat{p}\left(1-\hat{p}\right)}{n}}$$

其中，$\hat{p}$ 是样本成数。

我们计算出误差幅度后，通过对样本成数加上和减去误差幅度来构建 95% 的置信区间。置信区间在样本成数两侧延展与误差幅度相等的距离（如图 8-11 所示）。

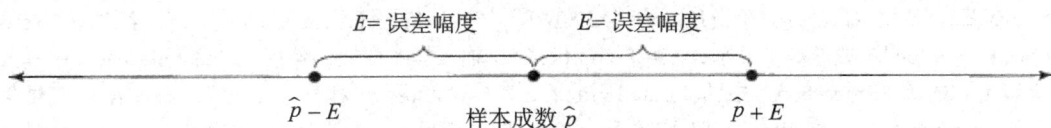

图 8-11　95% 的置信区间

总体成数的置信区间

我们通过对样本成数加上和减去误差幅度得到 95% 的置信区间，于是 95% 的置信区间是：

从 $\hat{p}$ – 误差幅度 到 $\hat{p}$ + 误差幅度

正式的写法为：

$$\hat{p} - E < p < \hat{p} + E$$

例 1　失业率

美国劳工统计局发现，一个容量 n = 60 000 个人的样本中有 5 160 个人失业。估计这个总体的失业率并给出 95% 的置信区间。

答案　样本成数是样本中的失业率：

下面是美国劳工统计局描述不确定性的失业率调查："一个样本不是全体总数，而且调查也不可能得出与对全部人口进行访谈一样的结果。但样本中的月度失业人数的估计值在总体人口普查的 29 万失业人数中的概率为 90%。由于失业总人数最近几年处于 700 万~1 100 万之间，可能的误差是由于抽样容量不够大，从而造成总失业人数失真的状况。"

$$\hat{p} = \frac{5\ 160}{60\ 000} = 0.086$$

用这个值作为总体失业率的最佳估计值，则误差幅度为：

$$E \approx 2\sqrt{\frac{\hat{p}(1-\hat{p})}{n}} = 2\sqrt{\frac{0.086(1-0.086)}{60\ 000}} \approx 0.002\ 3$$

因为是大样本，所以这个近似是有效的。95% 的置信区间是 0.086 0 − 0.002 3 = 0.083 7 到 0.086 0 + 0.002 3 = 0.088 3，即：

$$0.083\ 7 < p < 0.088\ 3$$

区间（8.37%，8.83%）包含真实的总体失业率的置信度为 95%。可以进行如下解释：如果计算出许多样本容量 $n = 60\ 000$ 的置信区间，那么这些区间中的 95% 包含总体成数。

例 2　尼尔森电视收视率

尼尔森的电视收视率采用随机的家庭样本。一项尼尔森调查结果显示，女足世界杯的收视率为 72.3%。假设样本包括 5 000 个随机选择的家庭。计算收视率估计值的误差幅度和 95% 的置信区间。

答案　样本成数 $\hat{p}$ =72.3%=0.723，它是总体成数的最佳估计值。误差幅度是：

$$E \approx 2\sqrt{\frac{\hat{p}(1-\hat{p})}{n}} = 2\sqrt{\frac{0.723(1-0.723)}{5\ 000}} \approx 0.013$$

95% 的置信区间是 0.723 − 0.013 $< p <$ 0.723 + 0.013，即 0.710 $< p <$ 0.736。

女足世界杯的整体收视率为 71%~73.6%。

⏻ 技术应用

总体成数的置信区间估计

EXCEL　使用 XLSTAT。单击顶部的 "XLSTAT"，然后单击 "Parametric Tests"，接着选择 "Tests for one proportion"。如屏幕中显示，在 "Proportion" 中输入样本成数，然后在 "Sample size" 中输入样本容量，选择 "Proportion" 中的 "Data Format"，单击 "z-test"。对于 "Range"，输入 A1，则结果将会从 A1 开始。单击 "Option"，输入期望的 "Significance level（%）"。输入 5 代表一个 95% 的置信区间。对于 "Variance（置信区间）" 选项，选择 "Sample"（使得样本方差能够用于置信区间的计算）。有四种类型的置信区间可选择，默认 "Wald"，单击 "OK"，当结果输出之后，可以看到 "confidence interval on the proportion（wald）"。

STATDISK　单击 "Analysis"，然后单击 "Confidence Intervals"。接下来选择 "Proportion-One Sample"。在出现的对话框中，首先输入一个小数作为显著性水平，比如输入 0.95 代表 95% 的置信水平。然后继续输入其他必需的内容。最后单击 "Evaluate"，则输出置信区间。

TI-83/84 PLUS　点击 ⓢⓣⓐⓣ，选择 "TESTS"，然后选择 "1-PropZInt"，输入需要的内容。用 TI-83/84 Plus 计算，需要输入连续的数据，置信区间以（$\hat{p}$ −E，$\hat{p}$ +E）形式显示。

例 3　彼得·罗斯（Pete Rose）调查

盖洛普咨询公司进行了一项对 1 016 个随机选取的成年人的调查，调查的问题是："众所周知，前棒球大联盟球员彼得·罗斯因为卷入了比赛的赌球事件而失去了进入棒球名人堂的资格。你认为他是否应该获准进入名人堂？"

在调查中，59% 的人认为彼得·罗斯应该入选棒球名人堂。请计算误差幅度和置信区间。报告结果显示误差幅度 "不超过 5%"，这与样本容量一致吗？

答案 样本容量 $n = 1\,016$，样本成数 $\hat{p} = 0.59$，误差幅度为：

$$E \approx 2\sqrt{\frac{\hat{p}(1-\hat{p})}{n}} = 2\sqrt{\frac{0.59(1-0.59)}{1\,016}} \approx 0.031$$

这个误差幅度大约为 3%，所以置信区间为 59% - 3% = 56% 到 59 + 3 = 62%。注意，报告的误差幅度是"不超过 5%"，实际上估计过高了。

8.3.2 选择样本容量

民意调查的设计者，经常指定一项结果的精确度水平。例如，预期以 95% 的置信区间和不超 1.5% 的误差幅度估计总体成数。在这种情况下，为了保证准确性，确定样本容量的大小是很有必要的。当使用 95% 的置信水平时，可以用下列简单的近似公式来计算误差幅度：

$$E \approx \frac{1}{\sqrt{n}}$$

这个公式对于误差幅度的估计相对谨慎（高于必要值）。则获得误差幅度 E 而需要的样本容量为：

$$n \approx \frac{1}{E^2}$$

任何大于或等于这个值的样本容量都是满足要求的。

> **技术备忘录**
>
> 可以从先前给出的较精确的公式推导出 $E \approx 1/\sqrt{n}$。用误差幅度最大可能值 0.25 代替 $\hat{p}(1-\hat{p})$ 得到。这个近似过高地估计了实际的误差幅度，并且当 p 在 0.5 附近时，是最精确的。

选择正确的样本容量

为了在 95% 的置信水平和特定的误差幅度 E 条件下估计总体成数，样本容量至少应该为：

$$n = \frac{1}{E^2}$$

例 4 调查的最小样本容量

你计划进行一项调查来估计学校里经常携带 iPad 的同学的比例。如果你希望置信水平为 95%，误差幅度不超过 4%，样本中至少要包含多少名同学？

答案 4% 意味着误差幅度为 0.04，计算最小的样本容量：

$$n = \frac{1}{E^2} = \frac{1}{0.04^2} = 625$$

则需要调查至少 625 名同学。

例 5 杨科洛维奇调查

一项由美国杨科维奇调研公司进行的调查显示，61% 的家庭拥有计算机。这项调查的误差幅度是 3.5%。估计其样本容量是多少？

答案 误差幅度为 3.5%，则样本容量为：

$$n = \frac{1}{E^2} = \frac{1}{0.035^2} \approx 817$$

因为必须要整数，所以需要调查大约 817 个家庭。

聚焦历史

统计学起源于哪里

许多学科的起源信息已经在古籍中失传了，但是统计学的根源能够由一些事实得以确定。1532 年在伦敦出现了系统性的记录，记录的是一周内的死亡信息。同一年代后期，法国官方开始收集关于洗礼、死亡以及婚姻的信息。1608 年，瑞典开始进行类似的出生和死亡的数据统计。而在加拿大，1666 年官方开始进行第一次普查。

当然，统计学不仅仅是数据的收集。统计学的开创者，必须以灵活和系统的方法来处理信息，同时还需要用这些信息去进行一些推断。许多专家都认为英国人约翰•格朗特（John Graunt）应该赢得统计学开创者的头衔。

约翰•格朗特于 1620 年出生于伦敦。作为家庭里的长子，他继承了父亲的家业，成为一个布商（从事服装和纺织品事业）。他生命中的大部分时间都是在伦敦生活，直到在 1666 年的伦敦大火中失去他的房子和财产。八年之后，他死于贫困。

不知从何时开始，约翰•格朗特对每周的洗礼和葬礼的记录产生兴趣。这些记录被称作死亡率统计表，从 1563 年开始在伦敦被保存下来。在他的书《关于死亡率的自然观察和政治观察》（*Natural and Political Observations on the Bills of Mortality*）的序言中，他特别指出，"人们很少在其他方面用到这些记录"，而且感叹"人们将会受益于了解这些记录"。在其书于 1662 年出版以前，他已经在统计研究上花费了数年时间。

约翰•格朗特主要是对死亡率统计表进行年终总结。图 8-12 所示为 1665 年（疫病大流行的前一年）的年度记录。这个记录最上面的 1/3 显示了每个行政区的洗礼和葬礼的数量。洗礼和葬礼的总数则显示在记录的中间，同时与死于瘟疫的记录分开列示。记录下方的 1/3 展示了其他原因导致的死亡数量，并且分别列出男性和女性死亡的总数。

约翰•格朗特意识到伦敦人数的粗略估计是基于定期税收的目的。但是他质疑 1661 年伦敦人口估计有 600 万或者 700 万人。他使用年度统计表比较葬礼和洗礼数量，来估计伦敦家庭的成员数（平均每个家庭有 8 个成员）。他通过三种不同的方法，估计总人口有 46 万。这与 600 万或 700 万相差太多了。他同时发现，虽然郊区的人口数量在减少，但是伦敦城区的人口数量却在增加，这是城市化的早期趋势。他高度关注婴儿的高死亡率，同时也反对一个流行的说法：新国王带来了瘟疫。

约翰•格朗特最显著的贡献可能是他构建了第一个生命表。虽然不可能得到具体的死亡年龄，但是他知道，在 100 个新生婴儿中，36 个人在 6 岁之前死亡，可能只有 1 个人能活到 76 岁。基于这两个信息，他填充了表 8-3，但没有解释他使用的方法。

在对各个死亡年龄估计的基础上，约翰•格朗特制作了如表 8-4 所示的生存年限表。尽管当代一些统计学家对构建该表的方法曾表示怀疑，但约翰•格朗特似乎更重视它们的价值，并预期到现在被人寿保险公司采用。直到 1693 年，发现哈雷彗星的埃德蒙•哈雷（Edmund Halley），才使用基于年龄的死亡率构建了生命表。

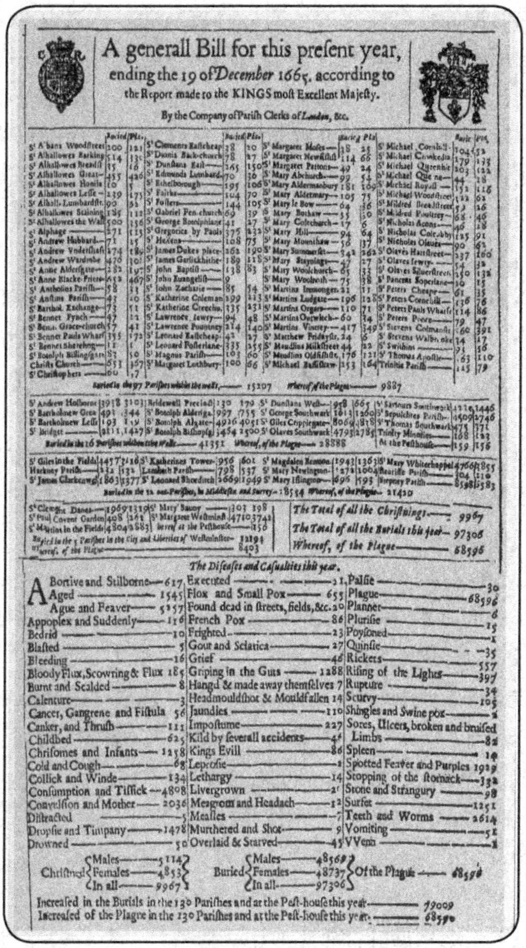
A generall Bill for this present year, ending the 19 of December 1665. according to the Report made to the KINGS most Excellent Majesty.

By the Company of Parish Clerks of London, &c.

The Total of all the Christnings — 9967

The Total of all the Burials this year — 97306

Whereof, of the Plague — 68596

The Diseases and Casualties this year.

图 8-12 1665 年年度死亡率统计表复制品

资料来源：Wellcome Historical Medical Library，*Journal of the Royal Statistical Society*，Vol. 126, part 4, 1963, pp.537-557。

表 8-3 格朗特生命表：100 个人不同年龄的死亡人数

年龄	死亡人数
6 岁以前	36
第一个 10 年	24
第二个 10 年	15
第三个 10 年	9
第四个 10 年	6
第五个 10 年	4
第六个 10 年	3
第七个 10 年	2
第八个 10 年	1

表 8-4 格朗特不同年龄生存人数表

年龄	生存人数
16 岁	40
26 岁	25
36 岁	16
46 岁	10
56 岁	6
66 岁	3
76 岁	1
80 岁	0

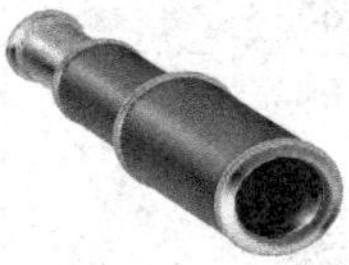

聚焦文学

莎士比亚认识多少个单词

想象一下，你参加一个国际学生的迎新会。在聚会中，你见到了 12 个瑞典人、9 个中国人、6 个法国人、4 个以色列人、3 个韩国人以及 1 个伊朗人。你知道还有一些其他国家的人，只是没有见到。基于你见到的人，是否可以估计出参加聚会的所有国际学生的国籍数量（其中包括你没有见到的人）？由于有了抽样的思想，答案是可以。

上述聚会的问题意义可能不太明确。但是，当牛津大学的海洋生物学家查尔斯•帕克斯顿（Charles Paxton）想知道还有多少“海怪”（体长超过 2 米的海底生物）没有被发现时，提出的是与聚会例子本质相同的问题。其中，聚会学生的国籍的数量对应"海怪"的种类。使用统计方法，查尔斯·帕克斯顿能够估计出除了已知的大约 220 种"海怪"以外，还有 47 种尚未被发掘。

相同的方法已经被用来分析莎士比亚（Shakespeare）的作品。统计学家布拉德利·艾弗隆（Bradly Efron）和罗纳德·齐斯泰兹（Ronald Thisted）想知道莎士比亚到底认识多少个单词，这肯定比他在写作中用到的多。在这里，参加聚会学生的国籍数量对应莎士比亚戏剧和诗歌中出现的不同单词数量。从聚会中收集的信息可以看作是第一个样本。对于莎士比亚问题，第一个样本由莎士比亚所有已知的作品中被用过一次、两次、三次等的单词的数量构成。表 8-5 为第一个样本的一小部分。表中显示，在莎士比亚的作品中 14 376 个单词只出现了一次，4 343 个单词出现了两次，以此类推（整个表更完整，一直显示到出现 10 次以上的单词数量）。

依据第一个样本，我们可以进行假设。假设选取与第一个样本容量相同的第二个新的不同的样本。那么在第二个样本中，我们可以找到多少个没有在第一个样本中出现的新单词？我们预计在第二个样本中出现的新单词的个数要少很多，因为在第一个样本中每一个首次出现的单词都是新的，即使是常见的单词"the"。在第二个样本中，这些常见的单词都不再是新的。布拉德利·艾弗隆和罗纳德·齐斯泰兹预计第一个样本中没有出现过的 11 430 个单词会在第二个样本中出现。

他们重复选取第三个样本、第四个样本、第五个样本等。在每一个新的样本中，新单词的数量在减少，但是使用过的单词的总数却在增加。布拉德利·艾弗隆和罗纳德·齐斯泰兹最终发现新单词的数量大约是 35 000 个。这意味着除了莎士比亚认识和使用的 31 534 个单词外，大约有 35 000 个单词他认识但却没有使用过。因此，他们估计莎士比亚认识的单词数量大约是 66 500 个。

布拉德利·艾弗隆和罗纳德·齐斯泰兹这种先进的分析方法在 1976 年完成。十多年后，当莎士比亚同时期的佚名作家的十四行诗被发现时，这种方法被用来分析作者是否是莎士比亚。与之前一样，莎士比亚作品中的单词被视作第一个样本，第二个样本就是有 429 个单词的新的十四行诗。使用同样的统计方法，如果莎士比亚是这首诗的作者，那么新的十四行诗中应该有 7 个单词没有在莎士比亚的作品中出现过。实际上，有 9 个单词没有在莎士比亚作品中出现过。同样地，这个方法预测新的十四行诗中有 4 个单词在莎士比亚的作品中出现过一次。实际上，有 7 个单词在莎士比亚的作品中出现过一次。该方法预测有 3 个单词在莎士比亚的作品中出现过两次，而实际上是 5 个单词。最后得出结论：预测和实际的一致性足够好，所以他们认为十四行诗的作者就是莎士比亚。

这些统计方法被用来区分莎士比亚和其他伊丽莎白时代如马洛（Marlowe）、多恩（Donne）和琼森（Jonson）等作家的作品。这些方法为詹姆斯·麦迪（James Madison）是《联邦党人文案》（*Federalist Papers*）作者的推测提供了有力的证据。它们甚至被用来确定柏拉图作品的顺序。

这个例子说明了统计学在一些看上去不相关的科目中的独特运用能力。更重要的是，它展示了两个相距甚远的科目，比如文学和海洋生物学，能通过普遍适用的统计思想而相互联系。

表 8-5　莎士比亚全部作品中出现 1~10 次的单词

出现次数	单词数量
1	14 376
2	4 343
3	2 292
4	1 463
5	1 043
6	837
7	638
8	519
9	430
10	364

第九章 假设检验

每个人都会做出一些声明：广告商对他们的产品做出声明；大学声称它们的项目是卓越的；政府声称它们的项目是有效的；律师对嫌疑人有罪或无罪做出声明；医疗诊断是对人们有无疾病的声明；制药公司对药物的有效性做出声明。但是我们如何判断这些声明是否真实呢？统计学提供了一种方法来检验这些声明，我们称之为假设检验。

有教养的标志是能够接纳一个你并不接受的观点。

——亚里士多德（Aristotle）

学习目标

9.1 假设检验的理论基础

理解假设检验的目标，掌握假设检验的基本结构。

9.2 总体均值的假设检验

理解并说明总体均值的单侧假设检验和双侧假设检验。

9.3 总体成数的假设检验

理解并说明总体成数的假设检验。

热点话题

聚焦健康和教育：你所受的教育是否有利于你长寿

聚焦农业：转基因食品安全吗

>>9.1 假设检验的理论基础

ProCare Industries, Ltd. 曾经声称它的一款叫作"性别选择"的产品能够提高女性生女孩的概率。该公司声称生女孩的概率能够提高至 80%，比正常情况下的 50% 要高。怎样才能检验这个声明是真实的呢?

性别选择产品基于一个原则，即婴儿的性别可以通过精确的怀孕时间来决定。实际上，并没有证据证明产品是起作用的，也没有证据证明产品一点价值都没有。然而，更先进的技术已经成功证明可以选择婴儿性别（用人工受精），并提出有关性别选择是否应该成为父母的选择，或者何时应该成为父母的选择这样的伦理问题。

一种方式是研究一个随机样本，如 100 个使用过性别选择产品的母亲所生下的婴儿。如果这个产品没有效果，我们可以预期一半的婴儿是女孩。如果产品有效，我们则预期有远远多于一半的婴儿是女孩。关键的问题是，什么才是"显著地超过"。如果样本的 100 个新生儿中有 97 个女孩，那么我们就完全认同显著超过一半，这个产品是有效果的。如果在这 100 个新生儿中仅仅有 52 个女孩，那么我们会认为 52 太接近一半，因此没有理由相信这个产品是有效果的。但是我们能够认为在 100 个婴儿的样本中有 64 个女孩也是"显著地超过"，同时认为这个产品是真的有效吗?

在统计学中，我们通过假设检验来回答这样的问题。在讨论假设检验特定的术语和步骤之前，先来看看用来做出性别选择产品结论的步骤，这个结论是建立在使用过产品的女性所生的 100 个婴儿中有 64 个女孩这个样本之上的。

- 先假设性别选择产品不起作用，这也就意味着产品没有提高生女孩的百分比。如果这个假设是真的，那么可以预期在所有使用过产品的女性所生的婴儿中有 50% 是女孩。也就是说，如果性别选择产品不起作用，那么女孩所占的比例应该是 0.50。
- 现在使用样本（100 个新生儿中有 64 个女孩）来检验上面的假设。从女孩所占比例为 50% 的总体中，抽取得到 100 个婴儿中 64%（或者更多）是女孩的随机样本，通过计算该事件发生的概率来进行检验。
- 如果计算得出，从一个新生儿的随机样本中选取 64%（或者更多）的女孩的概率比较大，那么我们就没有证据证明性别选择产品是有作用的。然而，如果计算得出，几乎不可能从新生儿的随机样本中选取至少 64% 的女孩，那么我们就可以得出结论：从性别选择产品样本中得到的结果很可能是由于存在除了偶然外的其他因素，这也意味着产品可能是有效的。需要注意的是，即使在这种情况下我们也无法证明产品是有效的，因为仍然存在对结果的其他解释，例如我们碰巧选择了一个不寻常的样本或者是遇到了无法解释的变量。

🕐 **思考时刻**

假如性别选择产品是有效的，随机选择一个使用过产品的女性生的 1 000 个婴儿的新样本。根据第一个样本（100 个新生儿中有 64 个女孩），预计新样本中有多少个女孩。假如性别选择产品不起作用，预计该样本中有多少个女孩。

9.1.1 假设检验的公式

在性别选择产品有效性的检验中，遗留的关键问题是尚未描述如何计算得到类似包含 64% 女孩的随机样本的概率，我们也尚未准确定义当提到随机得到一个样本是"完全可能"或是"不可能"时意味着什么。本节内容主要讨论用于解决这些问题的正式步骤。解决问题的第一步就是准确定义检验的是什么。

在统计学中，假设是指对总体参数的具体数值所做的陈述。例如，在性别选择的案例中，总体参数是所有使用过产品的女性生下女孩的比例。假设检验就是利用能够获取的样本信息来检验对总体的特定陈述是被支持还是不被支持的。

> **假设**是对总体参数（如总体成数 p 或总体均值 μ）的陈述。
> **假设检验**是用于检验有关总体参数的陈述是否正确的标准过程。

在任何假设检验中至少有两个假设。在性别选择案例中，两个假设分别是：①性别选择产品是起作用的，它使女孩的总体成数比正常预期的 50% 有所提高；②性别选择产品在提高女孩总体成数方面没有起到作用。假设检验的出发点是以上两个假设中的第二个，即产品并没有提高女孩所占的比例。我们称这个出发点为原假设，用 H_0 表示；另一个假设①称为备择假设，用 H_a 表示。综上所述，对于性别选择案例，原假设和备择假设如下。

原假设（null hypothesis）中，"null"这个词来源于拉丁文"null-us"，意思是"没有"。原假设通常被陈述为没有特殊影响或者差异。

- 原假设是性别选择产品没有起作用的陈述，即在这种情况下使用过产品的女性生出女孩的总体成数应该为 50%，或是 0.50。用 p 来代表总体成数，则原假设为：
  H_0（原假设）：$p = 0.50$
- 备择假设是性别选择产品有作用的陈述，即在这种情况下使用过产品的女性生出女孩的总体成数应该大于 50%，或是 0.50。则备择假设为：
  H_a（备择假设）：$p > 0.50$

在本章中，原假设总是包括等式条件，比如性别选择案例的原假设是等式 $p = 0.50$（第十章中会有原假设是其他类型的例子）。而性别选择案例的备择假设（$p > 0.50$）仅仅是本章中三种常见备择假设中的一种：

$$总体参数 < 陈述值$$
$$总体参数 > 陈述值$$
$$总体参数 \neq 陈述值$$

如同我们将在 9.2 节中见到的，假设检验中这三种不同类型的备择假设有略微不同的计算方式，因此要给予它们不同的名称。第一种形式（"<"）称为左侧假设检验，因为它需要检验总体参数是否在陈述值的左侧（更低的值）。类似的，第二种形式（">"）称为右侧假设检验，因为它需要检验总体参数是否在陈述值的右侧（更高的值）。第三种形式（"$\neq$"）

称为双侧假设检验，因为它需要检验总体参数是否显著地远离陈述值的两侧。

原假设和备择假设

原假设（H_0）是假设检验最初的假设。对于本章中的假设检验，原假设总是为总体参数声明一个具体数值，因此可以得到一个等式形式：

$$H_0（原假设）：总体参数 = 陈述值$$

备择假设（H_a）则声明总体参数为完全不同于原假设陈述的数值，它可有以下三种形式：

$$（左侧）H_a：总体参数 < 陈述值$$

$$（右侧）H_a：总体参数 > 陈述值$$

$$（双侧）H_a：总体参数 \neq 陈述值$$

例1　确定假设

在以下案例中，确定声明的总体参数，描述假设检验的原假设和备择假设，并且指出假设检验是左侧检验、右侧检验还是双侧检验。

a. 尼桑公司声称一种名为树叶的电动汽车在充电后平均可以行驶110英里。一组消费者声称平均路程是小于110英里的。

b. 俄亥俄州卫生部门声称，俄亥俄州医院的女性分娩后的平均住院天数要高于国家平均值2天。

c. 一位在非洲热带草原工作的野外生物学家声称，该地区雌性斑马的真实比例不同于公认的50%。

答案　a. 总体参数是总体均值（μ），即充电后汽车行驶的平均路程。原假设必须声明总体均值等于某个具体的数值。因此，我们认定原假设为广告商的声明，即汽车行驶的平均路程为110英里。备择假设是消费群体的声明，即真实的平均路程少于广告中声明的。综上所述：

H_0（原假设）：$\mu = 110$ 英里

H_a（备择假设）：$\mu < 110$ 英里

因为备择假设是"<"的形式，所以假设检验是左侧检验。

b. 总体是俄亥俄州所有刚刚分娩的女性，总体参数是她们在俄亥俄州医院分娩后住院的平均天数（μ）。原假设是平均住院天数等于全国平均值2天。备择假设是卫生部门声称的俄亥俄州的平均住院天数高于全国平均值。综上所述：

H_0（原假设）：$\mu = 2.0$ 天

H_a（备择假设）：$\mu > 2.0$ 天

因为备择假设是">"的形式，所以假设检验是右侧检验。

c. 在本案例中，声明是关于总体成数（p）的，即该地区的斑马总体中雌性斑马所占的比例。公认的总体成数是 $p = 0.50$，这是原假设。野外生物学家声称该地区雌性斑马的真实比例不同于原假设的数值。由于"不同于"可以是"高于"，也可以是"低于"，备择假设是一个"不等"的形式：

H_0（原假设）：$p = 0.5$

H_a（备择假设）：$p \neq 0.5$

因为备择假设是"$\neq$"形式，所以假设检验为双侧检验。

9.1.2 假设检验的可能结果

假设检验总是先假设原假设是正确的。然后检验数据是否有足够理由否定原假设。一般情况下，假设检验只有两种可能的结果。

假设检验的两种可能结果

- 拒绝原假设 H_0，这种情况下我们有证据支持备择假设。
- 不拒绝原假设 H_0，这种情况下我们没有足够的证据支持备择假设。

要注意"接受原假设"并不是可能出现的结果，因为原假设总是最初的假设。假设检验可能无法给出理由拒绝最初的假设，但是它也不能提供足够的理由得出最初假设是正确的结论。

事实上只有两种可能的结果，这就使得用公平的方式来选择原假设和备择假设变得极其重要。尤其是在从总体中选出一个样本做检验之前，两个假设都已经被详细阐述了。另外，来自样本中的数据可能会偏向用于检验的假设选择。

🕐 **思考时刻**

假设检验并不能使我们接受原假设的观念是一个古老格言的实例，这个格言是"没有找到证据并不代表没有证据"。作为这一观念的实例，请解释为什么从理论上证明某种传说中的动物（如生存于北美洲西北部太平洋沿岸森林中的野人或尼斯湖水怪）存在是容易的，但是却几乎不可能证明它并不存在。

例2　假设检验的结果

对于例 1 中的三个案例，分别描述假设检验的可能结果，以及如何阐述这些结果。

答案　a.原假设是广告商的声明，即汽车的平均路程是 $\mu = 110$ 英里。备择假设是消费群体的声明，即真实的路程少于广告中的路程（$\mu < 110$ 英里）。可能的结果是：

- 拒绝 $\mu = 110$ 英里的原假设，这种情况下我们有证据支持消费群体的声明，即真实的路程少于广告中的。
- 不拒绝原假设，这种情况下我们缺乏证据来支持消费群体的声明。然而，这个选择并不意味着广告的声明是真实的。

b.原假设是平均住院天数等于全国平均值 2 天。备择假设是卫生部门声称的俄亥俄州的平均住院天数高于全国平均值。可能的结果是：

- 拒绝 $\mu = 2.0$ 天的原假设，这种情况下我们有证据支持卫生部门声称的俄亥俄州的平均住院天数高于全国平均值。
- 不拒绝原假设，这种情况下我们缺乏证据来支持卫生部门的声明。然而，这个选择并不意味着俄亥俄州的平均住院天数完全等于全国平均值 2.0 天。

c.原假设是雌性斑马的比例是公认的总体成数 50%（$p = 0.5$）。备择假设是野外生物学家声称的公认的数值是错误的，这意味着该地区雌性斑马的真实比例不是 50%（它既可以"高于"50%，也可以"低于"50%）。可能的结果是：

- 拒绝 $p = 0.5$ 的原假设，这种情况下我们有证据支持野外生物学家的声称，即公认的数值是错误的。
- 不拒绝原假设，这种情况下我们缺乏证据来支持野外生物学家的声明。然而，这个选择并不意味着公认的数值是正确的。

假设检验第一个被记录的案例来自于苏格兰人约翰·阿布斯诺特（John Arbuthnot，1667—1735 年）。他研究了 82 年的数据，注意到每年接受洗礼的男性数量稳定地高于女性。并且他了解到接受洗礼没有任何的性别歧视，因此他认为这样的一种模式不可能是偶然的，这意味着男孩出生的比例必须略高于所有新生儿的 50%。在现代术语中，就是拒绝原假设，即数据可以单独由偶然性解释。

9.1.3 假设检验的结论

让我们回到性别选择案例，假设随机抽取了 100 个婴儿（使用过性别选择产品的女性所分娩）的样本，并且发现其中有 64 个是女孩。我们如何确定这个样本结果是使我们拒绝还是不拒绝原假设？答案实质上是决定如果原假设是正确的，那么样本结果是可能偶然发生还是不可能偶然发生。

这个案例的原假设是在性别选择产品的使用者总体中生女孩所占的真实比例是 50%，或者 $p = 0.50$。运用第八章介绍的符号，则研究样本的样本容量 $n = 100$，样本成数 $\hat{p} = 0.64$。这样问题变成：如果真实的总体成数是 $p = 0.50$（正如原假设声明的），那么单独靠偶然性取得一个样本容量 $n = 100$ 的样本，其样本成数至少为 $\hat{p} = 0.64$ 的概率是多少？如果概率很小，那么找到这样一个样本的概率就很小，因此我们有理由拒绝原假设。如果观测的样本结果的概率是中等或是偏高的，那么我们完全有可能偶然找到这样的样本，因此我们不能拒绝原假设。

做出拒绝或者不拒绝原假设决定的方式是多种多样的。在这里，我们了解两种高度相关的选择：根据结果的统计显著性做出决定，根据检验结果的真实概率（P 值）做出决定。

> 最可能的真实依赖于统计学的判断，它可以衡量几种可能性中哪种更可能是真实的。当某些事情必须用排除合理怀疑来证明时意味着什么？什么样的怀疑水平是可以接受的？二十分之一？还是万亿分之一？
>
> ——K.C. 科尔（K.C.Cole）

1. 统计显著性

6.1 节介绍了统计显著性这一概念。回顾一下，如果某一特定结果的概率小于或等于 0.05，我们就说这个结果在 0.05 水平上是统计显著的；如果概率小于或等于 0.01，那么这个结果在 0.01 水平上是统计显著的。0.01 水平比 0.05 水平具有更强的显著性。下面总结如何将这些概念直接运用到假设检验中。

> **基于统计显著性水平的假设检验决定**
>
> 我们通过将实际的样本统计量（均值或者比例）与假设原假设正确所期望的结果作比较来决定假设检验的结果。为了做出决定，必须选择一个显著性水平。
>
> （1）如果得到样本统计量的概率小于 1%（或者 0.01），那么检验在 0.01 水平上是统计显著的，这为拒绝原假设提供了充分的理由。
>
> （2）如果得到样本统计量的概率小于 5%（或者 0.05），那么检验在 0.05 水平上是统计显著的，这为拒绝原假设提供了中等强度的证据。
>
> （3）如果得到样本统计量的概率高于所选择的显著性水平（0.01 或者 0.05），那么我们无法拒绝原假设。

例 3　假设检验的统计显著性

考虑性别选择案例，其样本容量 $n = 100$，样本成数 $\hat{p} = 0.64$。使用本章后面要讨论的方法，可以计算出在假定原假设（$p = 0.05$）正确的条件下，随机选择这样一个样本成数（或者是更极端的比例 $\hat{p} > 0.64$）的概率为 0.002 6（可使用相关方法获得更加精确的结果，为 0.003 3）。根据这个结果，你应该拒绝原假设还是不拒绝原假设？

答案　0.002 6 的概率意味着，如果原假设是正确的（真正的总体成数为 50%），那么随机抽取一个样本

成数至少为 $\hat{p} = 0.64$ 的样本的概率小于 1%，所以这个结果在 0.01 水平上是统计显著的。因此我们可以拒绝原假设，这也意味着它支持备择假设，即性别选择产品提高了生女孩的比例使之超过 50%。

2. P 值

在例 3 中，我们得出结论：由于样本成数在 0.01 水平上是统计显著的，样本结果给我们足够理由去拒绝原假设。事实上，结果比上述的更好，计算出的概率 0.002 6 称为 P 值（概率数值的简称），它比简单地陈述统计显著性水平提供了更多的信息。注意这里是大写字母 P，要避免与小写字母 p 发生混淆，小写字母 p 代表总体成数。也就是说，对于例 3 来说假设检验的 P 值是 0.002 6。我们将在 9.2 节和 9.3 节讨论 P 值的计算方法；在此，我们仅仅把注意力放在对它的解释上。

基于 P 值的假设检验决定

在对总体参数的声明进行假设检验的过程中，P 值（概率数值）是指假定原假设正确的前提下，随机抽取样本的样本统计量或更极端的样本统计量出现的概率。

（1）一个小的 P 值（如小于或等于 0.05）表明样本结果是不可能偶然发生的，因此样本结果提供足够的理由来拒绝原假设。

（2）一个大的 P 值（如大于 0.05）表明样本结果可以很轻易地偶然发生，所以不能拒绝原假设。

例 4 公平的硬币

你猜想一枚硬币可能更偏向于反面着地而不是正面着地，并且决定通过掷 100 次硬币来检验这个猜想。结果是你得到了 40 次正面和 60 次反面。计算（并不在这里展示）得出用公平硬币掷 100 次得到 40 次及以下正面的概率是 0.028 4。说明该结果的 P 值和统计显著性水平。你能够得出硬币偏向于反面的结论吗？

答案 原假设为硬币是公平的，在这种情况下正面着地的比例应该是 50%（H_0: $p = 0.50$）。备择假设是你的猜想，即硬币是偏向于反面的，在这种情况下正面所占的比例应该少于 50%（H_a: $p < 0.50$）。投掷 100 次硬币代表一个容量 $n = 100$ 的随机样本，40 次正面的结果说明假设检验的样本成数 $\hat{p} = 0.4$。检验的 P 值是得到样本成数或更极端值（$\hat{p} \leqslant 0.4$）的概率。假设硬币是公平的，并且正面的总体成数是 0.5。事件发生的给定概率是 0.028 4，即检验的 P 值。由于 P 值小于 0.05，结果在 0.05 水平上是统计显著的。但它并不小于 0.01，所以结果在 0.01 的水平下是不显著的。在 0.05 水平下的统计显著性提供了中等程度的理由来拒绝原假设，并且可以得出结论，硬币是偏向于反面着地的。

9.1.4 小结

我们已经介绍了假设检验所有基本的概念，接下来将在 9.2 节讨论总体均值假设检验的计算，在 9.3 节讨论总体成数假设检验的计算。以下总结了假设检验的步骤。

假设检验的步骤

步骤 1：详细阐述原假设和备择假设，每一个假设都必须对总体参数进行声明，如总体均值（μ）或者总体成数（p），并确保要在取得样本或者收集数据之前确定。根据备择假设的形式，决定是需要左侧、右侧还是双侧的假设检验。

步骤 2：从总体中取得一个样本，并测量样本统计量，包括样本容量（n）和相关的样本统计量，如样本均值（$\bar{x}$）或样本成数（$\hat{p}$）。

> ┌─ **假设检验的步骤** ─
>
> 步骤 3：在假定原假设正确的条件下，确定观测的样本统计量（均值或比例）或更极端的值出现的概率。观测的准确概率就是样本结果的 P 值（概率数值）。
>
> 步骤 4：根据选择的显著性水平（通常是 0.05 或 0.01，但有时也会用到其他显著性水平），决定是拒绝原假设还是不拒绝原假设。

再次强调，一定要避免混淆字母 p 的三种不同用法：

- 小写字母 p 代表总体成数，即在一个完整总体中的真实比例。
- 小写字母 $\hat{p}$ 代表样本成数，即从总体中抽取的样本的比例。
- 大写的 P 表示概率，即 P 值。

例 5　租赁汽车的平均英里数

在美国，普通的汽车每年大约行驶 12 000 英里。一个大型汽车租赁公司的所有者猜想，他的车队每年行驶的平均距离超过 12 000 英里。他从车队中随机选择了一个容量 $n = 225$ 辆车的样本，发现这个样本每年行驶的平均英里数为 12 375 英里。计算得出，如果假设车队行驶的平均值等于全美国平均值 12 000 英里，那么选择一个至少每年行驶的平均英里数为 12 375 英里的 225 辆车的样本的概率是 0.01。根据以上数据，描述进行假设检验的过程并且得出结论。

答案　列出假设检验的四个步骤。

步骤 1：总体参数是总体均值（μ），即车队中所有汽车的每年行驶平均英里数。原假设为总体均值，是全美国每年每辆车行驶的平均英里数 12 000 英里。备择假设是公司所有者的声明，即车队行驶距离的总体均值高于全美国平均值。

H_0: $\mu = 12\,000$ 英里

H_a: $\mu > 12\,000$ 英里

由于备择假设是"$>$"的形式，假设检验是右侧检验。

步骤 2：选择样本并测量样本统计量。已知样本容量 $n = 225$ 辆车，样本均值 $\bar{x} = 12\,375$ 英里。

步骤 3：在车队行驶均值是 12 000 英里（原假设）为真的假设下，确定偶然选择一个均值至少为 12 375 英里的样本的概率。这里已知概率为 0.01，即 P 值。

步骤 4：P 值为 0.01，则结果在 0.01 水平下是显著的。因此拒绝原假设并得出结论：检验为备择假设提供了有力的证据，这表明租赁公司的汽车车队每年行驶的平均英里数高于全美国平均值 12 000 英里。

9.1.5 假设检验的法律类比

法律类比分析有助于阐明假设检验的思想。在美国法庭中，基本原则是如果没有证据证明有罪，那么被告将被判无罪。由于最初的假设是无罪的：

H_0: 被告是无罪的。

H_a: 被告是有罪的。

检察官的工作就是提供强有力的证据来说服法官拒绝原假设并且发现被告有罪。如果检察官没有提出充分的证据，那么法官将无法拒绝原假设 H_0，则被告将被判为"无罪"。需要注意的是，宣告一个人无罪（接受 H_0）并不是一种选择：无罪意味着没有充分的证据来证明有罪，但是也不能证明无辜。

思考时刻

考虑下面两种情况：第一种情况，你是一个案件的法官，在这个案件中被告有可能最多被罚 2 000 美元；第二种情况，你是一个案件的法官，在这个案件中被告可能被判死刑。比较这两种情况下你会使用的显著性水平。在每一种情况下，错误地拒绝原假设的后果是什么？

>>9.2 总体均值的假设检验

在 9.1 节中，我们简单地描述了假设检验步骤的基本结构。在所有案例中，我们都必须做出决策，是拒绝原假设，还是不拒绝原假设，其中原假设就是检验最初的假设。在本章中，我们讨论总体均值假设检验中所用的计算方法。首先研究单侧（左侧或右侧）检验的步骤，然后讨论双侧检验与单侧检验步骤的差别。

9.2.1 单侧检验

思考以下假设的情形。哥伦比亚大学声称其毕业生的起始薪资为 39 000 美元。一个名为广告真实委员会的独立组织怀疑这个声明夸大其词，并决定进行假设检验来寻找证据支持猜测。

我们关注的参数是所有哥伦比亚大学毕业生总体的起始薪资，所以假设检验将会使用总体均值（μ）。原假设是大学的声明，即平均起始薪资是 39 000 美元。备择假设是委员会的声明，大学夸大了平均起始薪资，即平均起始薪资低于 39 000 美元。原假设和备择假设为：

H_0：$\mu = 39\,000$ 美元

H_a：$\mu < 39\,000$ 美元

由于备择假设是"<"的形式，这是一个左侧假设检验。左侧检验和右侧检验的步骤是一样的，所以将它们统称为单侧检验。

在进行假设后，广告真实委员会随机选择 100 名刚刚从该大学毕业的学生作为样本。在样本中，毕业生的平均薪资被证实为 37 000 美元。样本容量 $n = 100$，样本均值 $\bar{x} = 37\,000$ 美元。

假设检验最初的两步已经完成：平均起始薪资作为总体参数已经被确定，原假设和备择假设也已经做过声明，样本确定，且样本容量和样本均值也已经测量出来。下面进行第三步和第四步，首先假定原假设是正确的，然后确定样本统计量是否提供充分的理由去拒绝原假设。

1. 抽样分布

假设检验的第三步是在原假设正确的假设条件下，计算观察的样本均值作为极端值出现的概率。对于哥伦比亚大学

2010 年《纽约时报》的数据显示，所有获得学士学位的大学毕业生的起始薪资的中位数大约是 27 000 美元。这里给出的是中位数而不是平均值，因为薪资分布呈现出一边倒的趋势，大多数人有很显著的不同。一般情况下，工程学和商学专业的毕业生获得的薪资最高。

的案例，问题变成：当总体均值为 39 000 美元时，找到一个均值等于或小于 37 000 美元的样本（容量 $n = 100$）的概率是多少？我们需要知道观测到的样本均值（$\bar{x} = 37\ 000$ 美元）仅仅是样本均值分布中的一点。

为了理解观察样本，假设广告真实委员会并不只选择一个容量 $n = 100$ 的样本，而是抽取了许多同样容量的样本。每一个样本都有一个独特的样本均值 $\bar{x}$，我们可以绘制样本均值分布图。如同 8.1 节讨论的，对于一个相当大的样本容量，如 $n = 100$，所得到的抽样分布将会是一个均值等于总体均值的正态分布。在以上案例中，原假设总体均值 $\mu = 39\ 000$ 美元，所以如果原假设是正确的，那么抽样分布将在这个数值达到顶峰（如图 9-1 所示）。

图 9-1 中的曲线为原假设正确的假设下的抽样分布。这个曲线是根据许多样本均值数据绘制的。当只有一个样本均值时，它代表的只是曲线上的一个点。如果这个点离曲线的峰值很近，那么样本均值离原假设所期望的总体均值很近。在这种情况下，找到这样一个样本均值的概率并不小，所以没有理由拒绝原假设。相反，当样本均值离原假设所声明的总体均值很远时，如果原假设正确，找到这样一个样本均值的概率就很小。这时我们可以得出结论：真实的总体均值很可能不是原假设声称的数值，在这种情况下我们就有理由拒绝原假设。

如果原假设是正确的，曲线就是样本均值的抽样分布

均值就是原假设声称的总体均值（$\mu = 39\ 000$ 美元）

接近峰值的样本均值很可能出现，因此没有理由拒绝原假设

远离峰值的样本均值不太可能出现，这表明原假设是错误的

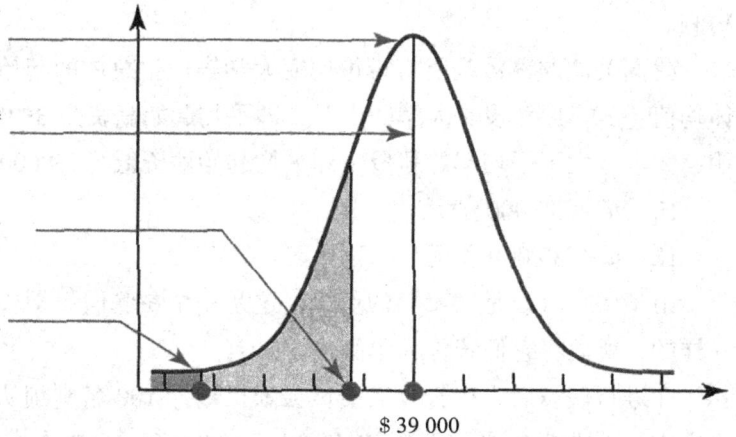

$39\ 000

图 9-1　哥伦比亚大学假设检验的图示说明

注：如果原假设是正确的，总体均值就是 $\mu = 39\ 000$ 美元。在这种情况下，如果我们从总体中选取许多样本，样本均值的分布就是均值为 39 000 美元的正态分布。在这个假设下，单独样本均值到总体均值的距离可以使我们决定是否拒绝原假设。

2. 计算标准分数

是否拒绝原假设取决于样本均值是"接近"还是"远离"原假设所声明的总体均值。由于抽样分布是一个（近似）正态分布，样本均值的标准分数为样本均值和所声明的总体均值之间距离的量化值。回顾 5.2 节，在正态分布下，一个数值的标准分数（z 分数）是高于或低于均值的标准差的倍数。由中心极限定理（见 5.3 节）可知，样本均值分布的标准差

是 $\sigma/\sqrt{n}$ ，其中 σ 是总体标准差，n 是样本容量。由此可得出样本均值的标准分数的计算公式：

$$z = \frac{样本均值 - 总体均值}{抽样分布的标准差} = \frac{\bar{x} - \mu}{\sigma/\sqrt{n}}$$

最后一个问题就是一般情况下我们不知道总体标准差 σ。现在，假设可以用样本标准差 s 估计总体标准差。在案例中，100 个薪资的标准差 s = 6 150 美元（在 10.1 节，我们将讨论用更好的方法来计算总体标准差 σ）。设定 σ = 6 150 美元，那么样本均值分布的标准差是：

$\dfrac{\sigma}{\sqrt{n}} = \dfrac{6\,150}{\sqrt{100}} = 615$（美元）。在标准分数计算公式中带入以上数值，则当总体均值 μ=39 000 美元，样本均值 $\bar{x}$ = 37 000 美元时，抽样分布的标准分数为：$z = \dfrac{\bar{x} - \mu}{\sigma/\sqrt{n}} = \dfrac{37\,000 - 39\,000}{615} = -3.25$。即样本均值 $\bar{x}$ = 37 000 美元位于抽样分布均值左侧 3.25 个标准差的位置。

图 9-2 显示标准分数为 –3.25 的样本结果在分布左侧很远的位置，这表明如果总体样本真的是原假设所声称的 39 000 美元，那么这个样本出现的可能性很低。这意味着原假设是不正确的，应该被拒绝。下面是通过分析标准分数并做出假设检验决定的基本步骤。

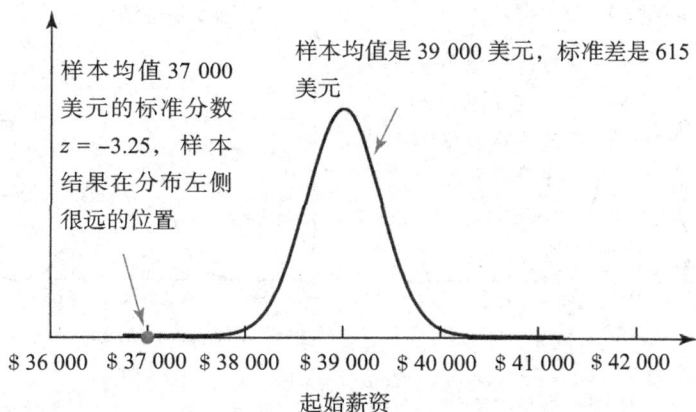

图 9-2 哥伦比亚大学假设检验 z = –3.25 的图示

在假设检验中计算样本均值的标准分数

当随机抽取一个样本进行假设检验时，我们可以将它看作抽样分布许多可能样本中的一个。给定样本容量（n）、样本均值（$\bar{x}$）、总体标准差（σ）以及所声明的总体均值（μ），可以进行以下计算：

$$样本均值分布的标准差 = \frac{\sigma}{\sqrt{n}}$$

$$样本均值的标准分数：z = \frac{\bar{x} - \mu}{\sigma/\sqrt{n}}$$

注：实际上，确定总体标准差 σ 是几乎不可能的，所以通常用样本标准差 s 进行估计（见 10.1 节）。

3. 统计显著性的临界值

回顾一下，如果找到一个和结果一样极端的实际观测值的概率等于或小于 0.05，那么假设检验在 0.05 的水平上是显著的（假设原假设正确）。对于左侧检验，我们要寻找位于或者低于抽样分布第 5 百分位的标准分数。由表 5-1 可知，第 5 百分位数对应 $z = -1.6$ 和 $z = -1.7$ 之间的标准分数；表 A-1 是更准确的标准分数表，它显示出第 5 百分位数对应的标准分数 $z = -1.645$。所以，如果样本均值的标准分数小于或等于 -1.645，左侧假设检验在 0.05 水平上就是显著的。在左侧假设检验中，标准分数代表在 0.05 水平上显著性的临界值。

> **技术备忘录**
>
> 样本均值的标准分数通常被称为检验统计量。

相同的结论可以应用到 "H_a: $\mu >$ 陈述值" 形式的备择假设的右侧检验中。在这种情况下，0.05 的显著性水平要求样本均值位于或者高于第 95 百分位数，即要求标准分数大于或等于 1.645。图 9-3 所示为左侧检验和右侧检验的临界值。为了计算 0.01 显著性水平的临界值，找出第 1 百分位数和第 99 百分位数的标准分数（而不是第 5 百分位数和第 95 百分位数），表 A-1 显示它们分别是 -2.33 和 2.33。

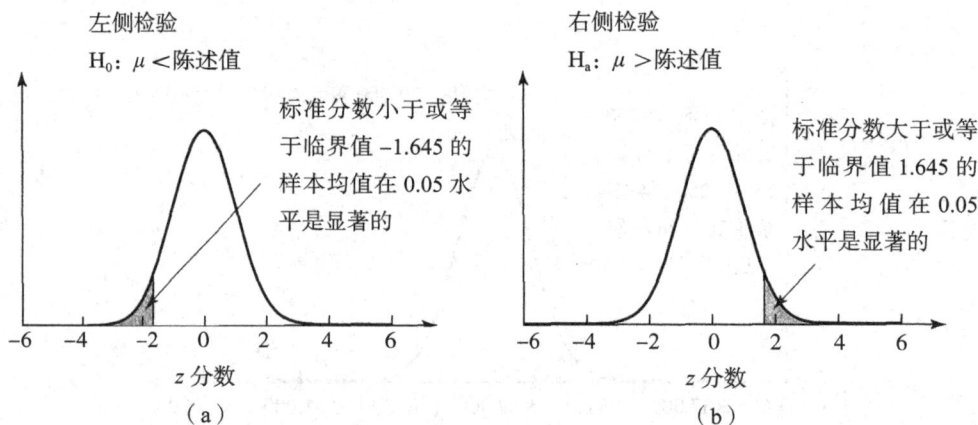

左侧检验
H_0: $\mu <$ 陈述值

标准分数小于或等于临界值 -1.645 的样本均值在 0.05 水平是显著的

右侧检验
H_a: $\mu >$ 陈述值

标准分数大于或等于临界值 1.645 的样本均值在 0.05 水平是显著的

z 分数
（a）

z 分数
（b）

图 9-3　0.05 显著性水平，单侧假设检验样本均值的临界值

基于单侧假设检验的统计显著性的判定

通过对标准分数（z）和在某一给定显著性水平下样本均值的临界值进行比较来决定是否拒绝原假设。表 9-1 所示为 0.05 和 0.01 显著性水平下对单侧假设检验做出的判定。

表 9-1　0.05 和 0.01 显著性水平的假设检验

检验类型	H_a 的形式	0.05 水平拒绝 H_0 的标准分数	0.01 水平拒绝 H_0 的标准分数
左侧检验	H_a: $\mu <$ 陈述值	$z \leqslant -1.645$	$z \leqslant -2.33$
右侧检验	H_a: $\mu >$ 陈述值	$z \geqslant 1.645$	$z \geqslant 2.33$

🕐 思考时刻

假如在右侧检验中，一个样本均值的 $z = 3$，而另一个样本均值的 $z = 10$。这两个样本均值在 0.01 水平都是显著的，请问哪一个结果为拒绝原假设提供了更有力的证据？请解释。

例 1 哥伦比亚大学假设检验的显著性

假设原假设是正确的，即哥伦比亚大学毕业生的平均起始薪资是 39 000 美元，那么一个平均值为 37 000 美元的样本是否具有统计显著性？根据你的答案，应该拒绝还是不拒绝原假设？

答案 假设检验是左侧的（因为备择假设 $\mu <$ 39 000 美元是"<"的形式），已知样本均值 $\bar{x} = 37\ 000$ 美元的标准分数为 -3.25。因为标准分数小于临界值 $z = -1.645$，所以这个结果在 0.05 水平是显著的。实际上，由于标准分数小于 -2.33，它在 0.01 水平也是显著的。因此有足够强的证据拒绝原假设，并得出结论：哥伦比亚大学夸大了毕业生的平均起始薪资。

4. 计算 P 值

我们可以用 P 值使结果的显著性更加准确。回顾一下，P 值是在原假设正确的假设下，根据实际观测数据计算得出的样本均值（或更极端值）出现的概率。对于本章节讨论的假设检验，一般情况下，通过样本均值的标准分数找出 P 值。图 9-4 中，将样本均值分布曲线下的面积定义为 1，因此可以用曲线下的面积解释概率。对于左侧检验（如图 9-4a 所示），找到一个小于或者等于某个特殊样本均值的概率就是曲线下样本均值左侧区域的面积。对于右侧检验（如图 9-4b 所示），概率就是曲线下样本均值右侧区域的面积。

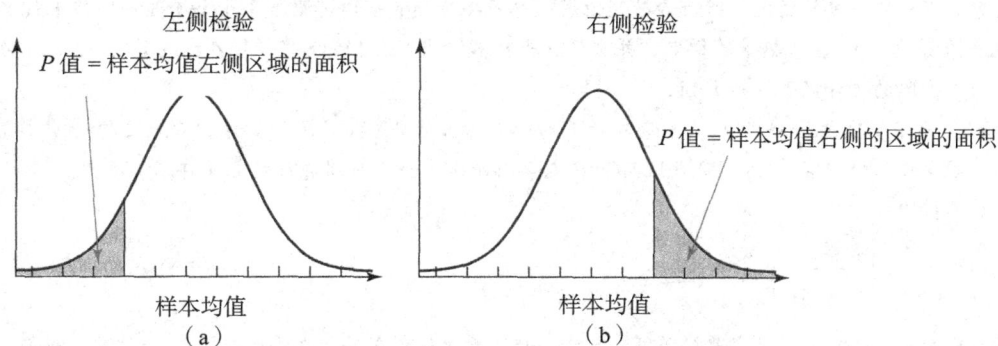

图 9-4 单侧假设检验的 P 值对应抽样分布曲线下的面积

注：表 A-1 列出的是每个标准分数左侧区域的面积；对于右侧检验，计算样本均值右侧区域的面积需要用表中所给的数值减去 1。

接下来我们计算哥伦比亚大学假设检验的 P 值。已知样本均值（$\bar{x} = 37\ 000$ 美元）的标准分数 $z = -3.25$。查阅表 A-1，这个标准分数所对应的"左侧区域累计面积"为 0.000 6，这就是所要计算的 P 值。这个很小的 P 值为拒绝原假设提供了很强的证据。

> P 值经常被用于测度蔑视法庭的程度，在这种情况下，原假设是应该被支持的。
> ——罗伯特·阿贝尔森（Robert Abelson），《作为原则判断的统计学》（*Statistics as a Principled Argument*）

5. 总体均值单侧检验的总结

我们已经完成了对总体均值的单侧假设检验，总结如下。

- 由于是对总体均值的假设检验，原假设的形式为 μ = 陈述值。为了确定是否拒绝原假设，在假定原假设正确的前提下，必须确定在假设检验中得到特定样本的情况是否可能发生。

- 通过样本均值的标准分数确定这种情况的概率，用以下公式计算样本均值的标准分数：

$$z = \frac{\bar{x} - \mu}{\sigma / \sqrt{n}}$$

其中，n 是样本容量；$\bar{x}$ 是样本均值；μ 是原假设所声明的总体均值；σ 是总体标准差。

- 接着用以下两种方式估计标准分数：

  （1）可以通过将计算得到的标准分数与表 9-1 给出的临界值作比较来估计统计显著性水平。

  （2）可以通过附录 1 的标准分数表来确定 P 值。对于左侧检验，P 值是正态曲线下标准分数左侧区域的面积；对于右侧检验，P 值是正态曲线下标准分数右侧区域的面积。

- 如果结果在选择的水平上（通常是 0.05 或 0.01）统计显著，拒绝原假设。如果结果不是统计显著的，那么就不能拒绝原假设。

例 2　租赁汽车的平均英里数（重新考虑）

回顾一下租赁汽车的案例，所有者猜测他的汽车每年行驶的平均英里数高于全美国平均值 12 000 英里。他随机选择了一个 n = 225 辆车的样本，并且计算出样本均值 =12 375 英里，样本标准差 s = 2 415 英里。确定这个假设检验的统计显著性和 P 值，并解释。

答案　为了确定显著性和 P 值，必须计算样本均值 $\bar{x}$ =12 375 英里的标准分数。已知总体均值（μ = 12 000 英里）以及样本容量（n = 225）。不知道总体标准差，但是可以假设它等于样本标准差，即 σ = 2 415 英里。计算得出：

$$z = \frac{\bar{x} - \mu}{\sigma / \sqrt{n}} = \frac{12\ 375 - 12\ 000}{2\ 415 / \sqrt{225}} \approx 2.33$$

标准分数大于 0.05 显著性水平的临界值 z = 1.645，等于 0.01 显著性水平的临界值 z = 2.33。我们在表 A-1 中找到 P 值，即标准分数 z = 2.33 左侧临界区域的面积为 0.990 1；由于是右侧检验，右侧区域（参考图 9-4b）的面积是 1- 0.990 1 = 0.009 9。所以，P 值是 0.009 9，这个值十分接近 0.01。因此，我们有足够的理由拒绝原假设，并得出结论：租赁汽车车队行驶的平均值大于全美国平均值。

9.2.2 双侧检验

同样的基本原理可以应用到双侧检验，在双侧检验中备择假设是 "$\neq$" 的形式，即 H_a: $\mu \neq$ 陈述值。但是，双侧检验的陈述值和 P 值的计算过程与单侧检验稍有不同。

通常，如果抽取一个特定样本的概率等于或小于 0.05，那么假设检验在 0.05 水平是显著的。对于单侧检验，与标准分数对应的 0.05 的概率在左侧检验的第 5 百分位处和右侧检验的第 95 百分位处（如图 9-3 所示）。但对于双侧检验来说，一个 "实际抽取的特定样本" 的数值，既可能位于抽样分布的左侧，也可能位于抽样分布的右侧（如图 9-5 所示）。因此，与标准分数对应的 0.05 或者 5% 既包括抽样分布左侧的 2.5%，也包括抽样分布右侧的 2.5%。从附录 1 中可知标准分数 –1.96 对应第 2.5 百分位数，标准分数 1.96 对应第 97.5 百分位数。这些标准分数为双侧检验 0.05 显著性水平的临界值。同样地，双侧检验 0.01 显著性水平的临界值是第 5 百分位数和第 99.5 百分位数对应的标准分数，为 –2.575 和 2.575。

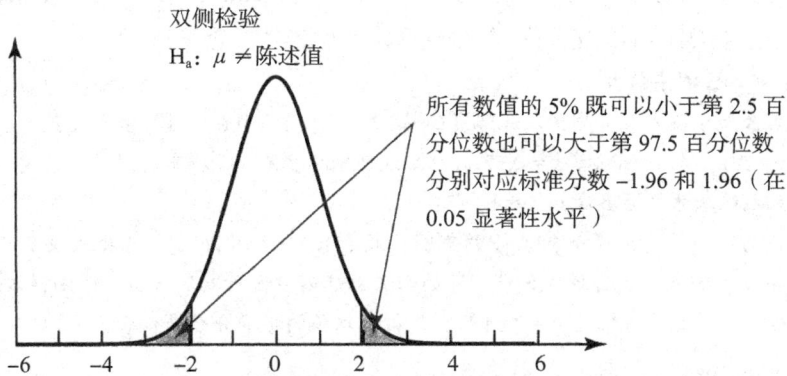

双侧检验

H_a: $\mu \neq$ 陈述值

所有数值的 5% 既可以小于第 2.5 百分位数也可以大于第 97.5 百分位数分别对应标准分数 –1.96 和 1.96（在 0.05 显著性水平）

图 9-5　双侧检验 0.05 显著性水平的临界值

考虑双侧检验的 P 值。回顾一下单侧检验，左侧检验的 P 值是曲线下样本均值左侧区域的面积，右侧检验的 P 值是曲线下样本均值右侧区域的面积。由于双侧检验要求我们考虑所声称均值的两侧，双侧检验的 P 值是同样情况下单侧检验 P 值的两倍。

双侧检验（H_a: $\mu \neq$ **陈述值**）

统计显著性：如果样本均值的标准分数不大于临界值 –1.96 或者不小于临界值 1.96，那么双侧检验在 0.05 水平是显著的。对于 0.01 显著性水平，临界值是 –2.575 和 2.575。

P 值：先在检验是单侧的假设下用样本均值的标准分数找出 P 值，然后乘以 2 就是双侧检验的 P 值。

思考以下案例。某制药公司想确定其"500 毫克"阿司匹林药片是否真的含有 500 毫克阿司匹林。如果药片的含量少于 500 毫克，那么消费者得不到广告中声称的剂量。如果药片的含量多于 500 毫克，那么消费者可能服药过量。原假设是阿司匹林含量的总体均值是 500 毫克：

H_0: $\mu = 500$ 毫克

制药公司对阿司匹林的平均重量大于 500 毫克和小于 500 毫克的概率均感兴趣，所以我们要进行双侧检验，备择假设是：

H_0: $\mu \neq 500$ 毫克

假设公司随机选择了一个 $n = 100$ 个药片的样本，发现其平均重量 $\bar{x} = 501.5$ 毫克，假设总体标准差 $\mu = 7.0$ 毫克。那么，样本均值的标准分数为：

$$z = \frac{\bar{x} - \mu}{\sigma / \sqrt{n}} = \frac{501.5 - 500}{7 / \sqrt{100}} \approx 2.14$$

标准分数超过了双侧检验的临界值 1.96，所以它在 0.05 水平是显著的（但是在 0.01 水平是不显著的，因为没有超过临界值 2.575）。这个结果提供了很好的理由去拒绝原假设，并且得出结论："500 毫克"阿司匹林药片的平均重量不是 500 毫克。

通过查找表 A-1 找出 P 值，结果显示标准分数 $z = 2.14$ 左侧区域的面积是 0.983 8。因此，如果这是单侧检验，那么 P 值就是右侧区域的面积 1− 0.983 8=0.016 2。但这是一个双侧检验，所以将数值乘以 2 就得到了 P 值，为 $2 \times 0.016\ 2 = 0.032\ 4$。换句话说，如果原假设是正确的，那么抽取有特定样本均值的样本的概率是 0.032 4。

例 3 人类的平均体温是多少

再次回顾马里兰大学研究人员测量人体温度的研究：样本 $n = 106$ 个健康成人（见 8.2 节例 3），测得样本平均体温 $\bar{x} = 98.2\ °F$，样本标准差 $s = 0.62\ °F$，假设总体标准差等于样本标准差。确定这个样本是否能够提供足够的证据来拒绝人体平均温度 $\mu = 98.6\ °F$ 这一常识。

答案 原假设为人体平均温度是 98.6 °F 的声明，或者 $H_0: \mu = 98.6\ °F$。备择假设是人体平均温度不是 98.6 °F，或者 $H_0: \mu \neq 98.6\ °F$。备择假设"≠"的形式意味着要进行双侧检验。已知样本容量 $n = 106$，样本均值 $\bar{x} = 98.2\ °F$，假设总体标准差 $\mu = 0.62\ °F$，则样本均值的标准分数是：

$$z = \frac{\bar{x} - \mu}{\sigma / \sqrt{n}} = \frac{98.20 - 98.60}{0.62 / \sqrt{106}} \approx -6.64$$

标准分数远远小于 0.05 显著性水平的临界值 −1.96 和 0.01 显著性水平的临界值 −2.575（如图 9-6 所示）。由于结果在 0.01 水平是显著的，它提供了很强的证据拒绝原假设。因此，我们拒绝原假设，并得出结论：人体平均温度不等于 98.6 °F（在这个案例中，标准分数 −6.64 十分极端以至于无法从表 A-1 中找到准确的 P 值；计算显示 P 值大约为 3×10^{-11}）。

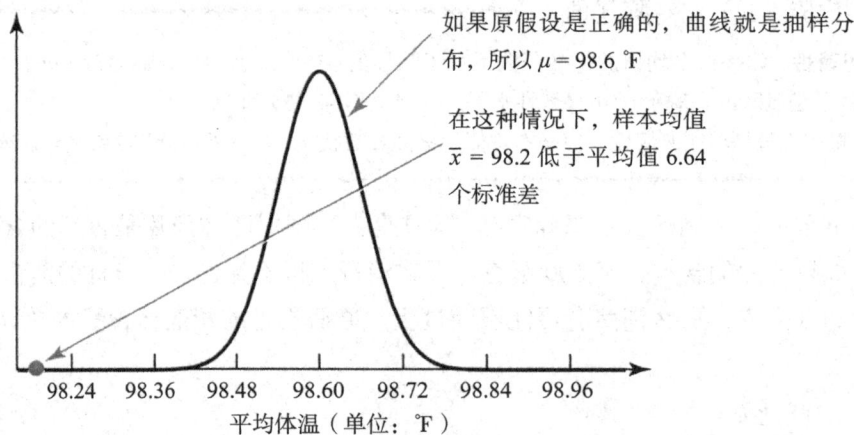

如果原假设是正确的，曲线就是抽样分布，所以 $\mu = 98.6\ °F$

在这种情况下，样本均值 $\bar{x} = 98.2$ 低于平均值 6.64 个标准差

图 9-6 人体平均温度的双侧检验

9.2.3 假设检验中的常见错误

如今我们已经掌握了假设检验的所有基本内容以及对总体均值进行假设检验的具体方法。然而，即使一个假设检验被正确地执行，两种常见的错误也可能会影响结论。为了理解这些错误，我们回顾一下 9.1 节法律类比的内容，其中原假设 H_0：被告是无罪的。如果我们得出结论被告是有罪的，而实际上他是无罪的，那么就产生了一种类型的错误。在这种情况下，原假设（无罪）被错误地拒绝了。如果我们得出结论被告是无罪的，而实际上他是有罪

的，那么就产生了另外一种类型的错误。在这种情况下，我们错误地没有拒绝原假设。

现在再次考虑制药公司的检验声明，即药片中阿司匹林的平均含量是 500 毫克（H_0：$\mu = 500$ 毫克）。从检验中得出结论时，公司可能会犯以下两种错误。

- 公司可能会在平均含量真的是 500 毫克时，拒绝原假设并得出结论：平均含量不是 500 毫克。这个错误会导致公司浪费时间和金钱去报废药片。在这类错误中，H_0 被错误地拒绝了，因此称之为第 I 类错误。

- 公司可能会在阿司匹林的平均含量事实上不是 500 毫克时，没有拒绝原假设。在这种情况下，公司将会发售含量过多或者过少的阿司匹林药片，消费者可能会提出诉讼。在这类错误中，我们错误地没有拒绝 H_0，因此称之为第 II 类错误。

⏻ **技术应用**

总体均值的假设检验

EXCEL　使用 XLSTAT。首先在列表中输入初始样本数值。在顶部单击 "XLSTAT"，单击 "Parametric tests"，接着选择 "One sample t test and z test"。在屏幕上出现 "Data" 框，输入数据范围，例如 A1：A11 表示的是 A 列中的 11 个数值。在 "Date Format" 中选择 "One sample"。单击 "z test"。单击 "Options" 选择检验类型，选项包括双侧检验的 "$\neq$"、左侧检验的 "$<$" 和右侧检验的 "$>$"。对于 "Theoretical mean" 框，输入所声明的总体均值，即原假设声明中的数值。输入期望的 "Significance level（%）"，例如输入 5 表示 0.05 显著性水平。单击 "OK"。输出结果后，找出被确定为 "z（观测值）" 的检验统计量。P 值也会被输出。下图为例 3 输出的相关结果，可以看出 P 值很小，小于给定数值 0.000 1。

XLSTAT

Difference	-0.4000
z (Observed value)	-6.6423
|z| (Critical value)	1.9600
p-value (Two-tailed)	< 0.0001
alpha	0.05

STATDISK　如果是处理一列原始样本数据，首先要通过选择 "Analysis"，找出样本容量、样本均值和样本标准差，然后进行 "Descriptive Statistics"。在找出 n、$\bar{x}$ 和 s 的数值后，从主菜单中单击 "Analysis"，单击 "Hypothesis Testing"，然后选择 "Mean-One Sample"。在出现的对话框中，选择要检验的声明的形式，接着单击所要求的其他项目，最后单击 "Evaluate"。

TI-83/84 PLUS　如果使用 TI-83/84 Plus 计算器，单击 STAT，接着选择 "TESTS" 并选择 "Z-Test" 菜单项。可以通过提供输出窗口显示的条目，使用原始数据（Data）或最终统计量（Stats）。TI-83/84 Plus 计算器显示的前三项结果包括备择假设、检验统计量和 P 值。

表 9-2 为四种可能出现的情况。

表 9-2　H_0 和 H_a 的决策表

项目		事实	
		H_0 是真的	H_a 是真的
决策	拒绝 H_0	第 I 类错误	决策正确
	不拒绝 H_0	决策正确	第 II 类错误

如果仔细思考，你就会意识到假设检验的显著性水平和第 I 类错误（错误地拒绝 H_0）之间有着重要的联系：显著性水平就是犯第 I 类错误的概率。例如，用 0.05 显著性水平进行假设检验，当原假设真的正确时做出拒绝原假设的错误决定的概率是 0.05。如果用 0.01 显著性水平进行假设检验，错误地拒绝原假设的概率就是 0.01。（犯第 II 类错误的概率也可以数量化，但是超出了本书的范围。）

例 4　体温检验中的错误

考虑例 3 中的原假设，即人体平均温度等于 98.6 ℉（H_0：$\mu = 98.6$ ℉）。

a. 对于这个原假设，可能出现的正确决策是什么？

b. 解释这个案例中第 I 类错误和第 II 类错误的意义。

c. 在例 3 中，我们拒绝了原假设。在这种情况下犯第 I 类错误的概率是多少？

答案　a. 任何假设检验都有两种可能的正确决策。在这个案例中，一个正确决策是，平均体温真的是 98.6 ℉ 并且我们没有拒绝 H_0；另一个正确决策是，平均体温不等于 98.6 ℉ 并且我们拒绝了 H_0。

b. 如果在 H_0 为真的情况下我们拒绝了 H_0，就产生了第 I 类错误。在这个案例中，如果平均体温是 98.6 ℉ 但是我们得出它不是的结论，那么我们就犯了第 I 类错误。如果 H_0 是错误的但是我们却没有拒绝 H_0，就产生了第 II 类错误。在这种情况下，如果平均体温不等于 98.6 ℉ 但是我们却没得出这个结论，那么就产生了第 II 类错误。

c. 我们在 0.01 显著性水平下拒绝了原假设。因此，当原假设为真时做出拒绝原假设决定而犯第 I 类错误的概率是 0.01。

选择假设时的偏好

正如我们所看到的，一个操作良好的假设检验会遵循相当严格的过程，这个过程倾向于降低偏好破坏检验的概率。然而很多方式都可以引入偏好，尤其是在初始选择假设的时候。考虑下述的情况，调查一家工厂向周围河流排放污染物的水平是否超过政府所允许的最大水平。原假设的合理选择是真实的污染物排放平均水平等于所允许的最大水平：

H_0：污染物排放的平均水平 = 政府允许的最大水平

然而，这也留给我们两个对备择假设的合理选择，每一个备择假设都将某种偏好引入到最终结果中。

如果工厂进行这个检验，他们倾向于声称污染物排放的平均水平小于政府允许的最大水平。也就是说，他们会选择：

H_a：污染物排放的平均水平 < 政府允许的最大水平

使用这个备择假设，会出现两种可能的结果：

- 拒绝 H_0，在这种情况下可以得出结论，污染物排放的平均水平小于政府允许的最大水平。这个结果是工厂乐意看见的结果。
- 不拒绝 H_0，在这种情况下检验没有结论。

换句话说，通过选择左侧（"<"）假设检验，工厂能够确保最坏的结果只是让检验以没有证据证明他们超过政府允许的最大水平而结束，结论可能对他们很有利。

现在假设某环境小组进行这个检验。由于小组怀疑工厂违反了政府的标准，他们所选择的备择假设是污染物排放的平均水平大于政府允许的最大水平，即：

H_a：污染物排放的平均水平＞政府允许的最大水平

选择这个备择假设，拒绝 H_0 意味着工厂违反了标准，而不拒绝 H_0 是没有结论的。换句话说，选择右侧（"＞"）检验的结果是可能发现工厂违反标准，但是却不能证明工厂遵守标准。

例 5　金矿

成功挖掘珍贵金属依赖于所发掘矿石的纯净度（或等级）以及金属的市场价格。假设为了保持特殊矿井的开发，金矿的纯净度为至少每吨矿石含有 0.5 盎司①黄金。用金矿的样本估计矿井中所有矿石的纯净度。讨论以下两个可能的备择假设犯第 I 类错误和第 II 类错误的影响。

H_a：纯净度＜0.5 盎司／吨

H_a：纯净度＞0.5 盎司／吨

答案　对于左侧检验，原假设和备择假设如下：

H_0：纯净度 =0.5 盎司／吨

H_a：纯净度＜0.5 盎司／吨

在这种情况下，两种可能的决策是：

- 拒绝 H_0，结论是矿石的纯净度小于维持矿井开发所需要的值，所以矿井要关闭；
- 不拒绝 H_0，意味着没有充分的证据得出矿石的纯净度小于维持矿井开发所需要的值这一结论，所以矿井维持开发的状态。

第 I 类错误（错误地拒绝了原本正确的 H_0）意味着当金矿石的纯净度符合要求时矿井关闭了。对矿井的运营者来说，这意味着损失了矿井的潜在利润；对雇员来说，这意味着不必要地失去了工作。第 II 类错误（没有拒绝原本错误的 H_0）意味着矿井可以继续运营但是实际上却没有利润。

现在假设只有当纯净度高于 0.5 盎司／吨时矿井才会开发。对于右侧检验，原假设和备择假设如下：

H_0：纯净度 =0.5 盎司／吨

H_a：纯净度＞0.5 盎司／吨

两种可能的决策是：

- 拒绝 H_0，结论是矿石的纯净度大于维持矿井开发所需要的值，所以矿井仍旧保持开发状态；
- 不拒绝 H_0，意味着没有充分的证据得出矿石的纯净度足够维持矿井开发这一结论，所以矿井要关闭。

第 I 类错误（错误地拒绝了原本正确的 H_0）意味着当矿井真的没有利润时仍然维持开发的状态。第 II 类错误（没有拒绝原本错误的 H_0）意味着矿井实际上是有利润的却被关闭了，使雇员无缘无故地失去了工作。

---

① 1 盎司 =0.028 349 5 千克。——译者注

>>9.3 总体成数的假设检验

接下来我们研究有关比例的假设检验。除了需要使用不同的方法计算抽样分布的标准差之外，前面一节所有的基础知识都可以应用到这里。下面用一个案例说明这个过程。

假设一个政党候选人在选举前委托进行一项民意调查。使用一个 $n = 400$ 个可能投票者的随机样本，投票结果是 204 个人支持候选人。这名候选人应该有获胜的信心吗？在第八章中，我们讨论了如何确定这种投票的误差幅度和置信区间。现在我们将这个问题抛给假设检验。

对于假设检验，我们需要了解投票结果（即样本统计量）是否支持候选人有超过 50% 选票的假设。通常，用 p 代表在投票总体中支持候选人的投票者所占的比例，用 $\hat{p}$ 代表在样本中支持候选人的投票者所占的比例。由于在样本的 400 个人中有 204 个人支持候选人，样本成数是：

$$\hat{p} = \frac{204}{400} = 0.51$$

接下来具体阐明原假设和备择假设。通常情况下，将原假设设定为一个等式：

$H_0 : p = 0.5$（50% 的投票者支持候选人）

候选人想知道他是否能获得大多数人的支持，所以备择假设是右侧的：

$H_a : p > 0.5$（多于 50% 的投票者支持候选人）

9.3.1 总体成数假设检验的计算

我们如何确定样本中是否有足够的证据来拒绝原假设？回顾假设检验的四个步骤，我们发现已经完成了前两步（具体描述假设以及收集样本数据）。现在，如同在第 9.2 节处理样本均值那样，我们必须确定在原假设正确的假设下，偶然获得样本结果的概率。

与处理样本均值的过程类似，假设随机抽取许多样本容量 $n=400$ 的样本。对于每一个样本，计算支持候选人的投票者所占的比例。由于样本容量足够大，样本成数的分布应该非常接近正态分布。在原假设（投票总体中支持候选人的投票者所占的比例是 0.5）正确的条件下，该分布的峰值是原假设声明的总体成数，即 $p = 0.5$。抽样分布的标准差用以下公式计算（公式的来源超出了本书的范围）：

$$\text{样本成数分布的标准差} = \sqrt{\frac{p(1-p)}{n}}$$

在这个案例中，标准差是：

$$\sqrt{\frac{p(1-p)}{n}} = \sqrt{\frac{0.5(1-0.5)}{400}} = 0.025$$

图 9-7 显示了样本成数的分布。在抽样分布中，我们将样本成数（$\hat{p}=0.51$）看作一个单独的点。和对样本均值进行假设检验一样（见图 9-1），我们观察到以下结果：

- 如果样本结果接近抽样分布的峰值，那么没有理由认为原假设是错误的，不能拒绝原假设；
- 如果样本结果远离抽样分布的峰值，那么可能的解释是抽样分布的峰值不是在原假设声明的数值处达到，在这种情况下我们拒绝原假设。

> **技术备忘录**
>
> 只有当 $np \geqslant 5$ 以及 $n(1-p) \geqslant 5$ 时，样本成数分布的标准差公式才是准确的。在本书中，我们所考虑的问题都满足这些条件。

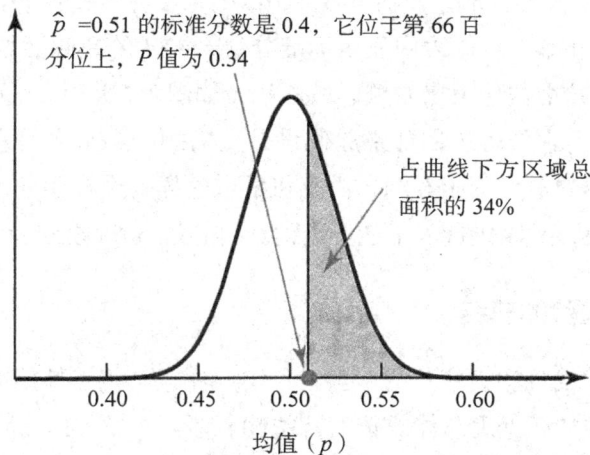

$\hat{p}=0.51$ 的标准分数是 0.4，它位于第 66 百分位上，P 值为 0.34

占曲线下方区域总面积的 34%

均值（p）

图 9-7 投票选举的样本成数分布（均值为 0.5，标准差为 0.025）

下面通过用标准差量化距离来确定样本成数是"接近"还是"远离"抽样分布的峰值（假定原假设是正确的）。对于样本成数，标准分数（z）的公式变为：

$$z = \frac{样本成数 - 总体成数}{抽样分布的标准差} = \frac{\hat{p}-p}{\sqrt{p(1-p)/n}}$$

现在可以计算并解释以上案例的标准分数。回顾一下，样本容量 $n=400$，样本成数是 51%（$\hat{p}=0.51$），总体成数 $p=0.5$。因此，样本成数的标准分数是：

$$z = \frac{\hat{p}-p}{\sqrt{p(1-p)/n}} = \frac{0.51-0.5}{0.025} = 0.4$$

民意调查中的样本成数离样本成数分布的峰值有 0.4 个标准差的距离。正如我们在图 9-7 中看见的，这个样本结果并不是非常极端，这表明不应该拒绝原假设，即候选人不能对获得大多数人支持充满信心。

> 在 1948 年的美国总统选举中，大多数调查机构和报纸预测共和党候选人杜威（Dewey）将大胜民主党候选人杜鲁门（Truman）。事实上，杜鲁门以 49.5% 对 45.1% 的得票比例赢得了胜利。

假设检验中样本成数的标准分数

给定样本容量（n）、样本成数（$\hat{p}$）和声明的总体成数（p），则样本成数的标准分数是：

$$z = \frac{\hat{p} - p}{\sqrt{p(1-p)/n}}$$

9.3.2 显著性水平和 P 值

我们可以通过使用显著性水平或 P 值进一步量化问题。先由显著性水平开始。由于选举民意调查案例使用了右侧检验，我们在表 9-1 中找出显著性水平的临界值。标准分数 $z = 0.4$ 并不大于 0.05 显著性水平的临界值 $z = 1.645$，所以结果不应该使我们拒绝原假设。为了找出 P 值，我们使用附录 1 的表 A-1。表中显示标准分数 $z = 0.4$ 的左侧区域面积是 0.655 4。由于是右侧检验，用 1 减去这个数值得出右侧区域面积（如图 9-7 所示），这就是假设检验的 P 值，为 1–0.655 4 = 0.344 6。它告诉我们如果原假设是正确的，那么在民意调查中随机选择一个与找到的一样极端样本的概率大于 0.34。由随机抽取这样一个样本的高概率可知，我们没有足够的理由拒绝原假设，所以候选人不能假定他获得超过 50% 投票者的支持。

9.3.3 总体成数假设检验的总结

现在我们总结总体成数假设检验的步骤。一定要注意，仍然使用前面总结的假设检验的四个步骤，这里仅关注如何处理总体成数的特殊性。

- 由于要解决总体成数的问题，原假设的形式是 $p =$ 陈述值。为了做出决策，是拒绝还是不拒绝原假设，我们必须确定如果原假设是正确的，那么找出一个和我们在假设检验中找到的一样极端的样本这一事件是很可能发生还是很不可能发生。

- 根据样本成数的标准分数（z）确定这个概率，而样本成数的标准分数可用下列公式计算：

$$z = \frac{\hat{p} - p}{\sqrt{p(1-p)/n}}$$

其中，n 是样本容量；$\hat{p}$ 是样本成数；p 是原假设声明的总体成数。

- 然后使用标准分数完成以下两个步骤，这与总体均值假设检验的一样。

  （1）可以通过比较标准分数和表 9-1 给出的临界值确定单侧检验的统计显著性水平，也可以通过比较标准分数和 9.2.2 节框表给出的临界值确定双侧检验的统计显著性水平。

  （2）可以通过附录 1 的标准分数表确定 P 值。对于左侧检验，P 值是正态曲线下标准分数左侧区域的面积；对于右侧检验，P 值是正态曲线下标准分数右侧区域的面积；对于双侧检验，它就是单侧检验找出的 P 值的两倍。

- 如果结果在所选择的水平（通常是 0.05 或者 0.01）下是显著的，那么我们拒绝原假设。如果结果不是统计显著的，那么我们就不能拒绝原假设。

⏻ **技术应用**

总体成数的假设检验

EXCEL　使用 XLSTAT。在顶部单击 "XLSTAT"，单击 "Parametric Tests"，然后选择 "Tests for one proportion"。在屏幕中出现的 "Proportion" 框中输入样本成数，在 "Sample size" 框中输入样本容量，在 "Test proportion" 框中输入所声明的总体成数的数值（也是原假设中使用的数值）。选择**比例**的 "Data Format"，选中 "z test"。对于 "Range" 框，输入 A1 让结果从 A1 开始。单击 "Options" 键选择检验的类型，选项包括双侧检验的 "≠"、左侧检验的 "<" 和右侧检验的 ">"。输入期望的 "Significance level（%）"，例如输入 5 表示 0.05 显著性水平。单击 "OK"。输出结果后，找出被确定为 "z（观测值）" 的检验统计量以及 P 值。临界值也会被输出。

STATDISK　选择 "Analysis"，然后选择 "Hypothesis Testing"。对于本节所讨论的方法，选择 "Proportion-One Sample"。此时将会出现一个对话框，单击左上角选择与要检验声明匹配的项目。接着在对话框中单击所要求的其他项目，最后单击 "Evaluate"。结果将会包括检验统计量和 P 值。

TI-83/84 PLUS　单击 STAT，选择 "TESTS"，然后选择 "1-PropZTest" 菜单项。在 p0 处输入总体成数所声明的数值，然后输入 x 和 n 的数值，接着选择检验类型。点亮 "Calculate"，然后单击 ENTER。

例 1　当地失业率

假设全美国的失业率是 9.5%。在威斯康辛州的一个农村，调查选取了 $n = 450$ 人的样本，并发现其中有 54 人失业。州官方根据当地失业率高于国家平均值的声明申请援助。请在 0.05 显著性水平下检验这个声明。

答案　步骤 1：失业率是总体成数（对应于总体均值）。原假设是当地失业率等于国家失业率，即 H_0: $p = 0.095$。备择假设是州官方声明，当地失业率高于全国平均值，即 H_a: $p > 0.095$。这个是一个右侧检验。

步骤 2：样本统计量为样本容量 $n = 450$ 和样本成数 $\hat{p}$。从所提供的数据计算得出样本成数：

$$\hat{p} = \frac{54}{450} = 0.12$$

步骤 3：现在要在假定原假设正确的情况下，确定抽取特定样本，其样本成数至少为 $\hat{p} = 0.12$ 的概率。为了得出这个概率，先计算样本成数的标准分数：

$$z = \frac{\hat{p} - p}{\sqrt{p(1-p)/n}} = \frac{0.12 - 0.095}{\sqrt{0.095 \times (1 - 0.095)/450}} \approx 1.81$$

这个标准分数超过了右侧检验中 $z = 1.645$ 的临界值，所以结果在 0.05 水平上是显著的。由附录 1 可知，1.81 标准分数的 P 值是 $1 - 0.964\ 9 = 0.035\ 1$，因此可以判定如果原假设是正确的，那么随机抽取这个样本的概率小于 0.05（如图 9-8 所示）。

步骤 4：由于在 0.05 水平下检验满足显著性标准，我们拒绝原假设。换句话说，这个样本提供了某种证据来支持备择假设，即州失业率高于全国的平均值。

抽样分布在假设的总体成数
$p = 0.095$ 处达到峰值

样本成数 $\hat{p} = 0.12$ 的标准分
数 $z = 1.81$

$\hat{p}$ 的右侧区域面积是曲线
下所有区域面积的 3.51%，
所以 P 值是 0.035 1

z 分数

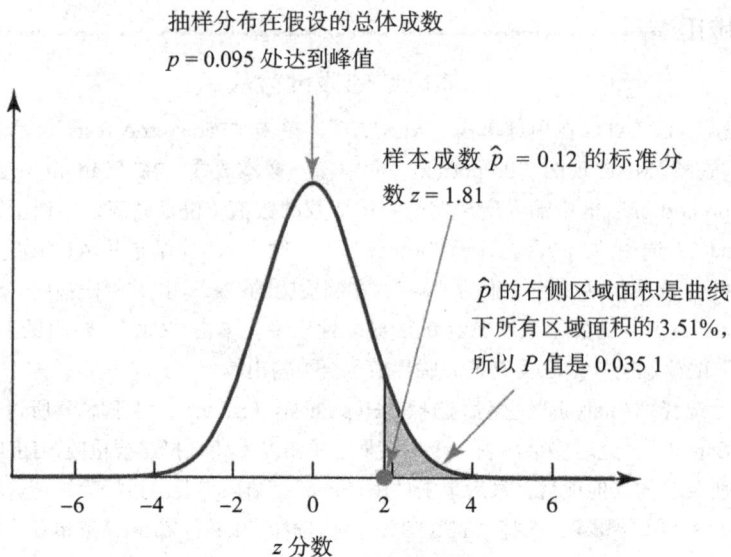

图 9-8　例 1 样本成数的分布

例 2　惯用左手的人

随机抽取一个 $n = 750$ 人的样本，其中有 92 人是惯用左手的人。使用这个样本数据检验"10% 的人是惯用左手的人"这个声明。

答案　步骤 1：声明与惯用左手的人的总体成数有关，所以这是一个总体成数的假设检验。原假设是 10% 的人是惯用左手的人的声明，即 H_0: $p = 0.1$。为了检验这个声明，我们需要计算真实的总体成数高于或者低于 10% 的概率。因此，备择假设是 H_a: $p \neq 0.1$。这是一个双侧检验。

步骤 2：样本统计量为样本容量 $n = 750$ 和样本中惯用左手的人所占的比例：

$$\hat{p} = \frac{92}{750} \approx 0.123$$

步骤 3：这个样本成数（$\hat{p} = 0.123$）的标准分数是：

$$z = \frac{\hat{p} - p}{\sqrt{p(1-p)/n}} = \frac{0.123 - 0.1}{\sqrt{0.1 \times (1 - 0.1)/750}} \approx 2.1$$

双侧检验中，0.05 显著性水平下的标准分数临界值是 −1.96 和 1.96。检验中的标准分数 2.1 超过了 1.96，所以我们得出结论，检验在 0.05 水平上是显著的。从附录 1 中可知，标准分数 2.1 的右侧区域面积是 1−0.982 1=0.017 9。如果是单侧检验，那么这就是 P 值。但是本例是双侧检验，所以要将它乘以 2，即 2×0.017 9=0.035 8。图 9-9 所示为抽样分布的 P 值。

步骤 4：由于检验在 0.05 水平下是显著的，我们拒绝原假设并得出结论：惯用左手的人的总体成数不等于 10%。请记住，显著性水平是犯第 I 类错误的概率，所以当原假设正确时，我们拒绝原假设而犯第 I 类错误的概率是 0.05。

抽样分布在假设的总体成数 $p = 0.10$
处达到峰值

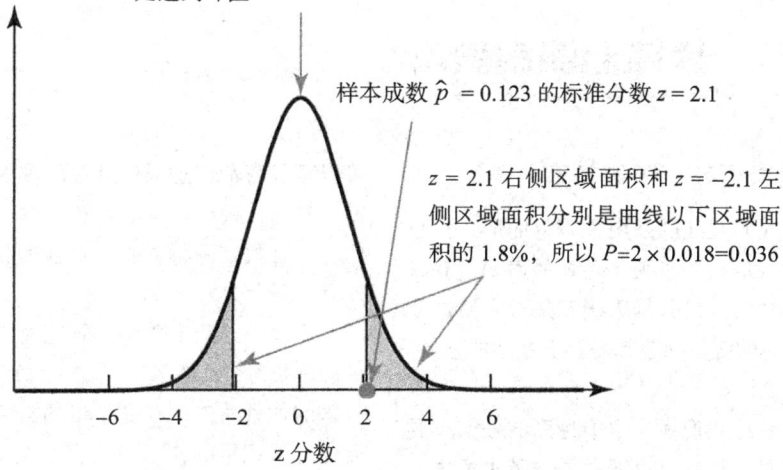

样本成数 $\hat{p} = 0.123$ 的标准分数 $z = 2.1$

$z = 2.1$ 右侧区域面积和 $z = -2.1$ 左侧区域面积分别是曲线以下区域面积的 1.8%，所以 $P=2 \times 0.018=0.036$

z 分数

图 9-9　例 2 样本成数的分布

聚焦健康和教育

你所受的教育是否有利于你长寿

在本章中，我们关注的是用最简单的形式进行假设检验，其中我们检验了关于总体的声明，并且使用从独立样本中收集的数据来确定是否支持这个声明。大多数有趣的统计问题都需要更复杂的分析。例如，怎样可以更长寿。

尽管这个问题比我们在本章中遇到的任何问题都更难回答，但是它仍然可以通过同样基本的方法得到答案。例如，一位研究人员猜测食用燕麦可以使我们更长寿。为了检验这个猜测，研究人员进行了假设检验。他以原假设是食用燕麦对寿命没有影响作为假设检验的开始，接着检验数据来寻找能够支持拒绝原假设的证据并且得出结论食用燕麦确实可以延长寿命。这项研究最困难的部分就是收集数据。例如，找出食用燕麦和不食用燕麦的人进行对比，并且找到一种方法，将食用燕麦的影响和其他变量对寿命的影响分离开来。

在过去的几十年中，研究人员已经发现了许多可以延长寿命的因素。例如，财富与长寿呈正相关。合理的饮食对健康存在积极的影响。锻炼对延长寿命也起着积极的作用。然而令人惊奇的是，在某种程度上，某个因素似乎比其他因素更能促进长寿，那就是受教育的年限。至少从平均水平来说，在学校待的时间越长，你的寿命也就越长。图 9-10 显示了支持这个结论的一些数据。

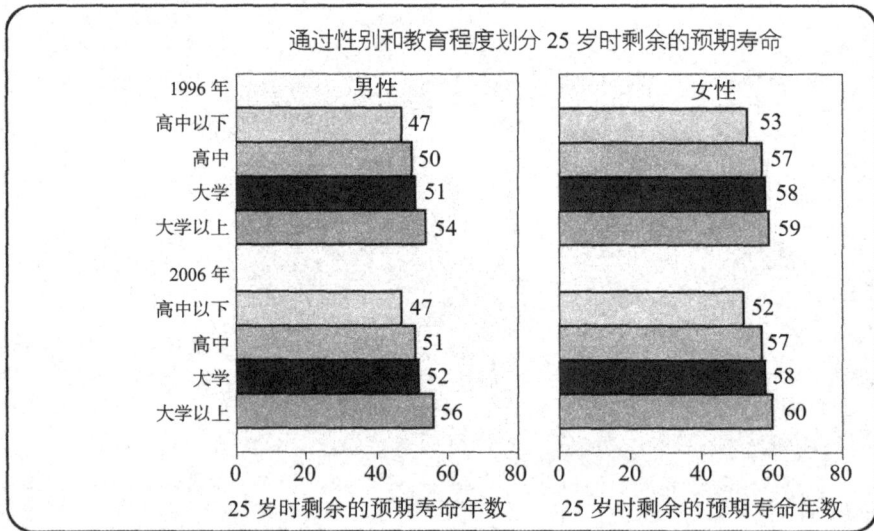

图 9-10　25 岁时剩余的预期寿命年数

注：这些条形图显示出美国的男性和女性在 25 岁时剩余的预期寿命是如何随着教育水平的不同而有所差异的，并且比较 1996 年和 2006 年的结果。请注意，在所有情况下教育能够显著延长预期寿命。同样要注意，1996—2006 年，对低教育水平的人们来说预期寿命没有延长或者直接下降，然而对高教育水平的人们来说预期寿命却有所延长。

资料来源：*US Department of Health and Human Services*，"*Health，United States，2011*"。

为什么受教育越多寿命会越长？研究人员表明有许多可能的原因。例如，接受更高教育的人往往更少有缩减寿命的行为，如吸烟或者过度饮酒，更多地进行锻炼或者参加其他可以延长寿命的活动。一个特别有趣的假设是，教育使人们学会为了得到长远的回报先做出短暂的牺牲（比如现在为你的教育投资是期望以后可以得到一份高薪的工作）。这种获得延迟满足感的愿望会帮助你做出各种各样有助于延长寿命的决定。当然，没有人知道确切的答案，还有更多的假设检验需要去完成。

然而根据目前的数据，我们至少可以得出一个和你阅读本书有关且又十分有趣的结论：你可能因为需要而学习统计知识，但它会帮助你生存得更长久。

聚焦农业

转基因食品安全吗

英国的报纸称转基因食品为"科学怪食"（在"科学怪人"中出现的一个词）。大多数欧洲人根本不吃这些食品。但是如今，在美国出售的许多食品，包括大约 65% 的美国玉米和 94% 的美国大豆，都属于这一类。我们称其为"转基因食品"，或者 GM 食品。转基因食品是最新的农业发明，开始于 20 世纪 90 年代中期。然而，它们也是农业历史上最大的争论之一。

科学家将一种有机体或者其临近种类中并不自然存在的基因嵌入到有机体中，这种有机体就是转基因有机体。出于各种目的的转基因有机体被检验并投入使用。例如，科学家已经发明出一种细菌，它含有能够产生类似胰岛素药物的基因。

在农业中，转基因技术使科学家能够创造出传统播种技术很难或根本不可能获得的农作物。我们用一种最早被广泛种植的转基因农作物——"Bt 玉米"，来解释转基因技术。玉米在通常情况下很容易遭到有害昆虫的破坏，这导致农民们经常在玉米上喷洒很多农药。但许多农药不仅能杀死有害昆虫，对动物也有害，因此会造成环境的污染（也不利于人类食用）。

Bt 是一种名为苏云金芽孢杆菌的细菌。它在自然条件下生活在土壤中。早在 1911 年，科学家发现 Bt 可以产生能杀死某种害虫的毒素。不同类型的 Bt 能杀死不同的害虫，但是一般情况下对其他动物和人类是无害的。到 19 世纪 60 年代，这些特性使 Bt 作为一种可以喷洒在农作物上的"环境友好型"农药广泛使用。但是 Bt 农药非常昂贵并且效率低下，因为只有在害虫吃到它的时候它才会起作用（更有效的农药只要接触就可以杀死害虫）。它很快被阳光分解并且会被雨水冲刷掉，所以只有在恰当的时候它才能发挥作用。

转基因技术解决了 Bt 农药的问题。Bt 细菌的农药作用来源于由细菌产生的某种特殊蛋白质。科学家识别出这些蛋白质的基因，然后将它们转移到像玉米这样的农作物中。一旦玉米包含了所必需的基因，它就可以产生和 Bt 细菌一样的杀死害虫的蛋白质。由于玉米自身就能杀死害虫，喷洒农药就没有必要了。此外，玉米会不停地产生能杀死害虫的蛋白质，所以不用再担心农药被分解或是被冲刷掉。

Bt 玉米比传统的玉米有优势是显然的，但是它有缺点吗？这就是对转基因食品巨大争论的开始。许多科学家认为转基因食品是绝对安全的，它有助于提高全世界人民的营养水平。另外一些人，包括某些将转基因食品标记为"科学怪食"的科学家，他们认为这是所发明的最危险的技术之一。

概括地说，转基因食品的安全问题可以分解为以下三个主要问题：

（1）转基因食品对人类有害吗？

（2）转基因食品中包含的新型蛋白质会引起某些人的过敏反应吗？

（3）转基因农作物会引起一些不可预见的环境污染吗？例如，将它们的基因带到种子中（因而成为"超级种子"），或者不但能杀死害虫还能杀死其他动物。

这些问题可以通过假设检验解决。针对每个问题，我们都会先建立原假设，声明传统食品和转基因食品在安全方面没有任何区别。例如，问题（1）的原假设是转基因食品不比传统食品含有的有毒物质多（传统食品通常含有极少量的有毒物质）；备择假设声明它们所包含的有毒物质的含量有差异。然后科学家进行实验来检验假设。如果实验提供的证据显示两种食品的有毒物质含量有显著差异（排除单凭偶然性得出期望的结果），那么就有理由拒绝原假设。

但到今天为止，进行的实验仍不能够解决这个争议。例如，一些转基因农作物的确包含对人类有害的物质，因此它们不得出售。对转基因食品的支持者来说，这个事实提供了支持他们的证据，因为它显示目前的管理规则（例如，转基因食品需要通过美国食品和药品管理部门的检验）充分保证只有安全的食品才能进入市场。同样，尽管转基因食品中含有的某种蛋白质会引起过敏反应，但是许多科学家认为他们足够了解这些反应来确保只有安全的食品才会通过检验。

转基因食品的反对者用几乎一样的结果来支持自己的观点。他们认为尽管科学家已经在实验中证明了一些有害物质的存在，但是他们忽略了多年以后可能出现的长期影响。同样，反对者声称我们不能确定了解所有的过敏反应，通过检验的转基因食品可能会给某些人带来严重的过敏反应。

环境问题更难研究。例如，一项研究显示 Bt 玉米对黑脉金斑蝶有害，而这个物种并不是害虫，没有人想杀死它们。但研究是在实验室中进行的，并不能精确地代表真实环境中的情况。同样，我们并不知道"基因跳跃"（Bt 基因从玉米中传播到其他农作物中）的概率，因此很难进行相关研究。

未来，对转基因食品的争论很可能还会继续，甚至更加激烈。毕竟，当涉及食品时，每个人都会非常关注。

★ 在美国，超过 50 种新型转基因农产品获准销售，包括含有杀虫基因的玉米和大豆，以及能够延长贮藏时间的番茄。正在发展中的转基因农产品包括抗损的土豆、口感更好的大豆、含有更多维生素和其他营养可以提高贫穷国家营养水平的谷物。

第十章 t 检验、列联表和方差分析

在第一到第九章我们已经探讨了统计学的许多核心思想和应用，如果继续学习统计学，你会遇到更多的统计应用。在最后一章，我们探讨三种特别常用的统计方法。它们可以帮助你更好地理解统计学在日常生活中的应用。这三个应用都建立在第九章介绍过的假设检验的基础之上。我们从 t 检验开始介绍，它既适用于置信区间估计又适用于假设检验，然后研究双变量假设检验和方差分析法（ANOVA）。

世界之网是必然性和偶然性的交织。这对于那些已经习惯于自己总能在必然事物中找到一些变化，将类似推断的事物归结于偶然的人来说无疑是一种灾难。

——约翰·歌德（Johann Goethe）

学习目标

10.1 均值的 t 分布

理解构造置信区间的 t 分布和为推断总体均值进行的假设检验，并学会运用。

10.2 列联表假设检验

应用列联表中有序排列的数据解释并完成变量独立性的假设检验。

10.3 方差分析（单因素方差分析）

应用单因素方差分析法解释并完成假设检验。

热点话题

聚焦犯罪学：当遇见欺诈时你能分辨出来吗

聚焦教育：四年级的学生如何运用统计学

>>10.1 均值的 t 分布

在 8.2 节我们讨论过总体均值置信区间的估计。假设样本均值的分布服从正态分布，我们估计 95% 的置信区间的误差幅度 E 为：

$$E \approx \frac{2s}{\sqrt{n}}$$

需要注意的是，计算误差幅度的精确公式中使用 1.96 而不是 2，因为 1.96 是右侧面积为 0.025（5% 的一半）时对应的标准分数 z（见附录 1）。

在 9.2 节，同样假设抽样分布服从正态分布，我们讨论了总体均值的假设检验，使用以下公式计算样本均值的标准分数：

$$z = \frac{\bar{x} - \mu}{\sigma / \sqrt{n}}$$

学生 t 分布是由吉尼斯啤酒厂的雇员威廉·戈赛特（William Gosset，1876—1937 年）提出的。他当时需要一种可以用于相对较小样本的分布。他工作的爱尔兰啤酒厂并不允许他发表研究结果，所以戈赛特用笔名"学生"发表了这个成果。

然后列出拒绝原假设（在 0.05 显著性水平下）的标准：左侧检验 $z \leq -1.645$，右侧检验 $z \geq 1.645$，双侧检验 $z \leq -1.96$ 或 $z \geq 1.96$。-1.645、1.645、-1.96、1.96 这些数值来源于标准正态分布。

注意上面的公式要求我们知道总体标准差 σ 的值。但是检验一个总体均值未知但总体标准差已知分布的情况是极少的。因为这个和其他一些原因，统计学家们逐渐倾向于不需要知道 σ 值的方法。一种普遍的方法是使用已知的学生 t 分布，简称 t 分布。这种方法在总体标准差未知且满足下面两个条件中任意一个时很适用：①总体服从正态分布；②样本容量大于 30。

总体均值的推断：t 分布和正态分布的选择

t 分布：总体标准差未知且总体服从正态分布。
总体标准差未知且样本容量大于 30。

正态分布：总体标准差已知且总体服从正态分布。
总体标准差已知且样本容量大于 30。

在本章中，我们不详细讨论 t 分布的性质，但它的基本原理很容易理解：t 分布在形状和对称性方面与正态分布极其相似，但对于小样本来说，t 分布与正态分布有很大的差异。图 10-1 所示为样本容量 $n = 3$ 和 $n = 12$ 时的 t 分布与标准正态分布的对比。可以看到，对于较大的样本容量，t 分布更接近正态分布。事实上，样本容量越大，t 分布就越接近正态分布。

t 分布的一个重要优势是，可以将置信区间和假设检验的思想扩展到许多由于总体标准差未知而不能使用正态分布的情形中。然而，*t* 分布并不能适用于所有情况。例如，样本容量小于或等于 30，并且样本数据显示总体分布完全不同于正态分布，这种情况下 *t* 分布和正态分布都不适用。这时需要运用其他方法（如自助法或非参数方法），这里不予讨论。

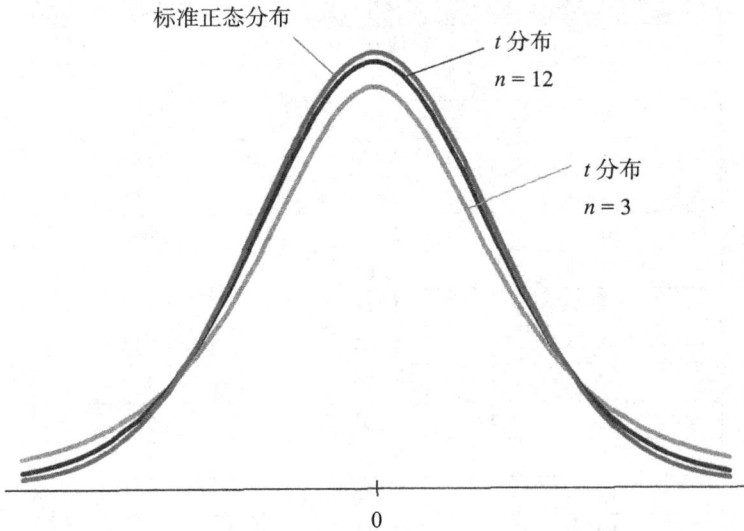

标准正态分布

t 分布
n = 12

t 分布
n = 3

0

图 10-1　两种不同样本容量的 *t* 分布与标准正态分布的对比

10.1.1 使用 *t* 分布估计置信区间

基于正态分布的假设，我们可以为总体均值构建置信区间或对总体均值进行假设检验。但并不使用 –1.645、1.645、–1.96、1.96 等标准分数 z，我们使用的是 *t* 值（如表 10-1 所示）。

为了确定置信区间，我们首先计算误差幅度 E。在 *t* 分布中，E 的计算公式为：

$$E = t \cdot \frac{s}{\sqrt{n}}$$

其中，n 是样本容量；s 是样本标准差；t 是在表 10-1 中找到的值。唯一的"新方法"是从表中找到正确的 *t* 值，具体步骤如下。

- 确定样本数据的**自由度**（表 10-1 中的第一列）。本节中，自由度是样本容量减 1：

  t 分布的自由度 = $n - 1$

- 基于自由度，找到合适的 *t* 值。对于总体均值的置信区间，第二列的 *t* 值对应于 95% 的置信度，第三列的 *t* 值对应于 90% 的置信度（使用"双侧面积"里的取值，是因为误差幅度在均值两边。例如，95% 的置信度意味着我们在寻找一个不论是到极左侧还是到极右侧其总面积为 0.05 的 *t* 分布，如图 10-1 所示）。

找到 *t* 值和置信水平，使用误差幅度 E 的计算公式，就可以确定置信区间了。

表 10-1 t 的临界值

自由度 （$n-1$）	单侧面积	
	0.025	0.05
	双侧面积	
	0.05	0.10
1	12.076	6.314
2	4.303	2.920
3	3.182	2.353
4	2.776	2.132
5	2.571	2.015
6	2.447	1.943
7	2.365	1.895
8	2.306	1.860
9	2.262	1.833
10	2.228	1.812
11	2.201	1.796
12	2.179	1.782
13	2.160	1.771
14	2.145	1.761
15	2.131	1.753
16	2.120	1.746
17	2.110	1.740
18	2.101	1.734
19	2.093	1.729
20	2.086	1.725
21	2.080	1.721
22	2.074	1.717
23	2.069	1.714
24	2.064	1.711
25	2.060	1.708
26	2.056	1.706
27	2.052	1.703
28	2.048	1.701
29	2.045	1.699
30	2.042	1.697
31	2.040	1.696
32	2.037	1.694
34	2.032	1.691
36	2.028	1.688
38	2.024	1.686
40	2.021	1.684
50	2.009	1.676
100	1.984	1.660
更大	1.960	1.645

> ### *t* 分布总体均值 μ 的置信区间
>
> 如果使用 *t* 分布（σ 未知，总体服从正态分布或者 $n \geqslant 30$），总体均值（μ）真值的置信区间是从样本均值减去误差幅度（$\bar{x} - E$）到样本均值加上误差幅度（$\bar{x} + E$），即：
>
> $$\bar{x} - E < \mu < \bar{x} + E \ (\text{或} \bar{x} \pm E)$$
>
> 其中，误差幅度为：
>
> $$E = t \cdot \frac{s}{\sqrt{n}}$$
>
> 然后使用自由度 $= n-1$ 从表 10-1 中找到 *t* 值。

例 1　舒张压的置信区间

随机选取五位成年男性，其舒张压的测量结果为：78，54，81，68，66。这五个数据的样本统计量为：$n = 5$，$\bar{x} = 69.4$，$s = 10.7$。使用这个样本，构建 95% 的置信区间估计成年男性舒张压水平的总体均值。

答案　因为总体标准差未知且假定成年男性的舒张压水平服从正态分布是合理的，我们使用 *t* 分布而不是正态分布。样本容量 $n = 5$，则自由度为：

t 分布的自由度 $= n - 1 = 5 - 1 = 4$

在 95% 的置信水平下，使用表 10-1 第二列数据找到 $t = 2.776$。使用 *t* 值和已知的样本容量（$n = 5$）及样本标准差（$s = 10.7$）计算误差幅度 E：

$$E = t \cdot \frac{s}{\sqrt{n}} = 2.776 \times \frac{10.7}{\sqrt{5}} \approx 13.3$$

最后，利用误差幅度和样本均值估计 95% 的置信区间：

$\bar{x} - E < \mu < \bar{x} + E$

$69.4 - 13.3 < \mu < 69.4 + 13.3$

$56.1 < \mu < 82.7$

基于这五个样本测量结果，我们在 95% 的置信水平上估计全体成年男性舒张压水平的均值在 56.1~82.7 之间。

10.1.2　使用 *t* 分布进行假设检验

当 *t* 分布用于总体均值的假设检验时（H_0：$\mu =$ 陈述值），*t* 值的作用与 9.2 节的假设检验中标准分数 *z* 的作用是一样的。在 *t* 分布中，不计算标准分数 *z*，而是使用下面的公式计算 *t*：

$$t = \frac{\bar{x} - \mu}{s / \sqrt{n}}$$

其中，*n* 是样本容量；$\bar{x}$ 是样本均值；*s* 是样本标准差；μ 是原假设中的总体均值。然后通过比较 *t* 值和临界值或者找到它的 *P* 值来确定统计的显著性。在表 10-1 中找出 *P* 值是很困难的，所以我们通过将 *t* 值与临界值进行比较做出统计决策。

右侧检验：如果计算出的检验统计量 *t* 大于或等于表 10-1 中"单侧面积"一列的临界值，拒绝原假设。需要注意的是，对于单侧检验，第二列给出的是显著性水平为 0.025 的临界值，第三列给出的是显著性水平为 0.05 的临界值。

左侧检验：如果计算出的检验统计量 *t* 小于或等于表 10-1 中"单侧面积"那列 *t* 值的负

值，拒绝原假设。同样，因为这是单侧检验，第二列给出的是显著性水平为 0.025 的临界值，第三列给出的是显著性水平为 0.05 的临界值。

双侧检验：如果计算出的检验统计量 t 的绝对值大于或等于表 10-1 中"双侧面积"一列的 t 值，拒绝原假设。在这种检验中，第二列给出的是显著性水平为 0.05 的临界值，第三列给出的是显著性水平为 0.10 的临界值。

例 2   均值的右侧假设检验

下面列出的是随机选择的 10 位统计学学生的 IQ 分数：

111   115   118   100   106   108   110   105   113   109

使用第四章的方法，可以计算出这些数据的样本统计量：$n=10$，$\bar{x}=109.5$，$s=5.2$。在 0.05 显著性水平下检验假设：统计学学生的平均 IQ 分数大于总体平均分数 100。

答案   基于"统计学学生的平均 IQ 分数大于总体平均分数 100"的假设，我们使用原假设 $H_0: \mu = 100$ 和备择假设 $H_a: \mu > 100$。由于统计学学生总体 IQ 分数的标准差未知，且假定统计学学生的平均 IQ 分数服从正态分布是合理的，我们使用 t 分布而不使用正态分布。检验统计量 t 值的计算如下：

$$t = \frac{\bar{x} - \mu}{s/\sqrt{n}} = \frac{109.5 - 100}{5.2/\sqrt{10}} \approx 5.777$$

将这个值与表 10-1 中适当的临界值进行比较：

- 通过观察数据的自由度 $n-1 = 10-1 = 9$，找到正确的行数；
- 因为是单侧检验且显著性水平为 0.05，所以使用第三列的值；
- 在表 10-1 自由度为 9 的那行和第三列中找到显著性水平为 0.05 的 t 临界值，$t = 1.833$。

因为样本检验统计量 $t = 5.777$ 大于其临界值 $t = 1.833$，所以我们拒绝原假设。得出结论：统计学学生的平均 IQ 分数大于总体平均分数 100。

通过软件计算假设检验的 P 值可以更加精确，可以得出 P 值为 0.000 135。需要注意的是，P 值远远小于 0.05，因此我们对拒绝原假设和支持平均 IQ 分数大于 100 的假设相当有信心。

例 3   均值的双侧假设检验

使用例 2 中的样本数据和同样的显著性水平，检验假设：统计学学生的平均 IQ 分数等于 100。

答案   基于"统计学学生的平均 IQ 分数等于 100"的假设，我们使用原假设 $H_0: \mu = 100$ 和备择假设 $H_a: \mu \neq 100$。备择假设中的"$\neq$"表明这是双侧检验。

样本检验统计量的值与例 2（$t = 5.777$）的相同，但是双侧检验中的临界值与例 2 的不同。因为使用同一数据集，自由度仍是 9。对于双侧检验，在第二列中找出显著性水平为 0.05 的临界值，$t = 2.262$。

检验统计量的绝对值 $t = 5.777$ 大于其临界值 $t = 2.262$，我们再次拒绝原假设。得出结论：我们有充分的证据拒绝统计学学生的平均 IQ 分数等于 100 的假设（使用软件，可以得出检验统计量的 P 值为 0.000 269）。

技术应用

使用 t 分布估计置信区间

EXCEL　使用 XLSTAT。单击顶部的"XLSTAT"，单击"Parametric tests"，然后选择"One sample t test and z test"。在显示的界面中找到"Data"框，输入数据范围，例如 A1：A12 表示的是 A 列中 12 个数据的值。在"Data Format"中选择"One sample"。单击"Student's t test"框（或在 σ 未知时单击"z text"）。单击"Options"，输入预期的"Significance level（%）"，输入 5 则代表 95% 的置信区间。单击"OK"。结果输出后，找到"confidence interval on the mean"。（因为种种原因，Excel 中 CONFIDENCE 工具的使用没有介绍。）

STATDISK　选择"Analysis"，接下来是"Confidence Intervals"，然后"Mean-One Sample"。在显示的对话框中，首先输入一个小数作为置信水平，比如输入 0.95 代表 95% 的置信水平。然后输入其他必需的内容。最后单击"Evaluate"，输出置信区间。

TI-83/84 PLUS　TI-83/84 Plus 计算器可以使用列表中的原始样本值生成置信区间，或使用汇总统计量 n、$\bar{x}$ 和 s。单击 **STAT**。选择"TESTS"，如果 σ 未知选择"TInterval"（如果 σ 已知选择"ZInterval"）。完成必要的输入后，计算器会输出形式为 $(\bar{x} - E,\ \bar{x} + E)$ 的置信区间。

使用 t 分布进行假设检验

EXCEL　使用 XLSTAT。首先打开原始样本值所在的表格。单击顶部的"XLSTAT"，单击"Parametric tests"，然后选择"One sample t test and z test"。在显示的界面中，找到"Data"框，输入数据范围，例如 A1：A11 表示的是 A 列中 11 个数据的值。在"Date Format"中选择"One sample"。单击"Student's t test"框（或在 σ 未知时单击"z test"）。单击"Options"，选择检验类型，双侧检验选择"$\neq$"，左侧检验选择"<"，右侧检验选择">"。在"Theoretical mean"框中输入给定的总体均值，与原假设中设定的值是一样的。输入预期的"Significance level（%）"，例如输入 5 代表 0.05 显著性水平。单击"OK"。输出结果后，找到"t（观测值）"或"z（观测值）"的检验统计量，P 值和临界值也会被列出来。

STATDISK　选择"Analysis"，然后选择"Hypothesis Testing"。对于 10.1 节中讨论的方法，选择"Mean-one Sample"。然后会出现一个对话框，单击对话框的左上角选择与被检验声明相符的条目。接着在对话框中输入其他条目，然后单击"Evaluate"。结果会包含检验统计量和 P 值。

TI-83/84 PLUS　如果使用一个 TI-83/84 Plus 计算器，按 **STAT** 键，然后选择"TESTS"和"T-Test"菜单条目（如果 σ 已知，则选择"Z-Test"）。也可以通过在显示窗口中输入条目使用原始数据（Data）或者汇总统计量（Stats）。TI-83/84 Plus 计算器结果的前三项包含备择假设、检验统计量和 P 值。

例 4　均值的左侧假设检验

由于费用昂贵，汽车碰撞测试经常使用小样本。在一项研究中，五辆 BMW 汽车在标准条件下进行碰撞测试，维修费用（按美元计价）被用来检验假设：所有 BMW 汽车的平均维修费用低于 3 000 美元。这五个样本的维修费用均值为 2 835 美元，标准差为 883 美元。使用 0.05 置信水平检验假设：全体 BMW 汽车的平均维修费用低于 3 000 美元。

答案　原假设为 H_0：$\mu = \$3\,000$，备择假设为 H_a：$\mu < \$3\,000$。总体标准差未知。假设维修费用服从正态分布（$t$ 检验对于稍微偏离正态分布的情况不是十分敏感，因此这是一个合理的假设）。t 检验统计量的值是：

$$t = \frac{\bar{x} - \mu}{s/\sqrt{n}} = \frac{2\,835 - 3\,000}{883/\sqrt{5}} \approx -0.418$$

在本例中，样本容量 $n = 5$，因此自由度为 $n-1 = 5-1 = 4$。由于这是一个单侧检验，我们在第三列 0.05 显著性水平中寻找临界值，$t = 2.132$。对于左侧检验，我们寻找的值小于或等于 -2.132。

因为样本检验统计量 $t = -0.418$ 并不小于或等于临界值 $t = -2.132$，所以不能拒绝原假设。没有足够的证据支持平均修理费用低于 3 000 美元这个假设。使用软件可以找到假设检验的 P 值为 0.348 8。换句话说，如果原假设为真，随机抽取如题设样本的概率约为 35%。这个可能性并不足够小，不能拒绝原假设。

>>10.2 列联表假设检验

到目前为止，我们所研究的假设检验都有这样的原假设：总体均值（μ）或总体成数（p）假定等于某值。但是很多情况下，原假设会有不同的形式。本节中，我们将在两个变量之间寻找某种关系并进行假设检验。基本步骤是一样的：确定原假设和备择假设，使用样本数据检验原假设，然后确定来自样本的证据是否拒绝原假设。如果拒绝原假设就意味着样本支持接受备择假设。

10.2.1 确定双变量假设

假设一所大学的管理者们关注学位的授予是否存在性别偏见，他们搜集了不同专业授予男生和女生的学位个数。这些数据涉及两个变量：专业和性别。专业变量有很多取值，如生物、商业、数学和音乐。性别变量只有两个取值：男性和女性。

为了检验在学位的授予上是否有偏差，管理者提出一个问题：相关数据能否表明这两个变量之间存在一定的关系？如果有关系，那么男生和女生在选择专业时有不同的比例，这意味着一个人的性别会影响他的专业选择（要么是由于选择，要么是因为不同专业的偏见）；如果没有关系，则意味着没有明显的证据说明性别会影响个人专业的选择。

上述观念表明，存在下述两种可以选择的假设。原假设 H_0：两个变量是独立的（二者之间没有联系）；在当前的案例中，它表示性别和专业之间没有联系。备择假设 H_a：两个变量之间有一定的联系，在本例中意味着性别影响一个人的专业选择。

双变量的原假设和备择假设

原假设 H_0：两个变量是独立的（二者之间没有联系）。
备择假设 H_a：两个变量之间有一定的联系。

10.2.2 在列联表中列出数据

假设确定后，假设检验的下一步是分析数据，确认是否拒绝原假设。本例中收集数据就是找出不同专业授予男生和女生学位的数量。收集到这些数据后，需要用一种有效的方法来呈现它们。因为这些数据涉及两种变量，所以可以用列联表（也称双向表）有效地呈现数据，这么命名是因为它展现了两种变量。

表 10-2 所示为专业和性别的列联表。需要注意的是，专业在纵列中表示，而性别在横行中表示。表中只有两行是因为性别只有男和女；有很多纵列，只显示前几个。每个单元格

显示了两种变量的组合次数。例如，横行"女生"和纵列"生物"组合的单元格显示获得生物学学士学位的女生有 32 人。同样地，横行"男生"和纵列"商学"组合的单元格表示获得商学学士学位的男生有 87 人。

表 10-2　专业和性别的列联表

变量1　专业 →					
专业　　性别	生物学	商学	数学	心理学	……
女生	32	110	18	75	…
男生	21	87	15	70	…

变量 2　性别

列联表

列联表呈现了两个变量之间的关系，一个变量在横行中，另一个变量在纵列中。表中组合单元格的内容为频率（或频数）。

如果我们要探讨专业和性别之间的关系，就需要所有专业的完整数据，即表 10-2 中会有很多纵列。另外，要得出假设检验的结论就需要找出所有的横行和纵列。为了简化计算，我们只关注两个专业，生物学和商学。所以问题简化为：一个人的性别是否影响他选择生物学或商学专业？表 10-3 所示为从表 10-2 中提取的生物学和商学的相关数据，以及横行和纵列的总计。

表 10-3　生物学和商学学位的列联表

专业　　性别	生物学	商学	总计
女生	32	110	142
男生	21	87	108
总计	53	197	250

没有对手，我不能做到这些。
——威廉·莎士比亚（William Shakespeare），《冬天的故事》（*The Winter's Tale*）

在美国所有的学院和大学中，男生人数在工程学、计算机科学和建筑学等专业中多于女生。女生人数在心理学、美术、会计、生物学和初等教育等专业中多于男生。

🕐 **思考时刻**

根据表 10-3 回答以下问题：①有多少商学学位被授予给男生？②总共有多少人被授予商学学位？③比较授予男生和女生学位的总数与商学和生物学学士的总数，这两个总数相同吗？为什么？

例 1　一项调查的列联表

表 10-4 所示为枪支控制方面的调查结果。根据表格内容回答下列问题。

a. 定义表中的两个变量。

b. 民主党支持严格控制枪支法律者的比重是多少？

c. 支持严格控制枪支法律的占所有投票者的比重是多少？

d. 共和党反对严格控制枪支法律者的比重是多少？

表 10-4 枪支控制调查的列联表

项目	支持严格的法律	反对严格的法律	不确定	总计
民主党	456	123	43	622
共和党	332	446	21	799
总计	788	569	64	1 421

资料来源：改编自马尔科姆·W. 布朗（Malcolm W.Browne）的 "Following Benford's law, or Looking Out for No.1"，《纽约时报》，1998 年 8 月 4 日。

答案 注意，横行的总数和纵列的总数是相等的。

a. 纵列展现了变量调查结果，包括支持严格的法律、反对严格的法律和不确定。横行展现了变量党派联盟，包括民主党和共和党。

b. 在 622 个民主党投票中，有 456 个支持严格的法律。民主党中赞成严格法律的百分比是 456/622 ≈ 0.733，即 73.3%。

c. 在 1 421 个投票中，788 个支持严格的法律。支持严格法律者占所有投票者的比重是 788/1 421 ≈ 0.555，即 55.5%。

d. 569 人反对严格的法律，其中有 446 人是共和党。446 / 569 ≈ 0.783，所以反对严格法律者中有 78.3% 是共和党。

10.2.3 进行假设检验

当假设确定并收集到列联表中的数据后，就可以进行假设检验了。基本的思路与之前的一样，检测数据是否为拒绝原假设提供了足够的证据。使用列联表进行假设检验的具体步骤如下。

- 假设原假设为真，即两个变量没有关系。在这种情况下，我们希望列联表中频数（各单元格中的数字）的出现纯属偶然。所以第一步就是计算偶然出现的期望频数。
- 然后将期望频数与在样本中观察到的频数（表中呈现的频数）作比较。我们通过对样品数据进行卡方检验完成以上步骤。卡方值和第九章假设检验中的 z 值，或者 10.1 节 t 检验中的 t 值作用相同。
- 回顾第九章中的假设检验，我们通过比较样本标准分数的计算值和查表所得的临界值，确定是否拒绝原假设；同样，在 10.1 节中我们比较了 t 检验统计的计算值和表中的临界值。这里我们使用同样的方法，只是不使用标准分数或 t 的临界值，而使用卡方检验的临界值。

下面以表 10-3 的数据为例，完成上述检验步骤。

1. 计算期望频数

先计算样本中所有被授予商学学位的学生所占的比例：

$$\frac{获得商学学士学位的人数}{获得学位的总人数} = \frac{197}{250}$$

正如在第六章所讨论的，我们将这个结果作为相对频数概率，即如果从样本中随机选出一名学生，他获得商学学位的概率是 197 / 250。使用概率符号，可以表示为：

$$P（商学学士）=\frac{197}{250}$$

同样，如果从样本中随机选择一名学生，这名学生是男生的概率为：

$$P（男生）=\frac{男生总人数}{男生和女生总人数}=\frac{108}{250}$$

现在已经得到所有的必要信息，可以计算获得商学学位的男生的理论预期频数。回忆 6.5 节内容，如果两个事件 A 和 B 是相互独立的（其中一个的结果并不影响另一个的概率），那么：

$$P（A 和 B）=P（A）\times P（B）$$

我们可以应用这条准则去确定一个学生既是男生又是商学专业的概率（假定原假设为性别独立于专业）：

$$P（商学专业男生）=P（男生）\times P（商学）=\frac{108}{250}\times\frac{197}{250}\approx 0.340\ 4$$

如果性别和专业之间没有联系，这个概率等于我们所预期的商学专业男生占学生总人数的比例。因此，将这个概率乘以样本中学生总人数（250）可以得到期望的商学专业男生人数（或频数）：

$$\frac{108}{250}\times\frac{197}{250}\times 250\approx 85.104$$

我们称这个值为商学专业男生的期望频数（注意期望频数和在 6.3 节中讨论的期望值的相似性）。

> 列联表中的**期望频数**是指在行变量和列变量没有联系的情况下我们所期望得到的频数。

例 2 表 10-3 中的期望频数

计算表 10-3 中其他三个单元格的期望频数，然后编制包括观测频数和期望频数的表格。

答案 采用上述计算商学专业男生期望人数的步骤。已知 P（男性）和 P（商学），还需 P（女生）和 P（生物学）：

$$P（女生）=\frac{女生总人数}{男生和女生总人数}=\frac{142}{250}=0.568$$

$$P（生物）=\frac{获得生物学学士学位的人数}{获得学位的总人数}=\frac{53}{250}=0.212$$

将这些单独概率组合起来计算其他三个单元格的概率：

$$P（商学专业女生）=P（女生）\times P（商学）=\frac{142}{250}\times\frac{197}{250}\approx 0.447\ 6$$

$$P（生物学专业男生）=P（男生）\times P（生物学）=\frac{108}{250}\times\frac{53}{250}\approx 0.0916$$

$$P（生物学专业女生）=P（女生）\times P（生物学）= \frac{142}{250}\times \frac{53}{250}\approx 0.120\,4$$

正如我们所期望的，四个单元格中的概率总和为 $0.340\,4+0.447\,6+0.091\,6+0.120\,4=1.000\,0$。将表格中的概率乘以学生总人数（250）得到期望频数：

$$商学专业女生期望频数 = 250\times \frac{142}{250}\times \frac{197}{250}\approx 111.896$$

$$生物学专业男生期望频数 = 250\times \frac{108}{250}\times \frac{53}{250}\approx 22.896$$

$$生物学专业女生期望频数 = 250\times \frac{142}{250}\times \frac{53}{250}\approx 30.104$$

表 10-5 重复了表 10-3 中的数据，但在括号中列出了每个单元格的期望频数。为了检验结果是否正确，将四个期望频数的总和与样本中学生总人数 250 进行比较：$85.104+111.896+22.896+30.104=250.000$。

需要注意的是，行"总计"和列"总计"的值对于观测频数和期望频数来说都是一样的。它们总是相同的，这也为计算过程提供了另一种检查方法。

技术备忘录

表 10-5 包含了四舍五入保留小数点后三位的期望频数，但最好保留计算器所能承载的小数位。最终答案会因保留小数位数不同而有细微差别。

表 10-5　表 10-3 中的观测频数和期望频数（括号中）

性别＼专业	生物学	商学	总计
女生	32（30.104）	110（111.896）	142（142.000）
男生	21（22.896）	87（85.104）	108（108.000）
总计	53（53.000）	197（197.000）	250（250.000）

2. 计算卡方统计量

表 10-5 中的期望频数和观测值拟合得很好。例如，商学专业女生的期望频数约为 85.1，这与观测值 87 相当接近。因此我们可以认为这组数据没有提供足够的证据拒绝原假设"性别和专业之间没有联系"。但是，通过对观测值和期望频数之间的差异进行量化，可以得到更加明确的结论。

用 O 表示观测频数，E 表示期望频数。$O-E$（O 减 E）则代表每个单元格中观测频数与期望频数的差异。接下来寻找一种标准衡量全表的总差异。不能将每个差异（$O-E$）简单相加得到衡量值，因为其总和是零。我们考虑每个单元格差异的平方（$O-E$）^{2}，然后将其除以相应的期望频数，得到相对差异。每个单元格的（$O-E$）$^2/E$ 的总和就是卡方统计量，记为 χ^2（χ 是希腊字母）。

计算卡方统计量

第一步，对于列联表的每一个单元格，如果零假设为真（两个变量之间没有联系），则将观测频数记为 O，期望频数记为 E。

第二步，计算每个单元格的（$O-E$）$^2/E$ 值。

第三步，汇总第二步中的值得到卡方统计量：

$$\chi^2 = \frac{(O-E)^2}{E}\text{的总和}$$

χ^2 的值越大，单元格中观测频数和期望频数的平均差异就越大。

为了有条理地进行计算，可以编制表 10-6。如右下角的单元格所示，性别 / 专业的结果是 $\chi^2 = 0.350$。

表 10-6 计算卡方统计量

项目	O	E	$O-E$	$(O-E)^2$	$(O-E)^2/E$
女生 / 商学	110	111.896	−1.896	3.595	0.32
女生 / 生物学	32	30.104	1.896	3.595	0.119
男生 / 商学	87	85.104	1.896	3.595	0.042
男生 / 生物学	21	22.896	−1.896	3.595	0.157
总计	250	250.000	0.000	14.380	$\chi^2 = 0.350$

🕐 **思考时刻**

为什么 $O-E$ 列中的数字总和一定为零？

3. 做出决策

χ^2 的值提供一种检验变量间没有联系的原假设的方法。如果 χ^2 的值小，则观测频数和期望频数之间的平均差异就小，不应该拒绝原假设。如果 χ^2 的值大，则观测频数和期望频数之间的平均差异就大，有理由拒绝原假设。为了量化"小"和"大"，我们将计算出的 χ^2 值与临界值进行比较：

- 如果计算得到的 χ^2 值小于临界值，则观测值和期望值之间的差异就小，没有充分的证据拒绝原假设；
- 如果计算得到的 χ^2 值大于或等于临界值，则样本提供了充分的证据拒绝原假设（在给定的置信水平下）。

技术备忘录

严格来说，检验统计量 χ^2 是一个离散变量，然而实际上 χ^2 分布却是连续的。只要每个单元格的期望频数不小于 5 个，这种差异并不会导致实质性的问题。我们假定本书中所有的案例都满足这个条件。

表 10-7 列出了两个显著性水平（0.05 和 0.01）下的 χ^2 临界值。注意，对于不同大小的表，临界值也是不同的，因此必须确保查找的临界值适合样本的表格。

对于性别和专业这组数据，表格有两行两列（不考虑行和列的总计），表格的大小为 2×2。在表 10-7 的第一行中找到 0.05 置信水平的 χ^2 临界值是 3.841。我们计算得出的性别 / 专业数据中的卡方值 $\chi^2 = 0.350$，由于它比临界值 3.841 小，不能拒绝原假设。当然，不能拒绝原假设并不能说明专业和性别是独立的，它仅仅表明我们没有充分的证据拒绝原假设。

表 10-7 卡方临界值（只要 $\chi^2 >$ 临界值就拒绝 H_0）

表格大小	置信水平	
（行 × 列）	0.05	0.01
2×2	3.841	6.635
2×3 或 3×2	5.991	9.210
3×3	9.488	13.277
2×4 或 4×2	7.815	11.345
2×5 或 5×2	9.488	13.277

例 3　维生素 C 检验

一项研究（假设的）想要确定维生素 C 对预防感冒是否有效果。在一个 220 个人的样本中，随机抽取 105 个人每天服用一片维生素 C 维持 10 周，剩下的 115 人在这 10 周中每天服用一片安慰剂。在 10 周结束后，记录患感冒的人数（如表 10-8 所示）。判断服用维生素 C 和患感冒之间是否有联系（使用 0.01 置信水平）。

表 10-8　每个类别观测数目的双向表

项目	感冒	未感冒	总计
维生素 C	45	60	105
安慰剂	75	40	115
总计	120	100	220

答案　首先叙述原假设和备择假设。

H_0（原假设）：服用维生素 C 和患感冒之间没有联系，即维生素 C 在预防感冒方面不比安慰剂更有效。

H_a（备择假设）：服用维生素 C 和患感冒之间有联系，即如果维生素 C 和安慰剂同样有效（或同样无效），两组感冒的人数不是我们所期望的。

假设原假设为真，计算表中每个单元格的期望频数。样本容量为 220，可以得到下列预期频数。

维生素 C 和感冒：$220 \times \underbrace{\dfrac{105}{220}}_{P\,(维生素C)} \times \underbrace{\dfrac{120}{220}}_{P\,(感冒)} \approx 57.273$

维生素 C 和未感冒：$220 \times \underbrace{\dfrac{105}{220}}_{P\,(维生素C)} \times \underbrace{\dfrac{100}{220}}_{P\,(未感冒)} \approx 47.727$

安慰剂和感冒：$220 \times \underbrace{\dfrac{115}{220}}_{P\,(安慰剂)} \times \underbrace{\dfrac{120}{220}}_{P\,(感冒)} \approx 67.727$

安慰剂和未感冒：$220 \times \underbrace{\dfrac{115}{220}}_{P\,(安慰剂)} \times \underbrace{\dfrac{100}{220}}_{P\,(未感冒)} \approx 52.273$

表 10-9 所示为期望频数的列联表。

对维生素 C 和感冒的关系已经进行过许多严谨的研究。一些研究发现维生素 C 的影响有高水平的置信度，但另外一些研究则没有这种发现。由于这些经常相互矛盾的结论，维生素 C 能否预防感冒这个问题仍然存在争议。

表 10-9　维生素 C 研究中的观测频数和期望频数

项目	感冒	未感冒	总计
维生素 C	45（57.273）	60（47.727）	105（105.000）
安慰剂	75（62.727）	40（52.273）	115（115.000）
总计	120（120.000）	100（100.000）	220（220.000）

接下来计算样本数据的卡方统计量，结果如表 10-10 所示。

表 10-10 维生素 C 研究中的卡方统计量

结果	O	E	$O-E$	$(O-E)^2$	$(O-E)^2/E$
维生素 C/ 感冒	45	57.273	−12.273	150.627	2.630
维生素 C/ 未感冒	60	47.727	12.273	150.627	3.156
安慰剂 / 感冒	75	62.727	12.273	150.627	2.401
安慰剂 / 未感冒	40	52.273	−12.273	150.627	2.882
总计	220	220.000	0.000	602.508	$\chi^2 = 11.069$

为了确定是否拒绝原假设，我们将样本数据的卡方值 $\chi^2 = 11.069$ 和表 10-7 中的卡方临界值进行比较。因为原始数据表为两行两列，所以在 2×2 的行中寻找。0.01 置信水平下的卡方临界值为 6.635。由于样本的卡方值 $\chi^2 = 11.069$ 大于临界值，拒绝原假设并得出结论，维生素 C 和患感冒之间有联系。即基于样本数据，有理由相信维生素 C 比安慰剂更有效。

例 4 有罪辩护还是无罪辩护

表 10-11 显示的是美国旧金山地区随机选择的 1 028 个盗窃案件中，有罪辩护和无罪辩护对判决结果的影响。检验假设：判决（入狱还是无罪释放）和辩护相互独立。

表 10-11 辩护和判决的观测频数

项目	入狱	无罪释放	总计
有罪辩护	392	564	956
无罪辩护	58	14	72
总计	450	578	1 028

资料来源：*Law and Society Review*，Vol.16，No.1。

答案 这个问题的原假设和备择假设如下。

H_0（原假设）：盗窃案件的判决与辩护相互独立。

H_a（备择假设）：盗窃案件的判决与辩护有关联。

对每一类的期望频数进行计算，假设行变量和列变量相互独立：

有罪辩护和入狱：$1\,028 \times \dfrac{956}{1\,028} \times \dfrac{450}{1\,028} \approx 418.482$

有罪辩护和无罪释放：$1\,028 \times \dfrac{956}{1\,028} \times \dfrac{578}{1\,028} \approx 537.518$

无罪辩护和入狱：$1\,028 \times \dfrac{72}{1\,028} \times \dfrac{450}{1\,028} \approx 31.518$

无罪辩护和无罪释放：$1\,028 \times \dfrac{72}{1\,028} \times \dfrac{578}{1\,028} \approx 40.482$

表 10-12 所示为辩护和判决的观测频数与期望频数。

表 10-12 辩护和判决的观测频数与期望频数（括号中）

项目	入狱	无罪释放	总计
有罪辩护	392（418.482）	564（537.518）	956
无罪辩护	58（31.518）	14（40.482）	72
总计	450	578	1 028

接下来计算χ^2值（如表10-13所示）。表中O表示观测频数，E表示期望频数。如右下角单元格所示，本例的卡方统计量$\chi^2 = 42.556$。这个值远大于0.05置信水平的临界值$\chi^2 = 3.814$和0.01置信水平的临界值$\chi^2 = 6.635$（对于2×2表格），因此拒绝原假设接受备择假设。基于样本数据，我们有理由相信盗窃案件的判决与辩护有关联。但要注意，这个检验并不能证明辩护和判决之间存在因果关系。

表10-13　χ^2值的计算

结果	O	E	$O-E$	$(O-E)^2$	$(O-E)^2/E$
有罪/入狱	392	418.482	-26.482	701.296	1.676
有罪/无罪释放	564	537.518	26.482	701.296	1.305
无罪/入狱	58	31.518	26.482	701.296	22.251
无罪/无罪释放	14	40.482	-26.482	701.296	17.324
总计	1 028	1 028.000	0.000	2 850.184	$\chi^2 = 42.556$

🕐 思考时刻

如果你是一个盗窃案件犯罪嫌疑人的律师，在为你的当事人辩护的时候，前面案例中的结果对你的辩护策略有什么影响？请解释。

⏻ 技术应用

列联表假设检验

EXCEL　使用XLSTAT。输入列联表的行和列。单击顶部的"XLSTAT"。选择"Correlation/Association tests"，然后选择"Test on contingency table"。在"Contingency table"框中，输入包括列联表频数的单元格范围。例如，输入A1：B4即是建立包括两列（A和B）和四行的列联表。在"Data format"中选择"Contingency Table"选项。单击"Option"按钮，在"Chi-square test"旁边打勾并在"Significance level（%）"中输入数值。例如，输入5表示0.05的置信水平。单击"OK"，输出包括卡方检验统计量和P值的结果。

STATDISK　在数据窗口中输入列联表中得到的观测频数，选择主菜单中的"Analysis"，然后选择"Contingency Table"。输入显著性水平并进行包含频数的列的识别。单击"Evaluate"。STATDISK的结果包括检验统计量、临界值和P值。

TI-83/84 PLUS　通过单击 2ND X⁻¹ 按钮得到MATRIX菜单（或者TI-83中的MATRIX键），以矩阵形式打开列联表。选择"EDIT"，单击 ENTER 按钮。进入矩阵维度（行和列）接着输入每个频数。输入完毕后，单击 STAT 按钮，选择"TESTS"，然后选择"χ^2-Test"选项。确保观测矩阵与输入的相同，比如矩阵A，期望频数会自动计算并储存到指定为"期望"的单独矩阵中。向下滚动到"Calculate"，单击"ENTER"按钮得到检验统计量、P值和自由度。

>>10.3 方差分析（单因素方差分析）

目前我们已经检验过三种不同类型的原假设：声称均值等于某个值（$H_0: \mu =$ 陈述值），在9.2节采用正态分布进行检验，在10.1节采用t分布进行检验；声称总体成数等于某个值（$H_0: p =$ 陈述值），在9.3节采用正态分布进行检验；声称两个变量相互独立（$H_0:$ 无联系），在 10.2 节进行了讨论。统计学不断发展，已出现检验其他类型原假设的统计方法，其应用更加广泛。为了让读者了解统计学的适用范围，在本书最后一节，我们简要地介绍其他假设检验类型。

10.3.1 多个均值相等的假设检验

分别从三本不同的书籍中各随机抽取 12 页作为一个样本：汤姆·克兰西（Tom Clancy）的《熊与龙》（*The Bear and the Dragon*）、J.K. 罗琳（J.K. Rowling）的《哈利·波特与魔法石》（*Harry Potter and the Sorcerer's Stone*）和列夫·托尔斯泰（Leo Tolstoy）的《战争与和平》（*War and Peace*）。易读度得分来自样本，结果如表 10-14 所示。英语易读度评分系统中，易读的文本分数高，难读的分数低。本节的目标是使用样本推断每本书的总体易读性。

表 10-14　英语易读度得分

汤姆·克兰西的《熊与龙》	J.K. 罗琳的《哈利·波特与魔法石》	列夫·托尔斯泰的《战争与和平》
58.2	85.3	69.4
73.4	84.3	64.2
73.1	79.5	71.4
64.4	82.5	71.6
72.7	80.2	68.5
89.2	84.6	51.9
43.9	79.2	72.2
76.3	70.9	74.4
76.4	78.6	52.8
78.9	86.2	58.4
69.4	74.0	65.4
72.9	83.7	73.6

我们可通过调查中心、变异、分布和异常值等，非正式地探索样本数据。表 10-15 展示了重要的样本统计量。比较表 10-14 中的原始数据和表 10-15 中的样本均值，你会发现只有少数分数远离均值（例如，克兰西作品的最低分 47.9，罗琳作品的最低分 70.9），这些数据没有价值，故忽略。此外，数据细节研究表明来自总体的样本接近正态分布。

其实在研究数据之前，我们就可以预测罗琳的《哈利·波特与魔法石》是三本书中最易读的，因为它是唯一一部写给儿童的。同样，可以预测托尔斯泰的《战争与和平》是最难读的，因为它是俄国的经典著作。现在来看一下表 10-15 中的平均可读性分值，分数越高，越容易阅读。表中的数据支持了我们的预测：罗琳的作品拥有最高的可读性分值，而托尔斯泰的最低。然而，三个样本的均值没有太大的差别，范围从托尔斯泰的 66.15 到罗琳的 80.75，而且每个样本容量相对较小，$n=12$。现在回到本节的关键统计问题：这些样本数据能否为我们提供充分的证据，证明克兰西、罗琳、托尔斯泰的作品存在不同的易读度平均值？

表 10-15　可读性得分统计

项目	易读度得分		
	克兰西	罗琳	托尔斯泰
样本容量 n	12	12	12
样本均值 $\bar{x}$	70.73	80.75	66.15
样本标准差 s	11.33	4.68	7.86

为了回答这个问题，我们回顾一下 9.1 节中假设检验的基本原理。由于我们想知道这三个人的作品是否有不同的易读度平均值，先假设它们没有不同的平均值，即原假设为这三本书的易读度平均值相等。备择假设为三本书中至少有一本的平均值不同于其他两个。假设检验一定会得出是否拒绝原假设的结论。如果拒绝原假设，则可以得出这些书的易读度平均值并不全部相等的结论，这和我们预期的一样。如果没有拒绝原假设，则意味着这些数据没有提供充分的证据让我们得出三本书的易读度平均值并不全部相等的结论。

记住，该案例中的每一个总体均值所代表的是对每本书的全部页数进行测量后计算出的易读度平均值。我们可以将原假设写作：

H_0：$\mu_{\text{克兰西}} = \mu_{\text{罗琳}} = \mu_{\text{托尔斯泰}}$

我们需要一个假设检验来验证三个不同的总体是否有相同的均值。这里使用的方法叫作方差分析，通常缩写为 ANOVA。方差被定义为标准差的平方（s^2）。

> **方差分析**（ANOVA）是指根据样本方差检验三个或三个以上总体均值是否相等的方法。

更特别的是，分析如表 10-14 所示数据的方法叫作单因素方差分析（one-way ANOVA），因为样本数据仅根据一个特征或因素分成不同部分。此例中，这个特征是作者（克兰西、罗琳、托尔斯泰）。此外，还有列联方差分析，它根据两个特征将总体分成不同类别。例如，可以根据以下两个特征将人们的身高进行分类：① 性别（男性或女性）；②惯用右手的人或惯用左手的人。在本书中，我们不讨论列联方差分析。

> **技术备忘录**
>
> 方差分析也可用于两个均值的情况，但是它相当于对两个样本方差进行 t 检验。这种方法效率更高，但本书不包括这类 t 检验。

10.3.2 进行检验

方差分析建立在以下基本原则上：假设所有的总体分布方差相同，然后比较样本间与样本内方差。单因素方差分析的检验统计量（通常称作 F）是这两种方差的比：

$$\text{检验统计量} F（\text{单因素方差分析}）= \frac{\text{组间方差}}{\text{组内方差}}$$

检验统计量的实际计算过程比较烦琐，现在一般用统计软件来处理（见本节"技术应用"）。然而，我们可以按以下步骤，使用三本书可读性的案例来解释统计量。

- 组间方差反映三个样本之间均值（见表 10-15）差异的大小。
- 组内方差反映每一个样本的 12 页文本间易读度得分（见表 10-14）差异的大小。
- 如果三个总体均值如同原假设声称的是相等的，可以期望任何一个独立样本的样本均值落在任意其他独立样本的变化范围内。关于检验统计量（F = 组间方差 / 组内方差）有以下推断：
  - （1）大的检验统计量 F 表明样本均值与独立样本内的数据相差很大，不能确定总体均值相等（如同原假设的声明）。也就是说，大的 F 值为拒绝原假设提供了证据。
  - （2）小的检验统计量 F 表明样本均值与独立样本内的数据相差很小，这说明各样本均值间的差异可能只是随机抽样的结果。因此，小的 F 值不能为拒绝原假设提供证据。

检验统计量 F 在方差分析中的作用与假设检验中的标准分数 z 以及 t 检验中的 t 值所起的作用相同。因此，可以通过计算 P 值（即极端地获得样本结果的概率）量化地解释 F 检验。假设原假设为真（总体均值相等），小的 P 值显示通过随机抽样偶然获得样本结果不太可能；大的 P 值则显示通过随机抽样偶然获得样本结果是很容易的。"如果 P（值）很小，必须拒绝原假设"。这句话的意思是当 P 值很小时，比如小于或等于 0.05 时，原假设必须被拒绝。

下面总结了单因素方差分析的步骤和要求。

单因素方差分析检验 H_0：$\mu_1 = \mu_2 = \mu_3 = \cdots$

步骤 1：将样本数据输入统计软件，然后使用软件确定检验统计量（F = 组间方差 / 组内方差）和检验统计量的 P 值。

步骤 2：根据 P 值确定拒绝或接受原假设。

- 如果 P 值小于或等于显著性水平，拒绝原假设（均值相等）并得出结论，至少一个均值与其他均值不同。
- 如果 P 值大于显著性水平，不拒绝原假设。

只有符合以下要求，此方法才有效：总体均值的分布接近正态分布，并且方差相等；从每个总体中抽取的样本是相互独立的随机样本。

⏻ **技术应用**

方差分析

EXCEL　可以使用 XLSTAT 或者 Excel 的 Data Analysis add-in。Excel 的 Data Analysis add-in 的优势是不需要将所有的数据放到与另一列中的其类别名称对应的列中。

XLSTAT　先将与列 A 中的变量名对应的列 B 中的所有样本数据堆放出来。单击 "XLSTAT"，选择 "Modeling Data"，然后选择 "ANOVA"。在 "Quantitative" 框中输入包括样本数据的单元格范围，如 B1：B50。在 "Quantitative" 框中，输入包括变量名称的单元格范围，如 A1：A50。只有在第一行包括标签时勾选 "Variable labels"。单击 "OK"，在结果中找到包括 F 检验统计量和 P 值的 "Analysis of Variance" 表。

⏻ 技术应用

Data Analysis add-in 使用 Excel 2013、2010 和 2007 时，在列 A，B，C 中输入数据；在 Excel 2003 中，单击"Tools"。然后单击"Data Analysis"，选择"Anova：Single Factor"。在对话框中输入样本数据的范围。例如，如果第一个值在列 A 的第一行且最长的列有 30 个数据值，输入 A1：C30。

STATDISK 在数据窗口的列中输入数据。从主菜单中选择"Analysis"，然后选择"One-Way Analysis of Variance"，开始选择样本数据的列。完成后单击"Evaluate"。结果包括方差分析的 P 值。

TI-83/84 PLUS 先输入列表 L1，L2，L3，…中的数据，然后按 **STAT** 键，选择"TESTS"，再选择"ANOVA"选项。输入列标签。例如，如果数据在列 L1，L2，L3 中，输入这些列得到 ANOVA（L1，L2，L3），然后按 **ENTER** 按钮。

例 1 克兰西、罗琳、托尔斯泰著作的易读性

根据表 10-14 给出的易读性得分，在 0.05 显著性水平上检验原假设：三个样本所代表的总体有相同的均值。

答案 我们从检查单因素方差分析的所需条件开始。仔细检查数据可以发现每个样本所代表的总体都近似服从正态分布。样本标准差并无显著不同，因此假设三个总体同方差是合理的。样本是简单随机样本并且是相互独立的。综上，所需条件都满足。

接下来检验原假设：三个样本所代表的总体均值都相等（H_0：$\mu_1 = \mu_2 = \mu_3$）。本节最后的"技术应用"中描述了使用多种软件得到检验统计量和 P 值的具体过程，表 10-16 则直接给出结果。其他软件也会给出相似的结果。

表 10-16 易读性水平的相关数据

方差来源	SS	df	MS	F	P 值	F 临界值
组间	1 338.002 222	2	669.001 111 1	9.469 487 401	0.000 562 133	3.284 924 333
组内	2 331.386 667	33	70.648 080 81			
总计	3 669.388 889	35				

注意表格中包括 F 值列和 P 值列。这是我们比较关注的两项，其解释如下。

- F 是单因素方差分析的检验统计量（$F=$ 组间方差 / 组内方差）。F 值远大于 1，说明样本均值的差异比我们所期望的更大。

- P 值告诉我们当原假设为真时观测到这样极端的偶然结果的概率。本例中 P 值非常小，比在 0.05 显著性水平上拒绝原假设的临界值 0.05 要小得多，同样也比在 0.01 显著性水平上拒绝原假设的临界值 0.01 要小得多。

我们得出结论，有充分的证据拒绝原假设。这意味着样本数据支持假设：三个总体均值并不都相等。基于随机选择的汤姆·克兰西的《熊与龙》、J.K. 罗琳的《哈利·波特与魔法石》和列夫·托尔斯泰的《战争与和平》的页数，我们得出结论，这些书有不完全相同的易读性水平。注意我们没有得出这样的结论：这三本书有我们预期的易读性顺序——罗琳的作品最容易和托尔斯泰的作品最难——因为假设检验只显示出这些书的易读性水平不同。不过，表 10-15 中的样本均值的结果和我们预期的顺序一样，因此我们的预期看起来是合理的。

聚焦犯罪学

当遇见欺诈时你能分辨出来吗

假设你的教授给你布置了一项家庭作业，让你投掷一枚硬币 200 次，并按顺序记录下结果。下面两组数据是两个学生投掷的结果。假如你知道其中一个学生真正完成了这项任务，而另一个则编造了数据。你能分辨出哪个是假的吗？

数据组 1（H= 正面，T= 反面）

```
H T H T H H T T T T T H T H T T T T H
H H T T T T H T H T T T H H T T H H T
H T H T H H H H T T H T H H H H T H
T T H T H H H T T H H H H T H H H T H
T H T H T H H H H H H T H H H T H T
T T H T H H T H T H T T H T H H H H
H T H T H H T H H T T H T H H H H T
T H T H H H H T H H H T H T T T H H
T H T T T H T H H H T H H T H H H H
T H T H H T T H T H H H T H H T H T H
```

数据组 2（H= 正面，T= 反面）

```
T H H T T H H T T H T H T H H T T H H T H T
H T T H T H T H T T H T T T H H T H T H
H H T H H T H T T H T H H T T T T H T
H T H T T H H H T H H T H T H T T H H
H T H T H T T H H H T H T H T H T H H T
T H T H H T H H H T H T T T H T H T H T
H T H T T H H T T H H H T T H H T H T H H
T T H T T H H T T H H T H T T H T H H H
H H T H H T H H T T T T H H H T T H T
H T H H T H T H T H H T T H T H T T T
T H H T H H T H H T T H H T H T H T H T
```

为了使猜测容易些，表 10-17 汇总了这两组数据的一些特征，可以帮助你判断哪组数据是编造的。

表 10-17　两组投掷硬币的结果

数据组 1 的特征	数据组 2 的特征
总共 97 个 H，103 个 T	总共 101 个 H，99 个 T
两行包含 6 个连续的 T	没有超过连续 3 个 H 或 3 个 T 的行
五行包含 4 个连续的 H	—
三行包含 4 个连续的 T	—

和大多数人一样，你可能会猜测数据组 1 是编造的。因为正面和反面的总次数远不同于许多人预期的 100，而且有两次一行中出现连续 6 个反面，还有数次一行中出现连续 4 个正面或反面。

在一行中得到 6 次正面的概率是 $(1/2)^6$，即 1/64。连续出现 6 次反面的概率也是 1/64。因此，投掷 200 次，出现至少 1 次在一行中连续 6 次正面或反面是可能的，所以数据组 1 中出现连续的正面或反面并不意外。相反，数据组 2 中并没有长达连续 4 个正面或反面的字符串，即使得到这样的字符串的概率只有 $(1/2)^4$，即 1/16。因此我们得出结论，数据组 2 基本可以确定是编造的。

这个简单的样本揭示了统计学在犯罪学中的重要应用：能够经常抓住伪造各种数据的人。例如，统计学能帮助审计员抓到伪造金融报表或者伪造纳税申报单的人；它能帮助科学家抓到其他伪造数据的科学家。而且在最近几年它也被用来抓住那些伪造他们的学生进行的标准检验结果的教育者。

最有效的发现数据造假的工具之一是由物理学家弗兰克·本福德（Frank Benford）确定的。在 20 世纪 30 年代，本福德注意到对数表（对数表在计算器出现之前是科学家和工程师经常使用的工具）的前几页（这里数字从 1 开始）比后几页使用得更多。在接下来的观察中，他很快发现许多数组都来自于日常生活，如股票市场价值、棒球统计、湖泊面积，而且他发现从 1 开始的数字比从 2 开始的数字多，从 2 开始的数字比从 3 开始的数字多，等等。他最终发表了一个公式来说明常用数据怎样从不同的数字开始，这个公式现在被称作本福德法则。图 10-2 所示为根据他的法则对很多数据的第一个数字的预测，同时还包括几个数组的真实结果。注意本福德法则可以很好地解释结果。有趣的是，本福德法则第一次被发现是在 1881 年，是由天文学家和数学家西蒙·纽科姆（Simon Newcomb）发表的。然而当本福德进行他自己的工作时纽科姆的文章已经被遗忘了。

本福德法则是令人惊奇的，因为大多数人猜想每一个数字（从 1 到 9）作为开始数字的概率相等。事实上，有一些随机数组，比如彩票号码，以 1 开头的数字并不比其他的多（因此本福德法则不能被用来挑选彩票号码）。然而，本福德法则确实在很多真实数组中得到运用，它也可以被用来侦查欺诈。如图 10-3 所示，真实的税收数据（左二）遵循本福德法则（左一）。相反，1995 年的一项研究金融财务报表的数据（右二）并没有遵循本福德法则。基于这些事实，地方检察官被怀疑有欺诈行为，最终证实他确实有欺诈行为。"随机猜想数据"（右一）来自美国佐治亚理工学院的西奥多·P. 希尔（Theodore P. Hill）教授的学生。这个猜想一点都不符合本福德法则，这也是一些伪造数据的人总是被抓住的原因。

本福德法则困扰了科学家和数学家几十年。今天它看起来相当容易理解，尽管还是很难解释。这里有一个为什么本福德法则能够应用于道琼斯工业平均指数的解释，得益于南方卫理公会大学的马克·J. 尼格瑞尼（Mark J.Nigrini）博士在《纽约时报》上的报道：假设道琼斯指数为 1 000，那么第一个数字是 1，每年以 20% 的比率增长。在这个增长率上实现倍增的时间稍短于四年，因此道琼斯指数大约有四年仍然在 1 000 数量级上，即第一个数字是 1，直到它达到 2 000。在达到 3 000 之前第一个数字是 2。然而，从 2 000 到 3 000 只需要增长 50%，这个过程只需要两年多。因此，第一个数字为 2 的时间比第一个数字为 1 的时间的一半多一点。随后第一个数字变化所需的时间越来越短。在道琼斯指数达到 9 000 的时候，它只需要增长 11% 并且只需要七个月就能达到 10 000 点，因此第一个数字为 9 的时间只有七个月。然而，在 10 000 点上道琼斯指数又一次出现了第一个数字是 1 的情况，接下来直到道琼斯指数翻倍到 20 000 这种情况才会改变，这意味着每年增长 20% 的话需要另外四年。因此，如果你将道琼斯指数每次从 1 到 9 所得的天数画图，你会发现第一个数字是 1 的时间比第一个数字为 2 的时间长，依次类推。

总之，本福德法则揭示了数字并不总是以人们猜想的频率出现。它不仅解释了数字的一些谜团（比如道琼斯中的一些情况），还是侦查诈骗犯罪的有效工具。

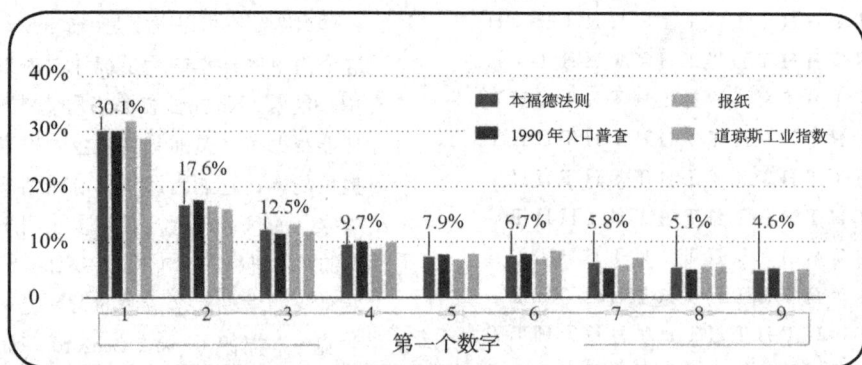

图 10-2   非预期的模型

注：不同类型的数据服从本福德法则，误差幅度在 2% 以内，包括报纸头版中出现的数字、1990 年人口普查中 3 141 个县的人口，以及 1990—1993 年的道琼斯工业指数。

资料来源：T.P.Hill,"The First Digit Phenomenon",*American Scientist*,86：4，1998。

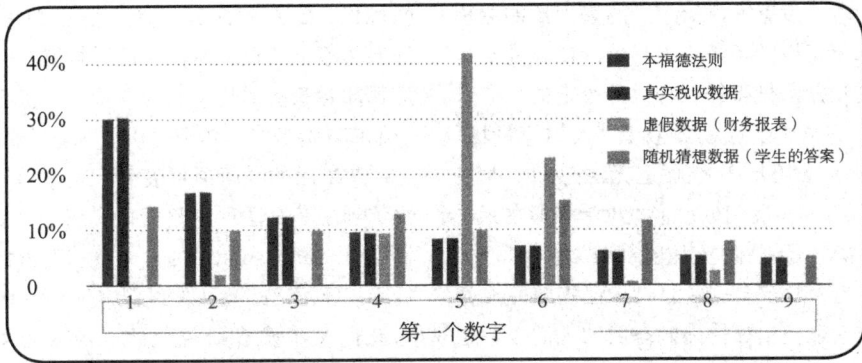

图 10-3　检测欺诈

注：来自 169 662 行税收表单的真实税收数据的第一个数字遵循本福德法则。但是来自 1995 年的布兰克林
　　商业研究中的现金支出和工资单的谎报数据并不遵循本福德法则。同样，取自 743 名大学一年级新生
　　随机写下的六位数字也不遵循这个法则。

资料来源：T.P.Hill，"The First Digit Phenomenon"，*American Scientist*，86：4，1998。

聚焦教育

四年级的学生如何运用统计学

　　九岁的艾米丽·罗莎（Emily Rosa）是四年级的学生，她想寻找学校科研项目的主题。当她正在思考如何研究 M&M 糖果的颜色时，她看见当护士的妈妈正在观看名为"非接触或触摸治疗"或"触摸治疗"的录像。触摸治疗是非常有名的替代医疗法，世界上很多地方都实践过。但是并没有合理的测试能够在数据上清晰证明此疗法是否真正可行。艾米丽告诉妈妈她有办法测试触摸治疗，并且想把这作为自己科研项目的主题。

　　尽管叫作触摸治疗，事实上治疗师并不接触患者。相反，他们的手距离患者身体几英寸远。触摸治疗的支持者认为经过培训的治疗师可以移动手掌来感知并操纵"人体能量场"。治疗师通过合理操纵可以治愈各种疾病。艾米丽·罗莎的科研目的是查明经过培训的触摸治疗师是否真能感知人体能量场。

　　为了开展项目，艾米丽聘请了 21 名触摸治疗师参加一项简单实验。每位治疗师隔桌坐在艾米丽的对面，伸出两只胳膊，掌心向上。然后艾米丽在治疗师的胳膊上放置一张有花样的隔离纸板，这样艾米丽和治疗师就无法看到对方的脸，但是艾米丽可以看见治疗师的手。

　　艾米丽将手放在治疗师一只手上方几英寸的地方，并让治疗师确定在哪只手的上方。如果治疗师真能感受艾米丽的"人体能量场"，那么他就能辨别出自己的哪只手更靠近艾米丽的手。艾米丽会记录与每位治疗师的每次实验结果。

　　为了保证此实验在统计学上合理可行，艾米丽采取了几项措施。例如，为了保证自己没有刻意选择哪只手，艾米丽每次用抛硬币的方式决定把手放在治疗师的左手还是右手的上方。而且为了能够获取足够的材料来评价统计意义，21 位治疗师中的 14 位每人要做 10 次实验，而另外 7 名每人做 20 次。

　　结果对于触摸治疗师而言是失败的。因为每次实验只可能存在两种结果——左手或右手——治疗师每次仅凭运气就已有 50% 的胜算。事实上，整个结果显示每次胜算的概率仅 44%。此外，从统计学的显示方式上看，没有哪位治疗师的表现比偶然预期的好。艾米丽还检验了经验丰富的治疗师是不是比缺乏经验的治疗师做得好。答案是否定的。艾米丽的结论是，如果确实存在类似于"人体能量场"的事物（她表示怀疑），治疗师也无法感知。即使"人体能量场"存在，我们也很难想象治疗师在无法感知其存在的情况下利用"人体能量场"治疗病人。

本研究最有趣的部分之一是艾米丽能够完成整个研究。以前对触摸治疗持怀疑态度的人们也希望进行类似的实验，但是触摸治疗师们拒绝参加实验。著名的怀疑派魔术师詹姆斯·兰迪（James Randi）甚至为通过测试（类似于艾米丽的试验）的治疗师提供 100 万美元的奖励，但是只有一人接受了兰迪

的挑战，此人在 20 次实验中胜出 11 次，基本和预期偶然概率一致。为什么曾拒绝了专业研究者的治疗师却愿意参加艾米丽的实验呢？很明显，原因在于他们认为这名四年级的孩子不会对他们造成威胁。

艾米丽的科研项目吸引了媒体的目光，消息很快传到了宾夕法尼亚州精神疾病专家史蒂芬·巴雷特（Stephen Barrett）的耳朵里。巴雷特教授专注于拆穿"庸医"疗法，他说服艾米丽和她妈妈在医学研究论文中发表研究结果。1998 年 4 月 1 日，这篇论文发表在《美国医学会杂志》（*Journal of the American Medical Association*）上，当时艾米丽仅 11 岁，她成为了此权威杂志最年轻的论文发表者。

附　　录

>> 附录 1　标准分数表

表 A-1 是表 5-1 更详细的版本。注意，曲线下方区域的面积与百分数相对应。阅读表 A-1，先在左侧栏里找出标准分数的前两位数字，然后在第一行找出第三位数字。负的标准分数在本页，正的标准分数在下一页（图 A-1 为负标准分数示意图，图 A-2 为正标准分数示意图）。表 A-2 是选择标准分数的临界值。

表 A-1　标准正态分布：从左侧开始累积的区域

z	0.00	0.01	0.02	0.03	0.04	0.05	0.06	0.07	0.08	0.09
−3.50 及以下	0.000 1									
−3.4	0.000 3	0.000 3	0.000 3	0.000 3	0.000 3	0.000 3	0.000 3	0.000 3	0.000 3	0.000 2
−3.3	0.000 5	0.000 5	0.000 5	0.000 4	0.000 4	0.000 4	0.000 4	0.000 4	0.000 4	0.000 3
−3.2	0.000 7	0.000 7	0.000 6	0.000 6	0.000 6	0.000 6	0.000 6	0.000 5	0.000 5	0.000 5
−3.1	0.001 0	0.000 9	0.000 9	0.000 9	0.000 8	0.000 8	0.000 8	0.000 8	0.000 7	0.000 7
−3.0	0.001 3	0.001 3	0.001 3	0.001 2	0.001 2	0.001 1	0.001 1	0.001 1	0.001 0	0.001 0
−2.9	0.001 9	0.001 8	0.001 8	0.001 7	0.001 6	0.001 6	0.001 5	0.001 5	0.001 4	0.001 4
−2.8	0.002 6	0.002 5	0.002 4	0.002 3	0.002 3	0.002 2	0.002 1	0.002 1	0.002 0	0.001 9
−2.7	0.003 5	0.003 4	0.003 3	0.003 2	0.003 1	0.003 0	0.002 9	0.002 8	0.002 7	0.002 6
−2.6	0.004 7	0.004 5	0.004 4	0.004 3	0.004 1	0.004 0	0.003 9	0.003 8	0.003 7	0.003 6
−2.5	0.006 2	0.006 0	0.005 9	0.005 7	0.005 5	0.005 4	0.005 2	0.005 1	0.004 9	0.004 8
−2.4	0.008 2	0.008 0	0.007 8	0.007 5	0.007 3	0.007 1	0.006 9	0.006 8	0.006 6	0.006 4
−2.3	0.010 7	0.010 4	0.010 2	0.009 9	0.009 6	0.009 4	0.009 1	0.008 9	0.008 7	0.008 4
−2.2	0.013 9	0.013 6	0.013 2	0.012 9	0.012 5	0.012 2	0.011 9	0.011 6	0.011 3	0.011 0
−2.1	0.017 9	0.017 4	0.017 0	0.016 6	0.016 2	0.015 8	0.015 4	0.015 0	0.014 6	0.014 3
−2.0	0.022 8	0.022 2	0.021 7	0.021 2	0.020 7	0.020 2	0.019 7	0.019 2	0.018 8	0.018 3
−1.9	0.028 7	0.028 1	0.027 4	0.026 8	0.026 2	0.025 6	0.025 0	0.024 4	0.023 9	0.023 3
−1.8	0.035 9	0.035 1	0.034 4	0.033 6	0.032 9	0.032 2	0.031 4	0.030 7	0.030 1	0.029 4
−1.7	0.044 6	0.043 6	0.042 7	0.041 8	0.040 9	0.040 1	0.039 2	0.038 4	0.037 5	0.036 7
−1.6	0.054 8	0.053 7	0.052 6	0.051 6	0.050 5*	0.049 5	0.048 5	0.047 5	0.046 5	0.045 5
−1.5	0.066 8	0.065 5	0.064 3	0.063 0	0.061 8	0.060 6	0.059 4	0.058 2	0.057 1	0.055 9
−1.4	0.080 8	0.079 3	0.077 8	0.076 4	0.074 9	0.073 5	0.072 1	0.070 8	0.069 4	0.068 1
−1.3	0.096 8	0.095 1	0.093 4	0.091 8	0.090 1	0.088 5	0.086 9	0.085 3	0.083 8	0.082 3
−1.2	0.115 1	0.113 1	0.111 2	0.109 3	0.107 5	0.105 6	0.103 8	0.102 0	0.100 3	0.098 5
−1.1	0.135 7	0.133 5	0.131 4	0.129 2	0.127 1	0.125 1	0.123 0	0.121 0	0.119 0	0.117 0
−1.0	0.158 7	0.156 2	0.153 9	0.151 5	0.149 2	0.146 9	0.144 6	0.142 3	0.140 1	0.137 9
−0.9	0.184 1	0.181 4	0.178 8	0.176 2	0.173 6	0.171 1	0.168 5	0.166 0	0.163 5	0.161 1
−0.8	0.211 9	0.209 0	0.206 1	0.203 3	0.200 5	0.197 7	0.194 9	0.192 2	0.189 4	0.186 7
−0.7	0.242 0	0.238 9	0.235 8	0.232 7	0.229 6	0.226 6	0.223 6	0.220 6	0.217 7	0.214 8
−0.6	0.274 3	0.270 9	0.267 6	0.264 3	0.261 1	0.257 8	0.254 6	0.251 4	0.248 3	0.245 1
−0.5	0.308 5	0.305 0	0.301 5	0.298 1	0.294 6	0.291 2	0.287 7	0.284 3	0.281 0	0.277 6
−0.4	0.344 6	0.340 9	0.337 2	0.333 6	0.330 0	0.326 4	0.322 8	0.319 2	0.315 6	0.312 1
−0.3	0.382 1	0.378 3	0.374 5	0.370 7	0.366 9	0.363 2	0.359 4	0.355 7	0.352 0	0.348 3
−0.2	0.420 7	0.416 8	0.412 9	0.409 0	0.405 2	0.401 3	0.397 4	0.393 6	0.389 7	0.385 9
−0.1	0.460 2	0.456 2	0.452 2	0.448 3	0.444 3	0.440 4	0.436 4	0.432 5	0.428 6	0.424 7
−0.0	0.500 0	0.496 0	0.492 0	0.488 0	0.484 0	0.480 1	0.476 1	0.472 1	0.468 1	0.464 1

注：对于低于 −3.49 的标准分数，区域面积为 0.000 1。
*使用内插法得到的常用数值。

标准分数	区域
−1.645	0.050 0
−2.575	0.005 0

（续表）

z	0.00	0.01	0.02	0.03	0.04	0.05	0.06	0.07	0.08	0.09
0.0	0.500 0	0.504 0	0.508 0	0.512 0	0.516 0	0.519 9	0.523 9	0.527 9	0.531 9	0.535 9
0.1	0.539 8	0.543 8	0.547 8	0.551 7	0.555 7	0.559 6	0.563 6	0.567 5	0.571 4	0.575 3
0.2	0.579 3	0.583 2	0.587 1	0.591 0	0.594 8	0.598 7	0.602 6	0.606 4	0.610 3	0.614 1
0.3	0.617 9	0.621 7	0.625 5	0.629 3	0.633 1	0.636 8	0.640 6	0.644 3	0.648 0	0.651 7
0.4	0.655 4	0.659 1	0.662 8	0.666 4	0.670 0	0.673 6	0.677 2	0.680 8	0.684 4	0.687 9
0.5	0.691 5	0.695 0	0.698 5	0.701 9	0.705 4	0.708 8	0.712 3	0.715 7	0.719 0	0.722 4
0.6	0.725 7	0.729 1	0.732 4	0.735 7	0.738 9	0.742 2	0.745 4	0.748 6	0.751 7	0.754 9
0.7	0.758 0	0.761 1	0.764 2	0.767 3	0.770 4	0.773 4	0.776 4	0.779 4	0.782 3	0.785 2
0.8	0.788 1	0.791 0	0.793 9	0.796 7	0.799 5	0.802 3	0.805 1	0.807 8	0.810 6	0.813 3
0.9	0.815 9	0.818 6	0.821 2	0.823 8	0.826 4	0.828 9	0.831 5	0.834 0	0.836 5	0.838 9
1.0	0.841 3	0.843 8	0.846 1	0.848 5	0.850 8	0.853 1	0.855 4	0.857 7	0.859 9	0.862 1
1.1	0.864 3	0.866 5	0.868 6	0.870 8	0.872 9	0.874 9	0.877 0	0.879 0	0.881 0	0.883 0
1.2	0.884 9	0.886 9	0.888 8	0.890 7	0.892 5	0.894 4	0.896 2	0.898 0	0.899 7	0.901 5
1.3	0.903 2	0.904 9	0.906 6	0.908 2	0.909 9	0.911 5	0.913 1	0.914 7	0.916 2	0.917 7
1.4	0.919 2	0.920 7	0.922 2	0.923 6	0.925 1	0.926 5	0.927 9	0.929 2	0.930 6	0.931 9
1.5	0.933 2	0.934 5	0.935 7	0.937 0	0.938 2	0.939 4	0.940 6	0.941 8	0.942 9	0.944 1
1.6	0.945 2	0.946 3	0.947 4	0.948 4	0.949 5	0.950 5	0.951 5	0.952 5	0.953 5	0.954 5
1.7	0.955 4	0.956 4	0.957 3	0.958 2	0.959 1	0.959 9	0.960 8	0.961 6	0.962 5	0.963 3
1.8	0.964 1	0.964 9	0.965 6	0.966 4	0.967 1	0.967 8	0.968 6	0.969 3	0.969 9	0.970 6
1.9	0.971 3	0.971 9	0.972 6	0.973 2	0.973 8	0.974 4	0.975 0	0.975 6	0.976 1	0.976 7
2.0	0.977 2	0.977 8	0.978 3	0.978 8	0.979 3	0.979 8	0.980 3	0.980 8	0.981 2	0.981 7
2.1	0.982 1	0.982 6	0.983 0	0.983 4	0.983 8	0.984 2	0.984 6	0.985 0	0.985 4	0.985 7
2.2	0.986 1	0.986 4	0.986 8	0.987 1	0.987 5	0.987 8	0.988 1	0.988 4	0.988 7	0.989 0
2.3	0.989 3	0.989 6	0.989 8	0.990 1	0.990 4	0.990 6	0.990 9	0.991 1	0.991 3	0.991 6
2.4	0.991 8	0.992 0	0.992 2	0.992 5	0.992 7	0.992 9	0.993 1	0.993 2	0.993 4	0.993 6
2.5	0.993 8	0.994 0	0.994 1	0.994 3	0.994 5	0.994 6	0.994 8	0.994 9	0.995 1	0.995 2
2.6	0.995 3	0.995 5	0.995 6	0.995 7	0.995 9	0.996 0	0.996 1	0.996 2	0.996 3	0.996 4
2.7	0.996 5	0.996 6	0.996 7	0.996 8	0.996 9	0.997 0	0.997 1	0.997 2	0.997 3	0.997 4
2.8	0.997 4	0.997 5	0.997 6	0.997 7	0.997 7	0.997 8	0.997 9	0.997 9	0.998 0	0.998 1
2.9	0.998 1	0.998 2	0.998 2	0.998 3	0.998 4	0.998 4	0.998 5	0.998 5	0.998 6	0.998 6
3.0	0.998 7	0.998 7	0.998 7	0.998 8	0.998 8	0.998 9	0.998 9	0.998 9	0.999 0	0.999 0
3.1	0.999 0	0.999 1	0.999 1	0.999 1	0.999 2	0.999 2	0.999 2	0.999 2	0.999 3	0.999 3
3.2	0.999 3	0.999 3	0.999 4	0.999 4	0.999 4	0.999 4	0.999 4	0.999 5	0.999 5	0.999 5
3.3	0.999 5	0.999 5	0.999 5	0.999 6	0.999 6	0.999 6	0.999 6	0.999 6	0.999 6	0.999 7
3.4	0.999 7	0.999 7	0.999 7	0.999 7	0.999 7	0.999 7	0.999 7	0.999 7	0.999 7	0.999 8
3.50 及以上	0.999 9									

注：对于高于 3.49 的标准分数，区域面积为 0.999 9。
* 使用内插法得到的常用数值。

标准分数	区域
1.645	0.950 0
2.575	0.995 0

表 A-2　选择标准分数的临界值

项目	左侧检验	右侧检验	双侧检验
0.05 显著性水平	−1.645	1.645	−1.96 和 1.96
0.01 显著性水平	−2.33	2.33	−2.576 和 2.576

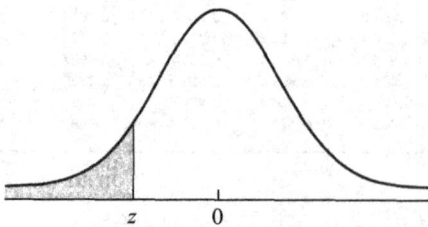

图 A-1　负标准分数

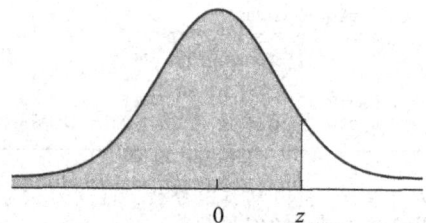

图 A-2　正标准分数

>> 附录 2 随机数字表

对于许多统计应用，生成一组随机选择的数字是有用的。你可以使用计算器或计算机生成随机数字，但有时使用下面给出的随机数字表更加方便。下表中的每一位数字，都是随机选择 0、1、2、3、4、5、6、7、8 或 9 中的一个数字生成的，即每一个数字出现在任何一个位置的机会都是相等的。因此，我们可以从表中的任意一个位置开始，按顺序得到一系列随机数字。

例 1　生成"是"或"否"回答的随机列

答案　从表中任意一个位置开始。如果数字是 0、1、2、3 或 4，则记作答案为"是"。如果数字是 5、6、7、8 或 9，则记作答案为"否"。从起点沿着表格继续下去，使用显示的每一个数字决定答案为"是"还是"否"。

例 2　生成字母 A、B、C、D 或 F 的随机列

答案　把 0 或 1 当作 A、2 或 3 当作 B、4 或 5 当作 C、6 或 7 当作 D、8 或 9 当作 F。从以下任意一个位置开始，使用显示的每一个数字字母列表。

9 9 3 2 7	5 6 0 8 1	6 0 2 3 2	8 3 3 1 2	4 7 6 3 4
9 7 1 8 1	6 6 7 6 6	5 4 4 7 7	6 8 1 7 1	0 8 4 9 9
8 1 7 5 0	7 8 5 2 0	9 4 3 9 0	7 6 1 9 1	0 8 7 3 4
0 5 1 0 2	8 7 4 0 3	9 2 6 2 5	8 4 2 2 5	1 9 8 3 4
2 7 8 0 8	1 8 5 6 6	4 4 5 5 4	9 3 5 2 8	6 5 5 4 3
4 8 8 3 3	8 4 6 9 1	8 2 5 7 6	9 7 1 2 3	6 5 1 8 2
5 4 5 8 7	3 8 4 5 7	4 5 2 2 2	7 7 0 2 3	0 2 4 8 6
4 1 9 4 3	0 7 1 9 0	7 3 1 4 0	8 3 2 8 0	5 0 1 0 1
2 8 7 4 6	5 7 7 6 0	0 8 9 5 5	4 0 7 3 9	1 6 3 3 2
5 8 6 8 6	9 6 7 7 5	1 3 5 2 9	7 6 6 3 5	9 4 6 0 5
8 0 9 4 8	5 0 5 6 9	1 0 6 9 5	9 0 7 8 9	9 4 8 3 7
6 1 0 4 1	7 4 0 0 3	5 6 4 2 1	5 1 1 9 0	0 2 5 0 7
3 4 0 9 1	9 3 9 5 1	0 7 4 8 1	1 9 7 0 7	1 4 5 2 6
9 9 6 5 0	7 8 6 1 0	4 9 8 7 7	4 4 7 4 0	7 8 6 4 9
1 5 0 7 8	1 3 6 6 9	5 4 9 5 4	2 4 6 0 4	3 2 6 8 4
5 7 2 3 5	8 3 1 6 4	4 2 2 3 7	0 6 6 3 2	3 5 0 4 6
1 2 3 5 7	1 9 7 7 6	5 5 3 1 9	6 0 5 1 6	3 8 0 3 4
3 4 9 3 5	0 3 7 4 6	2 1 8 5 1	4 1 7 0 2	1 4 9 4 9
2 4 2 6 6	3 9 7 2 1	7 3 2 0 0	6 7 0 7 3	9 3 3 7 5
9 9 1 5 2	8 3 9 9 4	8 9 6 0 6	7 4 6 3 1	3 6 9 8 3
2 6 3 3 9	3 4 4 3 3	0 6 9 1 2	4 1 9 9 8	7 3 2 6 9
1 3 7 8 0	1 0 6 1 9	5 4 9 3 0	7 0 7 2 3	1 7 8 9 2
8 8 4 8 4	0 2 8 5 5	7 3 4 1 9	1 8 3 5 2	0 1 5 3 2
4 2 9 2 8	8 9 9 1 2	4 6 7 1 7	5 1 5 1 9	3 2 2 8 0
1 3 7 2 1	0 6 4 7 6	1 0 8 4 8	9 7 6 3 5	5 1 2 2 9

>> 附录 3　专业术语释义

绝对变化（absolute change）：从参考值到新值的实际增加或减少：

绝对变化 = 新值 − 参考值

绝对差异（absolute difference）：比较值和参考值之间的实际差异：

绝对差异 = 比较值 − 参考值

绝对误差（absolute error）：测量值与真实值之间的差距：

绝对误差 = 测量值 − 真实值

意外事故率（accident rate）：由于某种特殊原因的事故发生的次数，被表示为由于同样的原因而处于危险中的所有人的一个比率。例如，"每 1 000 个人中的 5 个人"，这个意外事故率意味着由于这个特殊原因平均每 1 000 个人有 5 个人发生事故。

准确度（accuracy）：测量值接近真实值的程度。一个准确的测量值是十分接近真实值的。

备择假设（alternative hypothesis）（H_a）：只有原假设被拒绝时才能被支持的声明。

方差分析（analysis of variance）（ANOVA）：通过分析样本方差来检验三个或者更多总体均值是否相等的一种方法。

联合概率（and probability）：事件 A 和事件 B 同时发生的概率。如何计算取决于两个事件是否独立。

先验方法（a priori method）：见理论方法。

条形图（bar graph）：一种由条形组成的图，其中条形代表某种特殊分类的频数。条形的长度和频数成比例。

最佳拟合线（best-fit line）：散点图中的一条线，它比其他可能的线更接近数据点（根据距离的标准统计测量），也叫作回归线。

偏好（bias）：在统计研究中，研究设计和进行时的任何问题都倾向于支持某种结果。也叫特殊偏好或选择偏好。

双峰分布（bimodal distribution）：有两个峰值的分布。

分组（binning）：将数据分组，每组包含一系列可能的数值。

盲法（blinding）：使实验对象和 / 或实验者始终不知道谁是实验组，谁是对照组，包括双盲实验和单盲实验。

箱形图（boxplot）：由五个数总结的图形。一个数线用作参照，从更小到更大的数值被装入箱中，为中位数画一条贯穿整个箱子的线。两个"胡须"分别伸出到低数值和高数值。也叫作箱线图。

个案对照研究（case-control study）：类似实验的观察研究，因为样本很自然地被划分为两组（或更多组）。在研究时参与行动的参与者形成个案，类似于实验研究中的实验组。没有参与行动的参与者就是对照组，类似于实验研究中的对照组。

因果关系（causality）：当一个变量是引起另一个变量变化的原因时所呈现的关系。

人口普查（census）：收集总体中每一个成员的数据。

中心极限定理（Central Limit Theorem）：对于任何分布中的随机样本（样本容量都相同），随着样本容量的增加，样本均值的分布近似服从正态分布。

卡方统计量（chi-square statistic）（χ^2）：用来决定在列联表（或双向表）中假设检验的统计显著性的数值。如果它小于临界值（取决于表格大小和期望的显著性水平），那么观测频数和期望频数之间的差别是不显著的。

整群抽样（cluster sampling）：将总体分成很多组，在其中随机选择一些组，然后通过选择每组中的所有成员来获取样本。

判定系数（coefficient of determination）（R^2）：描述通过多元回归找出的最佳拟合方程的数值是如何拟合数据的。

比较值（compared value）：在计算相对差异时与参考值进行比较的数值。

补集（complement）：对于事件 A，A 不发生的所有结果表示为 $\overline{A}$。那么它的概率为：

$$P(\overline{A}) = 1 - P(A)$$

条件概率（conditional probability）：给定一个事件发生的概率，另一个事件发生的概率。记为 $P(B$ 在 A 发生后$)$ 或者 $P(B \mid A)$。

置信区间（confidence interval）：与置信水平（如 95%）相关的数值范围，即可能包含真实总体参数的范围。

混杂（confounding）：当不能确定单个被调查的因素而将不同因素影响混合在一起时，描述统计结果就会发生混杂。

混杂因素（confounding factors）：在统计研究中，能够混杂在一起的任何因素或变量，也被称为混杂变量。

居民消费价格指数（Consumer Price Index）（CPI）：为了衡量通货膨胀率的指数。它根据超过 6 000 种商品、服务和居民消费的样本，每月计算并公开一次。

列联表（contingency table）：见双向表。

连续数据（continuous data）：可以呈现出给定区间中任何数值的定量数据。

等高线地图（contour map）：地图中以相同的数值用曲线（等高线）连接地理区域。

对照组（control group）：在实验研究中没有被处理的主体所组成的组。

任意抽样（convenience sampling）：随意选择一个样本。

相关性（correlation）：两个变量的统计关系。也可见负相关、不相关和正相关。

相关系数（correlation coefficient）（r）：对两个变量之间相关度的测量。它的值总是处于 –1~1 之间（即 $-1 \leqslant r \leqslant 1$）。

累计频数（cumulative frequency）：对于某类别数据，这个类别和之前所有类别中数值的数量总和。

死亡率（death rate）：由于某种特殊原因的死亡人数，被表示为所有由于同种原因处于危险中的人们的分数。例如，"每 1 000 个人中 5 个人"的死亡率意味着 1 000 个人中有 5 个人死于这个特殊原因的平均值。

自由度（degrees of freedom）（对于 t 分布）：样本容量减 1，即 $n - 1$。

相关事件（dependent events）：两个事件，其中一个事件的结果会影响另一个事件的概率。

离差（deviation）：特定数值离数据集均值的距离。可以用来计算标准差。

离散数据（discrete data）：呈现出某个特殊值而不是它们之间其他数值的定量数据（如整数 0, 1,

2, 3, 4, 5）。

分布（distribution）：变量呈现出所有可能值的方式。可以用图表来表示。

样本均值的分布（distribution of sample means）：找出给定容量的所有可能样本中的均值（$\bar{x}$）后得出的分布。

样本成数的分布（distribution of sample proportions）：找出给定容量的所有可能样本中的成数（$\hat{p}$）后得出的分布。

点图（dotplot）：类似于条形图，除了每一个数值都是由点来表示。

双盲实验（double-blind experiment）：参与者和实验者都不知道谁属于实验组，谁属于对照组的实验。

或然概率（either/or probability）：事件 A 或事件 B 发生的概率。如何计算取决于事件是重叠的还是非重叠的。

经验法（empirical method）：见相对频数法。

事件（event）：在概率中，拥有同一性质的一个或很多结果的集合。也可见结果。

期望频数（expected frequency）：在双向表中，行变量和列变量相互独立时，给定小格中期望的频数。

期望值（expected value）：某个随机变量结果的平均值。

实验研究（experiment）：研究人员使用一种处理方法，然后观察其对主体影响的研究。

实验者效应（experimenter effect）：当研究人员或实验者通过类似于表情、音调或态度等因素在某种程度上影响主体时，就会发生这一效应。

五数概括法（five-number summary）：用最小值、下四分位数、中位数、上四分位数和最大值描述数据分布的离散程度。

频数（frequency）：对于一个数据类型，数据落入这一类型的次数。

频数表（frequency table）：这种表格在一栏中列出所有数据类型，在另一栏中列出每个数据类型的频数。

赌徒谬误（gambler's fallacy）：坏运气使一个人"预期"有好运气的错误想法。

地理数据（geographical data）：代表不同地理位置的数据。

直方图（histogram）：显示定量数据（在定距测量和定比测量中）分布的条形图。条形有自然的顺序，条形的宽度有特殊的意义。

假设（hypothesis）：在统计学中，指有关总体参数的声明，比如总体成数 p 或总体均值 μ。也可见备择假设和原假设。

假设检验（hypothesis test）：检验有关总体参数声明的标准过程。

独立事件（independent events）：两个事件，其中一个的结果不受另一个概率的影响。

指数（index number）：用于比较不同时间或不同地点测量值的数值。必须选择某一特定时间（或地点）的数值作为参考值（或基数），其他时间（或地点）的指数是：

$$指数 = \frac{数值}{参考值} \times 100$$

通货膨胀（inflation）：物价和工资随着时间推移而不断增长。它的总体比率用 CPI 来度量。

定距测量（interval level of measurement）：对定量数据的测量，其中的差异或者区间都是有意义的，但比率是没有意义的。这个水平上的数据有任意起点。

联合概率（joint probability）：见联合概率（and probability）。

大数定律（law of large numbers）：概率论中的一个重要结论。应用的前提条件是事件 A 的概率是 $P(A)$，且重复实验结果是独立的。定律：在实验不变的条件下，实验次数越多，则频率越接近 $P(A)$。它也被称为平均法则。

左偏分布（left-skewed distribution）：数值更多分散在左侧的分布。

左侧检验（left-tailed test）：检验总体参数是否在声明数值左侧（更小的数值）的假设检验。

测量尺度（level of measurement）：见定类测量、定比测量、定距测量和定序测量。

预期寿命（life expectancy）：当前给定年龄的人期望生存的平均年数。它基于目前的健康和医疗统计量，但并不考虑医疗科学和公共健康未来的变化。

折线图（line chart）：将一系列点连接成线形成的定量数据的分布图表。每个点的水平位置与它所代表数据集的中心相对应，而垂直位置与数据集的频数相对应。

下四分位数（lower quartile）：见低四分位数。

误差幅度（margin of error）：观测的样本统计量和总体参数真实数值之间的最大可能差异。它的大小取决于期望的置信水平。

均值（mean）：所有数值的总和除以数值个数的总和，即多数人平时所说的平均值。

中位数（median）：在已选择的数据集中处于中间位置的数值（如果数值的个数是偶数，那么就是中间两个数值的平均值）。

中位数组（median class）：对于分组数据，指中位数落在的那个数据组。

综合分析（meta-analysis）：研究人员将很多个体的研究（有关一个特定主题）看作一个联合组进行分析，目的是找出个体研究中不明显的趋势。

中四分位数（middle quartile）：见中间四分位数。

众数（mode）：在分布中出现次数最多的数据（或者数据组）。

多维条形图（multiple bar graph）：正规条形图的简单扩展，用两个或更多条形代表两个或更多数据的对比。

多维折线图（multiple line chart）：正规折线图的简单扩展，用两个或更多折线代表两个或更多数据的对比。

多元回归（multiple regression）：计算一个变量（如价格）和其他两个或更多变量（如重量和体积）之间最佳关系的最拟合等式的技术。

负相关（negative correlation）：两个变量呈现出朝两个不同方向变化的关系，即一个增加而另一个减少。

不相关（no correlation）：两个变量之间缺乏任何明显的关系。

定类测量（nominal level of measurement）：对定性数据的测量，包括名称、符号，或不能按顺序排名的种类。

非线性关系（nonlinear relationship）：两个变量的关系不能用直线方程表示。

非重叠事件（non-overlapping events）：一个事件的发生不影响另一个事件的发生。

正态分布（normal distribution）：对称的钟型

分布，且具有与均值、中位数和分布模式相关的单峰。它的波动用标准差描述。也可见 68-95-99.7 法则。

原假设（null hypothesis）（H_0）：和被检验的备择假设相对的具体声明（比如总体参数的具体数值）。

观察研究（observational study）：在研究中，研究人员观察或者测量样本成员的特征，但是并不打算影响或者改变这些特征。

对比高于（低于）法则[of versus more than (less than) rule]：用于对比的法则。如果比较值比参考值高 $P\%$，那么比较值就是参考值的（$100+P$）%。如果比较值比参考值低 $P\%$，那么比较值就是参考值的（$100-P$）%。

单侧检验（one-tailed test）：见左侧检验和右侧检验。

定序测量（ordinal level of measurement）：可以按照某种次序排列定性数据的测量方法。一般情况下，对这些数据进行计算是没有意义的。

结果（outcome）：用概率表示的，观察或实验中大多数基本可能发生的结果。也可见事件。

异常值（outlier）：在数据集中，比几乎所有其他数值都更大或更小的值。

重叠事件（overlapping events）：两个可能同时发生的事件。

帕累托图（Pareto chart）：一种按定类测量数据发生频率降序排列的条形图。

参与者（participants）：研究主体（与客体相反）。

参与偏差（participation bias）：每当一项研究中的参与者是自愿的，就会发生的偏差。

同行评审（peer review）：在研究报告发表之前，同领域的专家评估研究报告的过程。

百分位（percentiles）：将一个数据分布分为100 个部分，每一部分代表数值的 1%。

统计图表（pictograph）：用图形进行润色的图表。

饼图（pie chart）：一个被分割的圆形。每一块代表一个特定类型的相对频数。每部分的大小和频数是成比例的。完整的饼图代表 100% 的全部相对频数。

安慰剂（placebo）：一些缺少处理的积极因素，但是却出现和处理一样效果的事物。

安慰剂效应（placebo effect）：由于患者相信自己正在接受有效的治疗，他们的状况有所好转。

然而治疗事实上是无效的。

总体（population）：所研究的人或事物的完整集合。

总体均值（population mean）：总体的真实平均值，记为希腊字母 μ。

总体参数（population parameters）：用统计研究估计的总体的具体特征。

总体成数（population proportion）：总体某种特征的真实比例，记为 p。

正相关（positive correlation）：一种相关类型，即两种变量往往一起增长（或降低）。

实际显著性（practical significance）：在统计调查中，结果与某种有意义的行为过程相联系的显著性。

精确度（precision）：测量中数值的详细程度。

概率（probability）：对于一个事件，事件将要发生的可能性。被写作 P（事件）的事件概率总是在 0~1 之间。概率 0 意味着事件是不可能发生的，而概率 1 意味着事件是确定的。也可见相对频数法、主观法和理论法。

概率分布（probability distribution）：与特定变量相关的所有可能事件的概率的完整分布。它可以由表格、图形或者公式表示出来。

P 值（P-value）：在假设检验中假设原假设正确时，选择一个样本至少和观测样本一样极端的概率。

定性数据（qualitative data）：由描述品种或者非数据类型值构成的数据。

定量数据（quantitative data）：由计数值或者测量值构成的数据。

低四分位数（quartile, lower）：数据组下半部分的中位数，也称为第一四分位数。

中间四分位数（quartile, middle）：数据组的中位数，也叫作第二四分位数。

高四分位数（quartile, upper）：数据组上半部分的中位数，也称为第三四分位数。

四分位数（quartiles）：将样本数据分成四个部分，且每部分的数值大约为 25%。

随机误差（random errors）：在测量过程中，随机事件或者内在的不可预测事件产生的误差。

随机选择（randomization）：确保实验的主体是随机分配到实验组或对照组的过程。用这种方法可以使每个主体有同样的机会被分配到任意一组。

极差（range）：对于一个分布，最小值和最大值之间的差值。

极差经验法则（range rule of thumb）：法则规定：对于没有异常值的数据集，标准差大约等于极差除以 4。

稀有事件规则（rare event rule）：规则声明，如果一个特殊事件和观察事件一样极端且概率很小，那么给定的假设（如原假设）很可能是不正确的。

定比测量（ratio level of measurement）：对定量数据的测量，其中区间和比率都是有意义的。这种类型的数据都有真实的零点。

原始数据（raw data）：从样本中收集的真实测量值或观测值。

参考值（reference value）：用来进行比较的基础数值。

回归线（regression line）：见最佳拟合线。

相对变化（relative change）：与参考值进行比较的绝对变化的大小，表示为百分比：

$$相对变化 = \frac{新值 - 参考值}{参考值} \times 100\%$$

相对差异（relative difference）：与参考值进行比较的绝对差异的大小，表示为百分比：

$$相对差异 = \frac{比较值 - 参考值}{参考值} \times 100\%$$

相对误差（relative error）：测量值不同于真实值的相对数量，表示为百分比：

$$相对误差 = \frac{测量值 - 真实值}{真实值} \times 100\%$$

频率（relative frequency）：对于任何数据类型，类别的频数占总频数的分数或者百分数：

$$频率 = \frac{类别频数}{总频数}$$

相对频数法（relative frequency method）：观察或者测量感兴趣事件的相对频数，根据这个观察和实验估计出概率的方法。

代表性样本（representative sample）：一般来说，指成员的相关特征和总体特征完全一样的样本。

右偏分布（right-skewed distribution）：数值更多位于右侧的分布。

右侧检验（right-tailed test）：检验总体参数是否在声明数值右侧（更大的数值）的假设检验。

舍入保留规则（rounding rule）：在统计计算中，答案的精确度要比原始数据多一位小数。例如，2，3，5 的平均值是 3.333 3…，答案要舍入为 3.3。

样本（sample）：总体的子集，且样本中的数据是可以实际获得的。

样本均值（sample mean）：样本的平均值，记为 $\bar{x}$。

样本成数（sample proportion）：在样本中具有某种特征的比例，记为 $\hat{p}$。

样本统计量（sample statistics）：通过总结原始数据找出的样本特征。

抽样（sampling）：从总体中选择样本的过程。

抽样分布（sampling distribution）：来源于特定容量的所有可能样本中样本统计量的分布，如均值和比例。

抽样误差（sampling error）：当随机样本被用于估计总体参数时而产生的误差，即样本结果和总体参数之间的差别。

抽样方法（sampling methods）：见整群抽样、任意抽样、简单随机抽样、分层抽样和系统抽样。

散点图（scatterplot）：经常用于研究相关性的图形，其中每个点都对应两个变量的值。

选择性偏差（selection bias）：每当研究人员用不公平的方式选择样本时，就会发生偏差。也被称为选择性影响。

自主选择调查（self-selected survey）：人们自己决定是否被包含在内的调查。也称为自愿回答调查。

简单随机抽样（simple random sampling）：用这种方式选择样本，同样容量的每个可能样本都有相同的机会被选择。

辛普森悖论（Simpson's paradox）：当整组的结果和子组结果不一致时出现的统计悖论；每当子组容量不相等时，悖论就会发生。

单盲实验（single-blind experiment）：在实验研究中，参与者不知道他们是实验组成员还是对照组成员，但是实验者却知道。或者反过来，参与者知道，但实验者却不知道。

单峰分布（single-peaked distribution）：仅有一个众数的分布。

68-95-99.7 规则（68-95-99.7 rule）：对于正态分布，大约 68%（实际是 68.3%）的数值落在

离均值 1 个标准差的范围内，大约 95%（实际是 95.4%）的数值落在离均值 2 个标准差的范围内，大约 99.7% 的数值落在离均值 3 个标准差的范围内。

偏态（skewed）：见左偏分布和右偏分布。

多层图（stack plot）：条形图或折线图的一种，其中两个或者更多的数据组垂直堆叠。

标准差（standard deviation）：用于描述数据分布的波动，计算公式如下：

$$标准差 = \sqrt{\frac{（离差）^2 的总和}{数值的总数 - 1}}$$

标准分数（standard score）：（通常记为 z）一个特殊数值与分布的均值之间的差值，是标准差的倍数：

$$z = 标准分数 = \frac{数值 - 均值}{标准差}$$

也叫作 z 分数。

统计显著性（statistical significance）：测量一个结果是有意义的概率。

统计显著性结果（statistically significant result）：在统计研究中，不可能偶然发生的结果。最经常被引用的显著性水平是 0.05 水平（结果偶然发生的概率为 5% 或更低，也可说少于 1/20）和 0.01 水平（结果偶然发生的概率为 1% 或更低，也可说少于 1/100）。

统计量（statistics）：描述或总结某种样本特征的数据。

统计学（statistics）：收集、分析并解释数据的科学。

茎叶图（stemplot）：这个图形看起来像是用独立的数据列代替条状并且侧置的直方图。

分层抽样（stratified sampling）：在总体中区分子组或各层的抽样方法。首先要分好层，然后在每一层中取得一个随机样本。总体样本由所有各层的样本组成。

主观法（subjective method）：根据经验或者直接估计概率的方法。

主体（subjects）：在统计调查中，为样本选择的人或物。也可见参与者。

对称分布（symmetric distribution）：左侧和右侧完全一样的分布。

系统误差（systematic errors）：使用相同方式影响所有测量值的测量系统出现问题，从而导致的误差。

系统抽样（systematic sampling）：用一个简单系统来选择样本，比如对总体成员的每 10 个或每 50 个选择一次。

t 分布（t distribution）：类似于正态分布形状和对称性的分布。但是对于小样本来说，t 分布和正态分布有很大的差异。它接近大样本的正态分布。

理论法（theoretical method）：用理论或一系列假设估计概率的方法。假设所有结果都是同样可能发生的，通过用事件发生方式的数目除以可能结果的总数找出一个特殊事件发生的理论概率。这也被称为先验法。

时间序列图（time-series diagram）：水平轴代表时间的直方图或折线图。

处理（treatment）：在实验中被给定或应用于实验组成员的某种方式。

实验组（treatment group）：在实验研究中接受被检验处理的主体所在的组。

双侧检验（two-tailed test）：检验总体均值可能在声明数值两侧任一侧的假设检验。

列联表（two-way table）：通过在横排列出一个变量的数值而在竖排列出另一个变量的数值，显示出两个变量之间关系的表格。

第 I 类错误（type I error）：在假设检验中，当原假设 H_0 正确时，错误地拒绝了原假设。

第 II 类错误（type II error）：在假设检验中，当原假设 H_0 错误时，却没有拒绝原假设。

均匀分布（uniform distribution）：所有数值都有相同频数的分布。

单峰分布（unimodal distribution）：见上页的单峰分布（single-peaked distribution）。

异常值（unusual values）：在数据分布中不可能偶然出现的数值，比如离均值超过 2 个标准差的那些数值。

上四分位数（upper quartile）：见高四分位数。

变量（variable）：任何可以变化或取不同数值的分量或总量。

目标变量（variables of interest）：在统计研究中，研究者要测量的分量或总量。

离散程度（variation）：数据从分布中心扩散开的范围。也可见五数概括法、极差、标准差。

　　人口动态统计（vital statistics）：有关人们出生和死亡的数据。

　　自愿回答调查（voluntary response survey）：见自主选择调查。

　　加权平均值（weighted mean）：根据数值相对重要性的不同进行平均。每个数值分配一个权重，其计算公式为：

$$加权平均值 = \frac{（数值 \times 权重）的总和}{所有权重的总和}$$

　　z 分数（z-score）：见标准分数。

译后记

初学统计学的读者往往对专业性强的统计术语和概念兴味索然。很多统计学读物由于篇幅的原因只有少数实例，其中与生活紧密相关的案例更是稀少。是否有通俗易懂又生动有趣的统计学入门读物呢？本书正是可以满足广大初学者对统计学需求的好书。满足国内广大读者的需求也正是我们翻译出版本书的目的。作者为了帮助非统计专业的读者理解、学习和应用日常生活中的统计学，倾注了极大的热情和心血来完成本书。本书内容丰富、结构合理，列举了包括心理学、社会学、医学、经济、体育、科技、政治等方面的大量案例，使读者更容易理解枯燥乏味的理论知识。在翻译过程中遇到的最大问题是直译问题。怎样不脱离统计学专业范畴而又符合中文的表达习惯呢？我们反复阅读原文，深刻理解作者想要表达的原意，不囿于英文从句和个别单词的含义，使译文准确又通俗易懂。另外，由于国内读者可能不完全了解相关案例的背景，有些句子看起来会很突兀，甚至难以理解，我们查阅资料后加上必要的修饰语使译文完整通顺、便于阅读。读者阅读本书时，可以根据自己的需要阅读相关章节。请阅读本书体验愉快轻松的学习过程吧！

本书翻译出版是很多人共同努力的结果，感谢以下译者在完成翻译初稿时做出的努力：刘杰（第一章）、田琳（第二章）、郭艳霞（第三章）、白天（第四章、第五章）、张志强（第六章）、糜凯（第七章）、熊子钦（第八章）、陆亚晨（前言、第九章、附录）、赵爱君（第十章）、俞佳伟（校对）、於玲菲（校对）。全书由胡晖、徐斌统撰定稿。

在翻译本书的过程中，译者力求忠实于原文，同时也兼顾表达的流畅。但由于译者水平有限，译文中可能仍有不当之处，在此敬请读者朋友予以指正。

好书推荐

基本信息

书名：《经济指标解读：洞悉未来经济发展趋势和投资机会（第3版）》

作者：【美】伯纳德·鲍莫尔

译者：徐国兴　吴克伦　赵少平

审校者：吴汉洪

定价：79.00 元

书号：978-7-115-36890-4

出版社：人民邮电出版社

出版日期：2014 年 11 月

推荐理由

★ 全球最佳商学院沃顿商学院的扛鼎之作，经济指标解读第一书，已更新至第 3 版。

★ 作者伯纳德·鲍莫尔为《时代周刊》著名记者，曾获约翰·汉考克（John Hancock）财经新闻杰出奖。

★ 国外众多世界顶级公司如高盛、标准普尔等公司联合推荐，国内各大院校及投资证券公司的业内名人如北大经济学教授刘文忻、复旦经济学教授尹伯成、中国金融学会金融统计研究专业委员会秘书长贾颖等人联合推荐。

★ 全球有超过 8 万的顶级投资大家、战略分析师及政府政策制定者在用《经济指标解读（第 3 版）》做出更明智的决定与更有利的投资。

名师与专家评论

挖掘经济指标的真正价值，透视全球市场。《经济指标解读（第 3 版）》中详细透彻的指导对于研究经济的人来说非常重要，复杂的经济术语并没有降低本书的可读性，这可能也与作者《时代周刊》专栏记者的身份有关。读进去之后，你会发现它的参考价值远比想象中的大。

刘文忻　北京大学经济学教授

《经济指标解读（第 3 版）》让经济指标变得简单而易于理解，如果你是一位嗅觉灵敏的投资者，那么你一定不会错过这本书，书中的丰富信息是让你守住财富与获得财富的重要工具。

尹伯成　复旦大学经济学教授

《经济指标解读（第 3 版）》为社会公众全面把握经济数据、了解宏观经济提供了一把钥匙。该书全面系统地解答了经济指标从哪儿来、怎么算、如何用的问题，内容丰富、案例详实、深入浅出，是迄今我所见到的有关经济指标的最为实用的阐述。该书应该成为研究者和经济学爱好者案头的必读书。

贾颖　中国银行间市场交易商协会助理主任、中国金融学会金融统计研究专业委员会秘书长

编辑电话：010-81055646　　读者热线：010-81055656　81055657

好书推荐

基本信息

书名:《大数据思维与决策》

作者:【美】伊恩·艾瑞斯

定价:45.00 元

书号:978-7-115-37065-5

出版社:人民邮电出版社

出版日期:2014 年 10 月

推荐理由

★ 大数据时代奠基之作,*Surper Crunchers* 的中文升级版。

★ 《经济学人》十大好书、《纽约时报》畅销书。

★ 诺贝尔经济学奖获得者肯尼斯·阿罗,《魔鬼经济学》作者史蒂芬·列维特联袂推荐。

★ 《纽约时报》《经济学人》《福布斯》《连线》《发现》《Protfolio》等十余家权威媒体合力推荐。

名家和媒体评论

伊恩生动而严谨地描述了定量分析和大数据决策方法的运用……社会科学家和商界人士在享受阅读乐趣的同时都可以从本书中获益。

肯尼斯·阿罗 (Kenneth Arrow),诺贝尔经济学奖得主,斯坦福大学荣誉教授

在过去,直觉和经验主导着我们的生活。如今,时代变迁,游戏的名字已改为大数据分析。伊恩·艾瑞斯在这本奠基之作《大数据思维与决策》中告诉我们更名换代的原因以及变化的形式。这本书不仅充满了阅读的乐趣,而且能改变你的思维方式。

史蒂芬·列维特 (Steven D. Levitt),《魔鬼经济学》作者

伊恩认为,人类总是过于高估自己的直觉,而很少去倾听身边数字所发出的声音……书中最有趣的故事就是,伊恩和各位经济学家运用大数据分析解决葡萄酒评级、法官审案或失业率核算等问题……伊恩就是一位数据侦探,完成了令人惊喜的研究。

《纽约时报》